强大和弱小、顺利和挣扎、直接和委婉、简单和复杂，
永远是美国战争机器完善历程中说不完的话题。

USA
war
machine

美国战争机器

1607~1945

高冬明 ★ 著

社会科学文献出版社
SOCIAL SCIENCES ACADEMIC PRESS (CHINA)

目录 / **C**ontents

一　自由与安全

——植根于蛮荒时代的军事传统

（1607～1770）

美国的历史，就是一部浓缩了的人类社会的发展史。

为自由和财富而奔向新大陆的人们，

借鉴欧洲的文明经验，根据北美自然与人文现实有所改变，

在18世纪结束之前，将欧洲3000年的历史发展轨迹压缩在80年之内。

英、法、西、荷等欧洲各国移民以及原住民，

出于各种目的而在北美发展竞争，

将北美大陆从原始社会迅速进化成近代社会，

北美军事也随之从冷兵器时代进入热兵器时代，

美国战争机器的雏形也形成于这一时期。

（一）为财富与自由而来

　　17 世纪初，大量欧洲移民涌入北美。出于人类的本能——对财富和自由的渴望，一些英国人与其他欧洲国家的移民一起，投入移民北美的浪潮。他们乘着拥挤的小船，经过 6 至 12 周的海上颠簸，忍饥挨饿。许多人死于疾病，有的船只被海浪击碎，被大海吞没。还是有相当一部分人活着到达北美大陆，有机会去实现财富和自由之梦，并很快在新大陆将财富和自由融为一体。

1. 对财富的向往

　　向往财富是哥伦布寻找新大陆的根本动机，也是欧洲移民探险的力量源泉。很多人是为寻找本国无法得到的机遇而来到北美。17 世纪初，英国经济困难重重，许多人无法找到工作，即使技术工人也只能勉强糊口；庄稼歉收加剧了农民的困苦，加之工业革命中纺织工业的发展对羊毛的需求使土地拥有者剥夺农民的土地。殖民地的扩张为流离失所的农民找到一条生路。

早期最著名的是弗吉尼亚，它是追求财富的象征。

　　弗吉尼亚是以盈利为目的的弗吉尼亚公司建立的。弗吉尼亚公司于 1606 年在英国成立，获得在北美大西洋沿岸北纬 34°～41°之间建立移民区的权利，享有在殖民地行使分配土地、征收赋税以及进行防卫的权力。1606 年 12 月，144 名移民，3 艘船，开始第一次驶向北美。1607 年 4 月 26 日，他们到达切萨皮克湾。为避免与西班牙发生冲突，他们选择了一个詹姆斯河上游距切萨皮克湾 60 公里的地方作为据点，从此开始了北美殖民生活，建立了詹姆斯敦。新土地绿草如茵，树木参天，河水清澈。据一位同行船长波士记载：这里有壮丽的森林，遍地花草，有美丽的草莓，野兽成群，火鸡满天飞。詹姆斯敦逐渐扩大成一个殖民地，称为弗吉尼亚，以纪念英国女王伊丽莎白（女王的绰号是弗尔吉·伊丽莎白）。无论是公司、种植园主、商人，还是农民、契约奴，都将为了财富在此挣扎奋斗。

尽管国王向公司颁发特许状的初衷是向"仍生活在黑暗中和对上帝处于可怕的无知状态"的土著民族传播基督教，然而，绝大多数人眼里只有利益。正如他们的军事领导者约翰·史密斯船长所言："所有的目的只为利润，却要披上宗教的外衣。"

为了新的财富，移民付出了能够付出的所有东西。早期的利润实现起来相当困难，除了辛苦和赔本，还要付出生命的代价。由公司运来的移民实际上是公司雇用的契约劳工。7 年之内必须为公司无偿工作，他们开辟的定居点归弗吉尼亚公司所有。

为了财富，移民甘心付出生命的代价，而且前赴后继。远涉重洋，饱受折磨，登岸时很多人已经病弱不堪，而殖民点又疾病流行、缺衣少食，水土不服的移民不断地死亡。第二年 1 月第一艘补给船到来时，詹姆斯敦只剩下了 30 名移民在苟延残喘。1608 年，又有 244 名新移民来到詹姆斯敦，但不久便死掉了 144 人。1609 年到来的 300 多名移民后来活下来的不足 100 人。1610 年时移民死亡率达 50% 以上。到 1616 年时，生活在新大陆的英国人只有 351 人。而在 1618～1624 年间，据美国学者估计，死于疾病者累计达 2538 人，死于其他原因或回流英国的 1332 人。到 1624 年 2 月，经过近 10 多年的殖民之后，弗吉尼亚殖民地的人口也不超过 1275 人。

为了快速得到财富，投机者失败了。早期来到弗吉尼亚的移民主要是梦想迅速发财的冒险家和莽汉，并不打算定居，只想一夜暴富，然后荣归故里。面对艰苦的劳动和恶劣的生活条件，这些移民冒险家牢骚满腹，愤愤不平，或逃到印第安部落，或悄悄溜回英国。

为了得到恒久的财富，弗吉尼亚公司不断投入资金和移民，并调整殖民地政策。寻找金银财宝的幻想破灭之后，移民们开始把目光投向肥沃的土地。殖民公司逐渐认识到新大陆需要的并不是寻宝者，而是能够脚踏实地、艰苦创业的劳动者。在弗吉尼亚公司的支持下，移民们先后尝试了种植葡萄、养蚕、制盐和捕鱼等生产项目，但是效果都不理想。最后，由约翰·罗尔夫（John Rolfe）带头开展的烟草种植为弗吉尼亚殖民地带来了第一缕致富的曙光。16 世纪 80 年代后，吸烟渐成英国的时髦，来自美洲的烟草供不应求。1612 年，约翰·罗尔夫开始对从西印度群岛进口的烟草种子和土著烟草种子进行杂交，培育出一种备受欧洲人青睐的新品种烟草。1614 年左右，罗尔夫向英国销售了第一批共 4 包烟草。1618 年弗吉尼亚销往英国的烟草增至 5 万磅，到 1626 年时销量已达 30 万磅。为了支持殖民地的生产，弗吉尼亚公司于 1619 年运往殖民地 112 头牛、4 匹马，1620 年运来 200 头牛、400 只山羊、20 匹母马和 80 头驴。不到 10 年，烟草业已成为弗吉尼亚收入的主要来源。

为了吸引更多的移民前来北美，创造财富，弗吉尼亚公司改革了土地制度。1613 年开始，公司分给每户居民一小块土地，地租低廉。到 1618 年时又开始实施土地私有化，如规定：凡 1616 年之前自费而来者每人授予 100 英亩土地，永久免租，如是公司股东还可额外购买 100 英亩土地。与此同时，公司向其派驻殖民地的官员授予大片土地。土地私有化和广泛的授地制度为弗吉尼亚吸引了更多的移民，尤其对英国社会边缘人群的诱惑极大。1610～1622 年间，有 9000 名英国人横渡大西洋到达弗吉尼亚，虽然最终活下来的只有 2000 多人，但他们最终还是创造了财富并获得了留下来的权利。从最初的受制于干旱，到 1617 年第一批烟草运输船出海，是一个飞跃；从 1624 年 20 万磅的烟草输出，到 1638 年超过 300 万磅的产量更是一个飞跃。

烟草带来利润驱使公司招募劳动力，财富也吸引更多的移民。早期移民包含绅士、平民和契约奴。英国人、爱尔兰人、瑞典人、葡萄牙人、西班牙人、德国人、土耳其人、波兰人等一起应招上船，来到弗吉尼亚。17 世纪前往弗吉尼亚的人中有 80% 是契约奴，75% 是男性，年龄大都在 15～24 岁之间。其间充斥着失业者、孤儿、政治犯、刑事犯、家庭叛逆，还有一些仅仅出于冒险和憧憬。虽然实现梦想的人很少，但还是吸引了大批的移民。到 1644 年，白人移民发展到 8000 多人。

出于为财富的稳定考虑，社会机构也建立起来。1619 年 7 月 30 日，在詹姆士城礼拜堂里召开美洲大陆上第一届立法会议，选出总督 1 人，评议员 6 人，市民 2 人，创立了殖民地代议制政府。

卡罗来纳殖民地是封建王朝复辟的产物，因而追求财富更加无情和露骨。1633 年，英国的查理二世在复辟三年后，为了奖励拥护者，将北美一片叫做"卡罗来纳"的土地赠与他们中的 8 个贵族。当时的卡罗来

> 卡罗来纳殖民地，这个后来顽固的蓄奴州、美国内战中南部同盟的中坚，追求财富的目的比弗吉尼亚更加露骨。

纳面积很大，包括现今的北卡罗来纳、南卡罗来纳和佐治亚，从弗吉尼亚向南扩展至佛罗里达中部，向东至大西洋。

有的制度立足于公正，有的制度立足于稳定，因为稳定的社会带来稳定的财富。国王和受封者的本意是要建立一个以租佃制和农奴制为基础的封建贵族制度。为了保护贵族自身的利益，8 个贵族之一的安东尼·阿什利·库帕还主持起草了《卡罗来纳基本法》，业主（或其代表）和从贵族中挑选的参事统揽一切司法和行政权，土地的 2/5 永久为贵族所有，由农奴和奴隶耕种，在贵族和农奴之外允许有自耕农存在。这一根本法没有实施，但这部法律本身具有的宗教宽容色彩，吸引了许多宗教异端者移居卡罗来纳。后来，卡罗来纳设立了政府，由总督、参事会和选举产生的议会组成，这与弗吉尼亚的政府相似。1712 年，卡罗来纳分为北卡罗来纳和南卡罗来纳两个殖民地。北卡罗来纳是农业殖民地，种植玉米、烟草，饲养猪，居民多来自弗吉尼亚。但它缺少优良港口，不利于经济发展。南卡罗来纳有优良港口查尔斯顿，土壤和气候适宜于种植亚热带作物。居民来自西印度群岛、英格兰、苏格兰、德意志和法兰西，社会趋于稳定。

卡罗来纳殖民者不择手段，追求血腥的财富。他们一边从事种植业和与印第安人进行以货易货的贸易，一边进行印第安奴隶贸易。奴隶贸易成为早期卡罗来纳的商业基石，也使该殖民地陷入一片战争。南卡罗来纳殖民者不断蚕食印第安人土地，贩卖印第安人。殖民者宣布：必须减少印第安人，为白人创造空间。种植园主和商人通常会挑选一个部落，为之提供武器和丰厚的奖赏，支持他们抓捕敌人，以成为奴隶，销售到新英格兰和西印度。然后再对这个原本做出贡献的部落下手，使之沦入他们受害者同样的命运。到 18 世纪早期，韦斯托斯和萨凡纳等沿海平原部落几乎绝迹。

稻米也是卡罗来纳支柱产业，但可以吃的卡罗来纳稻米源自印第安人的鲜血。肥沃的土地使殖民者意识到，这是一个可以建造伊甸园的地方。于是，英国人和其他欧洲人大量涌来，在一个竞争激烈、滥用生态资源、种族关系残酷的氛围下，为了扩张定居点，移民开始大批屠杀沿海印第安人，然后在抢占的土地上出示地标，显示所有权，并试验种植各种作物，最后发现最适合盈利的作物——稻米。纵使早期疾病肆虐，人口增长遇到挫折，但还是被有力地克服了。到 1720 年，南卡罗来纳人口已经增加到 1.8 万。黑人是稻田里主要的劳动力，1.8 万人中黑人奴隶是白人的两倍，这里的黑人奴隶制的严酷程度超过北美大陆其他英属殖民地。而在北卡罗来纳，人口的发展逐渐走上了正轨，移民们大都建立了家庭。劳动者也以白人为主，占人口的 85%，是一个艰苦奋斗的白人的世界。但是不管怎样，北美大陆毕竟有了大量的移民劳动力作为稳定的劳动人口。其他一些殖民地情况也基本如此。

封建国王出于复辟的奖赏和新大陆固有的自由气息，使卡罗来纳的管理体系具有封建性和现代性的双重特征。一方面，他们想在此建立半封建的政府，业主或其代理人、贵族要垄断政治权力；另一方面，为了吸引移民，业主许诺宗教自由，并向申请者免费提供土地。因此，卡罗来纳是一个复杂的社会，既有半封建统治的初衷，又有宗教自由；既有贵族垄断的政治倾向，又有法治意愿；既有君主对土地的控制，又有平民得到免费土地的权利；既有对原住民和黑人的蔑视，又有对白人世界平等的坚持。卡罗来纳，尤其是南卡罗来纳的这种复杂性在100多年以后，美国内战时一览无余，使之成为南部同盟的中坚。

2. 对自由的追求

横渡大西洋的船舶上，装载的除了对财富的渴望之外，还有对自由的向往。很多欧洲移民为了逃避政治压迫、寻求宗教自由，来到北美大陆冒险。

清教徒本来就不容于英国国教，他们代表英国资产阶级、新贵族、城市小资产阶级和农民的利益，以宗教形式反对封建专制，

著名的"五月花号"帆船上就满载着这种向往。

不满英国专制政府官方的教会压迫，要求信仰自由，宣扬披着"诚实的"、"纯洁的"宗教外衣，反对荒淫堕落，反对占统治地位的教会，因而受到严酷压迫。在詹姆士一世统治时期，"分离派"清教徒遭到迫害。1608年，约克郡的斯克鲁比的分离派公理会教徒在威廉·布雷德福和牧师约翰·罗宾逊率领下移居荷兰。为了建立一个独立的家园，他们在1620年从弗吉尼亚公司申请到了移居北美的土地。9月6日，36名清教徒从荷兰的莱顿回到英国的普利茅斯，与来自伦敦和南安普敦的68名移民会合，朝圣者乘"五月花号"驶向北美弗吉尼亚。一场暴风雨把他们吹向北方，于是他们在科德角上岸。一个月后，他们在普利茅斯建立了一块小殖民地。

清教徒奔向自由的决心无比坚定。第一批移民清教徒为了获得移居的资金，求助于伦敦商人托马斯·韦斯顿，答应了苛刻的条件——将在未来的北美弗吉尼亚的定居点为韦斯顿无偿工作7年。清教徒经过两个多月长途航行到达新大陆，却面临更加严酷的考验。寒冬接踵

而至，移民们搭盖的简陋房屋难以抵御风雪，粮食也不足，熬到冬天结束时，贫病交加的移民们只活下来不到 50 人。幸亏当地原住民的帮助才渡过难关。

为了自由的未来，一个崭新的制度，在前途未卜的海上诞生。"五月花号"船上本来盛行一种思想——新社会里的公民可以自由结合并同意通过制订对大家都有益的法律来管理自己。而且，因为风浪，船只未能按计划到达弗吉尼亚，转而航向普利茅斯，移民们产生骚动，有追求绝对自由倾向。为了避免发生内讧和混乱，移民领袖威廉·布拉德福德和威廉·布鲁斯特等人共同协商，为未来的定居点制订了管理规则，即后来的《五月花号公约》。他们相约在上岸后组成一个公民社会，建立一个自治政府，制订公正平等的法律，服从合法的权威，保障他们的政治自由和宗教信仰自由，推进殖民地的共同利益。在离船登岸之前，41 名成年男性移民在《五月花号公约》上签了字，这是英国移民在北美自愿达成的第一个社会自治协议。

《五月花号公约》规定："为了上帝的荣耀，为了增强基督教信仰，为了提高我们国王和国家的荣誉，在弗吉尼亚北部开发一个殖民地。我们在上帝面前共同立誓签约，自愿结为一民众自治团体。为了使上述目的能得到更好实施、维护和发展，将来将不时依此而颁布的被认为是对这个殖民地全体人民都最适合、最方便的法律、条令、宪章和公职，我们都保证遵守和服从。"《五月花号公约》的主要精神是要建立一个按照少数服从多数原则实行自治的共和政体，为每个成员提供平等、自由、选举等民主权利。宣布了殖民地的目的、政治实体的基础和殖民地政府的权力。《五月花号公约》的核心是多数统治、公正、平等和法治原则，这是美国最早的有关理想社会生活一份蓝图，也为随后建立的其他几个新英格兰契约殖民地提供了一种模式，其他殖民地都有类似《五月花号公约》的文件。

在普利茅斯殖民地，移民把公约付诸实施。政治上实行自治，成立全体居民参加的市镇大会，在市镇大会上选出总督和助理，负责市镇的公共事务。不久，建立了其他市镇。1639 年，这些市镇选出代表到普利茅斯开会，产生了代议制议会。清教徒实行土地私有，居民可以自谋生计。在清教徒的勤恳和原住民的帮助下，移民们在新土地上开发农业和渔猎。1640 年时，殖民地已经形成了比较稳定的局面。

《五月花号公约》对美国民主制度的确立影响深远，虽然公约援引上帝旨意作为其存在的根据，但清教徒更注重世俗政治实体的运作；上帝旨意高于一切作为一种不容怀疑的对全体清教徒的神圣约束，是世俗政府的法律基础，是宗教世俗化和世俗政治制度民主化的一个重大步骤。始于《五月花号公约》，殖民地形成了两条重要政治原则，一是成文法成为政府组织的基本法，二是政府和人民的关系被视为神圣的契约关系。这两条原则对后来制订美国宪法产生了深远影响。《五月花号公约》使反抗压迫与奴役、渴求美好生活的精神深深扎根于美利坚民族灵魂深处，成为美国社会平等和自由民主价值观的思想基础和保障。民主自由的价值理念和科学精神促成美国立国并发展壮大，构成了各个历史时期社会进步和变迁的重要动力源泉。被后人称作北美民主的一块基石。

马萨诸塞殖民地早期移民中大多也是在英国宗教自由逐渐遇到禁压的清教徒，他们的领导者是约翰·温斯罗普。温斯罗普的理

马萨诸塞殖民地，显示了奔向自由和自由开拓的精神。

想是在新大陆建立一个充满基督之爱的"山巅之城"，清教徒在这里将严格根据本教的教义生活。

马萨诸塞的清教徒家园制度，在远航北美前就在英国形成了。1629 年，马萨诸塞海湾公司从英王手中获得了在北美建立殖民地的特许状。1629 年 8 月 26 日，受马萨诸塞海湾公司委托，约翰·温斯罗普与托马斯·达德利等 10 余人签订了《剑桥协议》，决定举家迁徙北美，共同开辟马萨诸塞海湾定居地。10 月，温斯罗普被选为未来殖民地的总督，达德利为副总督。1630 年 4 月，约有 1000 名移民在温斯罗普的率领下乘 4 艘船来到已有英国移民定居的塞勒姆，开始

建立马萨诸塞殖民地。他们创建"山巅之城"的心情是那样热烈，在航行途中，约翰·温斯罗普向旅伴们热情洋溢地进行布道："我们将如山巅之城，为万众瞻仰。因此，我们如果在已经着手的事业中欺蒙我主，使主收回目前赐予我们的庇佑，我们就将成为世人笑柄，天下丑闻。"

制度注定使马萨诸塞成为清教徒家园。马萨诸塞殖民地有一个特殊的优势，公司特许状没有规定公司总部的所在地。因此，该公司没有像其他公司那样将总部设在英国，派员去北美管理殖民地，而是将公司与移民一同迁往北美殖民地。这样一来，殖民地政府的权力便不在英国，而在马萨诸塞。特许状中规定，权力归大法庭，而大法庭的组成人员必须是清教徒中的"自由人"，这就保证了清教徒在殖民地中占有政治及宗教的支配地位。大法庭负责选举州长。

此次移民随即带动了一次大规模的清教徒移民运动。到1642年左右，10余年间从英国陆续迁来大约1.3万名新移民。这些移民大多数是30岁以上的中年人，能够自己支付迁徙所需的费用，通常是举家迁徙；有的还是整个教区集体迁徙，富裕的家庭还带着仆人。由于这些缘故，马萨诸塞殖民地很快就发展成了一个较为稳定的社会。1630年时，马萨诸塞殖民地只有波士顿周围几英里之内的7个定居点，10多年后定居点的数量扩展了近两倍。居民主要从事农业和捕鱼业，与英国的乡间生活颇为相似。

马萨诸塞殖民地的另一个作用就是，它无意间开启了北美自由的多样性。因为并非每个人都喜欢这种正统的清教教规，所以冲突在所难免。第一个敢于直接和大法庭对抗的是一位名叫罗杰·威廉斯的年轻牧师，他反对殖民地当局侵吞印第安人的土地并同英国国教保持联系，因而被马萨诸塞殖民地驱逐。被驱逐后，威廉斯在1636年从土著纳拉干西特印第安人手中购买了现在的罗得岛州普罗维登斯的土地，并在那里建立了第一个政教分离、人人可以享受宗教自由的殖民地。像威廉斯那样离开马萨诸塞的所谓的"异端分子"并非个别现象，不少清教徒为寻找更好的土地和机遇也先后离开了马萨诸塞殖民地。例如，康涅狄格州河谷有大片肥沃土地的好消息吸引着土地贫瘠的农民。到 17 世纪 30 年代初期，已有许多人冒着被印第安人攻击的危险去获取平坦而肥沃的土地。这些新兴社区改变了以前只有教会会员才有权投票的规定。因此，拥有选举权的人数不断扩大。

其后，向往自由的灵魂源源不断地来到北美。1630 年，1000 名清教徒乘坐 11 艘船从英国出发驶向企盼中的乐土，截至 1642 年，移民运动给新英格兰带来 1.8 万名殖民者，开始在北美大陆的土地上兴建他们的乌托邦。一个清教徒写到："上帝已经选择了一个国家，他将保佑那颗精选的种子在这片荒野生根发芽。"为了理想，清教徒甘愿放弃其他英国移民追求的自由——一种近乎绝对的自由、非集体的自由，而获得一种全体能够享有的最大程度的自由。在这种强大使命感的激励下，他们克服荒原上一切困难，存留下来。

几年后，他们向南进入后来的康涅狄格和罗得岛，向北推进到礁石遍布的海岸线一带。清教徒以斗志昂扬的工作伦理和使命感为动力，生活逐渐好起来。健康的空气、良好的饮食和宽松的社会，使新英格兰人口的增长速度和寿命在欧洲前所未闻。当西欧人口增长停滞之时（死亡率≈出生率），新英格兰的人口，不算新移民，每 27 年增长一倍。

英国的叛逆思想和北美的清教徒主义已经成为新英格兰的一种支配意识，现在仍然是独特的美国观念的组成部分。

贵格会自信而执著。16 世纪英国宗教改革后，在英国的威斯特摩兰、坎伯兰、约克、兰开斯特和东南部各郡出现了一个新教小教派——教友会（或称公谊会），教派信

贵格会涌入北美，建立自由家园，更好地诠释了新大陆上的自由平等精神。

徒被称作"Quakers"，所以该派也被称为贵格会。他们认为英国的教会已经腐败，宣布摒弃其带有天主教气息的利益和仪式，取消所有教会官员和教会制度，不接受原罪和永恒宿命论，拒绝遵守表示恭顺的

传统，如向地位高的人致脱帽礼，因为他们认为上帝没有创造社会差别。他们怀有更加虔诚的乌托邦信仰，追求更加公平的社会和更加纯洁的宗教。他们主张在上帝面前人人平等，崇尚友爱、和平、勤劳俭朴，信仰自由，反对种族、性别和阶级差异。这种思想也威胁到了社会等级制度和社会秩序，该派的主张被英国国教视为异端而遭到迫害。为了寻求信仰自由的空间，教友会人士很早便来到了北美。但是在马萨诸塞等殖民地，教友会仍然受到排斥。因而建立一块属于教友会的殖民地便成了教友会人士的共同理想。

教友们怀有共同的平等和自由理念，汇聚在一起，建立和繁荣了属于自己的殖民地。

追求自由和逃避压迫是孪生兄弟，促成了北美大陆最自由、最平等的殖民地。怀着改变世界的强烈责任感，同时为了逃避严酷的镇压，贵格会从1650年代起西行进入北美，1674年，在北美建立了他们的殖民地——西泽西（后与东泽西合并为新泽西）。在那里，他们制订了在那个时代异常自由的宪法，允许几乎所有自由男子投票选举立法委员和当地官员，保证移民享有宗教自由和出席由陪审团的审判。正如他们所解释的："我们为后代理解他们作为人和基督徒的自由奠定了基础，他们不可奴役，除非他们自己同意；因为我们把权力交给了人民。"尽管最初五年只来了1500名移民，但是凭借坚定的信仰与顽强的奋斗，贵格会在北美逐渐扩大影响。

如果说贵格会的教义感召教友们自发开垦，建立新泽西。那么，同样自由平等的教义感召有权力、有责任感、有制度精神的人，会建立怎样的地方呢？答案是宾夕法尼亚。

教友会中有一位卓越的领袖，他虔诚于教义，富有责任感和财富及权力，他是优秀的实业家威廉·宾（William·Penn）。1681午3月，宾借助其父威廉爵士与英王查理二世的关系，获得了在北美建立一个业主殖民地的特许状。1682年，宾来到了他的北美殖民地，着手建立教友派的家园。这里位于马里兰殖民地北面、纽约殖民地的南面，是一望无际的林海。早就有人造访这里，约在1600年前后，开始有荷兰、瑞典和英国移民来这里定居。1664年后，此地成为英属北美殖民地的一部分。宾乍见之下不禁感叹"Sylvania"，意思是"好大的一片森林"，从此这块殖民地便被称为"宾夕法尼亚"（Pennsylvania），意即"宾的森林"。1682年，贵格会开始涌入宾夕法尼亚，并很快吸引了早期的荷兰、芬兰和瑞典移民的加入。

自由平等的宾夕法尼亚同样崇尚契约精神，制度反馈于现实，造就了繁荣的宾夕法尼亚。宾召集各县代表讨论并通过了宾夕法尼亚《政府框架》和《四十法令》，还在1683年召开了议会。随后，宾委托他的5个私人朋友管理殖民地事务，自己则于1684年回到英国。在宾的开明政策的推动下，宾夕法尼亚人口增长很快，到1685年已达8000人，在建成后25年内拥有约2万名白人。平等的原则也适用于印第安人并深深打动了他们，由于饥荒、种族仇杀等原因成为难民的印第安人从四面八方涌入宾夕法尼亚。宾夕法尼亚因为居住着献身宗教的农业家庭而繁荣，成为富裕的谷物产地。到1689年时，宾夕法尼亚已出现了一群颇有实力的社会精英，逐渐控制了本地的政治实权。

繁荣而自由的宾夕法尼亚逐渐赢得了决定自己命运的权力。1699年12月，宾再次来到殖民地时，人口集中的费城的规模比纽约还大，商贸发达，一派繁华。原想整顿殖民地权力的宾，被迫与议会中的反对派签订了反映本地精英利益的新的《政府框架》，授予议会更多的权力，调整了原来的土地政策，扩大了殖民地的自治权。这些新政策深受宾夕法尼亚人民的欢迎，在其颁行50周年之际，费城专门铸造了一口纪念大钟，后来被称作"自由钟"。到1700年，首府费城港的人口超过纽约市；半个世纪后，费城成为殖民地最大的城市，有工匠、水手、商人以及从事各种其他职业的人；60年后，成为美国革命的中心。1776年，自由钟再次响起时，是在宣告北美13个殖民地脱离英国而独立。贵格会式的自由与平等，使宾夕法尼亚为美国社会特性的多元化奠定了基础。

3. 有精神的财富和有家园的自由

早期英国移民的艰辛劳作与斗争，使北美殖民地在英国的影响越来越大，吸引越来越多的向往财富与自由的人们。从 1607 年至 1733 年，英国人分别以授权、赏赐、掠夺等方式，在北美大陆的东部沿海建立了 13 个殖民地。分别是：弗吉尼亚、马里兰、南卡罗来纳、北卡罗来纳、宾夕法尼亚、特拉华、新泽西、马萨诸塞、新罕布什尔、纽约、康涅狄格、佐治亚、罗得岛。佐治亚是英国人在这一时期建立的最后一个殖民地，至此，结束了在北美沿岸开拓殖民地的历史阶段。这 13 个殖民地在地理上连成一片，在政治上相互独立，在军事上从各自为战，最终发展为联合对敌。

> 殖民地借助欧洲的文明，开发尚无历史背负的荒原，实现了先进与原始的结合。

殖民地社会经济发展令人瞩目，移民借鉴了母国的资本主义社会经济框架，并在相对自由的土地上较为充分地释放了这一框架的能量。在北部，马萨诸塞、新罕布什尔、康涅狄格等殖民地，是资本主义工商业相对发达的地区。纺织、制革、采矿、造船、酿酒、面粉、木材、炼铁等行业已经兴起。18 世纪中期，这里的工业制品不但能满足自身的需要，而且有些还能出口同英国竞争。农业方面，新英格兰以生产粮食的小农占优势，形成了典型的美国式的小农场，独立性比较大。

在中部的宾夕法尼亚、纽约、新泽西、特拉华等殖民地，土地肥沃，气候适宜，也以小土地所有制为主，但农场规模较新英格兰大。这里的欧洲移民，特别是荷兰、法国的胡格诺派教徒和来自莱茵地区的德国人，具有高超的农业技术，农业发达。这里盛产小麦等作物，加上小麦出口其他殖民地，因而素有"面包殖民地"之称。农业带动畜牧业，这里生产大量畜产品，为居民提供有益健康而又相当便宜的食品。中部殖民地也有一些种植园，手工业也有相当的发展。费城和纽约是最大的城市，分别拥有人口 23000 人和 15000 人，这两个城市在后来的独立战争中给人们留下深刻印象。

马里兰、弗吉尼亚、北卡罗来纳、南卡罗来纳、佐治亚等南部殖民地以黑奴种植园经济为主。种植园以生产商品获取现金为目的，以种植烟草、大米和蓝靛为主。随着黑人奴隶的不断输入和种植园经济的迅速发展，种植园的主要劳动力由黑人奴隶取代了最初的白人契约奴。独立战争前夕，弗古尼亚人口的半数是黑人，南卡罗来纳的黑人奴隶比白人契约奴多一倍。差异导致冲突，各殖民地不同的经济特征为今后的南北战争埋下伏笔。

随着殖民地经济的发展，殖民地人口经过初期的艰难岁月，也迅速增长起来。据 1790 年的统计：马萨诸塞人口是 475199 人，

越来越多自由的灵魂附着在日渐强大的躯体上。

新罕布什尔 141885 人，罗德岛 68825 人，纽约 340120 人，宾夕法尼亚 434373 人，康涅狄格 237655 人，新泽西 184139 人，特拉华 59096 人，马里兰 319728 人，弗吉尼亚是 747610 人，北卡罗来纳 393751 人，南卡罗来纳 249073 人，佐治亚 82548 人，合计 3929000 人。总人口从 1610 年的 210 人发展到 1790 年的 392.9 万人，翻了近 2 万倍。其中北部新英格兰的人口占总数的 25.7%，中部各州占 25.9%，南部各州占 48.5%。大量的人口构成了一个成熟社会的基础，为北美军事的发展提供了丰富的人力资源。

殖民地居民完全生活在一种新的社会组织里，既不同于印第安人的原始社会，也有别于欧洲的社会结构。殖民地内的不同社会经济制度不仅对他们各自未来的命运产生影

荒原提供空间，母国提供借鉴，殖民地社会组织在文明的起点上自然地发展。

响，而且同他们各自的政治体制有着密不可分的联系。殖民地有三种不同的政治体制。独立前夕，弗吉尼亚、马萨诸塞、南卡罗来纳、北卡罗来纳、纽约、新罕布什尔、新泽西、佐治亚等殖民地是英王直辖殖民地，他们的行政长官总督由英王直接指派。马里兰、宾夕法尼

亚、特拉华属业主殖民地。业主由英王赐封土地，代表英王实行统治，总督由业主指派经英王批准。罗得岛、康涅狄格属自治殖民地。它是由小生产者以"占有者主权"的名义占地而建的。总督由殖民地的有产者选举产生，是最高行政长官，代表英王，秉承英王意旨办事。

在殖民地，总督拥有任命下属官吏的权力，也有否决议会决议的权力，甚至可以解散议会。总督还是殖民地最高军事长官，很多作战行动都是总督指挥的。总督下设参事会，它相当于英国立法机构的上院，但兼具行政和司法机构的某些职能。殖民地的议会由居民选举产生，殖民地人民利用议会进行争取民主的斗争，推动了资产阶级民主制度的发展。

殖民地的阶级结构随着殖民地的扩展与开发渐趋复杂，在宏观上可分成三个阶级或集团。第一是贵族阶级，包括英国委派的王室官员、大土地所有者、大商人；第二是中产阶级，包括中小商人、小手工工场主、中小农场主和自由农等；第三是劳动人民，由工资工人、手工工人、学徒、少地或无地农民、水手、契约奴和黑人奴隶构成。贵族在军事活动中经常担任领导角色，中产阶级和劳动人民是士兵的主要来源，也有些在战斗中成长为军官。

相对的独立＝理性的团结，不爱小聪明＝大智慧

每个移民都有自己的财富和自由梦想，都以不容侵犯的心态和坚定的决心去为之奋斗。他们决心自食其力，在没有生活资源的荒原上，没有别人的利益可以贪图，只能靠劳动去创造财富。因此，他们相信自己、依靠自己，同时尊重别人。这样的社会，不会大量产生靠坑蒙拐骗而获实利的人，也就很少小聪明。自我奋斗和自我利益，在彼此需要的条件下，促成了理性的团结——一种自然而然的团结。每个人都知道自己在社会中的位置，侵犯任何一个与己相同的个体，就等于与整个群体为敌，也是与己为敌，拒绝小聪明，造就了大智慧。个体保持独立，融入社会。

由于殖民地经济的发展，资本主义统一市场逐步形成。18 世纪初叶以来，北美十三个殖民地之间的经济往来日益频繁，新英格兰一带的工业品远销南方，中部和南部殖民地的粮食和原料供应北方，水路运输和商业均有显著的发展。移民们虽然来自欧洲各地，但是由于长时期在同一地域内共同生活，彼此交流，使居民之间差别缩小，隔阂消除，英语逐渐成为他们的共同语言，共同的文化心理素质渐臻成型，近代民族的基本要素已经具备，美利坚民族开始初步形成。

在民族形成的过程中，殖民地人民养成了一种鲜明的性格。移民们摆脱了旧世界的桎梏去新大陆寻找自由，所以他们富有较强烈的独立精神，每一个人都在为自己工作。他们反抗旧秩序、反对君主专制，追求民主和自由。殖民地人民具有艰苦创业的求实精神。离开旧大陆，建设新世界更需要创业的求实精神。这个民族几乎是在未开垦的土地上依靠自己的力量创业起家的，创业的艰难进程培养了他们的特殊性格。他们不断开拓进取，追求更加美好的东西，很少保守思想。北美英属殖民地的人民正是以这种独特的性格，在荒原上建立了自由的家园，同时与来自各方的竞争对手展开斗争。北美军事在各个发展时期，都深深的打下了民族性格的烙印。

财富和自由，是移民们不惜生命追求的东西。新英格兰和宾夕法尼亚的自由精神逐渐深入北美大陆。除了比较集中的自由集散地，自由的梦想也在其他主要以财富为目的的殖民地生根发芽，因为自由本身就包含拥有和支配财富的自由。而财富也逐渐变成了自由追逐者的目标，首先，自由本身就是最宝贵的财富；其次，为了生存，财富是生存的基础；再次，自由之地接纳那些一心向往财富的人，并受其影响发现通向财富之门已经洞开，没有不取之理。欧洲移民为财富和自由而来，自由和财富是他们最根本的追求，是神圣不可侵犯的，任何触及它的人都要遭到最激烈、最彻底的反抗，最终铩羽而归。这种精神深深地扎根在殖民地的军事传统中。

（二）平民与士兵

在人类最初的战争中，劳动者与士兵的身份同时标定在同一个人身上，以后因为战争的需要，在漫长的军事斗争历史中逐渐分离。美国军人职业发展的历史基本重复了这一过程，但由于这一移民群体的历史根源，保持了军人作为人更多的"生活者"本质。从踏上北美大陆的那一天起，殖民者就为了随时抵御野兽的袭击或者同印第安人搏斗，不得不在种田、伐木或者做礼拜时都随身携带武器以自卫，连妇女和孩子也不例外。同时，不同国家移民间的相互袭击也是经常发生的灾难，开拓者必须随时准备保护自己。为了同自然与社会的艰险环境抗争，平民必须做好军事准备，开始是出于自发，后来逐渐形成共识，殖民当局作出各种相关规定而逐渐形成制度。

1. 危机四伏的荒原

最初到达北美的殖民者有三类主要的敌人——野兽、印第安人和其他欧洲敌国的殖民者。荒原上出没的野兽常常使垦殖者痛失亲人，然而野兽的袭击并不是最可怕的侵害。外来人对原住民的依赖与侵害，使殖民者与印第安人之间一直保持着极其复杂微妙的关系，他们之间的合作与冲突贯穿了整个北美殖民史。与欧洲其他国家移民之间的意识冲突与利益矛盾，也常常导致流血和牺牲。所有敌对的侵害，都使本来生存条件艰难的移民雪上加霜，不得不面对自然与人类的双重威胁，承担生产与战斗的双重任务。

与印第安人之间复杂的感情，贯穿美国历史，从登上北美大陆开始，就在友谊与敌对之间徘徊，表现为合作与冲突。蛮荒时代的北美大陆生存环境恶劣，使殖民者步履维艰，在很多方面，对原住民依赖很大；同时，彼此合作，还促进了交流。

从感恩节大餐，到价值 40 英镑的印第安人头皮

对上帝感恩，起源于印第安人的恩惠。清教徒刚刚上岸之时，就缺衣少穿，无法挨过漫长的冬季，得益于印第安人的赠送才生存下来，并逐渐站稳脚跟，流传后世的"感恩节"就产生于这一时期。除了现成的物资外，印第安人还把自己宝贵的粮食种子赠送给移民，并传授给他们适合当地地理特点的种植技术，使之获得长期生存的基础。其他英国移民在登陆初期也经常得到原住民的物资支援，而得以存留。

移民需要印第安人的同时，也给印第安人带来了先进的生产技术，帮助他们改进生产方式。这种物资与技术的交换，逐渐发展成彼此的贸易，有些贸易——如皮毛贸易，甚至在 18 世纪前占主导地位。不管这种合作的程度有多大，毕竟在移民与原住民之间形成了最初级的合作关系。

在物资交换之外，还有另外一个基础使二者和谐共处，就是那些为逃避欧洲思想桎梏漂洋过海的自由思想。无论是清教徒、贵格会，还是其他怀有自由梦想的团体，都认为人生而平等，须相互尊重。因此，在他们与原住民最初的交往时期内，二者关系尤其融洽。

这种平等认识在军事方面的最大意义在于，他们尊重原住民的智慧与传统，吸收了原住民在军事领域有价值的东西，将原始的、最纯净的军事民主思想与一种渴望强大的努力结合在一起，冲击了僵化的欧洲传统贵族思维，使美国军事思维一开始就种下了军事民主的种子。在欧洲人到来之前，在墨西哥以北的北美大陆上，居住着 300 个部落大约 250 万印第安人。由于部族之间为争夺地盘和财富经常发生战争，所以印第安人实行的是军事民主制。在作战中勇猛的人威信最高，被部落成员推选为酋长或首领。酋长和军事首领组成部落议事会，处理部族日常事务，决定战争与和平等重大问题。部族的全体成员都是自由人，均享有平等的个人权利，并不要求任何优越权。在战争时期的首领可经过或不经过选举产生，权力不大，仅在战时有发言权。这类似于军政、军令分离，与后来美军的文官治军制度极为相似。虽然这种认识被后来利益至上的野蛮殖民狂潮掩盖了，但是却在潜层保存下来，并在美国军事发展过程中不断发挥关键作用。此外，印第安人战术灵活，他们的散兵伏击战术和游击战术，不像欧洲人那样拘泥于排阵列队冲锋，而是善于利用地形地物，灵活机动地作战。这在后来美军不拘成法进行灵活的战略战术调整，而赶超欧洲列强的过程中可见一斑。

很快，战争成了移民的家常便饭。好景不长，除了第一次的感恩节还有感谢印第安人相助的含义外，以后的感恩节都没有这方面的内容了，因为印第安人很快变友为敌，成了白种移民剿灭屠杀的对象，印第安人也毫不手软地以刀箭对付怀有敌意的白人。

生存空间和生产、生活资料是自由存在的物质基础；同时受后来加入者差异思想的冲击，这些追求自由的人们也不得不参与同印第安人的冲突。至于那些接受英王贷款或者自筹资金为淘金而来的财富向往者，就更加露骨地表现为掠夺。当然，出于自然法则而言，财富从来都不是固定属于某些人的，而是属于那些能够发现并且得到它们的智者和强者的结合体。来到北美的欧洲人正是如此实践了这条生物法则。

对于移民来说，属于个人的土地、财产和社会权利是联系在一起的。而对于印第安人来说，土地及其上的动植物是部落共同的财产，是上帝赐予的，神圣不可侵犯。而移民注定要侵犯，于是战争不可避免。移民开始不择手段地侵吞印第安人的土地和财富，使用暴力驱赶印第安人，实行灭绝种族的大屠杀；他们还挑起印第安人各部落之间的冲突，以便从中渔利。

由于大部分欧洲的殖民活动臭名昭著，残忍地对待印第安人，并不断地侵占印第安人的土地，压缩他们的生存空间，掠夺他们的生活、生产物资，致使印第安人奋起反抗，彼此残忍地攻击，战争规模越来越大。攻击以剥夺对方生存为目的，所以，方式极其残忍，充满血腥的杀戮司空见惯，屠杀、摧毁等行为贯穿整个冲突始终。

例如在佩科特战争中，移民与原住民相互屠杀和捣毁村庄。在梅斯迪克战斗中，殖民者将六、七百个佩科特人在一个小时内全部杀光，其中多为老人、妇女和儿童。剩下的人被贩运到西印度群岛为奴。一个殖民者描写了大屠杀的情景，称印第安人的尸体是很好的肥料。到 1638 年，佩科特人已经在北美大陆上消失了。佩科特人是第一个被灭绝的印第安人部落。1703 年新英格兰规定每个带发头皮赏40 英镑，1720 年增至 100 英镑。弗吉尼亚议会还正式宣布对印第安人进行无限制的战争。殖民者开始对印第安人实行种族灭绝政策。印第安人家园被毁，土地被占，人口锐减。1676 年以后，阿巴拉契亚山脉以东广大地区已无印第安人。

在殖民者的野蛮进攻面前，印第安人的反抗也日益猛烈，从 17世纪 50 年代起，直至 17 世纪末，印第安战争的次数愈来愈频繁，规模越来越大，几乎每天都发生移民同印第安人的冲突。印第安人开始有了少量火器，作战方式也有了很大改变。他们开始结成部落联盟来共同抗击殖民者。作战时，尽量避免正面交锋，只靠奇袭，在条件有利时才和移民进行面对面交锋，并使用火箭来焚烧白人的木制房屋。印第安人的这种战术使殖民者胆战心惊，觉得好像到处都受到无数活生生的魔鬼的袭击。

在这期间，战争规模越来越大。1622 年的包瓦坦战争，印第安人摧毁了弗吉尼亚 88 个移民定居点中的 80 个，几乎把首府詹姆斯顿夷为平地。移民死 347 人，印第安人死千余人。1644 年印第安人又突袭新英格兰，杀死 300 多名移民。1675 年，1100 名殖民者发起了"大沼泽地战役"，他们进攻并杀死了近千名纳拉干人，印第安人的反击也使殖民者付出 200 多人的伤亡。1675～1677 年，在新英格兰爆发了在殖民地时期规模最大的"菲利普王之战"。望潘诺格族酋长菲利普王联合周围的印第安部落共1万多人，起兵讨伐殖民者，他们摧毁了新英格兰90个定居点中的50多个，使殖民者伤亡惨重。殖民者血腥镇压了这次大起义，但也付出惨重代价，英国共耗资近10万英镑，有600多殖民者丧命。这场战争被称为"殖民地历史上代价最大的一次战争"。

殖民者也改变了战术，他们把各殖民地联合起来，如组建了"新英格兰联盟"；焚毁印第安人的村舍、粮食和庄稼。并且开始收买利用一部分印第安人当向导和侦察员，制造印第安阵营内部的分裂和内讧。各殖民地还对印第安人实行武器禁运，违者严惩不贷。在战术上，针对印第安人晚上不放哨，不喜欢冬季作战的弱点，多在黎明向印第安人发动突然攻击。对印第安人作战多选在冬季，毁坏印第安人的住房，逼其逃往西部。

到18世纪初，阿巴拉契亚山西南大片地区也成了欧洲移民的天下。移民为了这一成就也不得不不断地重建被毁的家园，并付出死亡超过10万人的代价。由于袭击的目的是驱逐或消灭对方，所以是毁灭性的，双方所有死亡人员中包括老人、妇女和儿童；损失除了人的生命之外，还有房屋、田地和粮食。移民为生存和财富而挑起战争，又在战争中创造和享受生活，成了左肩扛锄、右肩扛枪的战斗的百姓，这一传统，后来被固化在美军的民兵传统之中。

欧洲移民，出于各种原因，斗争激烈，逐渐成为斗争的主角

欧洲其他敌国的殖民者，将母国间的矛盾带到了北美大陆。最早踏上北美大陆的西方殖民者是西班牙人。他们早在16世纪初便多次入侵北美。法国人16世纪中期也步西班牙人后尘来到北美，从17世纪起至17世纪中期，英国、荷兰、瑞典等西方列强也加入了争霸北美的行列。在开发新大陆的热潮中，西班牙人在南部，俄国人在北部，法国人在巴哈马群岛和路易斯安那，丹麦人和英国人在东北部沿岸向内陆扩张。

来自欧洲各国的殖民者，经常受母国意识驱使和因对资源的渴望而相互攻击。1701年西班牙王位继承之战就是最典型的例子。最早在北美进行殖民活动的是西班牙人，他们首先占领了墨西哥，并于16世纪早期开始绘制北美洲东南部的地图。1526年，西班牙的势力触及到南卡罗来纳，开始沿着切萨皮克湾建立定居点，逐渐占领佛罗里达；1536～1542年西班牙人又跨过密西西比河占据阿肯色和得克萨斯东部；1540年后，逐渐占领亚利桑那和科罗拉多。为了与来自英格兰的对手竞争，1598年，西班牙人唐·胡安·昂纳特划定一个地区为"新墨西哥"，地理范围大致为从得克萨斯延伸至加利福尼亚的一带地区。与英格兰移民的地盘接壤，矛盾不断，经常进行着各种理由引起的战争。当然，资源的争夺是最大的理由。从1610年到1763年，英国与西班牙移民在北美大陆上进行了多场战争，比较著名的冲突有1706年查尔斯顿战役、1739年圣奥古斯丁战役，1740年卡塔赫纳战役和1742年弗雷德里卡战役等，双方均付出了人员和财产损失的惨重代价。生产与生活资料被掠夺，村庄被摧毁，人口被屠杀，使本来艰苦的生存条件变得更加艰苦。

　　抢夺殖民地是导致冲突最直接的原因。英国在北美的殖民活动虽然较西班牙为晚，但是很快与另一个国家在殖民方面，超过了西班牙，那个国家是法国。当时，法国国王路易十四，为了增强在欧洲的竞争力，将目光投向新大陆，期望获得财富以支持欧洲的竞争。1604年，法国人尚普兰就在阿卡迪亚德罗亚尔港建立了一个小殖民地，后来逐渐在大湖区站稳脚跟。从1673年开始，展开了对密西西比河和密苏里河流经的广大地区的勘测，十年后开始在大湖区和密西西比河谷建立堡垒和布道所；此后的十几年，法国人获得并巩固了他们对北美中心地带和密西西比河下游河谷的所有权。

　　他们与英国人的矛盾一开始就暴露出来，并在此后的几十年中愈演愈烈。英国人绝不满足于仅对北美东海岸的狭长地带拥有控制权，为财富和自由而来的人们渴望更多的财富和更大的自由度，新法兰西

的广袤土地是其首当其冲的目标；同时，由于在欧洲大陆上延续已久
的矛盾，使英国和法国移民之间并不友好。所以，他们为了母国的信
仰和更大的利益而残酷的战斗。1689 年，路易十四在西欧的侵略行
径挑起欧洲战争，英法之间的冲突很快扩展至两个列强的殖民地，并
掺杂着人类最直接的目的。在 1689 至 1713 年间，就爆发了两场战
争。1689 年，欧洲的大同盟战争促使北美发生了威廉王之战；1701
年，欧洲的西班牙王位继承战争，促使北美发生了安娜女王之战，一
直持续到 1713 年。这两场战争严重打击了英国殖民地，20% 的殖民
地健康男性参加了战争，其中 25% 没有回来，战争寡妇不计其数；
经济损失严重，仅马萨诸塞的战争负债就高达 5000 万英镑，人均负
担比今天的国债还大。

与欧洲其他国家殖民者之间的关系也以竞争为主，荷兰、瑞典等
国的殖民者与英国殖民者之间的竞争与冲突也大体类似。总之，来到
新大陆的英国人，面临着多重敌人的安全挑战。北美荒原危机四伏，
自由、财富、生命随时受到威胁，移民们必须时时刻刻准备战斗。

2. 孤立的处境

使英国执政者看上北美的直接原因，是英国当时不容乐观的政治
与经济现状，急需新的经济输入以挽救本国的混乱与在欧洲的颓势。
15 世纪末期，英国国内为争夺王位，在兰开斯特家族和约克家族两
个集团之间爆发了"玫瑰战争"，最终亨利七世获胜。其实，在玫瑰
战争结束之前的相当长的时间里，当其他欧洲国家都在忙于建立强大
的帝国之时，英国国内一直在进行着流血战争，并为此付出惨重代
价，人力物力消耗殆尽。胜利的亨利七世决定巩固来之不易的胜利果
实，为此而增强国力是必不可少的，于是发起对新大陆探险的号召。
既然是以营利为目的，利益最大化是基本方针，减少投入，注重收益
是基本原则。而且由于国内经济紧张，在这种情况下，拿出贷款资助

探险者尚属不易，更别说以家长的姿态来支持移民的安全防卫了。所以英国政府对殖民地军事工作的支持极为有限。

在美洲大陆上，法国人和西班牙人是赤裸裸的为财富而来，不管其使用掠夺、奴役还是贸易，都是以经济利益为目标。与二者不同，英国人来到北美大 **英国移民与母国的关系微妙** 陆，除了经济利益外，还有对自由的追求。由于清教徒和贵格会等宗教改革派的信仰与英国政府的主流信仰冲突，在国内遭到了残酷的迫害，而被迫背井离乡，寻求自由的国度。所以，他们与母国之间有着难以解开的意识疙瘩。对于这类移民，英国政府不继续追究就已经是开恩了，更别提什么安全防卫援助了。虽然后来由于利益而产生的不可抗拒的转变，使母国得到了他们的利益回报，但他们仍然是"异类"，不会轻易得到军事援助。对于这些自由斗士来说，安全就只能靠自己来维护了。

在这种情况下，英国政府既要利益，又要省钱，便只能采取相对折中的方式，参与北美的军事活动，而且常常帮倒忙。在英属北美殖民地内，英国军人主要负责领导工作。由于距离较远，交通不便，开始英国无力派出较多的军队到北美，仅在纽约有常驻的正规军。因此，各殖民地当局就把英国的军事制度移植到北美，分别建立自己的军事力量。英国对殖民地军事的管理通过陆军署和海军部实现。海军部领导美洲的英国舰队，任务是镇压海盗和执行贸易条例；陆军署则负责殖民地士兵的征集、行动及薪金发放等事宜。但是，由总督负责殖民地内的一切军事活动，包括委任军官、组织民兵、执行英国发出的命令等。

总督是英国政府委任的，是英王的代理人，代表君主政治，他所负责的军事工作存在一定的问题。首先，总督是军政合一的领导集权者，使军事受政治影响很深。民兵部队中的军官几乎全部来自上流阶层，人们可以轻而易举地从重要的政界地位转为高级军官，反之也是如此。这样的结果是导致军官的军事才华平庸，能力不足。其次，由于移民是得到英王许可才来到北美进行殖民活动的，有些甚至得到了英王的资助。因此，作为国王的代理人，总督认为殖民地的军事为英国服务，民兵被置于被英王利用的地位。而殖民地人民的军事目的主要是保卫自己的新家园，这在军事动因上与殖民地人民产生了不小的分歧，造成了军事活动质量的折扣，并最终导致源于英国的民兵在独立战争中击败了英国。

第三个影响在当时代表英国的军事行动中是不利的，而在后来代表殖民地人民的军事活动中是有利的：那就是英国当局重视正规军的使用，将民兵置于配属地位。他们更重视争夺土地与财产，关于保护移民，只是基于对英王财产的观点，所以大量自卫性的军事活动主要由移民自己承担。而且，由于正规军的专横跋扈，使殖民地人民对此颇为反感，产生了对正规军的厌恶与恐惧心理。

3. 安全主要靠自己

既然对于英国移民，英国政府只希望殖民地带给他们财富，不愿承担过多的军事义务；且因在欧洲自顾不暇，所以希望远在西半球的开拓者们主要依靠自己解决安全问题。殖民者很清楚自身的处境，在来到北美之前，殖民者虽然不清楚有哪些危险在等待着他们，但是懂得未知土地内一定危机四伏，所以到达北美大陆的殖民者是全副武装上岸的。

与母国的复杂关系、与原住民和其他国家殖民者间的利益冲突，使他们明白只有靠自己才能最有效地保证本身的安全。

殖民者一般都聘请一些有经验的职业军人或曾经的军人担任护送和军事指导任务。1607年来到弗吉尼亚詹姆斯敦的探险队就是由约翰·史密斯船长护送而来的。约翰·史密斯是经历过欧洲宗教战争洗礼的老兵，除了护送之外，还向詹姆斯敦的定居者传授军事技能、领导军事工作。在到达詹姆斯敦后的一个月之内，他们就建立了一座用于防御的简易三角形堡垒。类似行为同样存在于其他殖民群体。就连虔诚的清教徒也十分精明，除了依靠上帝的庇护外，还雇用了荷兰独立战争中的一位退伍老兵——迈尔斯·斯坦迪什上尉，来帮助保卫普利茅斯，培养军事技能、领导军事工作。在 1622 年以前，建造了一条长 2700 英尺的环形防御工事。在军事专业人员的帮助下，移民们除了拥有劳动技能之外，还掌握了一定的军事技能，可以应付面临的作战烈度，成为了真正的劳动者与士兵的结合体。

英国移民继承了母国的部分军事传统。在 1066 年诺曼底征服之前，英国每个自由民都是盎格鲁－撒克逊民兵的成员。威廉征服之后，1811 年《武器法》要求每个自由民必须自备武器，定期在当地民兵军官的指挥下受训，并时刻准备响应国王征召而服役。1285 年制订的《温切斯特法》及 1572 年的《对全体应召人员之指令》，进一步详细规定和完善了这些要求。但是，在 17 世纪，英国的民兵制开始走向衰落，逐渐走上职业化道路。

英国殖民地人民一开始就重视军事制度。

而在北美，17 世纪的殖民地十分贫穷，因而不可能供养一支由强壮男子组成的军队，专让他们习武作战。每一个移民必须尽其可能，为殖民地的经济生存而献身。但任何一块殖民地，都无力维持一支职业军队，为了建立一支由武装居民组成的军事力量，除了教友派居住地之外，每一块殖民地都借用了英国历史上全民服役的原则。

英国的第一批殖民地开拓者们深知美洲的艰难险阻。因此，从一开始，殖民特许状就授权殖民地可以建立防卫武装。抵达美洲的第一批船只就在货物中贮存了军事装备，第一批移民中就有一些具有作战经验的军人，如弗吉尼亚的约翰·史密斯上尉、普利茅斯的迈尔斯·斯坦迪什上尉，并让这些人对移民进行军事训练，教移民学习使用武器。在首批移民 1607 年在詹姆士城上岸以后，他们根据英国发起人的意见，立即划分成三组，第一组筑城设防，第二组耕种土地，担任警戒，第三组去作探险。在他们定居下来的第一个月内，印第安人向他们发动了猛烈的进攻，幸亏他们从英国开来的船只依然停泊在海边，船上的大炮帮助他们吓跑了土著居民。约一个月后，他们建立起一座三角形要塞，在要塞上设置了堡垒，并在每一个角落安放了四、五门大炮。在以后数年内，英国在北美的第一块殖民地，实际上一直是围绕着这一要塞而开拓的。

总督托马斯·戴尔爵士1612年来到詹姆士城。那时，由于饥饿的威胁，这块殖民地已陷入崩溃的边缘。为了对付这场危机，作为一名职业军人，戴尔根据"低地国家治军法律"，对每一个移民强行进行军事训练。此后，殖民地的军事力量空前加强，给印第安人留下了深刻的印象。

一个种植园主约翰·罗尔夫曾经写道："喜天下安宁，更喜持久太平。吾民年复一年，耕耘收割，享田园之宁静。可在林中猎禽，亦可持枪捕兽，来往安全亦自由。无有生命危险，无有变节背叛，犹如身在英格兰。"

随着殖民地的壮大和斗争的扩大，零散的军事准备已经不能适应保卫与掠夺的需要，殖民地人民开始着手寻求长效的解决办法——建立军事制度。首先建立的是兵员制度。基于殖民地简单的财政状况，无力供养一支昂贵的职业军队，只能用复杂的制度来给予弥补，民兵制度就属于这种复杂的制度。殖民地的民兵制度继承自母国，聪明与贫穷的移民将伊丽莎白王朝的民兵制度移植到北美的荒原上。虽然英国在北美的13个殖民地有其共同的利益，但是由于每个殖民地都有其各自思维方式和利益，并为其他殖民地所尊重，所以各殖民地之间的军事工作保持着一定的独立性，发展也不均衡。1631年马萨诸塞就颁布了《武装平民法》，规定在两周之内，每个市镇都要把成年男子（包括仆人，但推事和牧师除外）武装起来。而宾夕法尼亚直至1725年才建立民兵。但由于相似的处境和渊源，彼此的民兵制度并没有太大差别。各殖民地的议会都先后立法，按照英国民兵的传统建立义务民兵组织，规定16至60岁的健康男子都要自备武器参加服役

（在不同的时期各殖民地偶有差异）。在平时，民兵要定期参加规定的活动，如训练、阅兵等，以保持战备状态。这些民兵在执行军事任务时是短暂的军人，其余时间则是劳动者。

在所有的殖民地中，基本战术单位是连或民兵队，但不同地区在细节方面差异较大，而且在不断发展变化之中。人数从 60 至 200 人不等；指挥官有民兵选举产生，也有总督任命；有的地方以县为基础组队，有些地方以村为基础组队。民兵人数的增加，促使民兵团产生了；兵种也有了变化，从单一的步兵发展为步骑混合编成。民兵团不是战术单位，而是作为一个军事人员培养单位而存在，一旦有战事，才从中抽选作战人员重新编组，这一制度是后来美军军政、军令分开的源头。

随着印第安人生存空间不断压缩、威胁逐渐减小，普通民兵制度也逐渐显得越来越没有用武之地。此时，一种新的军事事物产生了，即志愿民兵连部分地填补了殖民地军事空白。他们乐于从事军事工作，有自己的制服、装备、组织和集体精神。

志愿民兵连与普通民兵的区别是可以远征作战。一旦加入远征军，士兵就认为他们与政府达成了合法的协定，不能破坏。如果政府没有按照规定履行义务，士兵就认为自己可以不再履行远征职责，哪怕是酒类等生活用品不到位，士兵也会心安理得地开小差，更不用说服役期满就不顾战事未完而退出战斗、自动恢复平民身份了。这种行为看似荒诞，实际上是一种对协定的尊重和对个人与政府间处于平等地位意识的尊崇；有这种行为的人并不意味着不是爱国者，他们只是忠实的制度执行者罢了。

既然在一定的年龄段内的健康男子都是民兵，而且武器自备，那么也就是说民兵制度使殖民地近乎全民皆兵。这样的男子可以应殖民地政府组织而进行统一的作战，也可以在遭遇突如其来袭击的情况下进行即时防御，这正是北美危机四伏

> 民兵和志愿民兵是北美的荒原上全能的战士，担负着殖民地多重军事任务。

的荒原上所需要的。在时间允许的情况下，参加由当地政府组织的进攻和防御行为，是民兵的本职。而由于印第安人的袭击往往是零星的、突然的，无法预测，也由于通信手段落后，在遭到袭击时寻求政府的帮助是无意义的，所以，移民们必须具有一定的自我防护能力，民兵理所当然地承担了这一责任。

作为本地的警察或常备武装力量，民兵所起的作用更好一些。他们维持地方治安，平息内部矛盾，经常执行镇压叛乱的任务。他们所执行的最著名的镇压叛乱任务是平息北卡罗来纳的"制约者"。在1771年5月的阿拉曼战役中，上千民兵击败了对抗政府的"制约者"。在南方，民兵经常用来监视和追捕奴隶；在北方，新英格兰人把民兵当作便衣警察守夜值更。志愿民兵则承担起了远征任务。在"法国和印第安人战争"和"菲利普王之战"中，志愿民兵挑起了大梁。

由于志愿民兵的骨干们热爱军事工作，正如乔治·华盛顿所说：有些人天生就喜欢军事阅兵，乐于从军，愿意在这方面花费时间和金钱。所以，无论在平时还是战时，总有些志愿民兵的士兵或军官在研究过去、现在和将来的军事问题。这些研究是对作战和战争机器的一种可贵的探索，为北美后续的军事事业打下了良好的基础，开创了美国军事科研工作。

殖民地民兵制度的特殊性来自殖民地政治的特殊性。

在殖民地，虽然总督由英王委任，代表英王执行统治，但殖民地有居民选举产生的议会，议会有立法权，并在与总督的斗争中获得了更大的权力，其中包括军事权力。这就保证了由公民和文官政府控制军队和制订军事政策。1641年马萨诸塞议会通过了《马萨诸塞自由法规》，规定不得强迫居民到殖民地以外去作战，要经过居民及议会同意才能从事这种远征活动。陆、海军指挥官，要由殖民地自由民每年选出。议会对其他很多军事权力，如财政权、建设权、采购权等，也有相当大的决定权。甚至连英国政府提出的有关人力、财力、物力供应的要求，议会也有权拒绝承担。如在"七年战争"中，各殖民地都不配合英国的征兵工作，使英军兵力不足。

文官控军在宏观层面上保证了殖民地的自由，确定了军事民主制度。在微观层面上，北美殖民地的宗教民主思想和移民的自由精神深深地影响着民兵和志愿民兵组织，同时，印第安人的军事民主也在发挥着积极的影响。部分高级军官由总督任命，部分高级军官和几乎所有低级军官都由士兵选举产生。这些军官和士兵彼此平等、关系融洽，相互尊重个人尊严和权利。可见，美国战争机器中的文官控军和军事民主，在殖民地时期就确立了。

从没落的封建文明和萌芽的资本文明的国度，来到近似原始社会的荒原，殖民地人民思想站在历史的潮头，身体重复在过去可以看到的历史岁月。为了保卫仅有的利益，殖民地人民凭借微薄的物力和聪明的头脑，找到了当时最为适合的军事制度。移民来到北美不是为打仗，打仗只为获得和保卫利益，这是人类的本能，没有附加的东西。

对于常规意义的战争来说，绝大部分殖民地民兵和志愿民兵，只在一小段时间内是军人，而在大部分的时间内是劳动者。对于危机四伏的荒原上的无时无处不在的冲突来说，所有的殖民地人民在绝大部分时间内是战士，劳动似乎只是抽空为之。所以，17世纪的北美可以说没有军人，也可以说全民皆兵，至少是全民可兵，每个人都有双重的身份——士兵与劳动者。这样特殊的历史场景，是美国战争机器发展壮大的雄厚基础，确立了为后世受益匪浅的诸多军事元素。

（三）复杂的斗争

人类历史上的斗争从来都是一个复杂的事物，任何时候都表现出一定的复杂性。而18世纪以前，发生在北美荒原上的斗争就是复杂斗争的典范。由于面临多重威胁，要聚合多种意识，保护多样化的利益，就不可避免地要面对复杂的战争，并且用复杂的方式来从事复杂的战争。

当时的北美大陆上，各国的殖民者相互为敌；印第安各部落之间也不团结，相互攻击，经常被利用。殖民者与某个部落时而为敌，时而为友；而各国殖民者之间却很少结盟，最好的情况是短暂的相安无事。殖民者与母国之间的微妙关系，也使得战争的情况平添了许多复杂。对于母国，时而有能力和兴趣插手殖民地战事，时而没有能力或兴趣跨洋干涉；对于殖民者，既希望母国的支持，又担心母国的过深涉入，以威胁自身利益；移民们也会因为自身的利益与意识而反抗母国或殖民地政府；甚至不同群体的英国殖民者也会彼此争斗。在这些彼此交错、相互矛盾的因素影响下，英国移民必须在纷乱中理清谁是敌人、谁是盟友，该反对谁、该支持谁。

1. 与印第安人的作战

America，是希望和梦想的同义词，它既展示了其最美好的一面——梦想正义、希望自由；也暴露了其最丑恶的另一面——它相继成为各方之间纠缠不清的战场，首先成为印第安人反击欧洲殖民者的战场。无论是为财富而来的殖民者，还是为自由而来的殖民者，都需要生存、需要更加广阔的生存空间和更好的生活。于是，与印第安人之间的冲突产生了，并很快发展为战争。从英国移民到达北美大陆开始一直到美国内战后一个时期，移民与印第安人之间的冲突就没有间断过；而且严格来讲，印第安人参与了美国独立战争之前所有发生在北美的战争。从1617年到1728年，集中了单纯的英国移民与印第安人之间主要作战行为。比较著名的有泰德沃特战争、皮廓族战争、佩科特之战、菲利普王之战和亚马斯战争等。这些战争均以清除对方为目的，所以相当惨烈，屠杀平民、摧毁土地和村庄等极端手段成为当时的常用作战方式。

在冲突与战争中，双方谁都输不起，其关键性不言而喻。正是因为斗争生死攸关，养成了美国人民在战争面前的镇定，使他们一开始就学会了处理眼前利益和战略利益的方法，也为美国军事打下了坚实的基础。

> 谁输了就基本上丧失了生存的条件，使美国战争机器在萌芽时期就经受了最严峻的考验。

在最初的零星冲突中，移民也应用了许多武力之外的解决方法，如通婚、贸易等。1614 年波瓦坦部落族长的女儿就嫁给了白人种植园主约翰·罗尔夫之间的包办婚姻，暂时结束了双方几年来持续的敌对状态。然而，这种武力之外的软方法无法平复利益冲突带来的硬创伤。1617 年波瓦坦退位后，切萨皮克的新首领奥佩堪卡努就重新开始了对英国人有组织的进攻。随后的打击相当猛烈，弗吉尼亚的白人人口下降 1/4 并直接导致弗吉尼亚公司的破产。

白人开始认识到，只有使用强有力的作战，才能使自己在艰苦而又满是财富的世界上立足，弗吉尼亚议会再三声明：白人与印第安人势不两立，土著人是永远的敌人。于是开始了直接的武力推进，这也开启了美国靠战争起家的先例。

在此后的战争中，英国移民经常与原住民并肩战斗，去驱逐其他印第安部落，结盟这种古老的战略方法被广泛使用。人们经常会惊叹于印第安人的不团结，这是因为北美原住民本来就分为若干个民族（在原始社会"民族"与"国家"在意义上区别不大），只是因为欧洲移民对北美大陆的误解和对原住民的不尊重才统称之为"印第安人"。如易洛魁部落与阿尔贡金部落相邻，彼此敌视，争夺资源和对欧洲移民的结盟；而易洛魁部落内部又是由五个部族组成的，称之为"五族联盟"，五个部族也纷争频仍。这就造成了原住民无法在较短的历史时期内统一对敌，给欧洲殖民者以可乘之机。大多数战争的理由是可笑的，经常是某殖民地农民被杀、牧师被杀、甚至牲畜被杀；印第安方面，则以争夺生存空间和传统的仇杀等原始的理由发动战争或展开反击。

皮廓族战争说明了对印第安人战争的残酷性。

皮廓族是新英格兰最强大的部落，他们以凶残闻名，邻近的印第安部落都仇恨他们，移民想驱逐他们，于是就发生了上面所说的白人和土著人并肩作战，攻击另一个印第安部落的战争场景，周围的印第安人都成了英国移民的盟友。

土著盟友对于白人来说非常重要，因为此时的白人，靠自己根本无法适应土著人的作战方式。首先，印第安人不擅长组织大规模战争，也不擅长防御，他们是最出色的游击战士。常常快速集结、快速打击，然后消失在荒原中，根本不进行死守硬拼，使白人无法捉摸。而白人的密集队形，则是埋伏着的土著战士的容易的射击目标。曾有印第安战士说：射中他们就像朝一幢房子开枪。其次，白人数量上不占优势，需要印第安盟友的支援。他们利用印第安人原本的相互仇视，分化拉拢，彼此打击。当时，几乎所有的印第安部落都是这个或者那个欧洲国家殖民者的盟友。再次，在丛林作战中，白人根本不是土著人的对手。如果只派远征军去攻打印第安人，无异于自取灭亡。

英国人认识到，只有印第安人才是印第安人的克星。即便如此，英国人也无法成功地捕捉到印第安战士进行决战。因此他们转而攻击印第安村庄，实施灭绝政策，烧毁房屋，杀死老人、妇女和孩子等非战斗人员，捣毁食品库，毁灭生存基础。这样，英国殖民地志愿民兵组成的远征军在康涅狄格的约翰·梅森上尉和马萨诸塞海湾的昂德希尔上尉的率领下，在其印第安盟友的协助下一路杀来，攻击了坐落在梅斯提克和沿岸的一个用木栅栏围成的皮廓族城堡，用上述的方式消灭了这个皮廓族村庄，并用相似的方式在后续的战斗中消灭了皮廓族。

皮廓族的覆灭是北美殖民者对印第安战争成果之一，另外的一个成果就是殖民地军事在印第安战士的影响下的进步。

在皮廓族战争 40 年后，1675 年爆发了"菲利普王之战"。战争得名于望潘诺格族的首领塔科姆，英国人授予他一个古老的名字"菲利普"。望潘诺格族与英国移民原本是友好的，但是菲利普王看到了本族生存的危机。他发现对面的白人越来越多，生存空间紧张；而本族的空间则是解决英国移民该问题的最近方法，其实望潘诺格族的空间已经在被压缩了。菲利普王决定组织一个印第安同盟来发动一次对白人的联合进攻，于是，菲利普王战争开始了，战争席卷了整个新英格兰。战争开始在局部地区小规模进行，以袭扰和破坏为主，普利茅斯殖民者动员起来进行报复并借机扩张，望潘诺格族人转入防御。

英国殖民者组织了远征军，由普利茅斯总督乔赛亚·温斯洛率领，由普利茅斯、马萨诸塞和康涅狄格等地区志愿民兵组成，发动局部反击。首先击垮了英勇善战的纳拉干人，但并没有彻底消灭之，原因在于没有很好地利用印第安人盟友。

在之后的作战中，英国移民吸取了教训，雇用了印第安人。本杰明·丘奇在具有决定意义的大沼泽战役中立下汗马功劳。他雇用印第安人作为助手，组成了一支由白人和印第安人混合的志愿部队。他学习印第安人诡秘的游击战术，发挥骑兵的优势。并且不断地拉拢对手的战士，合并其他土著部落的武士，最终杀死了菲利普王。丘奇下令砍下菲利普王的头和双手，把尸体分成四块，分别挂在四棵树上。这次战争影响巨大，双方都遭受了严重的损失，但是英国移民很快恢复了，而原住民却走上了明显的下坡路。印第安人逐渐失去了土地、自由和生命，逐渐沦为新大陆上的"少数民族"。

菲利普王战争之后，单纯的针对印第安人的作战显得不那么重要了，此后的塔斯卡罗拉和耶马西之战和亚马斯战争都是欧洲人在北美争霸的陪衬，英国殖民者同其他欧洲殖民者争夺北美殖民地的战争正式登上舞台。

2. 与其他殖民者之间的战争

在欧洲殖民者北美争霸正式上演之前，它们之间的争斗就一直存在着。1608 年，法国人在魁北克建立了一个殖民地，在此与原住民进行毛皮贸易，但是由于担心殖民者砍伐树木、减少皮毛产量，法国政府不鼓励大量移民。而英国移民在附近逐渐占据了人数优势，在1629~1632年轻而易举地夺取并控制了魁北克。

1624年，荷兰人在哈得逊河口建立了一个名为"新尼德兰"的小殖民地，在其后的四十年里逐渐控制了康涅狄格和特拉华河谷。而荷兰人的两侧是英国移民控制的切萨皮克和新英格兰，荷兰人夹在中间，控制着大西洋中部地区。1652~1675年，两国为争夺新兴的全球资本主义经济的控制权爆发了三次战争。在第二次和第三次战争中，新尼德兰成为英国人的目标，几经反复后，于1673年落入英国人之手。1674年，荷兰又把纽约割让给英国。到1675年，荷兰人永久地撤出北美内陆。

此后，英国殖民者与来自西班牙和法国的殖民者矛盾不断；在1689年后，进行了公开的争夺。由于1689年后的欧洲殖民者争夺北美的战争有着特别的意义，所以将在下一节专门叙述。

3. 内部的斗争

北美英属殖民地所进行的斗争的复杂性还在于，在同印第安人和欧洲其他国家殖民者进行斗争的同时，其内部斗争也此起彼伏。英国人漂洋过海，历尽艰险来到北美，为的就是自由和财富，这是他们留在北美最根源的理由。然而，由于北美特殊的社会环境，使得他们的自由与财富经常受到威胁和侵害。与很多民族不同，他们对内部的矛盾并不宽容，源自内部的威胁和侵害，尤其令他们不能容忍。因此，凭着移民天生勇敢和自尊，他们马上起来反抗。而且是谁侵害了他们的自由与财富，他们就毫不犹豫地反抗谁，内部的侵害者也不例外。在有些斗争中，移民甚至与原住民和总督代表的政府两个对手同时作战。

战争发生在菲利普王之战的同时，要不是因为后果严重，这场战争中的一系列事件称得上富有喜剧色彩。战争起因于弗吉尼亚移民对印第安人态度的差异。自从 1646 年波瓦坦部落获得了不受白人殖民地限制的土

弗吉尼亚爆发了一场奇怪的战争——红种人与白种人之间的战争和移民的内战，称之为"培根叛乱"。

地特权之后，移民与原住民之间的关系出现暂时的稳定，这使得弗吉尼亚移民就分成了两派。一派是现有种植园主，它们希望保持这种稳定的关系以赢利，总督威廉·伯克利是代表；另一派则相反，因为这种关系阻碍了他们对廉价土地的渴望，撒尼尔·培根就属于后者。当然，战争也有其深层原因，主要是伯克利统治下的高税收、牺牲地方官权力以扩大总督权力以及其本人和朋友对印第安人贸易的垄断。

对土地的渴望，对烟草价格下跌、增税及缺少机遇引起的不满，在 1675 年夏天以暴力的形式爆发。一群边疆移民觊觎萨斯奎哈诺克人肥沃的土地，以与当地部落发生纠纷为借口攻击了这个部落，对印第安人实施了大屠杀。总督伯克利谴责了这次袭击，拒绝支持这次攻击。渴望复仇的萨斯奎哈诺克人在 1675～1676 年冬季发动袭击，杀死了 36 个弗吉尼亚人。同年春，固执的种植园主撒尼尔·培根成为这些不安分移民的领袖，自封为非官方承认的"志愿部队将军"。他带领几百个逃跑契约奴和奴隶，对友好的和敌对的印第安人都发动了攻击。伯克利反对这种做法，宣布培根为叛乱分子，并派人去逮捕他。这样，白人的内战也同时爆发了。

1676 年春天，培根和伯克利各自调集部队，与此同时，培根继续袭击当地的印第安人。随后培根击败伯克利，大胆地占领了詹姆斯敦，将其夷为平地，伯克利逃跑。为了获得公众的支持，伯克利不得不重新举行议会选举，将票选权扩大到所有自由民，但基于他的露骨的目的和本来就有的因素，他的企图未获实现。而这时培根的阵营出现问题，在镇压印第安人之后，其拥护者开始四散回家种地，培根势力微弱。到 1677 年 1 月英国皇家部队到来时，培根已经死于沼泽热，

大部分拥护者已经解散。

培根叛乱昭示了移民的渴望，正如皇家调查员的报告中说：培根的拥护者似乎希望而且意在彻底消灭印第安人以获得他们的土地，甚至皇家总督也无法阻止对土地所有权和独立的渴望。这次北美殖民地历史上最大的起义，深刻地暴露了殖民地社会内部的矛盾。第一次给英国的殖民统治以震撼，英王不得不命令伯克利返回英国。

17世纪80年代的北美光荣革命，是一场更大规模的内部斗争。

1685年詹姆斯二世的即位，使大英帝国出现了偏向天主教的倾向，新教徒的信仰自由受到威胁，并引发了宗教以外的矛盾激化。在查理二世去世之前，1684年，就解除了马萨诸塞的特许状。詹姆斯二世即位后，任命暴躁的职业军人、前纽约总督埃德蒙·安德罗斯爵士管理重建的新英格兰自治领，很快便将从缅因到新泽西的所有英国殖民地集中在一个政府之下。此时，新教徒不得不接受痛苦的现实——新的统治者是伦敦官僚的臣下，那些人更为关切的是缔造严整有序的帝国而不是新英格兰特殊的宗教梦想。埃德蒙·安德罗斯开始了暴政。他未经议会同意而恣意征税，不设陪审团进行审判，取消马萨诸塞大议会，禁止人们在波士顿城镇议会上自由发言，质疑土地的所有权，改变清教徒的宗教行为方式。

暴政激起了反抗，1689年4月，波士顿人涌上街头，牧师、商人和前地方法官一起领导了起义，下层市民充当了步兵。把埃德蒙·安德罗斯作为罗马天主教嫌疑犯关进监狱，攻占了波士顿港口要塞。在当地殖民者等待新的特许状和皇家总督到来的三年时间里，一个临时政府管理着马萨诸塞。

光荣革命激起了酝酿已久的社会矛盾，在纽约，国民自卫队上尉雅各布·莱斯勒成为总督，建立了临时政府，与选举产生的安全委员会一道行使了13个月的统治。在南方，马里兰的新教徒夺取了政权，改革腐败的海关部门，减税减费，扩大联合者大会的权力。弗吉尼亚也热烈响应，种植园主乘势争取权力。

光荣革命给几个殖民地带来了持久的政治变化。新英格兰的自治领崩溃了；康涅狄格和罗得岛重新获得了选举自己总督的权力；在马萨诸塞，1691 年的新皇家特许状把取消天主教教会成员资格作为投票的要求；马里兰禁止天主教徒任公职。英国新教徒在各地庆祝自己的自由。光荣革命中，民众在军事行为中获得绝对的主动，对英王的权威提出了直接的挑战，并获得了不同程度的成功。

"光荣革命"中提出的"权利法案"与 1689 年的"信仰自由法案"确定了人们信仰基督教的自由并缩小了英国政府的权限。同样重要的是约翰·洛克的《再论政府》（1690 年），它提出了政府不是建立在君权神授的基础上，而是建立在契约的基础上的理论，他还主张人民被赋予生命、自由及拥有财产的权利；当政府侵犯这些权利时，人民有权起来反抗。到 18 世纪初，殖民地议会也拥有同英国议会类似的两项重要权力：投票决定税收与支出的问题；开始实施立法而不是仅仅按总督的建议行事。议会运用这些权利来监督皇家总督的权力并通过其他举措来扩大自己的权力及影响。总督与殖民地大会之间的连续不断的冲突使殖民地愈发意识到北美与英国之间利益的分歧。在许多情况下，皇室当局没有真正明白殖民地大会所作所为的重要性，因而不予理睬。然而，他们的做法为今后法规的起草确立了原则，这些原则最终成了殖民地"宪法"的组成部分。殖民地立法机构就此获得了自治的权利。不久，殖民地管理中心便从伦敦迁移到了各殖民地的中心城市。

暴乱的起因是，海军准将查尔斯·诺里斯带领他的皇家海军舰队到波士顿寻求增援，以补充因开小差而减少的水手。当诺里斯派遣征兵队到波士顿码头区补充水手空缺时，他们抓来工匠、劳工、佣人、奴隶，还有在港口抛锚停泊的商船上的海员。还没有

1747 年波士顿因强行征兵引起暴乱，生动地展现了人们是如何随时准备保卫自己继承的基本权利，同时暴露了法律执行中的弱点。

等到把人强行带走，一群愤怒的波士顿人就抓住了几名英国军官，包

围了总督的住所，要求释放他们的市民。当治安官及其副手试图调停时，民众打伤了他们，民兵拒绝帮忙。恼羞成怒的诺里斯威胁要炮轰城市。在一度恶化的混乱中，双方协商并避免了最后的决战，最后，诺里斯释放了强征的波士顿人。

暴乱平息后，一名叫塞缪尔·亚当斯的年轻政治家为波士顿挑战王权的行为做了辩护。他指出：人民有"天赋的权利"联合起来反抗剥夺他们自由的征兵队。将实践中支持总督的当地人称作"专制政权的工具"。

17 世纪 70 年代发生在北卡罗来纳的"制约者"运动也昭示着移民的反抗精神与要求。而奴隶的反抗与叛乱更说明了，同样作为北美大陆的外来者，奴隶的自由与财富要求。

对总督的反抗，是对英国政府权威的直接挑战；内部的分歧，是殖民地利益相关各方不同要求的反映，并最后得到尊重；团结反抗非法军事义务，是对民众军事义务和权利平衡的呼声；要求制度改革，是人民对于制度战略意义的远见；奴隶的反抗，是最底层外来人口对自由平等的要求，并埋下了后来解放奴隶的种子。

在这样一个纷乱而荒凉的新世界上，英国移民毫不缺乏坚定与勇敢，毫不畏惧多重的敌人；而且对待任何侵害，直接表达自己的意愿，毫不犹豫地反抗，坚决无情地打击。

虽然大部分在当时造成混乱，并且在表面上暂时地阻碍了英属北美殖民地的某项事业的发展；然而，却使英国政府、殖民地上流社会和欧洲其他国家殖民者体会到了英国移民的性格——勇敢、坚韧、果断、直接，表现出了对美好的向往，同时展现了对邪恶的无情。正是这种不宽容的态度，尤其是对于内部的侵害的不宽容的态度，才弘扬了自身优良的东西，遏制了自身恶劣的东西，促使了其内部系统的不断完善。

北美大陆的这种社会氛围，给美国战争机器的发展奠定了一个基础，即民众的军事为民众的利益而存在；民众的军事义务，不管有多么紧迫，也要由民众自愿的决定才能成行。进而形成了一个传统，即任何紧迫的现实和任何权威的人士，都不能以任何冠冕堂皇的理由和权力，来侵害民众的利益，强迫民众的意愿。后来的华盛顿军事请愿危机、布朗起义和南北战争中士兵返乡都可以找到殖民地时期内部斗争的影子。

解决复杂性的唯一办法就是，以利益为标准，自由与安全是衡量军事行为合理性的最终砝码，是必须保卫的东西，谁都不能动的奶酪。谁帮助保卫了自由与安全，谁就是盟友；反之，就是敌人。而且，基于自由与安全的需要，变换着友与敌的对象。

在复杂的战争中，北美英属殖民地的军事水平迅速得到提高，在斗争中取得进步。在战争组织上，形成了民兵与志愿民兵相结合的军事体系；在制度执行上，形成了以制度为准则，并根据现实利益调整制度的习惯；在军事设施上，从构建简单的防御工事，发展成建立军事要塞；在战略上，形成了战以利动、人以利分、广泛结盟和兼收并蓄的良好军事传统；战术上，继承欧洲传统战术的同时，吸收了印第安人游击战和突袭等战法；在武器装备上，摈弃了同时期欧洲的盔甲和长矛等笨重兵器，转而重用火绳枪、后来发展为燧发枪，马刀、佩剑、短柄斧等兵器也以便携的优势广泛使用。

一切军事进步都蕴涵着整体利益、军事需求、军事民主与个体自由相结合的内涵。

（四）寻找更大的安全

蛮荒时代北美大陆上斗争的复杂性，不仅仅表现在斗争对象的复杂上，还表现在母国军事传统与殖民地军事思维的差异上。英国本土与殖民地军事的这种差异在作战中激烈地碰撞，彼此冲击和融合，产生出殖民地特有的军事现象。由于早期殖民地与母国的紧密联系，使欧洲的战争不可避免地蔓延到北美大陆，北美大陆成了欧洲列强争霸的第二战场。同时，出于对更多、更好生存资源的向往，欧洲移民也本能地在北美大陆展开争夺。荷兰人、西班牙人、法国人等，都是英国移民的对手。

1. 安全是第一要务

安全是英国移民的第一要务，是他们开展军事事务的直接目的。与印第安人之间的争夺自不必说了，在与其他国家殖民地接壤的地区，为了保卫自己辛苦建立的家园，英国移民不得不以高度的警惕面对随时可能的入侵。

同时，北美大陆的"安全"一词在含义上有所拓展。任凭自己的垦殖地直接面对敌人，显然时刻面临危机，不够安全。最安全的状态莫过于使竞争对手远离自己的苑围，或者由于缺乏强大的后方而丧失竞争能力，无力入侵，实现更大的安全。在这样一种双重意义的安全观的驱动下，单纯的被动防御显然难以满足要求，而主动的进攻则是满足这种安全观的有力保证。在后来的美国土地上，这种安全观一开始就占据了主流地位，并延续至今。在其后美国对拉丁美洲的控制、对菲律宾的占领，无一不验证了美国人的这种根深蒂固的安全观。

西班牙人最早在北美大陆建立殖民地，到 1689 年，他们占据了墨西哥湾沿岸地区和佛罗里达东部的港湾。此时的法国，在北美几乎建立了一个内陆帝国。他们的地盘从圣劳伦斯河延伸到大湖区，并逐渐控制了北美大陆的中心地带，向密西西比河流域发展。而同一时期的英国人，只是沿着东海岸建立了一条狭长的文明地带，并声称占有哈得逊湾沿岸地区。西班牙人动手最早，但是他们发展较为缓慢，甚至已经开始衰退，使得英国人和法国人成为主要竞争对手，为争夺密西西比河及其支流流域的大片土地而战争。

当时法国人占据的地盘最大，并且占有地理位置上的优势，因为他们可以取道圣劳伦斯河，较为容易地进入大陆腹地；不足之处在于他们的港口局限于大陆东北角，海上对陆地的补给容易受限。英国人由于阿巴拉契亚山脉的阻挡，难于就地西进，似乎只能占据沿海地区了。在阿巴拉契亚山脉北部，只有两条走廊。一条在纽约中部，莫霍克河从那里劈山而过；另一条更偏北，乔治湖和尚普兰湖及里奇留河将新法兰西和英国殖民地连接在一起。这两条走廊加上圣劳伦斯河，是两军交锋的唯一战场。

在殖民地人口方面，由于法国将注意力更多地集中在同印第安人贸易和驻军上，所以人口一直很少，到 1775 年，人口不足 10 万人。但是法国移民中男性人口比例比较高，且在战争中动员了整个加拿大的人力。英国移民始终大致保持在法国人 15 倍的水平上。但是由于英国殖民地的独立性，并未全部参战，只有约占整个北美英属殖民地人口一半的纽约和新英格兰始终在坚持作战。

在军事传统上，法国也占有暂时的优势，因为加拿大是由一个集权制的政府统治，而英国人则在各殖民地政府的指挥下各自为战。英国战胜荷兰人后，法国人就成为它的主要对手。英法从 1689 年至 1763 年共进行了 4 次战争——威廉王战争、西班牙王位继承战争、奥地利王位继承战争、法国和印第安战争。

2. 威廉王之战

17 世纪后半期，法国在加拿大的经济有所发展。法国人的势力扩张到了密西西比河和墨西哥湾一带。法国还不断增兵北美，仅在纽芬兰就增至 400 只渔船和大约 1.8 万人。1689 年欧洲发生奥格斯堡联盟战争，在北美称之为威廉王之战，新法兰西和英属北美殖民地之间也展开交锋。

法国同加拿大的印第安人结盟，不断攻击英属各殖民地。英国当时正忙于革命，无力给殖民地更多的帮助，因此北美殖民地只能自力更生，以马萨诸塞为首的新英格兰便联合起来与法国对抗。实际上进行着边疆民兵与法国正规军的对抗。

战争初期，双方主要是互相越界袭击破坏。英国人与易洛魁人结盟，利用夹在英法殖民地中间的易洛魁人向北推进，威胁加拿大的边疆居民点。法国则试图以加拿大为基地，水陆两路并进，一举夺取英属殖民地，由于其海军太弱和加拿大实力甚小而作罢，结果只对新英格兰和纽约的边疆定居点进行了一些血腥的洗劫。

从1689年起，法国派远征队屡次越过边界，袭击新英格兰各地，焚毁了纽约的斯塔内克塔迪，并派海盗从海上袭击新英格兰沿海，造成了巨大破坏。1690年起，新英格兰开始报复性袭击，组织远征军想夺取整个加拿大，一度攻占了重要港口罗亚尔，同时对阿卡迪亚和新法兰西发起袭击，前锋抵达蒙特利尔和魁北克附近，但最后在进攻魁北克时惨败，无功而返。1696年法国摧毁了纽芬兰东岸几乎所有的英国定居点。同一年，双方签订了《里威斯克条约》，规定英国把罗雅尔港归还给法国，恢复战前状态，但未划定殖民地的疆界，双方实际上战成平手。

这场战争证明了一件事，就是单凭殖民地的军事力量，依靠民兵，就能和法国相抗衡，甚至能进行攻占法军守卫的据点这种正规的攻坚战。

3. 西班牙王位继承战争

1702年，在欧洲，由于西班牙王位继承问题，而引起另一场战争，历史上称为"西班牙王位继承战争"，又叫"安妮女王之战"，战争的双方是英、奥联盟和法、西联盟。战火很快燃烧到北美。

虽然法国人在人数和海上支持方面处于劣势，但是威廉王之战给了他们信心。他们积极准备，修建前哨阵地，建立定居点，并积极拉拢上一次与英国移民结盟的易洛魁人。由于对英国移民在威廉王之战中的表现失望，易洛魁人选择中立。此外，法国人自然地与在欧洲的盟友西班牙人在美洲结盟。至此，从阿卡迪亚开始，沿圣劳伦斯河上溯到大湖区，再沿密西西比河而下直至海湾，法国人形成了对英国殖民者的包围圈。

南卡罗来纳总督詹姆斯·穆尔对圣奥古斯丁发动攻势，并一度拿下该城。其后进行

南方基本各自为战。

了相当规模的扫荡。穆尔的行动是一个州的单独行动，虽然掺杂着母国情结在里面，但主要是为了阻止即将到来的侵略，因为他们不太可能指望母国能够有多大帮助；并且扫荡行动可以有丰厚的物资收获。受穆尔成功军事行动的影响，其他人也采取了类似行动，洗劫了西班牙占领区，只是规模较小。英国人还利用印第安盟友攻打与法国人和西班牙人结盟的印第安部落，自己坐收渔利。

1706 年，法国人和西班牙人发动了一次较大的攻势，攻打查尔斯顿，结果失败而归。他们的印第安盟友在战斗中看到了令人不解的一幕：上一次战争中善于以少胜多法国人的防线，在战斗中不堪一击；至于西班牙人就更不用提了，于是渐渐地倾向于英国人。实际上，这次战斗与以往不同，上一次战争中英国人不太成功的行动是攻势行为，背离了民兵制度的本源，也与殖民地民兵心态不符。而此次作战中英国人主要是采取守势，符合民兵的特点，而且为了自身安全而集结起来的民兵团队的战斗精神是无比高昂的，其战斗力与上一次比较，不可同日而语。

战事集中在新英格兰，殖民地军民在暂时得不到母国支援的情况下，与法国人指使的印第安人浴血奋战，保卫家园。在残酷的

在北方，情形与南方大不相同，采取联合策略。

现实中，各殖民地间形成了较为紧密的军事合作，宾夕法尼亚以北的各殖民地协调对敌，殖民地间增加了信任，增强了信心。很快，英国移民从与印第安人纷乱的作战中逐渐看到，真正的灾难根源是法国人

的加拿大，于是他们将战争的矛头直指加拿大。

开始的进攻，均为单纯的殖民地军事行为，但是无功而返。于是他们向女王求援，女王最终同意出兵，保证派出舰只和部队两路进攻，准备一举征服加拿大。形势看来非常乐观，结果令殖民地人民失望。女王提出条件，纽约不能拒绝参加女王钦定的战役，所以纽约被迫参战。

7月份，经过一系列工作之后，殖民地已经做好了进攻的准备。伍德克里克方向集结了1500名来自四个殖民地的民兵和易洛魁人，波士顿方向也集结了1200人，他们准备等到母国援军到来后，两路进攻加拿大。结果女王最后选择退出行动，让殖民地部队空忙一场。为了挽回女王的声誉，1710年，英国派出一个舰队和一个团的海军陆战队支援北美民兵夺取了罗亚尔港。1711年，女王重新派兵，发动对加拿大的攻势。

结果，母国再一次伤了殖民地人民的心。1711年6月底，由霍文顿·沃尔克爵士率领的一支英国舰队抵达波士顿，同时抵达的还有7个正规团和一个海军陆战营。殖民地则派出了几千民兵和印第安战士参加。由于恶劣天气、难于补给等一系列困难的阻碍，沃尔克中途放弃了对魁北克的进攻，导致整个攻势化为泡影。女王的军队没放一枪一弹就返回了欧洲。

1713年，英、奥两国在欧洲取得胜利，北美的战事也告一段落，双方在欧洲签订《乌得勒支和约》。在美洲，法国被迫将哈得逊河沿岸地区、阿卡迪亚和纽芬兰割让给英国。南方的形势恢复到战前状态。英属殖民地在北美争霸中的形势开始有利了，但这得益于欧洲的胜利，与女王的两次支援无关。

女王的这两次失败的支援非但没有取得预期的效果，反而种下了不和的种子。

首先，两次破产的攻势，使彼此埋怨，产生分歧。殖民地认为：第一次女王取消支援，让他们空等一场，已属失信；第二次尽管母国军队到达北美，却无所事事，而殖民地却尽了最大的努力支援了沃尔克爵士，失败应由沃尔克负责。而英国人为：第一次女王取消攻势时，已经马上通知了殖民地，只是由于航程遥远而有所耽搁；第二次的远征也是由于殖民地的恶劣行为造成的，因为沃尔克及其部下一致指责殖民地补给不足、藏匿逃兵、支援不力，因此认为女王对殖民地的慷慨支持，没有得到回报，甚至没有得到尊重。英国应该严厉管束殖民地，否则将越发难以驯服，对帝国不利。显然，这种认识上的矛盾不是个别人之间的矛盾，而已经上升到殖民地与母国之间的整体分歧。

其次，殖民地人民对母国军队开始丧失信心，转而树立了对自身军事能力的信心。母国军队的不负责任与自保，使殖民地人民难以百分之百的相信他们，对他们的能力也产生了怀疑。在安全问题迫在眉睫之时，殖民地人民往往是凭借自身的勇气和彼此的合作，才渡过危机，因此信心大增。

不和种子的产生主要有两个原因。一是殖民地与母国在北美的利益相关度不同，北美是移民的家园；而对于英国，只是派出去为国牟利的臣民的工地。二是英国正规军的传统思维与殖民地民兵制度的矛盾，英国军人无法理解各殖民地的自主观念；殖民地认为，相对于对母国的义务，自身的意愿更重要。

4. 奥地利王位继承战争

《乌得勒支和约》虽然结束了欧洲的战事，然而并未改变北美大陆剑拔弩张的敌对状态。英属殖民地继续与法国人和西班牙人争夺同印第安人结盟的机会，同时加紧修筑哨所、要塞与城堡，为将来可能的战争作准备。

1739 年，在欧洲，发生了奥地利王位继承战争，战争的呼吸随即感染美洲，英属殖民地与法国人和西班牙人又一次正式开战

殖民争霸战争中，殖民地军队遭遇了失望，也收获了信心。

了。1740 年，北美殖民者参加了攻打西班牙在南美洲北部重要港口城市"卡塔赫纳"的战役。英国派出了一支庞大的舰队和陆军，作为主力正规军；与此同时，英国政府第一次，也是唯一的一次要求其北美殖民地为大陆以外的战役派遣军队。1740 年，英国政府开始在北美招募志愿军，为加快征集，许以分配可观的战利品。北美英属殖民地中，有 9 个殖民地派兵参战，共 36 个连，每连 100 人，组成"美洲团"，由弗吉尼亚总督威廉·古奇统率，前往牙买加与英国正规军会合。

不幸的是，热情的美洲团遭到了歧视，他们的生活待遇很差，遭到羞辱，却担负着超负荷的勤务，干着劳累却被轻视的工作，被迫为英国战舰服务，饱受屈辱，殖民地士兵怨声载道。而英国正规军却远没有其自认为的能征善战，由于缺乏自律和内部不团结，以及其他较多的原因，英军的进攻遭到了失败。1742 年，西班牙人又对佐治亚发动了较小规模的进攻，没有成功，南线的战事基本偃旗息鼓。

南线停战后，战场转移到北方。1745 年 1 月，马萨诸塞总督威廉·雪利提出了一个大胆的建议——远征路易斯堡（法国人于西班牙王位继承战争之后在劳伦斯河上游建立的要塞，战略位置至关重要）。路易斯堡虽然易守难攻，但是城中兵力不足、纪律涣散、防务松懈，该设想有很大的成功机会。

马萨诸塞殖民地议会只经过一次表决就通过了这次远征提案，但前提是要求其他殖民地一起参加。经过得力的动员，新英格兰组织了一支拥有 4000 名民兵的远征军，由威廉·佩珀雷尔指挥。在战役中，殖民地远征军利用敌人的弱点，不拘泥于传统的正规战，大胆采用了散兵线式战术，显示了威力。作战行动取得了预期的成功，远征军攻占了路易斯堡，威胁着新法兰西的存亡。

由于是未经母国援助而独立完成了进攻战略要地的军事行动，与前两次英国许诺参与的进攻和卡塔赫纳失败的战役形成了鲜明的对比，殖民地人民为这巨大的成功所鼓舞，对自己更加充满了信心。然而，由于总督雪利希望 1746 年乘胜攻下加拿大，所以又回到请求母国支援的老路上来，结果再一次遭到了与上两次类似行动同样的命运，母国又一次失约了。雪利的计划破产了，殖民地与英国的隔阂加深了，但是他们毕竟攻占了路易斯堡——唯一值得高兴的事情。

殖民地人民的心情总是被母国蹂躏着。1748 年，欧洲的参战国停战，签订了《亚琛和约》。和约规定双方恢复到战前状态，就是说，英属殖民地要将至关重要的路易斯堡还给法国人。殖民者无奈地接受了这令人愤怒的事实，此次战争仍然没有决定北美霸权的归属，双方在结果上基本持平。殖民地人民开始明白，对于殖民者自身来说性命攸关的利益，对于英国来说只是一个小小的战略筹码，随时可以替他们作出牺牲的决定。

5. 法国和印第安战争

18 世纪 50 年代，欧洲的两大强国——法国和英国，为了争夺北美洲、印度以及普鲁士，展开了一场新的、旷日持久的战争，历史上称为"七年战争"，在美洲的战争又被称为"法国和印第安战争"。

法国吸取了前 3 次战争的经验教训，加强了加拿大的防务。法军有 5 营正规军，以及全部由成年男子组成的民兵和 1000 名印第安战士，总兵力为 1 至 1.4 万人，后来又派海军增援。英国则利用殖民地占压倒多数

北美的战争，可以说是英法北美争霸的决战，无论规模、范围及激烈程度，均远远超过前 3 次。

的人力，并从本国调来 2 万军队，在人数上占优势，但作战素质稍逊于法军。此外，英国海军还掌握了制海权。战争是从陆海两方面展开的。陆地，主要是在北部边境、法属路易斯安那与英属殖民地的西部交界处展开，后期扩大到加勒比诸岛。大体分两个阶段：

第一阶段（1754～1758 年），法国人凭借天才的指挥占据上风，屡次挫败英殖联军，创造了几次经典的战役。战前，英国政府本来打

算依靠殖民地军事力量来完成作战计划，但是殖民地先天的分散性，使他们无论在防御和进攻上、还是在处理印第安盟友事务上，都无法协调一致地行动，无法得到英国政府的信任，英国无奈之下派出远征军。

战争中殖民地军官受到重用，经常被委以重任。英国人的意图是通过主动进攻，使加拿大不断前移的军事边界退回去，因而将杜肯堡、尼亚加拉、克朗波因特和博瑟米尔堡作为主要目标。其实，战斗在英国远征军到达之前就开始了。1754年，一支法国远征军把弗吉尼亚志愿民兵赶出了西部最重要的战略阵地——俄亥俄河的分岔口，并开始修建要塞杜肯堡。与此同时，由乔治·华盛顿指挥的第二支弗吉尼亚志愿民兵向分岔口推进，试图将法国人赶出这一地区。结果美利坚第一任总统乔治·华盛顿在本书中的第一次亮相尴尬收场，人数占优的法军迫使华盛顿的部队投降了（但这并未阻止华盛顿此后成为美国人的英雄），法国人占据了俄亥俄河流域。

1755年，英国不到两个团的远征军由英国少将爱德华·布雷多克率领，抵达弗吉尼亚，准备就地征满四个团。但是由于殖民地长期以来具有一定的军事自主性，他们早就在为攻打克朗波因特和博瑟米尔堡征召志愿军了，于是布雷多克便将这些殖民地军队纳入计划。他将所有的部队分成四路，分别进攻计划中的四个要塞。由英国正规军官指挥的三路中，两败一胜。

令殖民地骄傲的是，由纽约人威廉·约翰逊率领、攻打克朗波因特的部队在乔治湖战斗中打败了法国军队，虽然在此后的战斗中，约翰逊贻误战机，没能扩大战果，但是他毕竟为殖民地争得了荣誉、收获了信心。1755年的进攻还是以失败告终了，法国人在克朗波因特的后方修建了提康德罗加要塞，并加固了其他地区的防御。

然而，英国人以其著名的固执，坚持在其后两年执行几乎与1755年相同的进攻计划，结果同样遭到惨败。战争情形正如英国将军约翰·福布斯在 1757 年底总结形势时写到：过去几年是法国人的年代，他们与印第安邻邦一起智高一筹，挫败了我们迫使其就范的全部计划，而且几乎在各个方面，无论是政治还是军事天才方面他们都占有优势。对我们的重大损失，我只能说是耻辱。

对于失败的原因，却不像福布斯所说的那样简单。法国人高明的战术和英国人呆板的指挥虽然是重要的原因，其他原因也不容忽视。首先是英国正规军对殖民地志愿民兵的歧视，造成了内部的不团结；其次是他们不相信殖民地民兵的作战能力，往往低估己方的实力而做出错误决定；再次是英国统一的军事体制与殖民地独立自主的军事传统无法接轨。纵然如此，英国方面还是取得了一些小小的成功，他们成功地破坏了法国的海上补给线，同时由于殖民地巨大的战争潜力，法国人并没有侵略性行为。而且，殖民地的战争潜力，马上就将在其后的作战中得以发挥，以其稳定的持久性挫败了法国人天才的战术。

第二阶段（1758～1763 年），英国取得主动并赢得最后胜利。1758 年，皮特出任英国首相，加强了英国远征军的行动强度，也为殖民地战争潜力的释放提供了契机。

皮特相信美洲是这场战争的主要目标，战争最重要的目的是北美 13 个殖民地的安全。为此，就要征服加拿大，即通过主动的行动获得更大的安全。于是，决定投入大量资源来完成这一任务。同时，他还非常重视殖民地的心态，在给总督们的信中说："耿耿于怀的，莫过于挽回上次被动而懊丧的战意所造成的损失和失望。"他一改以往注重陆战的战略，充分利用海军优势，先夺取制海权，再集中英军主力于美洲，夺取加拿大和北美西部地区。1758 年，他调 5 万英军到北美，而那里的法军仅有 1 万人。

合适的态度，赢得了殖民地的大力支持，正确的战略取得了立竿见影的成功。英国舰队击败了法国海军，封锁了北美的海面。是年 7 月，英军集中兵力攻克了路易斯堡和杜肯堡，打开了进入加拿大的门户。1759 年英军攻陷魁北克。1760 年英军攻占蒙特利尔。1762 年西班牙参战，但未能扭转战局。1763 年《巴黎和约》和《胡伯斯特堡和约》签订，双方停战。英国在北美占有加拿大，取得了密西西比河和阿巴拉契亚山之间的整个地区和佛罗里达（独立战争时，西班牙对英宣战，佛罗里达重归西班牙，以后 102 年中几经反复，最后成为美国一个州）。

七年战争决定了英法争霸的结局。英国胜利的主要原因是皮特制订了正确的战略并拥有世界最强大的海军。战争确立了英国在世界上的霸主地位，法、西两国从此江河日下，一蹶不振。从圣奥古斯丁到哈德逊湾，从大西洋到密西西比，英国成了至高无上的统治者。

战争的最后结果主要源于英法两国在北美殖民地的战争潜力的差距。在这些战争中，法国人打得很出色。他们以卓越的战术才能，以寡敌众，多次获胜，却没有赢得任何一次决定性战役，将北美的霸权拱手让给英国人。英属殖民地充满了自由与民主气息，英国实行鼓励移民政策，人口增长很快，英属殖民地人口远远超过了法国，因而促进了经济发展。英属殖民地手工业、商业和农业发达，远远压倒法国殖民地，有充足的人力、物力支撑长期战争。而法国是一个封建专制的国家，实行宗教迫害和封闭政策，只许天主教徒移民。因此，尽管法国殖民地的面积远远大于英国，但人烟稀少，经济落后。仅以贸易、渔业、狩猎为主，没有什么手工业，切断其母国的保障，难以持续进行战争。

殖民地军事在这几次战争中得到检验和历练。战争中，殖民地筹钱筹物、征集部队、保障后勤，并且直接参与了作战行动，积累了大量的战争经验。法国人巧妙的战术启发了英国人，促使英国人学习法国人和印第安人的战术，与自身原有的战术良好的结合。

北美争霸还为殖民地培养了一批优秀的军事人才，华盛顿、查理斯·李、蒙哥马利、普特曼、斯塔克、盖茨等，都在战火中成长，将在独立战争中一显身手。

13 个英属殖民地出于对共同敌人的打击，逐渐形成了政治、经济和文化的统一，萌生了军事联合的愿望。1754 年，7 个殖民地的代表聚会于阿尔巴尼。富兰克林提出一个军事联合计划，主张在英国管辖下，北美各殖民地结成联盟，统一进行征兵、修筑工事、宣战媾和等军事事务。这一计划虽未能实现，却是其后的独立战争中殖民地共同对敌的萌芽。

战争刺激了殖民地经济，七年战争以后，殖民地的经济实力已能和英国本土并驾齐驱，军事经济更是在战争中获得了客观的效益和飞速的发展，极大地增强了战争潜力。

民兵的职能开始转变，不再仅仅进行单纯的被动防御，还多次派出远征军，谋求更大的安全；有些作战中，殖民地民兵表现出色，曾取得路易斯堡和乔治湖战斗的胜利，增强了自信，不再迷信英军。在与英军共同作战中，殖民地部队与英国正规军矛盾重重，产生了严重的分歧；英国正规军的优点也启发了殖民地有识之士，华盛顿就认定北美需要一支正规军。在战争的磨炼下，殖民地军事正在走上自己独具特色的发展之路。

小　　结

安全是人类与生俱来的本能，是生存的基本条件，北美殖民地人民出于这一原始而本能的要求，自然而然地走上建军之路。

最初，殖民地武装只是针对其他全体的人和野兽的突然袭击，安全主要显示出一定的被动性。与印第安人的利益冲突发展成为

随着利益的增加，安全的意义也在拓展。

移民与印第安人的战争后，殖民地武装的任务中，增加了对抗印第安人有组织的进攻，殖民地军事因而变得有组织，移民们对于安全的认识也向集体安全和未知利益安全发展。欧洲各国在北美的争夺，使得

殖民地的军事行为复杂化，殖民地的各自为战已经无法保证自身的安全，殖民地军事向整体联合发展；这时的安全观显现出相当大的主动性，表现为阻止即将发生的侵害。

利益在安全意义拓展过程中发挥着核心的作用。

由于在一定的历史时期和一定的地域内，人们视野中的利益是有限的。所以，不管是出于对财富的向往，还是对自由的追求，欧洲人来到北美，势必在新大陆激起移民与原住民、移民之间的利益冲突。于是北美大陆上的战争经常是以清除对方为目的，表现出绝对安全观，即追求绝对的安全——至少是最大程度上的安全，将威胁推得越远越好。

在这种绝对安全观的驱使下，移民们的军事行为变得越来越有侵略性。他们首先解决了印第安人对 13 个殖民地的威胁，同时将夹在英属殖民地中间的荷兰人清除；之后，西班牙人和法国人成了眼中钉，经过艰苦而长期的作战，成功地确立了自己在北美大陆上的霸权。

值得注意的是，很多驱逐威胁者的军事行动，是各殖民地自动发起的。一旦发起这样的行动，移民们发现，这居然是所有英属殖民地的共识。出于这种共识和母国因素的影响，殖民地形成集体安全观。安全本身又是利益之一，是人类利益最重要的组成部分，是实现其他利益的基础；反之，安全则包括利益的安全，即已有利益的安全和获取利益的安全。北美移民艰苦复杂的生存环境和他们来到新大陆的初衷，使他们的这一认识非常深刻。所以，北美殖民地的安全观又是保证自己愿望的实现的认识。这种认识在以保卫家园、掠夺土地和控制贸易权为目的的军事行动中显露无遗。

自由观念渗透于军事行动，扎根于移民心中。是北美殖民地军事的突出特点

这有三个方面的原因。一是因为自由原本就是移民追求的目标之一，不论是宗教的自由，还是财产的自由，都是移民们视为生命一样宝贵的东西。二是因为北美大陆相对宽松的社会环境和广阔的自然环境，使得移民们可以相对自由地思考和实践。三是因为近代社会的民众来到北美，面对接近原始的生存环境，等于以先进的思想在短期内重复了从原始社会到近代社会的社会发展过程，有意和无意的人为设计发挥了显著的作用。对原始社会形式的自由有了一个重新的审视，并将其精华留在了自己所处的近代社会中。这三个因素使移民养成了热爱自由、珍视自由、尊重自由的民族性格，并将其自然而然地贯彻于军事实践。

在北美英属殖民地的军事活动中，自由是作为衡量军事活动的尺度出现的，并逐渐成为军事发展的助推元素。军事服务于包括社会生活在内的广泛内容，自由是社会生活质量的保障，在北美更加是社会生活的生命线。保卫自由，成为北美英属殖民地的军事最重要职能。

当军事活动威胁到自由的时候，军事活动的意义就不大了，甚至背离其本来意义。于是在北美出现了较为令人不解的场面，志愿民兵会在自己服役期满但尚身处激烈的战事中的时候，选择当逃兵。因为他们认为作为一个志愿民兵，按照契约，服役期满便不再是军人，而应该还原成百姓，这是他们的自由，在某种程度上，甚至是对制度的尊重。

在与英国正规军打交道时，移民们也表现出对自由的维护。当英国正规军非法征兵时，马上引发了必然的反抗。而在为保卫自由而战时，他们往往表现出极大的主动性，当法属殖民地边界不断向英属殖民地推进时，英属殖民地就自发组成远征军进行对抗了。

自由精神作为军事发展的内部要素，表现为军事活动的较大包容性，一切要素，只要于军事有利，就会被很快吸收到殖民地军事体系中来。当发现印第安人的游击战术有效时，游击战术立刻成为民兵的战术之一；当发现短柄斧既能用于劳动又能用于作战，符合民兵双重身份的特点时，短柄斧立刻成为民兵的便携装备；当发现英国正规军的诸多优点时，殖民地的有识之士就产生了对正规军的渴望（当然，在没有成为民众的共识之前，还只能是渴望）。北美英属殖民地保卫自由的军事传统，不仅没有扰乱殖民地军事，反而为殖民地军事保驾护航。

在这种"要安全，更要自由"的军事传统的哺育下，北美英属殖民地的军事得到了令人欣喜的发展。

在军事制度与传统方面，17 世纪，以 1631 年《武装平民法》和 1641 年《马萨诸塞自由法规》为主要标志，建立了民兵制度。17 世纪后期至 18 世纪中期，普遍拥有了志愿民兵。初期以总督为首脑的军政合一制度在战争中屡受挫折后，军政逐渐分离，并确立了民选议会文官控制军队的传统。在英法殖民地争夺战中，英属殖民地稳定的军事制度，最终帮助英国人击败了拥有天才战术家的法国人。

在军事思想上，以民兵为标志的兵民合一思想形成于殖民地初期，保留至今。民众因对英国正规军的反感而产生的对正规军的恐惧，使其后殖民地在发展正规军上持谨慎态度；目光长远者所渴望的正规军也有别于其母国的正规军。民兵的防御性特点是北美安全战略最初的烙印。荒原战火培养了一大批优秀的军事人才，产生于那一时期的华盛顿、普特曼、斯塔克、查理斯·李、蒙哥马利、盖茨等，他们都在独立战争中一显身手。

在战略上，开了"靠战争起家"的先河，并熟练地运用结盟战略，同时积蓄了极大的战争潜力。在战术方面，殖民地民兵在继承英军阵地战战术的基础上，吸收了印第安人游击战和骑兵进攻战术，采用步骑混编的行进战术编队。在装备上，从长矛盔甲，发展到燧发枪和短柄斧等。

而欧洲军事强国法国，是在 30 年之后的拿破仑时代，才吸收了北美战术精华，称霸欧洲；英国的惠灵顿也正是借鉴了同样的军事财富才改造了自己的军队，成功战胜拿破仑。亚洲的中国，正值所谓的乾隆盛世，军事停留在冷兵器时代，日本仍然固守着对中国的仰视。

经过了漫长岁月，英属 13 个北美殖民地军事形成了一个良好的基础，为即将到来的美国革命做好了准备，一个新的国家即将在独立战争的烈火中诞生。

二　国家军事的开端

——寒碜的独立战争

（1763～1783）

帝国战争在北美结束，自由和安全能否自然降临？

在经过一个半世纪相对独立的奋斗后，

殖民地居民在新大陆享有了相对多得多的自主意识和自主权，

他们是否会听任母国愈发强烈的控制和剥削欲望？

旧的战争刚刚结束，新的矛盾已不可调和。

在一场规模和意义都将更大的战争中，由于矛盾的复杂性和

移民与生俱来的自主性格，使这场战争显得不同寻常，

进而塑造了一个新生的、国家意义上的军队，

并且几乎不可思议的成为强大战争机器的起点。

（一）新的威胁

诚然，威胁总是令人不舒服；同时，不可否认，威胁也是人类社会事物的发展动力。当 1607 年拿着英王贷款的弗吉尼亚公司成员来到北美大陆时，英王的关注不能不说是一种恩赐。经过一个半世纪的发展之后，美洲移民有了完全的自我发展的能力和强烈的自主意识时，这种关注就不再是移民所需要的了，反而变成一种讨厌的束缚，令殖民地人民感到强烈的威胁。

1. 不断增强的欲望

对北美殖民地的威胁始于欲望。包括英国的欲望和殖民地的愿望。

欧洲列强北美争霸之后，作为战胜国的英国，为战争付出了高昂的代价。战争使英国的债务从 7500 万英镑猛增到 14500 万英

> 英国政府对殖民地人民课以重税。

镑，饱受战争折磨的纳税人疲惫不堪。为降低高筑的债台，英国首相格伦维尔提议在美洲征收新税，让殖民地人民承受帝国运转的费用。最直接而醒目的负担是要殖民地支付 1763 年后留在北美的 1 万英国正规军的费用——这些士兵的任务是监视印第安人和加拿大的法语人口，同时保证北美移民继续做英王的顺民。

这项提议在英国和它的殖民地之间造成了裂痕。英国议会陆续通过了若干法令，以实现这个提议。具有代表性的是《糖税法》和《印花税法》。1764 年通过的《糖税法》规定对输入北美殖民地的食糖、糖浆、咖啡、丝绸、麻布、甜酒以及其他商品都课以重税。1765 年通过的《印花税法》，11 月在北美地区生效。规定所有报刊、法律

证件、商业单据及各种印刷品部必须缴纳印花税。单是一张大学毕业证书就需缴两英镑印花税。诸多的以英国议会思维为主导的规定，无情地盘剥着北美殖民地人民。

出于对经济的剥削和对大英帝国在北美权威的维护，英国对北美表现出强烈的控制欲。

英国期望从经济、政治、军事等方面实现对殖民地的统治，几个典型事件有助于理解这种控制欲。没有殖民地代表参加的英国议会竟然可以通过向他们征税的法案，这本身就侵犯了殖民地的政治权利，完全违背了主权在民的政治原则，践踏了立法程序。

英法战争期间，英国为鼓励殖民地人民投入反法战争，也为了缓解殖民地内部的土地问题，鼓励种植园主、土地投机者和小农向西部拓展土地。战争结束后，为维护英王的利益，同时限制殖民地的无限自由发展，曾经的鼓励转变为限制。1763年，英国政府宣布北美阿巴拉契亚山以西的土地为王室私产，禁止北美人民向西移居，后来又制订了新的土地申请法令，致使殖民地的中产者也无力购买土地。这就损害了土地投机者、种植园主和小农的切身利益。

为了避免使疲惫的英国重新陷入与印第安人的战争，英国还在北美建立三个新的行政管理区域——东佛罗里达、西佛罗里达和魁北克。圣劳伦斯河以南的其他地区并入新斯科舍。这些地区以外的西部广大地区留给印第安人。禁止在该地区之内进行土地授予和拓殖，与印第安人进行贸易只限于受到监督的持有许可证的人。授权英国军队负责在西部执行法律、维持秩序和政府其他基本法令。

纸币问题也促使矛盾向着激化的方向发展，殖民地发行纸币以补充硬币的不足，来解决财政困难。但是英国于1764年颁布了《货币法》，剥夺了殖民地发行和使用纸币的权力。此外，英国的《驻军法案》和《航海法》等一系列以我为主的行为，都深深的伤害着北美人民。1773年"波士顿惨案"之后，英国加紧了对殖民地的控制。一系列法令规定：（1）封锁波士顿港；（2）取消马萨诸塞殖民地的特许状，将该殖民地完全置于英王总督的管辖下，并规定不经总督许可不得举行任何市民集会；（3）规定英国官吏和军人在北美殖民地犯罪不受当地法律制裁，必须送回英国受审；（4）强化驻兵条例，规定英军官兵可以占用民房；（5）根据《魁北克法案》，把新获得的俄亥俄河以北的一大片土地划归加拿大魁北克省管辖，禁止殖民地人民向西部地区移居。

　　和印第安人进行皮货贸易对北美白人具有很大的吸引力，随着东部皮毛资源的枯竭，他们将贸易之手伸向阿巴拉契亚山区和俄亥俄河流域，并很快到达沃巴什河流域。这当然有英国政府的授权，更多时候是出于难以抑制的自发。土地投机活动是更大的吸引，殖民战争之后，移民经常越过阿巴拉契亚山脉去寻求建立新的家园。而且从开始的分散行为发展到集团行为，很多土地公司应运而生。越过阿巴拉契亚山脉，得到的是殖民地当局的直接授权。

> 基于人类普遍的不容易满足的特性和北美人自始至终对财富与自由的向往，北美人民从来没有停止过对更多数量财富和更高水平自由的追求。

　　在这个过程中，可以看出殖民地政治自主意识的提升。由于英国涉入的贸易活动有诸如灵活性差、影响效益等很多弊端，他们也希望自主地进行贸易活动。实现这一愿望的方式很多，包括走私和贿赂。政治权利是殖民地人民一直争取的，最初的议会奠定了良好的基础。长期的与总督的权力之争和与英国的讨价还价，表明殖民地人民的政治自主渴望。

　　18 世纪，北美人口增长很快，1702 年才有 27 万人，1770 年已超过 220 万人，大约每过 25 年翻一番，这为殖民地的发展准备了劳动力。当时的农业、工业、商业都获得了重大进展。波士顿的手工业、马里兰的铁矿、费城的造纸、罗得岛的布匹，都已很有名。交通运输业的发展尤其突出，18 世纪初，马萨诸塞、纽约、新罕布什尔都建立了完善的邮政，

> 美利坚民族已经觉醒。

由波士顿发出的信件 6 天即可抵达费城，从波士顿到查尔斯顿都开辟了公路，这样，各殖民地就可以互运有无、交流信息、联络感情。这对共同的地域和共同的文化的形成，即对美利坚民族的形成起了决定性作用。

一个名叫乔治·怀特菲尔德的人认为，在"彻底悔罪"之后往往就是"皈依宗教"，因此 1740 年起他巡回于南卡罗来纳与新英格兰之间，在布道中逼真而又详细地描述在地狱里等待着罪人经受的苦难，由此开始了所谓"大觉醒"运动，即信仰复兴运动。这个运动很复杂，既有反清教寡头统治的倾向，也有某种反文化的倾向。但它带有明显的群众性，传播了"自然神论"的思潮，建立了一些带有较民主倾向的宗教团体，如美以美教会和浸洗礼教会，还创办了一些新的教会学校，如新泽西学院（1746 年）。这实际上是一个重要的启蒙运动。正因为如此，当欧洲以伊萨克·牛顿和约翰·洛克为代表的启蒙思想传到美洲后，信仰复兴运动中的"新光"派和"旧光"派牧师，均能使自己的神学理论与之相适应。但北美第一个真正的启蒙思想家却非本杰明·富兰克林（1706～1790 年）莫属。富兰克林出生于波士顿，而发迹于费城，从 14 岁起就开始写作和投稿。对多种科学专题作过观察和实验，是最先从事电学实验的先驱之一。从 1732 年起，他编发《穷理查历书》，将科学和民主思想以谚语形式随历书传布于广大群众，对美洲人起了巨大启蒙作用。他的格言是："时间比金钱更重要"，"自助者，天助之"。

1754 年 6 月，为了应付由法国人及其印第安盟友所造成的迫在眉睫的危机，由 7 个殖民地派出代表在阿尔巴尼召开了一次联席会议，以组成某种殖民地之间的联盟。会议通过讨论，最终通过由本杰明·富兰克林提出的著名的"阿尔巴尼计划"，该计划规定设置一个由各殖民地议会委派的代表组成的"大参事会"，并由一位由国王任命的总主席来领导，该大参事会有组建军队、对付印第安人、控制公共土地和征收一般税务的权力，计划还包括一个总财务库。该计划虽然后来遭到不愿放弃权力的各殖民地议会的拒绝，但作为后来召开的"大陆会议"的先驱，它是各殖民地走向联合的第一次尝试，因而是美利坚民族形成中的重要步骤。

七年战争后，由帝国政策的改变引发的问题，是促使美利坚人走向联合与觉醒的转折点。在"反印花税法"活动中，民族意识急剧提高。克里斯托弗·加兹顿首次提出了"Americans"（美利坚人）的概念。他在一次演说中宣称："在这个大陆上，不应当有人称为新英格兰人、纽约人等，我们所有的人都是美利坚人。"美利坚人的概念初步形成了。

英国的欲望，与北美人民的愿望，渐渐势同水火。

2. 冲突不断升级

英国当局和殖民地人民两种截然不同的欲望，使得冲突不可避免。

各殖民地人民纷纷举行反英集会，高呼："要自由，不要印花税。"他们坚持认为，英国政府未得到殖民地人民的同意而擅

> 矛盾的激化导致人民在意识上的反抗。

自征税就是暴政。弗吉尼亚人民率先反对这些掠夺性的法案。在1765年5月29日弗吉尼亚议会的辩论中，帕特里克·亨利公开对英国国王进行抨击："恺撒的暴虐有布鲁图来对付，查理有克伦威尔来对付，而乔治三世……"马萨诸塞则发出了巡回信件，号召各殖民地人民团结起来，共同战斗，建议召开讨论《印花税法》的代表大会。

1765年10月，根据马萨诸塞的倡议，除弗吉尼亚、新罕布什尔、北卡罗来纳、佐治亚外，有9个殖民地派出了自己的代表参加了在纽约举行的反印花税大会。大会接受了当年5月弗吉尼亚议会的观

点："无代表即不纳税"，通过了约翰·狄钦森起草的《权利与自由宣言》，宣布英国国会无权向殖民地征税，要求英王及其议会废除印花税条例，宣称殖民地人民只交纳得到他们同意并由他们自己的代表所征收的税款，"没有代表的征税是专横"。大会号召抵制英货，妇女们也提出"宁穿土布，不失自由"的口号。一个被称为"自由之子"的秘密组织在波士顿诞生，其领导人是塞缪尔·亚当斯和帕特里克·亨利等人，这种组织发展很快，不久各殖民地几乎都有了类似的组织。这次大会表明，征税问题已把殖民地与英帝国的矛盾，由经济层面提升到政治层面，成为双方之间的权利之争，矛盾和斗争的性质改变了。

> 意识的反抗，马上激化为肢体
> 的反抗。

1765 年 11 月 1 日《印花税法》生效之日，也是人民掀起抵制英货、反对《印花税法》的斗争蓬勃兴起之时。群众闯入税务机关，赶走税吏，焚烧税票。有的地方甚至捉拿税吏，在他们身上涂上柏油，贴满羽毛，游街示众。北美人民的斗争迫使英国议会和王室于 1766 年 3 月废除《印花税法》，但同时又发布公告宣称英国国会有权为殖民地制订法案，以保全面子。

1766 年，英国财政部大臣查尔斯·唐森接管指导殖民地事务，颁布了一系列被称为"唐森税法"的法案，规定输入北美殖民地的纸张、玻璃、茶、丝、铅等一律征税。1768 年 2 月，马萨诸塞殖民地议会请求英王纠正"唐森税法"，但英国王室依然无动于衷。1768 年，英国派军队进驻波士顿。英军的出现和英国税企的暴行在已经激化的矛盾上火上浇油。

美利坚人从来不信奉"被打之后再还手"的自卫原则，不甘被动反抗的群众，经常进行主动的挑衅。1770 年 3 月 5 日晚，波士顿的一群激昂的群众先是对驻军骚扰，然后冲向一个哨所。一队英军士兵赶来支援，开枪打死了 5 个波士顿人。波士顿惨案刺激了美利坚人反抗英国的决心。

殖民地领导人在政治上组织起来，并同时使用恐怖和宣传手段来颠覆已建立起来的政府权威。1772 年，塞缪尔·亚当斯提议建立通信委员会，旨在系统阐述美洲人的权利和不满，并诉诸其他城市和全世界。不久，通信委员会成为革命者的联络机构，很快在各地出现，它在传播革命思想、动员组织群众、推进革命事业的发展中发挥了重要作用。

> 在愈演愈烈的冲突中，美利坚人认识到各地分散的行动不足以对峙成熟的大英帝国，必须联合起来，才能取得斗争中的进展。

"印花税法代表大会"以及后来的两届大陆会议，反映出一个全国性政治组织的崛起。地方上的"自由之子"也纳入了全国通讯委员会和安全委员会的组织网。这些法外组织使反对英议院的行动协调统一，并防止革命运动退化为无政府状态，同时恐吓亲英分子。激进领导人还组织了一些捣毁英国统治重要象征机构的暴力行为。暴民行动并非完全自发，而基本上是城市志愿民兵组织发起的有目的暴动。与暴力行动相呼应的是一场宣传战，对英国的每一行动都大肆丑化。

在军事准备上，各殖民地议会通过增加训练日，严惩逃避训练者，控制豁免人数和储存枪支弹药等办法来重振民兵团制度。有一些殖民地还规定了民兵和"一分钟人"的区别，后者多为青年，接受过专门训练，能在接到紧急通知后立即投入战斗。爱国党人还在民兵中清除效忠派的托利党军官，确保只有那些"人民权力的坚定朋友"才能担任军职。

在群起反抗的氛围中，1773 年 12 月爆发了"波士顿倾茶事件"。波士顿惨案发生后，迫于压力，英国政府取消了很多税法，但是有一项茶税保留下来，以表示英国政府有权向殖民地人民征税。殖民地人民认为，这是非法征税，是英国政府暴政的象征，并决心以不饮用征税茶叶的集体行动加以抵制。同时，背着英国政府走私茶叶，代替征税茶。英国政府则采取了反走私和倾销政策，双方矛盾进一步激化。

一批波士顿青年在"走私大王"汉考克和知识分子塞缪尔·亚当斯的支持下，组织成立了波士顿茶党，以反抗英国暴政。1773年12月16日，茶党乔装成印第安人，登上东印度公司的茶船，把东印度公司价值18000英镑的茶叶倒入大海。这不是一时冲动，而是一项坚决果敢而又考虑周密的行动，极大地鼓舞了殖民地人民的反英决心，相继奋起斗争。当天晚上，波士顿人进行火炬游行，捣毁了正在建筑中的税务局大楼。受此鼓舞，纽约的一大群愤怒的百姓冲进一名残酷的英国军官家中，捣毁了他的家。1776年1月，纽约人把刚刚运到纽约港的10箱印花税券付之一炬。

事件使英国国王乔治二世大发雷霆，决心对北美采取高压政策，更加严重而露骨地侵害殖民地利益。1774年，英国政府为报复倾茶行动，加紧对殖民地的镇压，竟又颁布了封闭波士顿海港法令、取消马萨诸塞自治条例等五项高压政策。

为了保证法案的实施，英国政府任命英国驻殖民地军队总司令托马斯·盖奇为马萨诸塞总督，对该殖民地进行管制。

随着反抗活动的扩展，英国对殖民地的态度也越来越强硬。1774年，国王乔治三世晓谕天下，作为殖民地骚乱中心的新英格兰，已处于叛乱状态，"必须用武力来决定他们是隶属于这个国家还是独立"。这样，双方都决定不惜一战，绝不再退到关于英国议会权力问题的争论。在冲突中所表现的殖民地人民的力量，使殖民地政治领袖确信，他们可以为自己的新国家冒险一搏。

3. 失误的判断

1763~1775年的一系列事情，都表现出英国对殖民地的判断失误。在一种根深蒂固的母国情结中，想当然地行使宗主国的权力，无视殖民地的发展历史所造成的自由现状，也无视殖民地人民的自由呼声。而1775年之后的一系列事情更加证明了这种误判，并且又证实了另一种失误的判断：英国人似乎没有把殖民地军队放在眼里，更加忽视了乔治·华盛顿的战略意图。

独特的自然环境、社会环境和心理趋势，已经使北美移民形成了统一的群体文化和价值取向，对英国的认识完全不同于初到北美大陆之时。意识中，英国已经不再是母国，而北美也早已成为移民的国度，与英国拥有平等的国际地位。经过漫长的开拓年

> 一个半世纪以来，英国人从未对殖民地实行过多的直接控制。在这种"有益的疏忽"下，殖民地繁荣发展，享受着事实上的独立。

代，现在的北美人早已有能力独自处理内部和外部的所有事务。作为新生的独立的民族，北美人民有权力按照自己的意愿去发展，包括拓展土地、进行贸易、立法和选举、建立和使用军队、发展外交等经济、政治和军事的一切国家意义上的事业。

随着法国从北美大陆的撤出，土地投机商、皮货商、边境居民加入了势不可当的西进浪潮。随着英国限制殖民地人民西进的法令出台，北美人大为不解——英国竟会阻挠他们开发西部的资源。1765年的《印花税法》和《军队驻扎法》，产生了令英国政府难以理解的强烈反应。由于其向殖民地征税，美利坚人视之为非法。殖民地人宣称：只有他们自己的立法机关才可以对他们征税，英国议院没有任何权力向殖民地人民直接征税。

另外，殖民地人民认为总是自己保卫自己以抵抗印第安人，他们以后也将继续如此。而英国却认为一支英国常备军的存在，一方面是为了保护殖民地人民，防止爆发耗费巨大的印第安战争；另一方面可以支付英国管理帝国的巨大开支。因此殖民地人民怀疑军队的目的是要强迫殖民地服从那些不得人心的英国议会法律。

其他类似的和更加严厉的法令进一步证实了英国政府对北美人民的误解，激起了北美人民的强烈不满。宗主国家长式的虚荣，带给殖民地人民以儿童身份的耻辱感；殖民地的雄心与英格兰欲使殖民地从属于它并削弱殖民地自治的愿望已势如水火，格格不入了。

就在这种水火不容的形势下，英国人还存在着幻想。

他们认为北美人的反抗不过是一场短期的暴乱，与英国国内的一些偶尔发生的暴乱没有本质的区别。因此一些人认为，英国军队在北美的军事存在，可以轻易实现一个目的——一旦殖民地人民胆敢轻举妄动，他们可就近派出军队迫使其臣服帝国的统治。这种"镇压式"有限战争的思想，本来就和北美人誓死决裂的战斗精神不在一个轨道上。战争之前的一些事实证明了这一点。康涅狄格和纽约的"自由之子"签订了一项条约，如果英国军队企图强行推行"印花税法"，他们将互相支援以反抗。面对这种反抗，英国议会被迫取消了这一法案，但却幼稚地通过了另一项《公告令》，宣告英国议会拥有"无论在何种情况下"对殖民地进行"约束"的权力。

正当美利坚人把天生的勇气、上帝、自由和繁荣看作其无形的同盟者时，与上述误解相伴而生的是英国还相信：叛乱者只是极少数人。虽然大多数官方人士认定，叛乱可以被武力镇压下去，但有些人却在探询向殖民地灌输议院权威的办法。由于在这一问题上不能达成一致意见，英国在和解调停和高压政策之间左右徘徊，在以惩罚性战争求得和平与企图通过谈判解决争端的问题上举棋不定。

由于目的不甚明确，英国对殖民地既未能造成恐惧，又未能施加任何影响。甚至在战争爆发之后，这种一厢情愿的幻想仍然在左右着英国军队的行动。在战争初期的北方战场上，托马斯·盖奇取得了一连串对大陆军的胜利，却没有一次乘胜追击，使北方大陆军总是能够重整以存活，时时牵制英军，使之如鲠在喉。

这样造成的现象是，英国人一直在用拳头打击北美人，问其"服不服？"；北美人一直在用刺刀逼着英国人，问其"走不走？"。造成的结果是，英国人在犹豫不决的战争中，举步维艰；北美人以略强一些的耐力，获得了"美利坚"。

在一场即将发生的、战争双方彼此不对接的战争中，首先表现出来的是战争观的不对接。如前所述，在一场镇压式的战争中，英国人的意识停留在对既定臣民的教训与安抚上，不可能采取摧毁的方式；再者，不留生存余地地扫荡整个北美大陆，剩下的焦土对于英国就没有意义了。从这个意义上说，这一对"臣民"的幻想，存在些许无奈的成分。而北美人却在同一场军事对抗中，从事着彻底的战争，以彻底驱逐英国在北美的军事与政治存在为唯一目标。

> 英国对北美人的独立意识和反抗强度的误判，不可避免地导致对北美军事能力的误判。

虽然英军最终的意图是消灭大陆军，但是须知大陆军是难以消灭的。原因在于被美军对其之所以称为"大陆军"，正是因为其植根于大陆的本质，与北美人民之间的联系使得军民之间具有一定的模糊性，军与民难以区分，随时都可能由"民"发展成"军"。

北美的独立战争，与此前英国在欧洲进行的战争都不相同，不是以王朝利益为出发点，已不是以脱离人民的职业军人和雇佣军为骨干的战争。它是北美人民的独立战争，实际上是一定意义上的人民战争，只要人民存在，军队就很难被消灭。例如，英军典型的排枪射击是正规军队之间的对抗，旨在击溃敌军事力量，实现政治目的。而当时的北美大陆，存在着一支近乎无形的军队，军民融为一体，无所谓军和民，随时军民，所以，这种战法本身就不适应一场民族解放战争。

在一场致力于民族独立的战争中，勇气与激情的力量不可低估。许多殖民地人民对战争充满了信心和决心。他们相信美国人"天生的勇气"和上帝的保佑。议会认为："事实已经表明，被爱国主义激发起来的原始勇气足以抵消敌人的这些优势。"就连一位英军上尉也写到；美国人"现在已达到如此热情和疯狂的程度，以至于他们很容易接受，无论他们干什么，上帝都会帮助他们，他们必将无敌于天下"。殖民地人民是为崇高目的而战，因而坚定不移。乔治·华盛顿将其归纳为这样几句话："记住，军官和士兵们，当你为自由的福祉而战时，你才是自由人；如果你不能像男子汉那样承担责任，那么你和你的子孙后代的命运将是永远给人当牛作马。"这次革命不同于任何欧洲王朝更迭，而是一场包含着意识形态问题的战争，其对公众的影响远比"有限战争时代"的王位之争深刻得多。大多数殖民地人深信，自由才是问题的关键所在，这不仅关系到他们自己，而且关系到子孙后代。

北美人民长期以来建立的工业、农业和商业基础，也为大陆军提供了必要的物质基础，纵使大陆军经常装备不整、食不果腹、衣衫褴褛，但是相对于英军来说，还是有较为稳定的物资保障。

带着英法逐鹿北美时代的荣誉，英国人无法不沉浸于对传统正规军的自信中。在英军眼中，北美的军队，不过是一群乌合之众。英国官员们只记得在上一次战争中那些士气低落、漫不经心、毫无责任感的北美士兵，而全然忽略了在法国和印第安战争中殖民地民兵的骄人战绩。

相对于英军的传统军事制度，北美军队有这样一些优势，即各个殖民地有很大的自主权，因而使得北美战场上没有中心可言；相对独立的军事传统使得各支军队有相当大的自主权；大陆军可以随时吸收新成员入伍；长期以来的民兵传统为北美军队提供了大量的、受过军事训练的兵员；为了自身的利益，数量难以捉摸的民兵一直在同大陆军并肩作战；民兵历史上的多能性，也是英国人始料不及的，他们负责作战、预备、后勤给养、维修甚至生产等多种任务，是北美军队的力量源泉；北美军队在近距离接触印第安人的战争中形成的战术，使之受益匪浅。

英国低估了北美爱国者的数量，天真地认为叛乱者只是小部分不安分的暴乱分子，而北美大部分居民还是效忠的，美利坚军队不可能进行持久的抵抗。英国人对忠诚分子的支持寄予很高期望，但效忠分子的力量只是徒有虚名，效忠的托利党是仅代表全部白种美利坚人中不到2%的少数分子。这种错觉使得效忠分子在战争中无意地帮了倒忙。

当英国自以为是的家长式做法，强加负担于殖民地人民时，遭到本能的反抗，是不可避免的。加之这种做法进一步限制了殖民地人民对获得财富的愿望时，就等于切断了殖民地的将来；自由岌岌可危之时，也是冲突加剧的拐点。

对于北美人来说，自由是财富、是希望、是一切利益的根源。所以，习惯于把威胁推得越远越好的北美人，自然而然地把反抗从诉诸意识升级到诉诸暴力；从各自为战升级为联合抵抗。宗主国历史性地自大，导致英国根本不把"子民"的军事看做军事，无法认清北美的军事能力。"事态未必那样严重"的幻想，导致对这场冲突严重性认识不足，对即将爆发的战争，从观念到具体准备、从战略到战术、从烈度到广度，都产生了失误的判断。

（二）喜忧参半的准备

虽然，如约翰·亚当斯所说："革命已深入人心，深入殖民地组织中。在敌对行动开始之前，这两者已充分表现出来了。"然而，就1775年以前的北美社会来说，还不具备迎接一场常规意义战争的条件。社会人群的分散性、政治制度的松散性、军事活动的仓促性等都说明，还没有为一场革命的战争确立必胜的基础，甚至看不出在战争的天平上胜利有任何向北美倾斜的迹象。若不是自由与安全受到威胁，一场非打不可的战争即将来临，相信当时北美的政治领袖是不会主动以战争的手段去寻求独立的，就像之前的一个半世纪一样。

1. 多样化的北美

美利坚民族初步形成，也就意味着与很多历史悠久的民族相比，它还是一个相对松散的人群。诸多问题在其内部，在很大程度上还不能达成一致，甚至存在很大的分歧。独立战争时期，北美大陆上认识的多样性，还来源于北美在殖民地初创时期固有的多样性。各殖民地均有强烈的自主意识，不易被其他人或群体影响，对于革命战争这一历史性事件反应不一。

北美社会的各个阶层，对于北美革命战争的态度也较为复杂。

基于各殖民地不同的移民来源、人口组成和生产生活方式，殖民地不同人群之间存在较大的差异。对以暴力方式争取独立，还未能完全形成一致意见。积极的爱国者约占殖民地人口的2/5，占有绝对优势，主要是新教各教派的教徒、受制于英国重商主义的南部种植园主和以商品出口为主的商人、自耕农场主、城市工匠、殖民地选举产生的政府官员和英格兰移民后裔。他们支持革命的目的也不尽相同，有的要求广泛的社会变革，有的只是追求有限的政治改革。效忠派约占殖民地人口的1/5，在中部各殖民地人数较多，而在南部和北部的新英格兰较少。主要包括英国政府任命的官员、对英帝国依靠较大的商人、安立甘宗教会的牧师、非英格兰裔移民，特别是苏格兰人。殖民地内部矛盾也使一些人站在效忠派一边，包括被主流宗教排斥和迫害的教派和内地农场主（因为他们对南部种植园主不满，自然地站到了成为爱国者的种植园主的对立面），特别是在18世纪60、70年代反对东部贵族式统治的北卡罗来纳"自订约章者"成为效忠派。战争中，大陆会议较为严厉地镇压了效忠派，剥夺了其政治权利和财产。战后，那些坚决效忠英王的人流亡他国，大多数人定居加拿大。爱国者和效忠派之外，大约有2/5的白人持中立态度，如宾夕法尼亚的贵格宗教徒，他们是真正的和平主义者。如上原因，使得大陆会议的一些决议通过的时候并不顺畅。在战争期间，各殖民地的不统一也带来了一些麻烦，大陆军得不到充足的保障。效忠分子以暴力的手段帮助英军对抗革命的暴力。

作为英王的代理人，总督大都是英王利益的忠实维护者，所以一般都是革命的反对派，并在革命过程中逐渐淡出了北美的政治与军事舞台。殖民地建立之初，议会就与总督展开了争取权力的斗争，并逐步获得了较大的主动权，有效地限制了总督的行为。随着美利坚民主自由氛围渐浓，到独立战争前夕，总督的权威已经所剩无几了，议会完全控制了殖民地内的事务。议会的胜利，源自民众的支持，议会的行为自然就要以民意为依据。于是，在革命的过程中，独立呼声高的殖民地，议会也比较积极；反之，情形就不一样了。但不管怎样，各殖民地（除佐治亚外）的议会还是派出了代表参加了大陆会议，并在之后的战争中给予大陆军不同程度的支持。

北美革命中的精神领袖们，则是热情的鼓吹者，他们奔走呼号，宣传革命思想，组织革命团体，引领革命行动。1776年，托马斯·潘恩的《常识》出版并流行，号召人们挺身而出、反抗暴政；塞缪尔·亚当斯、托马斯·杰斐逊、本杰明·富兰克林等大批革命思想家为北美播下了独立的种子。一个有意思的事例，道出了这样一个事实。即：被尊为一个新生国家的出生证明的《独立宣言》，大量引用了当时在民间广为流传的小册子。如"人人生而平等……追求幸福的权利"。这说明精神领袖的作用在于，他们明晰了民众的需求，总结了民众的愿望，说出了民众的呼声，一切以包括他们自己在内的民众的意志为基础。

许多商人支持反抗运动，也是出于他们的经济利益的考虑。进口商有时支持不进口协议，只是在进口商品价格太高的时候，需要暂停海外贸易。他们一般不赞成宣布独立，因为这会完全切断他们同英国供货人的关系。出口商始终支持反抗运动。不进口商品对他们无损毫毛。他们同南部人一样，独立会使他们获得更广阔的销售市场。也有一些商人出于生计考虑，相信和平请愿，反对暴力。

殖民地农场主大多对于英国的法令忧心忡忡，在新英格兰和中部殖民地农村，《强制法令》引起农场主的恐慌，他们担心他们的土地所有权可能被取消，市镇的特许状可能被废除。农民和城市的大多数工匠支持反抗运动。不进口协议虽使商品价格上涨，但多数平民从未享受过舶来的奢侈品。不进口运动使殖民地的工人和农民消除了英国商品的竞争，有了更大的空间。

尽管革命形势总体上有利，但是内在的不利因素无时无处不在，其存在状态直接影响着即将发生的战争。

大陆军糟糕的后勤保障、效忠派疯狂的报复、平民和奴隶参加英军，都说明了这一点。战争前夕，在殖民地的每一个阶层或者群体内，都不同程度地存在着革命派、中间派和效忠派。例如在费城，一次由温和分子控制的群众集会仅仅同意向总督请愿，但是不赞成不进口和不出口运动。不过在6月19日，又一次群众集会用激烈的言词指责了英国议会，并建立了新委员会；它还授权新委员会挑选参加全殖民地大会的代表，从而防止了宾夕法尼亚议院可能出现的保守主义。三个派别的存在，如果对战争全局的影响不大的话，至少对作战状态影响很大，对个别战斗影响更加具有决定性。革命派和效忠派势不两立，相互敌视、攻击。中间派则是大陆军和英军竭力争取的对象。

奴隶的存在则是近代战争中少有的现象，无论为谁作战，自己得到自由的机会都很小，所以英军中包含一定数量的奴隶。但是出于对这片土地的感情，他们较倾向于革命的一方。殖民地人民的选择，既有思想原因，也有经济原因，他们既是理想主义者，也是现实主义者。无论如何，他们都卷入了这场战争。

2. 大陆会议的权力

既然是殖民地集体行为，就必然需要一个组织来领导，大陆会议就担当了这一历史使命。

令人称奇的是，这个至关重要的组织起源于一个基层会议。出于对自由的忧虑和对英国的措施存在强烈怀疑，1773年3月13日，弗吉尼亚议会决定成立通信委员会，与美洲其他地区建立通信联系，以发现英国政府可能已经采取的剥夺殖民地居民权利的其他行动，并调查罗得岛事件。弗吉尼亚议会请其他殖民地议会建立各自类似的通信委员会。1773 年 7 月到 1774 年 2 月间各殖民地下院纷纷效法弗吉尼亚，所有 13 个殖民地立法机构团结一致。1773 年，英国《强制法案》出台，为北美人民不可容忍。1774 年 5 月，波士顿乡镇会议发出了一个号召——在费城举行由所有殖民地代表参加的会议，被称为"大陆会议"，将持续 10 年的分散讨论转变为一个北美人联合的事业。

1774 年 9 月，除佐治亚外，来自 12 个殖民地的 55 位代表聚集在费城召开会议。会议首要解决的问题出人意料，并不是很多人已经意识到的、不可避免的战争，而是解决地区间的差异，克服相互之间的成见与敌意。会议处理问题的方式引人关注，费城的活动家约翰·亚当斯说："……要除去数不清的偏见，我们不得不避免自己出面，而得靠分析情势，揣摩潜台词；有其他人转达我们的感情、计划与愿望，这些人来自不同的地区。"

当然，会议产生了一些积极的成果，通过了一些表明殖民地立场的决议，制订了一系列有关经济抵制的禁令，拟定了致英王的请愿书，否决了殖民地与英国组成联邦的温和方案。会议宣言声称北美殖民地人民理应享有"生命、自由和财产"的权利，要求废除五项不可容忍的法令；并以大陆联盟的名义禁止从英国输入任何商品，禁止把任何商品输往英国，禁止购买英国货。

会议还不具备发号施令的权威，作用在于意识上的确认。正如帕特里克·亨利的描述："压在我们身上的苛政消失了，我们本质上是一个国家，弗吉尼亚人、宾夕法尼亚人、纽约人和新英格兰人之间的界限不再存在，我不是一个弗吉尼亚人，而是一个美利坚人。"这次会议是北美殖民地第一次以"大陆联盟"形式共商对英策略的会议，是殖民地人民团结战斗的象征。所有的阻力都不重要，艰难的开始，也是扎实的第一步，预示着完美的结局。

艰难，但毕竟开始了。

　　尽管第一次大陆会议希望用和平方式解决争端，但英国国王乔治三世在 1774 年 11 月却说："新英格兰的那些政府现在处于叛乱状态，必须用战斗来决定他们是隶属于这个国家还是独立。"

　　1775 年 4 月 18 日晚，马萨诸塞总督派遣 700 名士兵到波士顿附近的康科德搜查民兵的军火库，并逮捕革命领导人约翰·汉考克等。保罗·里维尔和威廉·鼓维斯把消息火速传送给那里的北美民兵。19 日拂晓，当英军到达莱克星顿时，民兵早已严阵以待。双力在浓雾中交火，8 名民兵牺牲。英军在撤回波士顿的途中遭到北美民兵的袭击，死伤近 300 人。

　　北美人民打响了独立战争的第一枪。战争序幕拉开以后，殖民地人民纷纷拿起武器，组成民兵队伍，支援波士顿，占领英军驻守的要塞、兵营和仓库，围城民兵高达 16000 人左右。各殖民地议会开始武装起来，劳动人民更是站在武装斗争的前列。1775 年 5 月初，一批来自佛蒙特的"青山子弟兵"用奇袭的方式攻占了纽约州北部的提康德罗加，缴获 80 门大炮和大批枪支弹药。

　　莱克星顿的枪声使战争变得不可避免了。1775 年 5 月，第二届大陆会议在费城召开，来自 13 个殖民地的 66 名代表共商抗英对策。人员组成引人注意，其中包括走私大王约翰·汉考克、种植园主和律师托马斯·杰斐逊、政治活动家本杰明·富兰克林。

　　会议继续向英王请愿，通过了由约翰·狄钦森起草的《和平请愿书》，又通过了狄钦森与托马斯·杰斐逊共同草拟的《关于拿起武器的原因和必要性的公告》。文中指出："我们的事业是正义的，我们的联合是完美的"，"我们将使用敌人迫使我们拿起的武器……来捍卫我们的自由，万众一心，决意死为自由人，不愿活着当奴隶"。

　　此时的大陆会议，对英国来说是非法的，对北美来说其合法性也不明确，也就没有明确的权限。但是共同的利益和认识发挥了作用，大陆会议在军事和政治上都形成了关键的决议。第二次大陆会议最重要的中心议题是组织武装力量，进行抗英斗争，实际上它已成了最高的革命权力机关。会议决定：下令募集志愿兵；发行纸币，向国外购买军火；组建一支 20000 人的军队，名为"大陆军"。为了实现南方与北方的紧密联系，任命弗吉尼亚种植园主、享有美誉的乔治·华盛顿为总司令。后来的历史证明，喜欢争吵的美利坚人尝到了争吵的甜头，华盛顿这个种植园主将成为这个国家的救世主。接下来的几周里，会议通过了对英《必须采取武力宣言》，批准建立一个军事首都。

1776 年 7 月 8 日，会议发表了《独立宣言》，宣布与英国的彻底决裂。宣言指出：每一民族都有充分权力可跟另一群人缔结政治联系，而当这样的联系对自己的利益构成损害时，有充分权力解除这样的联系；人人生而平等，都有"造物主"赋予的不可转让的权利，即生命、自由与追求幸福的权利，当任何政体妨碍了这种权利时，人民有权利去改变它或废除它；为了确保人的这些权利，人们组织政府，权力来自人民，人民是主人；既然人民可组织政府，当然也可解散，另外组织一个新政府；英国在立法、司法、行政、军事，贸易等方面，对殖民地严加迫害，英王不配做一个自由民族的统治者；殖民地宣布独立是"合法"的，是"尊重人类公意"的正义行动，这些联合起来的殖民地从此成为、而且名正言顺地应当成为自由独立的合众国，解除对于英王的一切隶属关系，废止与大不列颠王国之间的一切政治联系。

各殖民地政治上独立的传统延续了一个半世纪，大陆会议只有通过形成的约定，来号召或者倡导各州开展有益的行动。在经济上，大陆会议没有征税的权力，只能依靠各殖民地才能落实任务。

作为一个尚未形成的国家的政府的雏形，大陆会议到底有多大的权力，能够在多大的程度上支持华盛顿的军队，很快在战争中得到了体现。

在军事上，大陆会议保持着绝对的权

力。首先得益于北美历史上文官控军的传统；其次得益于一个民主斗士担任总司令。然而，军事权力的实现，必须以政治权力和经济权力为基础。大陆会议的重担是要为军队提供后勤支援，首要的困难就是财政资源的匮乏、行政管理不善以及交通设施落后。

战争绝不是廉价的，正如杰底边亚·亨廷顿将军所言："金钱是战争的支柱。"但殖民地人民原来反对英国征税，现在也拒绝给大陆会议以征税的权力。为备战筹措资金，大陆会议只得求助于印刷机器和外国——主要是法国——的贷款，才使大陆会议渡过了难关。

为管理军队，大陆会议最初依靠一个特别委员会来处理军队提出的问题。直到1776年6月，它才成立了一个五人组成的"战争和军械委员会"，负责对军队实行长远管理。但由于小组成员大都兼职于好几个委员会，还有大陆会议的日常工作，他们只能抽出一部分时间来处理军队事务。委员会成员更换频繁，只有极少数人有足够长的任期来熟悉军队需求，于是大陆会议在1777年10月更新设立了一个包括军官参加的委员会。它还设立了几个后勤部门，如粮秣部、供应部和军需部。但是，该委员会和新设的各部门都未能提高工作效率。

由于大陆会议力图实现一个文职人员和军人的最佳组合，而两种身份的人总是经常不断地改组和更换，使他们从未达到规定的稳定程度。腐败问题、经验和资源都给各项工作制造了麻烦。后勤部门难以协调一致，彼此间还为紧俏物资互相竞争，同时也与各殖民地政府的后勤部门以及民间单位相互竞争，结果导致了价格猛涨。军需官们要采办的东西太多，而军中可供支配的钱财却又太少。到1779~1780年冬，财源枯竭，军队仓库告罄，大陆会议只好将它对军队的大部分责任下放给各殖民地，要求各殖民地为大陆军中本殖民地的部队支付款项，并实行了各殖民地"特殊供应品"的征用制度，规定了食品、弹药以及生活必需品的定额。不幸的是，对于饥寒交迫的大陆军士兵来说，情况并没有因此得到改善。各殖民地没有充分的行政手段，只能勉强从农民那里征收物资。几乎每个殖民地都争辩说，分给自己的份额高得不合理。

3. 新军队

实践证明，建立正规军是大陆会议的正确决策。这次革命创造了一种"双重陆军"的传统，即将士兵后备队（民兵）与一支小规模正规军相结合的方式。民兵可以提供大量受过一定训练的士兵，而正规军则可提供军事技能和中坚力量。基于在殖民战争中对英国正规军的厌恶，许多美利坚人都对常备军表示不信任，但大陆会议却意识到它是必不可少的，并因此创建了一支"大陆军"。大陆军并没有排斥民兵，而是与民兵互为补充，建立正规军的同时使民兵获得了新生。实际上，在每一个关键时刻，这些互不相同的力量都是齐心协力、并肩作战的。

由于各殖民地的军队都在起义军的控制之下，使敌军无论走到哪里都要碰壁。由于

民兵的新生具有深远的影响。

起义的民兵对反革命暴动的坚决镇压，亲英国的忠诚分子很快转为守势，也从未争取到主动。例如，1775 年 12 月，弗吉尼亚民兵在 200 名大陆军的支援下，在"大桥之役"中击败了总督邓莫尔的亲英部队。2 个月之后，同样的命运又落在了北卡罗来纳的英总督乔赛亚·马丁头上。那里的民兵在"莫尔河大桥战役"中击溃了他的亲英队伍。在这两个殖民地中，民兵都消灭了亲英武装，并驱逐了英国殖民官员。

以小规模战斗迎击敌军和保卫内部安全，这是民兵职责的两个方面。此外，他们还要镇压奴隶暴乱，打击印第安人，驱逐海上袭击队，守备要塞，看守战俘营，搜集情报，征集物资，运输给养，并对付英军的征集小队。

但是他们不能独立地对抗一支人数众多的英国正规军。在大多数

战役中，民兵都是协同大陆军作战。作战记录也是好坏不一，他们的表现有时很丢脸，有时很英勇。通常正面对抗英军时，就会在遭到挫折后溃不成军。以游击战机动灵活地突袭，就能取得很好的效果。民兵部队招之即来，在完成其短期任务后，又即刻消失得无影无踪。英国指挥官们简直无法弄清这些民兵是怎样冒出来的。英国将军康沃利斯勋爵，一方面难以克制他对这支缺少纪律的散兵游勇的厌恶，另一方面又对民兵在战场上的作用做出了最好的评价。他写道："我无意颂扬南部殖民地的民兵，但许许多多英军将士死伤在他们手中，十分不幸地证明了他们是决不可轻视的。"

民兵具有难以克服的弱点，殖民地需要一支有别于此的军队。

由于民兵通常要受其狭隘传统的束缚，因而有其天生的弱点，不少人以支付代偿金、起用替身或逃跑来逃避民兵义务；其活动范围也基本限制在本殖民地附近。大陆会议意识到它需要建立一支不局限在各殖民地分界线内活动的全国性的军队，为此，它组建了"大陆军"。这支军队最初由在波士顿保卫盖奇的新英格兰民兵组成。1775 年 6 月中旬，大陆会议博采众议，决定由来自弗吉尼亚、马里兰、宾夕法尼亚的步枪手组成 10 个连，从而使这支军队更具有"大陆"特色。大陆会议选派乔治·华盛顿担任总司令。同样重要的是，他是一位弗吉尼亚人。他的任命，与步枪连一样，使军队更具有"大陆"特色。

但这毕竟是一个新生国家的新生军队，有诸多难以避免的弱点。

首先，大陆军与民兵的双重存在，造成了征兵的矛盾，民兵的存在也正是大陆军兵员不足的原因之一。如果允许在民兵和大陆军中进行选择，大多数人宁取前者。民兵服役清白无瑕，是爱国行动，是必须做的，通常也是危险的。但短期服民兵役毕竟比大陆军的长期义务所受的痛苦要少得多。劳工获得的高额报酬和私掠行为可能的获利，都增加了招兵的困难。为此，大陆会议在土地和金钱上都实行了优惠政策，制订了殖民地民兵征兵条例以补充兵员，规定了从一年到整个战争期间时间长短不同的服役期限。但军队的人数还是从未达到过规定的实力。例如，1775 年年底，大陆会议决定组建 28 个团（20000 人），一年之后，又增加到 88 个团（75000 人），但军队的实际人数往往不足其应有数的一半，有时只有 1/3。

其次，大陆军也从来没有成为欧洲人心目中的正规军，他们没有军人姿态，而且崇尚自由。他们可以成为好士兵，但绝不放弃自己的个性，保持着平民的本色。他们戴着时髦的帽子、蓄着长发，来表现自己的独立不羁，而不管（或全然不顾）他们的长官三令五申要统一制服和军容。更进一步地说，他们只是临时的正规军人，不同于欧洲的职业军人。他们懂得这场战争的目的，并为达到这一目的而战斗到底，然后就将刀枪入库，解甲归田。

虽然华盛顿试图像在对法战争中那样使用一支由经验丰富的军官指挥的正规军作战、而以民兵作为辅助力量，但他没有成功。原因是缺乏称职的军官，而且大陆军士兵太少。美利坚没有多少人经历过正规战争，要培养出得力的指挥官，需要长时间的艰苦努力。大陆军兵员长期匮乏，迫使他在战场上经常依靠民兵。在无数次危急关头，华盛顿都是依靠民兵来支持大陆军的。

4. 幸运的美利坚人

英国在军事上、经济上都占优势。北美大陆没有一个强大的中央政府，1781 年"邦联条例"通过之前，大陆会议没有行使中央政府职权的法律基础，不能征税和招募军队，只能仰求 13 个殖民地提供兵源和物资，资金匮乏一直困扰着革命。大陆会议也因内部分歧，分成联邦派和民主派。军队方面，民兵由于"保卫家园"的传统，属于各殖民地，不愿离开家园，更不愿长期服役；大陆军是唯一的正规部队，由各殖民地提供兵源，却从未足额，兵力常常不到 16000 人，曾经剧减到不足 3000 人，且战时死亡率高达 12%。

但英国除了"强大"和"正规"之外，也有一些不利因素。英国的一些自由主义者反对征讨殖民地，造成兵员征募困难；战略选择失误，以攻占城市为主，对北美游击战估计不足；殖民地经济和政治分散，没有战略中心；殖民地沿海多良港，英军无力全部封锁；英国属地太多，殖民地有希望得到广泛的国际支持。

尽管没有明显的优势，美利坚人还是幸运的，这种幸运既表现在国家军事长远建设的战略意义上，也表现在这场战争的战略意义上。

大陆军一经建立，就被置于文官控制之下。

随着这支国家的正规武装力量的建立，大陆会议不动声色地接受了英国温和派辉格党人的思想主张。辉格党认为，在一个有力的立法控制下的正规武装，不仅与宪法规定的自由毫不抵触，而且还是保障这种自由的基础。大陆会议对建立一支常备军的反对意见也十分关注。美利坚人一直对正规军和它对自由的威胁以及维持它所征的税款表示深恶痛绝。现在，大陆会议既然已经建立了它自己的正规军，它就必须承担避免军队威胁自由的重任。正如塞缪尔·亚当斯所说，既然是"一支常备军，不论在某些时刻是如何地需要它，也总是人民自由的威胁。……它必然遭人忌恨"。

大陆会议小心翼翼地使它处于文职政府的掌握之下。它责成华盛顿"遵守和服从"大陆会议的所有命令，并定期向它汇报。在选拔军队将领时，它也总是任命那些忠于自己而不是忠于华盛顿本人的人。大陆会议还确定战争的目标，控制军队的规模和构成，为维持军队提供资金和物资，制订纪律条例，操纵对外事务等，有时，它甚至直接筹划战略。

选择华盛顿，也是美利坚人保障自由的幸运。

华盛顿是一个富有的种植园主。年轻时曾以测量土地为生，后于 1754~1758 年的对法战争中初露头角。反英运动兴起，他主张抵制英货，在推动弗吉尼亚由抵抗转为革命的过程中起了主要作用。他曾参加过第一次和第二次大陆会议，在费城会议上，他是唯一的一位身着军服的代表，这也许表明了他准备为美利坚人的权利而战。华盛顿是一位颇有经验的军人，也是美利坚自由权利的坚定的倡导者。他仪表威严，令人难忘，口若悬河，毫无虚饰。

而且同样重要的是，他是一位弗吉尼亚人，他的任命，与步枪连一样，实现了北方资产阶级和南方种植园的联合。他为人谦逊，"我诚恳地声明"，华盛顿在致大陆会议主席的信中写道，"我并不认为我能胜任授给我的司令官的职务。"他或许是指，他在边境服役过程中，没有机会掌握骑兵战术、密集炮火或调遣大军的艺术。但华盛顿仍然是美利坚革命的化身。在爱国者的眼中，革命事业和司令官是如此融为一体，以至于很难将两者区分开来。他是建立正规军的坚定支持者，认为这样的军队不太可能危及平民政权，虽然要冒一点风险，但那也是值得的，因为没有正规军参战，革命的结果只有"注定灭亡"。

他多次表明了他对文官统治的信仰，甚至在大陆会议的工作效率低下到危及军队的生存时，他仍始终保持着对大陆会议毕恭毕敬的态度。在弗吉尼亚殖民地议会和大陆会议中任职的经验，使他对代议制政府中令人恼火的政治议程和与指挥大规模战争不相适应的行政管理机器了如指掌。华盛顿事无巨细都向大陆会议汇报，对大陆会议的各项命令也坚决执行，即使面对难以容忍的挫折也表现出极大的忍耐，并由此缓解了有关他要利用其在军中鹊起的声望成为独裁者的种种议论。

虽然在革命风暴中通常会诞生一代终身总统、国王或皇帝，但华盛顿无意成为美利坚的克伦威尔。像他手下的士兵一样，他从未忘记，自己首先是一个公民，其次才是一名军人。

首先在于英国人的劣势。从后来的战事看，英军对这场战争准备不足。北美殖民地幅员辽阔，人口稀少，居民分散。13 个殖

至于这场战争，美利坚人在诸多不足之中，仍有其幸运之处。

民地长期各自为政，联合是为了相同或相似的利益和处境，这里没有战略中心。要赢得战争，就得占领所有的土地。英国与北美远隔大西洋，3000 英里的航线上随时可能遇到风暴和敌船；艰辛到达北美后又要走过各种道路，应付各种袭击。最终到达的那部分，质量问题，可用量还是未知的。情况不再像殖民战争时候的殖民地补给那样方便。在殖民地就地征集，又加深了反抗情绪，将更多的北美人推向革命。

英国民众对这场战争的正义性也部分地存在怀疑，征兵困难。为补充兵源，英国雇佣了德国士兵，组成雇佣军，并将其中约 3 万人派到美利坚。但光靠雇佣军还不够，英国又征召了奴隶，动员了印第安人，并依靠忠诚分子当兵。雇佣兵的战斗力值得怀疑，在北美挑起内讧，引起不满，将很多中间派推向革命。由于"英国的美洲"概念的左右，使英国无法在战争初期就贯彻一个明确的战略方针。

虽然大多数官方人士认定，叛乱可以被武力镇压下去，但有些人却在探询向殖民地灌输议院权威的办法。所以在和解调停和高压政策之间彷徨，在以惩罚性战争求得和平与企图通过谈判解决争端的问题上举棋不定。诸多问题抵消了美方的明显差距。双方基本呈均势，战争将旷日持久，而美利坚人的忍耐力更大一些。

以传统正规军的标准衡量，大陆军的确不尽如人意；但是，一些优点却是英军无法比拟的。

大陆军士兵自愿服役，众多的北美人甘愿卧薪尝胆、忍受无限的困苦，这使得外国观察家咋舌不已。法国的冯·克劳森男爵惊呼："我要大大地赞赏美军，这支军队虽由不同年龄（甚至还包括 15 岁的少年）、不同肤色（白人和黑人）的人组成，衣衫褴褛，不发薪饷，粮秣奇缺，但却能表现得如此之好，而且还能如此坚强地挺立于战火之中，这真令人难以置信。"一位雇佣军上尉理由充足地称赞：世界上哪些士兵能做到像大陆军士兵一样，在物资极度匮乏、甚至衣不蔽体的条件下仍四处作战？要是取消了应有的待遇，英国的纪律严明的士兵就会开小差逃跑，只剩下光杆司令。由此，人们可以发现一种热情所能给予的力量，——这就是这些可怜的人称之为"自由"的力量。

大陆军的这种忠诚，金钱买不到，纪律换不来，这是一种为自己及其子孙后代能过上美好生活而产生的思想动力，它使大陆军士兵在军中尽职尽责。

当然，并非每一个大陆军士兵都能忍受这种长期的困难，许多人当了逃兵。但随着战争的进程，开小差的比例逐渐下降，这支军队已成为反叛事业的中流砥柱。绝大多数美利坚人是自愿入伍的，具有献身精神。其实，逃避入伍的办法多如牛毛，可以说几乎没有人是违背本人意愿而成为正规军士兵的。一段军歌说明了这个判断，"不要外国强给我们的法律，也不要英国的专制统治；独立使我们自由；自由，将由我们去捍卫"。

英军没有意识到这是一场被民主化、民族化了的战争。革命的军事政权不再属于某一个君主，而是属于人民和他们选出的代表。战争的目标也不是具体有限的，而是抽象的，是毫无妥协可言的、彻底的独立。总之，殖民地是在全力以赴地进行这场战争，这使英国军事传统面临着一个它从来没有遇到的挑战。

在即将发生的独立战争中，我们将看到，北美多样性的存在，不仅使北美独立战争呈现出平静之下的焦灼和文明孕育的暴烈，而且在战争环境下使北美人的自主性格得到检验。这种看似不可理喻的分歧，在战争中可能影响了大陆军的作战。但是却成就了美利坚军事进程中挑战主流、不畏权威的优良传统，是美利坚军事活力的源泉。殖民地的历史背景与美利坚民族自由的渴望，使英国的误判不可避免。大陆会议，以会议的形式出现，足见其对民主和自由的尊重，以及对民众的力量的尊重；其中的些许无奈也被渴望独立的热情抵消了。

作为站在历史的河岸重新审视历史的当代人，可以较为全面地分析当时的情况。作为当事人的 18 世纪后期英国政府，出于诸多历史和现实的原因，无法作出明确的判断；作为另一个当事人的北美人民，身处事中，也无法明了自身的优势，而在很大程度上凭借对安全与自由的渴望油然而生的民族自豪感和勇气，毅然地走上独立之路。在这一点上，值得人类敬佩。

对于这场战争的准备，大部分源于民众的自发，人为的成分很少。这使得独立战争中美军拥有取之不尽的资源，也造成了仓促应战中捉襟见肘的寒碜。面对强大的英国正规军，诸多优势与劣势相互抵消了，双方的军事能力并没有像英国人认为的那样乐观，也没有像很多北美人想象的那样令人忧虑。在战争期间，双方在北美的军事能力处于均衡状态。美利坚人在一场不得不打的战争中困难重重，但是幸运的美利坚人也获得了本该属于他们的优势。一切，将在长期的战争中得到检验。

（三）几乎失败的战争

尽管北美的军事准备不尽如人意，但是其成效依然相当明显。尤其是革命的气氛所烘托出来的战斗热情高涨。莱克星顿和康科德的战斗发生在华盛顿被任命为大陆军总司令之前，属于民兵的自发行为。在当时资讯极不发达的情况下，这种自发的战斗行为相当重要，在很大程度上支持着华盛顿的大陆军，激励着北美的革命决心。当然，华盛顿所率领的大陆军主力，依然是北美革命战争的中流砥柱。正是因为深刻认识到了这一点，华盛顿在战争中以所有可能的手段，坚定地进行着一度处于失败边缘的战争。

1. 信任是一个问题

对于他们的军事统帅，美利坚人对华盛顿有多少信任，似乎从来没有人明确说过。但是可以确定的一点是，绝对不像独立战争结束之后的那样。这首先源于美利坚人的天性，他们从不盲目地崇拜任何人，除非有充分的理由，否则他们绝不会把关乎自身命运的事业轻易交给某一个、或者一群人。就华盛顿自身来说，他的军事才华还不足以完全为人信服。他只是在殖民战争中崭露头角，而且是协同英军作战。在当时的人看来，他与那些英国或者法国的优秀将领还不具备较大的可比性。而在独立战争初期，一些不在华盛顿指挥之内的作战行为，取得了令人兴奋的胜利，更令人对华盛顿谨慎的作风产生质疑。尤其是华盛顿试图对曾经打过胜仗的民兵部队进行整顿时，这种质疑的声音就越发强烈了，甚至对大陆军——这一北美历史上第一支正规军——的存在产生质疑。

战争初期，美利坚人占有一定的主动权，各地组成了民兵，实行机动灵活的游击战，暂时掌握着优势。相反，英国当局对形势却估计不足，虽在 1775 年 8 月 23 日发布"戡乱布告"，但戡乱部队至 1776 年 6 月才开始陆续抵达。所以，大陆军在战争初期初战告捷。

> 从 1775 年的莱克星顿战斗到 1775 年 6 月的般克山战斗，战事基本属于自发阶段，各地的民兵独立作战，并取得了优秀的战果。

1775 年 5 月，本尼迪克特·阿诺德指挥的一支马萨诸塞非正规军队和另一支由佛蒙特指挥的边疆居民组成的军队，根据零星的报告，自主地发动进攻，夺取了防御薄弱的提康得罗加堡，这是加拿大和纽约之间一个重要据点。2 天后，另一支爱国武装占领了克朗波因特。随后，在康科德，殖民地部队抗击英军，致英军伤亡 247 人，其伤亡人数为殖民地民兵的 3 倍。殖民地民兵得以继续追击英军，并将其包围在波士顿。1775 年 6 月 17 日的般克山战斗中，美军虽然失败，但是英军损失惨重，参战的 2500 名英国正规军中，伤亡达 1054 人。大陆军伤亡不到 450 人，他们打破了民兵不能与正规军作战的神话。在北美殖民地人民眼中，般克山之战仍然是一次辉煌的胜利，他们增强了自信心，也提高了自己在敌人眼中的身价。

美国人所展现出的战斗精神更加令英国人烦恼，盖奇认识到，自己在对法国和印第安人的战争中所形成的观点是错误的。他劝告政府，"要么认真对待，要么干脆放弃。"其后，英国政府命令豪取代了盖奇。

这些作战的表现给美利坚人一个错觉，似乎凭借这支非正规军就可以赢得战争。但是有识之士却看到了胜利背后的隐忧，他们开始考虑如何塑造一支可以赢得战争的军队、如何采取合理的战略战术。

般克山战斗后，华盛顿整顿了围困波士顿的民兵，开始了美军历史上第一次集中的军队建设；并率领民兵和大陆军继续包围波士顿，开始了美军历史上首次集中指挥作战行为。

当时华盛顿麾下只有 2 万人，纪律涣散，保持着民兵的习惯，必须加以整顿。而民兵们认为，保持个性是其权利。而且他们已经取得了几场战斗的胜利，不免对华盛顿的军事管理产生反感。华盛顿也认识到，要改造这样一支军队，必须因地制宜、循序渐进。必须有耐心，长期地工作；必须有韧性，顶住压力。但是不管怎样，战斗要继续。围困 11 个月后，波士顿的英军无法坚持，威廉·豪便于 1776 年 3 月下令从海上撤退，并在加拿大新斯科舍的哈利法克斯港重建基地、重整旗鼓。

波士顿的胜利产生了双重结果：一是胜利的确极大地鼓舞了美利坚人，于是在 1776 年 7 月 4 日，美利坚宣布独立。其后约一个月，《邦联条例》出台，其中第 9 条给予国会处理对外事务和宣布战争的独一无二的权威。二是战役胜利后，出现了对华盛顿的信任危机。

由于华盛顿认识到无法以 2 万枪支弹药严重短缺的乌合之众、凭借不利的后勤补给发动进攻，所以注重整饬军队。而普遍的急于求胜心理使人们对于这位统帅产生怀疑。新英格兰人攻击他是"卑鄙龌龊的小人"，并说他"愚蠢透顶"、缺乏原则。而华盛顿深知，战争的重要原则之一是"先胜而后战"。

不巧的是，波士顿战役之后，统一指挥和独立作战两场战役，一败一胜，使华盛顿在美利坚人心目中的处境越发不妙。为了把加拿大拉到革命阵营中，华盛顿于1775年夏末命令阿诺德和理查德·蒙哥马利将军率领的队伍进攻魁北克，但进攻被打退，蒙哥马利也在12月30日的战斗中阵亡，他们对加拿大的进攻最终因挫折而停止。几乎与加拿大挫折同时，在南方，英国的亨利·克林顿男爵率海军，想在卡罗来纳和佐治亚集结那些既富有又忠于英王的人共同对付那些由暴发户、平民和乌合之众组成的所谓"美利坚"政府。在进攻查尔斯顿的战役中，遭到爱国部队的强力抵抗，于1776年6月28日被驱逐。这次胜利的意义在于，它迫使英军两年内无法在南部有任何行动。

对华盛顿和大陆会议的军事系统的信任危机加重了，华盛顿所能做的，只有坚持。在捉襟见肘的现状中努力地改善着部队的状况，并且寻求改善自身处境的机会，合理地运用战略战术。华盛顿逐渐改造部队，制订严明的纪律，聘用国外军事人才训练部队，采用较为先进的线式战术，从物质和精神两方面鼓舞士气，建立较为统一的指挥系统，选拔任用优秀人才，为真正的战斗作准备。

值得一提的是，为了缓解自身的补给困难、增加英军的困难，华盛顿建立了一支海军，包括1艘双桅船和6艘小船，主要用于劫掠英军运输船。在战争期间共捕获了55艘敌船，给美军带来了宝贵的燧发枪、火药、火石和大炮。此外，大陆会议还鼓励私掠船的活动。整个战争期间，在大陆会议、州政府、海外的外交官等各委员会统辖下的私掠船已达2000艘。它比任何其他形式的美利坚海军对英国造成的损害都大，它使英国的损失超过了6500万美元，并切断英国驻美洲部队的联系。1775年10月30日，大陆海军也获准成立了。但是由于质量、指挥、船员素质等诸多因素，很快在战争中覆灭了。

2. 为生存而冒消亡之险

美军历史上最早的战略，产生于美利坚人对华盛顿和大陆军的信任危机中。在独立战争中，大陆军从未取得军事上的决定性胜利。大陆军的意义何在？在当时的北美认识不一。

经过一系列的胜利与挫折之后，华盛顿看到了自己的职责所在。他的任务就是保持一支国家意义上的正规抵抗力量的存在，用以表达北美独立的决心。因此华盛顿逐渐确定了大陆军的战略——消耗战略，同时用偶尔的胜利维持北美人的信心，使之不至于在胜利到来之前就放弃独立事业。保持并完善这支准国家军队，就是北美的首要军事任务。在美军还没有成为华盛顿心目中的正规军队之前，战事迫近了，美军必须要采取一些行动了。

为了生存，一方面，华盛顿必须以生存为代价，以便坚定地站在英军的对面；另一方面，以积极的姿态存在于美利坚人心中。

于是，与威廉·豪将军的直接对抗开始了。1777年7月23日，威廉·豪将军发动了一次大规模的进攻。纽约是一个天然良港，对于以海上机动和海上补给为优势的英军来说，其意义不言而喻。威廉·豪将军出动了32000人的部队和几乎一半的皇家海军攻打纽约城。为了大陆军在美利坚人心中的地位，华盛顿必须反击。但是实力上的悬殊差距，使美军无法取得正面对抗的优势。大陆军和民兵组成的双重军队在英军的进攻下节节败退。首先放弃了长岛，继而逃离曼哈顿，英国人占领了纽约。美军军心涣散，数千民兵逃离了部队。英军穷追不舍，迫使美军相继放弃哈莱姆高地、怀特平原阵地和李堡，只能徘徊在特拉华河沿岸。部队从2万人锐减到不足3千人，革命事业走到失败的边缘。

华盛顿必须保证美军在美利坚人心中和英军对面的双重存在，为此它急需胜利——哪怕是局部的胜利。这时，北方传来了胜利的喜讯，北美海军的一部分——阿诺德的尚普兰湖小舰队取得了卡尔科尔岛战斗的胜利，英军向北方撤退。而中部的威廉·豪的英军则分散在整个新泽西的越冬营房中。华盛顿敏锐地觉察到，还有一些成功的可能性，或许可以对其中一两个据点采取突然袭击。虽然华盛顿明知这是冒险之举，但总得采取某种行动，"否则，我们的事业就将付诸东流。"

华盛顿决定孤注一掷，开始了冬季战役。圣诞之夜，他的军队渡过特拉华河，进攻特伦顿的雇佣军哨所，毙俘了大约1000人。美军此后撤回河对岸，召集民兵增援，然后再次渡河，攻占了特伦顿。当康沃利斯率6000人赶到时，华盛顿避其锋芒，转而攻打普林斯顿，又毙伤英军400余人，随后躲进了莫里斯城。

豪在遭受了第二次重创之后，其军队几乎全部撤出新泽西。1776年战役结束了，特伦顿和普林斯顿又使革命事业起死回生，英军只控制了纽约和纽波特，大陆军则保持了双重存在。

几个月来一直节节败退的美军，表面上好像一群乌合之众，现在突然反过来攻击他们的追击者，并以巧妙的策略和大胆英勇的行动使英军大为震惊。夜袭特伦顿和智取普林斯顿两次战役的胜利，扭转了战局，结束了大陆军一直打败仗的局面，部分地改变了战争的形势。随着战争的胜利，华盛顿驰誉天下，名扬欧美。同时代的腓特烈二世称誉华盛顿的这两次战役是"军事编年史上最光荣的成就"。后来他在赠给华盛顿的肖像上题词："最年长的将军致世界上最伟大的将军。"宾夕法尼亚一家报纸写到华盛顿时说："要是他生活在一个偶像崇拜的时代，他一定会被当做上帝受到崇拜的。"可见客观存在在舆论上所起的作用是难以估量的。

在对抗威廉·豪将军的第一次进攻中，华盛顿进一步认识到，只要作为革命中流砥柱的大陆军还存在，革命就将继续下去，因而决心不以在战场上损失大陆军的代价来赢得胜利，只有在条件极为有利的情况下才出战。他将采用突然袭击、不断骚扰、坚壁清野和始终待在敌人可能致命攻击的范围之外等手段来挫败敌军，可以通过积极的活动来克服国内厌战情绪的扩散蔓延。美利坚旷日持久的抵抗还会在英国国内激起对这场冲突的反对意见，这会在欧洲外交中助美利坚一臂之力。由于他的军队弱于敌军，所以，除非万不得已，决不轻易冒险。或许除了费城以外，没有任何城市值得让军队去冒险。因为按华盛顿的话说："敌人想要征服的是我们的武装，而不是无防御能力的城市。"

此时，豪将军的第二次进攻开始了，主要目标就是费城。出于政治和心理上的考虑，华盛顿必须保卫费城。但是，由于强弱悬殊，使华盛顿一败再败，丢掉了费城。

由于北美没有战略中心，英军并没有达到预期目的，美军依然活跃地存在，广泛的平民动员使军队人数得以恢复、扩充。而且，以往各州建立的州海军也加入了战斗，在保卫费城的战役中，宾夕法尼亚的海军就加入了战斗。

在北方战线上，英军柏高英继续失利，可是，亨利·克林顿爵士在纽约州夺取高地的远征却取得了成功。在烧毁州所在地金斯敦以后，英军大肆进行破坏，把莱因贝克、利文斯顿庄园等地著名爱国志士的住宅，尤其是勇敢的蒙哥马利将军的遗孀的官邸都毁坏无遗；他们一路烧杀掳掠，想一直打到与柏高英胜利会师。

正当克林顿军队气势汹汹地向柏高英部推进时，在华盛顿既定战术的指导下，霍雷肖·盖茨将军已经把柏高英围困在萨拉托加，并于1777 年 10 月 17 日取得了萨拉托加大捷。

萨拉托加大捷主要是民兵的胜利。它充分显示了美国人民的力量，极大地提高了美国人民必胜的信心，成为美国独立战争的转折点，促使法国于 1778 年 3 月对英国宣战。从此以后，美国独立战争就扩大为国际性战争了。

第二次战役结束时，英军占领着几座孤立的城市，美军则控制着大片的农村，双方保持着战略的均势。取得这一成就的，是缺枪少弹、衣衫褴褛、食不果腹的大陆军和民兵。他们以精明的战略战术和顽强的意志、以及北美人特有的独立性和灵活性，取得了战略成就，英国国内的战争支持率下降。北方的战局渐渐地有利于美军了，战事也进入了相对停滞状态。

华盛顿的部队在福吉谷进行修整。短暂胜利后的美军状况并不乐观。萨拉托加大捷也使讲究客观的美利坚人对华盛顿产生了新的怀疑，一些关于盖茨将军将取代华盛顿的传言，降低了华盛顿的威望。大陆会议是一个力单势孤的中央政府，不能因为资源匮乏而向各州征税或强行提出要求，因此无法解决严重的通货膨胀、货币贬值、商品奇缺、交通落后以及管理不善等问题，致使士兵们没有足够的营帐、衣服和食物，只能蜷缩在篝火旁怨天尤人。

美军第一次静态下的军队建设，在这种战事相对平静的环境中开始了。

华盛顿和大陆会议进行了最大的努力，在军队训练、后勤补给、军事外交等方面取得了可喜的成绩。尤其是在训练方面，华盛顿想利用冬季休整时间提高大陆军的素质。一方面，他组织军队学习潘恩的战斗檄文《美国危机》，坚定他们为独立和自由而战的信念；另一方面，邀请普鲁士军事专家弗里德里希·威廉·冯·斯图本负责军事训练。邀请斯图本是具有远见卓识的战略措施，因为大陆军中没有一位高级军官是经过军事院校正规培养的，主要将领中有农民、铁匠、商人、律师、车夫。斯图本引进了一种新的训练制度，强调在操练和射击训练中的简便易行和标准化，那些曾在旧体制下深受其害的士兵很快就作出了热烈的响应。他编著了步兵训练教材《蓝皮书》，成了"大陆军的军事圣经"；他还组织和训练了著名的美国轻步兵。在物质上和精神上，大陆军都受到了磨难考验和严格规范的训练，变成了一支士气高昂、战斗力更强的战斗队，已经不再是英国敢轻视的一支武装力量了。

华盛顿知人善任，1778 年 2 月，纳撒尼尔·格林担任了军需总监一职，奇迹般地改善了后勤系统。纳撒尼尔·格林历经艰难困苦的士兵们，对于自身的军事技能和生存能力油然产生了一种普遍的自豪感。这两项工作的成果在阻止兵变、稳定大陆军军心以及保证军队战斗力方面发挥了关键作用。

全民动员也在很大程度上解决了兵员和物资保障问题，还促进了北美军事技术的萌芽，1776 年由戴维·布什内尔发明的水雷和潜艇就参加了费城战役。

更鼓舞人心的是，法国在萨拉托加战役之后确信美利坚必胜，遂于 1778 年 2 月与之签订了同盟条约，向美利坚提供全面援助。广泛的军事外交还获得了更多的援助。1770 年，西班牙对英国宣战，1780 年，荷兰也对英宣战。因此，1778 年之后，殖民地的反叛斗争几乎扩大成了一场世界战争，战争中的力量对比转向对美利坚有利。南方的胜利，很大程度上即源于此。

3. 紧随失败的胜利

南方的美军在取得战事胜利的同时，也收获了良好的军事建设。在北方战事积累的宝贵经验基础上，南方军队在格林的率领下犹如一只狡猾的狐狸，总是令英军无从捉摸；在关键的机会上，又犹如一条恶狼，狠狠地咬上致命的一口。

拥有什么，就利用什么；需要什么，就建设什么。这是南方战事中，北美军队最值得称道的成就。

相比于北方的战事，英国在南方进行着相对彻底的战争。他们残酷地对待起义者，报复支持独立的人民，对大陆军穷追猛打、试图绞杀。对于这样的战争方式，美军在南方不可能采取和北方相同的战略战术，而是以北方的消耗战为中心，主要进行着游击战。

1778 年 12 月，英国的南部作战计划开始了。战争重心从北向南转移，克林顿将兵力集中于南卡罗来纳和佐治亚。1778 年萨凡纳失陷；1779 年，佐治亚的其他地方相继被英军攻克；1780 年查尔斯顿失陷，约 3000 名守军被俘，这是美国在独立战争中最惨重的失败；随后，美军在盖茨将军率领下，在南卡罗来纳的坎登遭遇英军康沃利斯，又遭失败，损失 1000 名士兵。战局危如累卵。但也就在 1780

年，战局出现转机。一是军事外交的结果，由孔德·德·罗尚博率领的 5000 人的法国远征军和一支小舰队到达了英军已放弃了的纽波特，对英军形成了战略威胁。二是大陆会议接受了华盛顿的要求，派格林取代盖茨，担任南方军队总指挥。格林将军不负众望，利用英军残酷对待爱国民众所激起的反抗情绪，很好地进行了全民动员，在士气、兵员、补给等方面尽占优势。

格林是一位非凡的战略家，他敢于为胜利去冒险。格林坚决地采取游击战术，一开始就分兵两路，自己和摩根各率一支，故意示弱于敌，诱使英军分兵，将本来就处于少数的军队又分成两半，英国人康沃利斯将军果然上当，分兵追击。

全民动员发挥了巨大的作用，不断有新的士兵加入大陆军，民兵也主动配合。在格林的军队中，包括农民、城市居民、牛仔和匪徒。格林用合适的动员巧妙地将这些人聚合成战斗力强悍的爱国部队。吸取华盛顿忽视骑兵的教训，格林建立了步骑混合部队，加强了部队的机动能力、冲击力和追击能力。在考彭斯战役中，格林的副手摩根将军，就是利用这样的部队，彻底击败塔尔顿的军队，毙俘近千人。

考彭斯之战后，摩根急忙与格林会合。康沃利斯急于重振军威，率部急起直追。于是，康沃利斯与格林开始了一场犬狐相逐的游戏，格林时刻准备在适当的时机反咬一口。在吉尔福德县，格林率部翻身杀回，主动攻击康沃利斯的部队。大战后果断撤出，使英军付出了惨重的代价，不得不转入威尔明顿进行修整。之后，在霍布科克山故伎重施，罗顿的部队遭到了无法弥补的损失。

格林自信于北美巨大的战争潜力和游击战略的正确性，在流动的战斗中蚕食着英军的战斗力。

广泛动员起来的民兵游击队在作战中以灵活的袭扰，有力地支持了格林的军队。9 月初，格林与罗顿的继任者亚历山大·斯图尔特在尤托斯普林斯展开了 3 个小时的激烈战斗。假如说民兵曾败于坎登，现在它则以英勇的战斗挽回了声誉。与吉尔福德县和霍布科克山战斗一样，英军虽又赢得了胜利，但也遭到了不可弥补的损失，实际上遭到了战役上的失败。

格林的游击队重新收复了除萨凡纳和查尔斯顿以外的全部南方地区。格林的作战行动与华盛顿在特伦顿和普林斯顿的战斗一起并列为这场战争中最辉煌的战役。

独立战争中进行了美利坚历史上第一次多国、陆海军联合作战。

游击战所积累的优势和军事外交获得的援助，使得华盛顿认为在南方可以与康沃利斯进行一场决战了。1780 年 12 月以后，双方军队越来越多地集中于弗吉尼亚。1781 年春天，康沃利斯的主力达到弗吉尼亚，指挥部队在约克敦筑垒设防。

华盛顿期待着法军的增援，尤其重视海军作用。正如他 1780 年 7 月 15 日所说的："在任何作战中以及所有情况下，决定性的海军优势被认为是一项基本原则和一切成功的希望最终必须依赖的基础。"1781 年 7 月，法国人弗朗西斯·约瑟夫·保罗·格拉斯海军少将率领法国舰队的到来，使华盛顿的计划有了更大的把握。

在纽约处于战略相持的情况下，华盛顿将战略中心放在了约克敦，在此用大陆军和民兵对康沃利斯实现陆上包围，借助法国海军封锁了英国人的海上退路。决战前夕，2 支海军分舰队，5700 名大陆军，3100 名民兵和 7000 名法军云集约克敦。康沃利斯对其处境已完全绝望了。在伯戈因停火投降的第四个周年纪念日，康沃利斯也开始了投降谈判，2 天后，8000 名英军开出约克敦，缴械投降。战争的南部阶段以英军的一次堪与萨拉托加相提并论的惨败而告终。

萨拉托加和约克敦两次大捷，证明了在英军面前，美利坚军队逐渐强势的存在。双方都无法取得决定性的胜利。但美利坚人越来越有信心，英国人则由于远程补给、民心向背、国内反战呼声以及国际上的不利态势，而日显困难。北美大陆强大的战争潜力和日渐成熟的军事外交也暗示英国人，继续这场战争不会给英国人带来什么好处。约克敦战役导致英国内阁倒台，新政府于 1782 年 11 月 30 日与美方达成停战协议，1783 年 9 月 3 日，《巴黎和约》签署了，北美获得独立，美利坚人将拥有自己的国家。

小　　结

之所以说独立战争是寒碜的，是因为无论从当时的战争机器，还是战争情形上看，美利坚人都常常显得非常狼狈。北美革命的困难在于战争开始于美利坚民族形成之初，各殖民地松散地结合在一起，几乎是一盘散沙。大陆会议基于各殖民地共同的利益而形成，处于"会议"阶段，没有指令权。各项工作只能靠号召的方式分配下去，执行状况较差，对军队的保障也难以令人满意。大陆会议所组建的大陆军是美利坚民族第一支正规军，毫无正规作战经验可言，纪律涣散、装备短缺、补给不畅，这都给作战带来相当大的困难。民兵虽然能够协同大陆军作战，但是可靠程度值得怀疑，经常出现逆境中逃跑现象。美军在开战时也没有明确的战略，一些零星的胜利反而造成了错觉。军队统帅华盛顿的才能也在较长时间内遭到质疑，甚至抨击；加之英军强大的攻势，使这支被美利坚人民以独立事业相托的军队在自身生存上都成了问题。同时，美军还要继续传统的印第安战争，边疆殖民地和民兵不得不投入精力应对印第安人的袭击，分散了对英作战的资源。

就在大陆军还未成军时，独立战争就已经开始了。等到英军大举进攻时，大陆军和民兵就无法在正面战场与英军对抗了。美军一败再败，连续丢掉了重要港口城市纽约和首都费城，军队也表现得糟糕，逃兵现象严重，从 2 万人锐减到 3 千人。美利坚的革命一度走到了失败的边缘。这时，华盛顿的伟大之处表现出来，他的坚定与机智拯救了大陆军和美利坚独立事业。他用局部的胜利显示着美军的强势存在，重新点燃了独立之火，令英国人烦恼不已。在萨拉托加取得较有影响的胜利，使北方战事趋缓，进入相持，走上了他的消耗战略轨道。南方的格林将军同样认识到华盛顿战略的价值，用游击战略有力地辅佐之，在华盛顿的统筹下，赢得了约克敦的胜利。在一场充斥着失败的战争中，美利坚人以非决定性的军事胜利争取到了独立战争的胜利。或者说，独立战争的胜利是一场综合性的胜利。在国家战略层面上，综合了军事、政治、外交等因素；在军事战略层面上，综合了战略、战术、军事制度、后勤等方面的因素。这样看来，美利坚民族的胜利就是必然的了。即使这场战争不会胜利，在接下来的斗争中也会胜利。这完全取决于北美人的性格和战争环境。

美利坚的战争机器，就是在捉襟见肘的寒碜中建立起来的。在迫在眉睫的战斗中，建立了那些必须建立的、努力克服那些不利于战争的成分。在从殖民战争时期遗留下来的步兵和炮兵的基础上，凭借对独立的强烈渴求，建立了海军和骑兵，甚至建立了海军陆战队的雏形。北美的兵役制度也取得了进展，在继承了民兵传统的基础上，建立了美利坚民族第一支正规军——大陆军，形成了大陆军与民兵相结合的兵役形式，实现了预备役与正规军的结合，这一点在当代的美利坚兵役制度中仍然存在并发挥着积极的作用。对正规军的需求与恐惧，形成了美利坚文官控军的传统，这一点虽然在战争中略显麻烦，颇多掣肘，甚至造成了一些致命的影响，令很多正规军人难以忍受，但是对于美利坚军事发展却具有历史意义。1777 年 11 月 19 日通过的《邦联条例》规定了邦联国会处理对外事务和宣布战争的独一无二的权威，巩固了文官政府对军队的掌握。美军至今仍受惠于这种制度。民兵的传统意味着平民动员，这促使北美在 1775 年出现了动员体制，并在十几年后被法国采用，成为拿破仑横扫欧洲的利剑。战争的千头万绪，使北美人认识到了后勤保障的重要性，格林的后勤改革为美军积累了丰富的后勤工作经验。

　　独立战争是美利坚人较为独立进行的战争，美利坚人开始思考如何赢得战争和战斗了，战略和战术运用得当，是在战场态势变化过程中形成的软实力。历经挫折、屹立不倒的美军，背后是北美强大的战争潜力支持，战争潜力是北美独立战争胜利的深层军事原因。美利坚人还在复杂的国际环境中合理地利用了军事外交，无论是针对敌对的印第安人，还是友好的法国、西班牙人，美利坚人都成功地组织了外交、争取到了援助。多国联合作战在美利坚民族最早的战争中就开始了。耶鲁大学高材生戴维·布什内尔发明的水雷和潜艇，标志着北美军事发明的开端，工程学从此走上了世界军事舞台。独立战争暴露了北美军事的诸多问题，也促进了北美军事发展，是美利坚战争机器的发端。

　　当英国的控制欲望和北美的自由发展欲望相撞的时候，冲突不可避免。这个冲突的根源在于美利坚人不可侵犯的自由与安全受到威胁，使之不可调和。仓促之中，北美进入战争状态。北美大陆的多样性造成了初期各自为战的状态，但是在当时，这恰恰适应了资讯不发达的现实。各州民兵对英国人和印第安人的抵抗，有力地支持了华盛顿的大陆军。无论是大陆会议还是华盛顿，都接受并顺应了这种多样性，以此奠定了美利坚军事丰富内涵的基础。各州不同的军事特色，成为美国军事蓬勃发展的内因，各州自发建立的海军和自主的军事发明就是最好的证明。大陆会议微弱的控制权，能够领导一个松散的邦联走向胜利，不能不说是美利坚人民共同的独立渴望在发挥着作用。较小的控制权，使之不能实现强力的控制，也就顺应了环境，没有出现同时代欧洲大陆上那种强权控制导致的军事畸形，一切都是那样自然。如果说美利坚人民幸运地拥有了乔治·华盛顿，那么同样的道理，毋宁说华盛顿幸运地置身于美利坚民族。作为土生土长的美利坚人，他与其他美利坚人一样，是自由的坚定捍卫者。因此，他的关于文官控军的理念、忍辱负重坚持战斗的信念，就显得理所当然了。

　　回顾整个战争过程，大部分时间里，美利坚人都以失败的形象示人，他们也从未取得决定整场战争的军事胜利。即便是萨拉托加和约克敦大捷，也没有清除英国在北美强势的军事存在。美利坚人胜利了，胜利在坚持上，全民一心的坚持使英国人看不到战争的尽头。在乔治·华盛顿还没有成为历史上的"华盛顿"之前，他和其他平庸的北美军事指挥者没有区别。同样的败多胜少，同样的遭到质疑、面对牢骚。因为美利坚人不迷信传统，不迷信权威，对自由有利的，他们就支持；对自由不利的，他们就马上反对。一塌糊涂的战局即将令他们的自由梦想化为泡影，他们当然要质疑；一支庞大的职业军队即使取得革命胜利，也将在战后威胁人民的权利，所以他们只允许大陆会议建立一支规模有限的准正规部队，大陆军的人数从未超过 2 万人。质疑也是华盛顿等将领进步的动力，一方面，他们要通过努力、甚至冒险，保持大陆军在英军对面和美利坚人心目中的双重存在；另一方面，他们听到了民众真实的呼声，知道如何做才有利于革命、有利于战争、有利于军事发展。就军事战略而言，华盛顿之所以敢于采取消耗战略和运动战战术，是因为北美的军事环境具备使用该战略战术的基础。消耗战略需要的长期、方便的补给，运动战术需要的无处不在的民众支持，华盛顿都具备。南方格林将军游击战略战术的情形，更加生动地诠释了这一点。

当然，华盛顿、格林、盖茨、摩根等将领都是非常优秀的军事家，具备很高的军事天赋。但是英国的托马斯·盖奇、威廉·豪、理查德·豪、克林顿等将领，未尝不是卓越的军事家，但是胜负两分。其中固然有深层的政治、经济、外交因素，但华盛顿等人能够理解民意、顺应民意、发挥美利坚民族的能量，是扭转几近失败的战争的直接原因。从这个意义上说，美利坚的军事领导者是在人民规定的框架内进行的战争，是美利坚人民共同的能量和指挥赢得了美国革命。

三　软弱的军人

——文人的权利

（1783～1860）

军队——这一重要的国家机器，在新生的美国，却饱受非议、

痛苦挣扎。国家的独立和生存需要一支强大的军队；

而这是否会以美国人的独立和生存为代价？美国人戒备强势的

中央政府，更害怕军队成为强权的工具。因此，对于军队建设，

国内反应谨慎，内部分歧明显。军队经受着考验，

能否在不可重复的、关键的开端，树立一个人民认可的形象，

并在今后在正常的轨道上获得长足的发展而不背离人民，

在很大程度上，取决于这一时期军队的表现。

（一）争论与徘徊

1783~1809 年，是美利坚国家的开端，对于美国的历史有着决定性的影响，也是美国战争机器最为关键、最为挣扎的时期。虽然在北美大陆上打了近两个世纪的仗，但是谈到建立一支国家的军队，美国人还颇显稚嫩。在军队会起到怎样的作用、美国人需要怎样的军队、多大规模的军队等基本问题上，经历了激烈的争论和犹豫不决的徘徊。加之一系列事件的刺激，使得军队的初生过程颇为艰难。

1. 稚嫩的国家面临军事抉择

美利坚首先确定了军事的政治基础。

1781 年 3 月大陆会议通过的《邦联条例》，使当时的美利坚民族组成了一个松散的国家联盟，联盟中的每一个成员均拥有自己的"独立、自由和主权"。邦联政府对各州的权力很小，实质上是一个权力分散、软弱的机构。邦联议会是最高政权机关，却没有任何征税和贸易管理权，邦联议会向各州所发布的一切命令都是非强制性的。因此，各州如果认为某项命令不合本州利益，就可以不执行，邦联政府无权处罚他们。

议会中，每州拥有一票表决权，凡是有关宣战、媾和、缔约、募集军队等重大问题，必须有 13 个州中 9 个州的同意才能决定。对于各州来说，邦联议会只是一个咨询机构。这种状况在 1783 年独立战争胜利之后仍然在延续，但是显然已经不适应美国所面临的内外环境和内部发展需求，妨碍着经济、安全等各方面发展。

1783~1789 年，美国经历了从邦联到联邦的转变。尽管存在着关于"一个强有力的政府是否威胁自由"的争论，但是至少美国需要一个更加一致的、权力大于邦联的政府。围绕该争论，1787 年形成了美国历史开端两个主要的政党，联邦党和反联邦党。联邦党代表种植园主、商人、银行家和制造商的利益，杰出领导人有乔治·华盛顿、亚历山大·汉密尔顿、约翰·亚当斯和约翰·杰伊等。联邦党于 1787 年秋为促使各州批准宪法而成立，该党政治哲学保守，主张政府要坚强有力，反对杰斐逊派主张州权的农民哲学。反联邦党代表农民、城市技工、边疆居民和债务人的利益，1787 年由杰斐逊的追随者创立，旨在反对批准宪法，反对宪法中有关建立强有力的联邦政府的条款。在 1787 年宪法得到批准后，这一政党即消失，其领导人及追随者形成了后来的民主共和党的核心。

1787 年 5 月，美国各州在费城召开"制宪大会"。会上出现了沿海州与内陆州、蓄奴州和非蓄奴州、大州与小州、联邦派与反联邦派关于政体、经济、军事等方面的激烈争论。值得肯定的是，民主与自由的坚定支持者、联邦党领袖之一乔治·华盛顿在行为上保持了中立。为了避免自己的威信影响各派之间争论的观点，在制宪会议的辩论过程中，他始终一言不发。即使有人征求他的意见，他的措辞也颇为含蓄。在写给詹姆斯·麦迪逊的信中，他说："你也许会问：政府需要何种强制性权力？这的确需要认真思考。"历经两个月的论战，各方达成妥协。1787 年 9 月 15 日，制宪会议通过了美国历史上第一部成文宪法，确定了基本政治制度。

根据 1787 年宪法，在组织形式上，美利坚合众国是总统制的共和政体，总统是美国军队的总司令；在结构形式上，是联邦制；在治理形式上，则是宪政民主制。它孕育于经验和传统之中，但又超越于经验和传统之外。确定了分权与制衡机制，立法、行政和司法权力分属国会、政府和法院。国会制订法律，但总统可以否决它们；最高法院可以宣布经国会通过并经总统签署的法律违宪，但总统经参议院批准任命法官；总统执行法律，但钱袋子抓在国会手中；参众两院在制订法律的过程中互有对另一方的否决权，因为法案必须经两院批准。

对于各州的权力，宪法规定：允许各州拥有一个共和制形式的政府，保证它们不受外来侵略和内部叛乱的侵害；和平时期，各州不能结盟，只能保持民兵，"除非受到现实的外来侵略或这种危险已是迫在眉睫，刻不容缓之时"，州不能单独进行战争。

1789 年 1 月美国举行了历史上第一次总统选举。乔治·华盛顿获总统选举人全票，当选为美国历史上第一任总统。1789 年 3 月，美国选出了第一届国会。联邦制的美利坚合众国为今后国家战争机器的发展提供了一个相对稳定的基础。

随着政治基础的确立，军队问题提上日程。

无论是邦联时期还是联邦时期，国家虽然建立了，美国的安全环境仍然不容乐观。独立战争的胜利为美国西进创造了条件，白人与印第安人之间古老的斗争从未停止，西部既得利益和利益渴望受到威胁，安全受到考验。1789 年，欧洲大陆爆发了法国大革命，美国面临立场选择问题。1793 年英法开战，虽然华盛顿宣布保持中立，但是美国商船受到英法两国的交叉打击，美国面临双重敌人。英国对于独立战争的耻辱感和对加拿大利益的重视，使得英美战争危险时刻存在。英国人还继续占领着殖民地西部的要塞拒绝撤出，威胁说要遏制美国向西部的扩张。西班牙人也有类似的倾向，他们控制密西西比河河口，于 1784 年关闭了该河口，侵犯了美国利益，妨碍美国经济与军事发展。远行地中海的美国商船不断受到阿尔及尔海盗的严重掠夺，虽然不得不进贡以维持，但是仍然难以避免被打击的命运。美国初始的 13 个州是北美大陆东海岸一个狭窄的带状地区，在地理位置上还不能令美国充分发展。美国对加拿大和墨西哥的一些优越地理位置觊觎已久，引发了潜在的战争危机。

国内的安全环境也值得担忧。国内政策与利益分配失误，战后军事问题处理失当，都引发了危机，甚至发生了严重的暴力事件。战后严重的经济问题使平民生计困难，不满情绪持续升温。1786 年，难以为继的贫民在谢斯的领导下起义，很快壮大，有向马萨诸塞以外扩张的趋势，政府数次努力后才得以镇压。1794年，因对威士忌征税问题，在宾夕法尼亚爆发了威士忌暴动。

军人和政府的关系也一度恶化。1783年，就连续发生了三起类似事件。独立战争期间政府曾许诺以军人补助金，但是战争已经结束，还毫无兑现迹象，于是纽堡的军人集体请愿，并蕴涵着兵变的威胁，此事即著名的"纽堡阴谋事件"。1783年春天，亨利·诺克斯组织了"辛辛那提协会"，目的是想招军官们团结在这样一个兄弟般的慈善组织的周围。但对军队怀有成见的人似乎从辛辛那提协会的章程中发现其险恶用心，怀疑这个军人组织对联邦的忠诚，引起了全国范围内的震动。1783年4月，国会宣布结束与英国的敌对状态，却不同意军人解甲归田的要求，也无法付给军人终身补助金，导致宾夕法尼亚发生兵变。诸多事件，使美国军事系统受到考验，要求美国必须制订明确的军事政策。

新生的美利坚合众国在外部威胁持续、内部动乱不止的情况下，军事系统显得极不适应。面临战争和战争威胁，美国到底需要什么样的军队及军事系统。对此，要像联邦党人主张的那样，建立一支强大的正规军；还是像反联邦党人主张的那样，反对建立一支强大的正规军存在于美国，以避免威胁各州与人民的自由，需要做出抉择。虽然如此，但抉择不是一次就成功的，而是在实践中经过反复的触动和验证，最后步履蹒跚地走向军事强国之路。

2. 自由卫士？ 还是专制工具？

新的危险时期的迫近，迫使美国立即着手检验如何通过宪法掌握军事机构和军队质量，并检验新的联邦常备军和联邦民兵制度的作用。在开展军队建设之前，首先要回答一个问题——军队为什么目的而存在。毫无疑问，对于美国人，军队为保卫自由而存在。但是如果军队发展过度，又会侵害本国民众的自由，违背其存在的宗旨。什么样的军队、多大规模才是适当的，是美国人首先要解决的问题。政府手中军权的限度是一个意义深远的复杂问题，它不仅关系到各州与中央政府之间的权力分配，而且还关系到人们对安全与自由之间关系的理解。能否给予政府抵御国内外敌人的足够力量，而同时又不会成为镇压民意的工具？宪法企图在这两者之间建立微妙的平衡关系，使政府有能力"提供基本的防御"和"保证国内安定局面"，同时又不威胁各州的主权和个人的自由。

民众对于军队的心理是谨慎的。

美国民众中最宝贵的传统之一是"民权不可侵犯"，在这种意识的作用下，国会也一直致力于保障这一传统。早在1776年，国会就建议各殖民地均成立一个"能最好地为人民谋安全和幸福"的新政府。《独立宣言》发表后一年内，除三个殖民地外，各殖民地均拟定了宪法，宪法制订者的主要目标就是确保那些"不可剥夺的权利"的稳固。正是为了维护这些"不可剥夺的权利"，殖民地才断绝了与英国的关系。

现在，摆在民众面前的是"什么样的军队才不会危及这些不可侵犯的权利"。殖民战争时期以来，美国民众就一直对常备军存在警惕心理，认为常备军的存在是自由的威胁。并把这种印象同欧洲的王权军队结合起来，形成了一种成见。长期以来在美国作战的英国常备军专横跋扈的表现，加深了这个成见。虽然在独立战争中大陆军奋勇作战，为美国常备军树立了初始的正面形象，但是民兵也发挥了很大的作用。因此美国民众大都认为常备军的规模值得商榷。

1783年发生的三大事件（即纽堡阴谋事件、辛辛那提协会事件和宾州兵变）唤醒了人们惧怕常备军的传统心理，破坏了军民关系，人们在独立战争前的那种对常备军的恐惧心理又复活了。大规模常备军带来的过重经济负担也是人们不希望看到的，规模庞大的军队是人们所不能接受的。民兵中的狂热分子强调要将激进的辉格党思想和民兵体制融为一体。

联邦党人是忠实的国家主义者，他们渴望有
一个强有力的政府。他们深信，除非变得坚
强有力，否则政府在国内将继续处于软弱状
态，而在国际上也将受到轻视和欺侮。而军

**联邦党人大都渴望一支强大的
正规军，并力图把陆军变成政
治武器。**

队国家化和职业化，是使政府坚强有力的重要保障之一。只有如此，
美国才能成为一个能保护其人民生命、自由和财产安全的、得到别国
尊重的大国。眼下军队的现状，是联邦党人不能忍受的。联邦党人的
主要目标是要求中央政府在和平时期也保留一支军队，还希望民兵队
伍也实现国家化。

对于党内的呼声，主要领袖保持了适当的克制，但是其观点也表
明了对一支强大军队的愿望。华盛顿坚定地笃信文官治军，深信
"军队是台危险的发动机，绝不能掉以轻心"。他提出了和平时期建
军思想，这个思想是妥协的。华盛顿对民兵不感兴趣，他宁愿缩减民
兵而增加正规军。但他清楚，人们一直怀有对常备军的恐惧。独立战
争暂时淡化了这种恐惧，战争结束了，这种恐惧心理又复活了，人们
不会接受一支规模庞大的军队。因此，在"思想"中，他只说出了
他认为人们从政治上所能接受的内容，而不是"设想的和平时期建
军应有的全部内容"。其主要内容是：第一，需要建立一支属于国家
的正规军，其规模较小，直接目的是威慑印第安人，防止来自佛罗里
达的西班牙人和加拿大的英国人的进攻。第二，出于对小规模正规军
的补充，国家需要一支训陈有素的民兵队伍，并且坚决认为，民兵队
伍应该实现国家化。要求联邦政府应在民兵的武器装备、组织及训练
上统一起来；以独立战争时的民兵形象为榜样，建成一支"大陆民
兵队伍"，由国家直接严格控制。这个思想实质上是建立一支三个层
次的陆军，即正规军、第一类预备役部队（与志愿民兵相似）、得到
加强的基干民兵。第三，建立一支海军，以及在海岸设防。第四，分
散于民间的兵工厂和制造厂都应大力支持军队。第五，军事院校要加
强对军事科学的研究。华盛顿提出这个计划，完全是以经济、节约为

基础的。他设想这是一支"可以扩大的军队"，即军官比例相当高，一旦战争爆发，便可迅速扩编成一支相当可观的军队，意在使美国以最小的耗费拥有一支强大的国防力量。而且作为民主斗士，他同样防备着大的常备军对自由的威胁。华盛顿在1797年《告别辞》中告诫人们"避免发展过度的军事组织"。他的国防思想对美国的军事建设影响深远，人们称他为"公民军队之父"。

汉密尔顿等其他绝大多数联邦党人，也轻视民兵的作用，强调正规军。但是汉密尔顿的思想更为激进，更富扩张色彩。他更看重职业军队，更强调军队职业化而不是民兵。他声称职业军队是国防的基础，"只有职业军队才可使美国获得军事上的真正安全"。1800年，他在提交国会的一份特别报告中，完全否定了国会关于"民兵是战时主要依靠力量、而正规军只是边界警察"的说法。他敦促国会扩建正规军，认为这支正规军的规模不能像华盛顿主张的那么小，而要更大，才能保卫美国的商业，保持国家应有的国际威望；才可以扩充领土，维护国内安定。同时，他强调军队职业化建设是通过教育实现的，提议建立一所军事学院，用高质量的训练和先进的军事艺术和思想来培养高质量的军官。关于军队的运用，他也很激进，在拿破仑战争时期，他甚至设想了一个计划——联合英国攻打法国和西班牙在美洲的领地，夺取路易斯安那、佛罗里达，攻占墨西哥（这个计划没有被当时的总统亚当斯采纳）。

反联邦党人反对建立一支强大的正规军，反对军队国家化和职业化。

反联邦党人需要一个权力分散的州权体制，在这种体制下，各州对自己的民兵拥有绝对的控制权。他们认为，军队国家化和职业化会加强联邦政府的权力，联邦政府会与正规军狼狈为奸。因此，他们对军队的效能漠不关心，而热衷于如何在宪法上维护各州与联邦政府之间微妙的平衡关系。他们厌恶新政府对民兵的控制权，认为这与过去的传统完全背道而驰，将会削弱州的自治权，也会冲淡民兵的地位。他们怀着诸如"统治者具有压迫人民的天性"的恐惧心理，对正规军的发展感到惴惴不安。镇压谢斯叛乱，也给他们的言论提供了炮弹，因为是民兵而不是正规军镇压了谢斯叛乱。

然而，无论是联邦党人还是反联邦党人都害怕外来侵略。不同的是，反联邦党人更加担心联邦政府独断专行，因而为"总统动用民兵监督法律的执行和镇压叛乱的权力"设下了障碍。

民主共和党原为反联邦党的一个分支，在约翰·亚当斯执政时形成组织，反对联邦党的政策，反对建立强大的中央政府；主张小农民主政治，实行有利于消除贵族控制政府的其他改革；主要领袖有杰斐逊、麦迪逊、门罗、弗罗诺等人，该党亦称杰斐逊民主党。在他们眼里，联邦党人使用武力，证明了军事政策是如何彻底地被政治化了；把联邦党人粉碎"威士忌暴动"和对弗赖斯叛乱做出的大规模的军事反应，看成是强权政府武力暴政的典型例子。他们对美国兵团的存在十分担忧，认为应该大幅度地予以削减。

杰斐逊对美国的军队建设具有双重意识。他提议军队不介入国家的外交事务、政府经济和国家债务。在他看来，这些与和平时期的军队建设不相协调。但他深信，国际舞台上的竞争就是弱肉强食，没有强大的军队必然会招致外来侵略；他也无意彻底摧毁联邦党人创立的军队机构。他把民兵视为第一线防御力量，其作用就是在需要必须使用正规军的时候，为正规军扩编赢得时间。杰斐逊多次表示反对常备军，杰斐逊竞选总统时认为，常备军不应成为政治工具，甚至有无必要作为别的工具保留下来也值得怀疑。

18世纪90年代初，为应对因印第安战争而需要扩充陆军时，他担心地说："印第安人抢劫的每一件东西，都会被主张建立军队的人当做借口。他们认为保持一支常备军和公众为之负债是保障美国安全所必需的，而且永远不允许撤销。"在谈到民事和军事的差别时说："为了双方的幸福，要把它（差别）抹掉。"他的军事计划几乎完全依靠由公民组成的民兵，并想以此来"抹掉"民政和军事之间的差别，最终消除军队的特殊性及其对人民权利的威胁。他在就职演说中说："……在建立起正规军之前，一支训练有素的民兵，是我们在和平时期和战争初期的最好依靠……"

另一方面，杰斐逊也客观地承认，取消常备军需要几个必备的条件，包括训练公民并把他们组织成武装力量，把普遍兵役义务由理论变为实践，由具有才能和品德的优秀人物担任军官，适当的军事训练应成为高等教育的组成部分。

在所有的争论中，军人的呼声显得极其微弱。现实对那些天生喜欢阅兵和研究军事的人尤其残酷，他们怀揣理想，但是为了避免民众和国会的误解，只能静静地等待。总之，全国各地对于常备军的怀疑，新政府十分有限的财政来源，政府有限的威望和在民众中的地位，不允许制订雄心太大的军队发展计划。

（二）萎缩与转机

萎缩与转机交织在一起，在整个军队建设过程中，一直相随而行。一些令人骄傲的战果和一些令人沮丧的作战，一些于国有利的事件和一些危害国家的事件，时而有利于军事发展，时而不利于军事发展，不断重复着"塞翁失马"的哲学过程。

1. 始于 80 人的陆军

美国的军事建设是从萎缩开始的，始于一支只有 **80** 人的陆军。

在华盛顿的设想中，出于国家贫穷、远离欧洲以及人们对正规军所持的偏见等考虑，只能保有一支小的正规军，他提出建立一支小规模的正规军，总人数为 2631 人。

1783 年 4 月，国会指定了一个委员会研究未来的政策。华盛顿的前助手亚历山大·汉密尔顿负责领导该委员会。汉密尔顿是一个激进的国家主义者，在军事方面，该委员会的报告轻视民兵的作用，强调正规军，但还是适当地妥协了，其内容基本上与华盛顿的建议相吻合。报告认为需要正规军去守卫西部要塞，遏制外来侵略。因此要为军队保留样板和学校以及有经验的军官。

但是，反联邦党人在国会中占了优势，国会否定了汉密尔顿的报告。1784 年 6 月 2 日，除了留下 80 名士兵和几名军官外，解散了所有的大陆军部队。

虽然否决了汉密尔顿的报告，也解散了大陆军，但是西部的安全问题如何解决？英国人盘踞西部，西班牙人在西南部蠢蠢欲

美国第一团的建立，体现了需求的作用。

动；同时，势在必行的西部扩张也不能长期抑制（当时美国只得与印第安人和睦相处，进而派人保护派往印第安人中的使节，驱赶印第安人土地上的擅自占地者，保证测量官和定居者的安全）。而各州适时地将对西北部的领土要求转让给了邦联政府，这些问题就必须由邦联政府以国家的名义接管，那 80 名士兵显然对此无能为力。

于是，具有讽刺意义的事情出现了，1784 年 6 月 3 日，在解散大陆军的第二天，国会就建立了美国第 1 团，宾夕法尼亚人乔赛尔·哈马任司令官。这个团具有历史意义，是美国历史上第一支和平时期的国家部队，开了和平时期建立国家部队的先河。

首创往往意味着荒唐，这个团是个"四不像"。国会要求四个州征募 700 名服役期 1 年的民兵，但是兵员来自四个州，远离本土，所以不是严格意义的民兵，同时也不是正规军，因为各州在提供人员上全凭自身意愿；这个团由国会组织、发薪并规定纪律，司令官向国会报告情况，同时必须向宾夕法尼亚州政府报告情况。

到了 1785 年，这个团的性质发生了变化。第一批士兵服役期满退役，国会保留了这个团的编制，改为正规军。征召了一批服役期为 3 年的新兵，断绝了与民兵的全部联系。三年后，士兵再次服役期满

时，国会又批准征召同样数目的新兵，服役期仍为 3 年。至此，邦联创建了一支规模很小的正规军。遗憾的是，美国历史上第一个团从未有效地完成其职责，无论是对印第安人、英国人，还是本国白人。但是，美国毕竟拥有了第一支和平时期的正规军。

2. 军事发展的宪法基础

好的事情常常有一个坏的开始，1786 发生的谢斯叛乱让国会感到耻辱和危机。独立战争胜利后，美国国内百废待兴，社会矛盾逐渐激化。1786 年 8 月马萨诸塞州西部的农民为反抗经济压迫，在原陆军上尉谢斯领导下发动叛乱。叛乱者提出平均财产权、停止支付或废除债务与过期税收、改革法院、修正地方宪法和发行纸币等要求。叛乱队伍迅速壮大，最高时达到万人，先后转战波士顿、旺斯特和斯普林菲尔德一带，震惊了全美。第一团在事件中显得极其弱小。为了平息叛乱，国会通过决议，把军队人数扩充到 2040 人，但未能满员。这支弱小的正规军仍然无法平叛，最后马萨诸塞的民兵发挥了决定性作用。

> 军事上的弱小与挫折却帮助促成了一个具有伟大历史意义的事情。

1787 年 5 月 25 日，立宪会议在费城召开，有 12 个州的 55 名代表参加。历时 3 个多月，于 9 月 15 日结束时通过宪法草案。9 月 17 日，有 39 名代表在宪法草案上签字，规定草案得到 9 个州的议会批准时生效。1788 年 6 月 21 日得到第九个州的议会批准生效。1789 年 11 月 21 日得到 13 个州中的最后一个州议会批准。1787 年宪法在美国军事发展史上具有深远的历史意义，它从法律上确立了美国的军事制度——在中央政府的领导下，在文官控制的原则下，以"可扩大的正规军"为骨干辅之以民兵——这种基本的两级武装力量体制。这一制度在很大程度上承袭了华盛顿和汉密尔顿的建军思想，民众代表在关键时刻选择了对美国军事壮大有利的制度。

　　首先，宪法树立了国家安全的首要地位，在序言中就明确了制订宪法的目的之一就是"保障国内的安宁，建立共同的国防"。

　　其次，宪法加强了中央政府的军事权力，将军权分配给了总统和国会。总统是武装力量的最高统帅，可指挥军队，任命各级军官，批准国会通过的军事法案，必要时可以宣布进入紧急状态；而国会拥有征税、宣战媾和、维持军队、拨款以及制订军事制度等其他军事权力。1787年宪法规定，国会可以建立并维持一支海军，组建并供养陆军，为保障军费，国会可以征收税赋，但是对陆军的拨款不能超过两年；而两年之后军队走向何方，这就决定了国会对于这支军队的控制权，只有在国会不断批准的情况下，才能连续保持一支正规军。国会可以征召民兵来保证联邦法律的执行，平息叛乱，为其制订规章制度，在全国性行动时给予领导，国会拥有宣战权；总统是海、陆军及为国家服现役的民兵（不包括为各州执行独立任务时）的总司令；总统有权任命军官，但要听取参议院的意见并征得它的同意。这样，宪法将国家的军权分给了两个领导者，总统和国会都无法独断专行。宪法缩减了各州的军事权，各州的征兵、征税和军官任命等权力集中到中央，各州仅在民兵方面保留有部分权力。

　　再次，在集中与分配军事权的同时，宪法确立了文官领导军队的制度，即"为了防止出现独裁或产生暴政，必须对军权加以限制，让军人受到法律和文官领导的约束"。最高统帅总统是文官，最高权力机构国会是文官团体。从美国宪法问世，至今已200多年，其总体精神始终未变，所确立的军事制度也没有发生根本性变化，它从法律上保证了美国战争机器的不断完善。

3. 从制度到现实

　　规定是一回事，执行是另一回事。以文字的形式存在的制度要发挥作用，有赖于执行力和执行意愿，以及有利于执行的一些刺激性事件。1789 年 1 月，华盛顿当选为美国第一任总统；同年 3 月，选出第一届国会。新国家的新总统和新国会面临的首要军事任务，就是把宪法中规定的军事制度变成现实。

> 美国的政策，通常带有总统的个人色彩，但这并不是说总统左右了政策的制订。

作为国家权力，总统的权力与国会权力相互制衡。之所以带有总统的个人色彩，是因为民众选择总统的同时，也选择了他们意愿的代言人。同时，国会中的多数派，也不一定是总统所在的那个党派；即便多数派与总统同属一党，也未必意见相同，因为利益所致，归结为民众的呼声。1789～1797 年，是华盛顿任总统时期。这八年内，在总统和国会的理念撞击中，在人民的选择下，美国军事主要获得了四个方面的发展。分别是成立陆军部、陆军扩编、建立民兵的具体制度和重建海军。这些成就，同样是在一个不甚光彩的过程中取得的。与其说挫折与耻辱贯穿了整个过程，不如说这个过程穿行在挫折与耻辱之中。

陆军部是美国中央政府成立后，第一个专门管理军事事务的机构。这样的机构起源于独立战争期间，1776 年 6 月之前，大陆会议依靠一个特别委员会来处理军队提出的问题；1776 年 6 月之后，成立了一个"战争和军械委员会"，负责对军队实行长远管理。邦联时期，陆军部就已存在，1785 年之后的陆军部长为亨利·诺克斯将军。现在，联邦政府成立了，更加需要一个名正言顺的、管理军事事务的常设机构。1789 年 8 月，为了保持改革的连续性，国会批准设立了陆军部；9 月，国会又确认了华盛顿的提名，任命诺克斯为首任陆军部部长。设立陆军部，是考虑到总统有大量国务要处理，很难全面考虑军事问题。

陆军部专注于处理繁重的军事事务，定期向总统汇报，而总统仅对重大决策作出指示。这样，既免去了总统很大一部分负担，又使各项军事工作顺利进行。当时的陆军部，在国会领导下，是总统与陆海军联系的工具和领导陆海军的指挥机构，不仅拥有对陆军、也拥有对海军的事务的管理权；不仅负责日常事务，还负责作战指挥。陆军部长亨利·诺克斯是一名军人，是总统在军中的代表，代表总统发言和具体行使宪法中所规定的军事权力。很明显，这个陆军部与当前美国的陆军部差别很大，也没有完全符合文官控军的原则；那些符合原则的设置，需要在长期的发展中实现。

双重陆军的传统和宪法中规定的两级陆军体制，是国会下一步要面对的。首先，国会必须履行其对民兵所承担的责任。民兵是美国历史上自发形成的战斗群体，一直是一支重要的作战力量，为美国民众所接受和看重。现在，宪法给民兵以法律地位，也赋予其任务。但是具体的标准和组织方法尚未规定。华盛顿早就呼吁建立一支"良好的民兵"，在此基础上，诺克斯也提出了一个"严密控制下的国家民兵制"的计划，二者都以民兵国家化为核心。诺克斯的计划更为具体，他认为在武装平民中有深厚的军事潜力，容易接受训练，可以从中产生出纪律良好、易于管理的军队。计划中他将民兵分成两个层次，即普通民兵和"先锋部队"。后者训练度较高，立即就可以使用，这相当于现代意义的预备役部队。华盛顿十分赞同，把他的计划提交国会讨论，但军队国家化问题触及到了州与联邦权力的关系的根基，对每一个公民也都有直接的影响，因而难以通过。

挫折始于对西部土地的渴望，进而引发了两个对印第安人失败的战事。独立后，美

经历挫折，才能发现真理。

国西部边界推进到密西西比河，密西西比河以东、俄亥俄河以西及以北的广阔土地成为西进移民的理想的垦殖地区。联邦政府要求西北各州当地的印第安部落迁移到更远的西部去，但遭到印第安部落的反抗。

1790 年秋天，西北地区军事指挥官乔赛亚·哈马将军准备动用军队来摧毁印第安人的反抗，他的军队包括 320 名正规军和 1133 名民兵。战斗中，正规军极其勇敢，而民兵却毫无战斗力可言，他们轻

则抗命，重则造反。结果征剿遭到彻底失败，损失惨重，183 人被打死。

第二次征剿规模更大。1791 年夏天，西北领地总督圣克莱尔亲自率领 1400 名士兵，包括少量正规军、大多数的民兵和选征者（选征者是一种创新，是介于民兵和正规军之间的人力动员方式，选征者是国家政府供养和指挥的联邦志愿兵，但又与民兵一样，服役期较短。由于民兵和正规军的尴尬局面，19 世纪，联邦志愿兵成为使用平民士兵的正常途径。），再次征剿莫米河附近的印第安部落。由于队伍散漫松懈，遭到印第安人袭击，630 人战死、283 负伤。印第安人因此士气大振，不断向附近的移民点进攻，移民被迫放弃土地，逃往附近的市镇。

这两次惨败严重刺激了民众和国会。1792 年，国会分别通过了《征募法》和《统一民兵法》。《征募法》落实了宪法中的有关条款，允许国会授权总统征募民兵；遭遇外来侵略时，允许政府拥有相对临机决断和行事权力。为了防止中央政府独断专行，《征募法》为总统动用民兵监督法律的执行和镇压叛乱的权力设定了前提。即：必须要联邦法官来确认文官政府已经确实无力应付危局；总统必须命令暴乱者停止行动，给他们以解散的机会；在任何情况下，一个民兵在一年之内的动员期不得超过三个月。

《统一民兵法》对于美国民兵、甚至美军的发展相当重要，直到 20 世纪，一直被视为民兵的基本法。它吸收了华盛顿和诺克斯的大部分思想，对民兵的组织方式和标准做出了具体的规定，使符合条件的公民都成为民兵，为军队扩编提供了广泛的基础。但是这一法案的缺点也是显而易见的，它把全民兵役制度神圣化了，因而变得缺乏实用性。普遍的民兵，使各州仍然没有一支精选部队；没有规定联邦对军官的任命和部队训练的直接控制，对于违反该法的行为也没有规定强制性的惩罚措施，实际上政府放弃了对民兵的责任，各州的意愿和理解决定执行该制度的质量；没有建立起统一的、互相可调换的民兵队伍，未能创造出国家后备军的必要前提。事实上，民兵还是没有国家化，对于保卫本州、国内、国外的任务，民兵显得极不可靠。

值得庆幸的是，《征募法》和《统一民兵法》毕竟为民兵的存在确立了具体的根据，进一步确立了民兵与正规军的关系，同时并没有彻底断绝华盛顿等人关于民兵发展的理念，为今后民兵和正规军的发展奠定了基础。在现实作用上，民兵也在应对烈度轻微的暴力事件时显示了一定的作用。1794年宾夕法尼亚州西部3000名农民因反对交纳威士忌酒税而举行暴动，总统使用了法律规定的程序，和平手段无效之后，宣布召集4个州的民兵，轻松镇压暴动。这是民兵第一次作为国家的工具发挥作用。

因为相比于民兵，正规军更难以为人民所接受。在这个刚刚成立的国家中，国会的大多数人和大多数民众都认为，和平时期不应该保留正规军；美国组织军队的方式应该

> 正规军在美国确立，经历了一个令别国人不可思议的、艰难的过程。

是在和平时期解除武装，战时再集结成军。这种观念在建国初期的正规军规模上反映鲜明；甚至到1940年以前，美国从来就没有真正意义上的大规模的和平时期部队。当时最基本的问题是：美国是否需要正规军，如何组建，它的规模应该有多大？第一个问题的解决，得益于民兵的糟糕状况。因为民兵效率低下，没有可靠的州属军队，使得建立一支正规军刻不容缓，国会也慢慢地转向这一目标。后两个问题，要在漫长的实践中解决。

1789年9月，新的美国政府保留了美国第一团，并且接受了在平定谢斯叛乱中扩建的2个炮兵营。半年后，国会又在美国第一团的编制中增加了4个连，使其法定人数增加到1216人。但是这支小规模正规军，无法承担对印第安人的战争。此时西部边境剑拔弩张，边民受到印第安人的威胁，求助于联邦政府。政府在没有充分准备和法律强力支持的情形下，只能以权宜之计，组成乌合之众应对。结果，如前所述，哈马和圣克莱尔的军队遭到惨败。政府只能以谈判的方

式，缓解冲突，应对眼下的危局。

一个致力于开拓的国家，是不可能甘心老守田园的，因此谈判的同时，扩军开始了。这是政府主动的扩军，国会表示支持，西部边民为之欣喜；但是，东部的人们还有不同的声音，因为他们认为"是西部那些贪得无厌的边疆居民造成了这些暴力事件"，因此政府还要小心翼翼地不致引起东部人的强烈反对。但不管怎样，政府开始创建强有力的军队。国会又批准建立了3个团（包括一个步骑混合团），诺克斯把扩编了的陆军整编为美国团，美国团由5280名官兵组成，分成4个人数相等的子兵团。华盛顿总统经过郑重的考虑，最后任命勇敢和勇于进取的安东尼·韦恩为指挥官。在与印第安人持续谈判的两年之中，韦恩加紧练兵，使美国团成为一支训练有素、纪律严明的正规军。

扩编的陆军很快收到实效，1793年9月，与印第安人带有侵略性的谈判（劝说印第安人放弃以俄亥俄河为界）失败后，诺克斯命令韦恩动用军队。韦恩不负众望，他的美国团"让那些不识抬举的野蛮人"尝到了正规军的厉害。之后，韦恩依靠正规军的坚挺和肯塔基志愿兵的协助，连续打败了印第安人及其英国盟友。美国的胜利促使印第安人割出了俄亥俄的大部分领土和印第安纳的一块领土，削弱了英国在西北部的影响，并促使英国撤出他们自1783年以来一直占据着的要塞。

对于军队建设来说，最重要的是，美国兵团证明了正规军的价值，还证明了政府有能力维持一支"能提供共同防御"的军队，至少是一支能打赢印第安人的军队。

然而，在美国，永远不要想象没有不同的声音。美国人并没有完全放弃"平时解散，战时临时组建"部队的习惯。战后，1796年5月，美国团解散，部队恢复了团的建制，有4个团和工兵、炮兵等，共计3324人，略高于华盛顿设想的数字，比1789年扩大了4倍。这样，主要由联邦党人倡议，在一系列挣扎与争论中，在实践中经过各党派和民众的检验，和平时期的常备军终于保留下来了。1796 年的立法明文规定：国家可以保留一支边疆保安队。就是这支保安队，将成为下一世纪向西部扩张的急先锋。

独立战争后，海军被拍卖一空。主要是因为它花费太大，当时的美国经济负担不起。国会对华盛顿富有远见的声明（"没有海军，在战争时既不能保卫我们的商业，也不能在这样广阔的海洋上彼此相互支援。"）也置之不理。1785 年，邦联卖掉了原大陆海军的最后 1 艘船只。

> 联邦党人的积极活动，不仅促进创立了美国陆军，而且还创立了一支美国海军。

具有讽刺意味的是，美国刚刚解散了海军，就遭遇了海上危机。1785 年起，北非海盗就频繁袭击美国航行在地中海的商船。欧洲列强曾长期把北非海盗的活动范围抑制在地中海地区，但是，1793 年后，战争使欧洲各国无暇他顾，北非最强大的阿尔及尔海盗闯入了大西洋，大肆劫掠美国船只，俘获水手作为人质，向美国勒索高额赎金。几乎同时，法国革命已酿成了一场世界战争，法国向英国、西班牙和荷兰宣战。交战的各国开始骚扰美国的中立贸易。重建海军，被提上日程。

争论是避免不了的。支持者来自从事贸易的北大西洋沿岸地区和南部滨海地区，海上利益与他们息息相关，他们是联邦主义的中坚；反对者则来自农业区与内地各州，因为经费花在与他们无关的事业上，他们是民主共和主义的强硬派。

相比之下，联邦主义的观点更具开拓精神，更有远见。他们坚信，战备是对战争的最好威慑，海军对于保护海上贸易、捕鲸、捕鱼和领海安全是必不可少的；而且，海军还是一个能使美国受益的统一化的武装力量。汉密尔顿的观点一语道出了勇于开拓进取的美国人的决心。他说：纵然是一支很小的舰队，也能够使美国"成为置身美洲的欧洲仲裁者，左右欧洲国家在世界的这片土地上进行角逐的力量平衡，使之向着有利于美国利益的方向发展"。更为重要的是，联邦党人期望美国成为一个世界强国，非常重视国家的声望。他们认为：海军是国家实力的象征，它将使美国获得欧洲的尊重。

民主共和党人则显得胆小而目光短浅，他们认为：海军不仅不能威慑战争，反而也许会导致战争。担心欧洲强国会"设法将我们扼杀在摇篮之中"；海军也许还会导致美国在海外实行帝国主义和冒险主义；此外，海军不会为整个国家带来好处，它所帮助的主要是新英格兰的商人和船主；建立一支舰队开支巨大，会加重全国的经济负担。但是，就连其内部的一些有远见的人也看到了海军的必要性。和约翰·亚当斯一起同北非当局谈判解决人质问题的杰斐逊也认为：与其用巨款没完没了地付赎金，还不如拿这笔钱去建立海军来保卫美国船只。

迫于危机，虽然过程坎坷，重建海军的工作还是启动了。《1789年宪法》正式实施，国会授权华盛顿建立海军。1790年诺克斯提议建造几艘快速战舰，1791年杰斐逊也提议建设海军，但是国会均以"一旦财政状况许可，即可采纳"为借口拖延下去。1794年，情况变得愈发严重，阿尔及尔海盗扣押了11艘美国商船及126名水手，随后有更多的水手被俘虏作人质。为了阻止情况恶化，经过激烈辩论，国会终于在1794年8月27日通过《1794年海军法》。国会批准建造6艘新式战舰，海军编制为54名军官和2000名水手；在16个主要港口建造防御工事。美国人当时的设想是：这些要塞可以防止敌人的突然袭击，为地面部队的集结赢得时间；建立有1000人的正规炮兵和工兵部队以及4个兵工厂。但同时向民主共和派做出妥协，声称一旦阿尔及尔同意和平，6艘战舰立即停工。

预测的情况果然出现了，1795年美国同阿尔及尔签订和约，正在进行的造舰工作要立即中止。对此，华盛顿强烈反对，指出这样做浪费太大。华盛顿强烈呼吁继续造舰，发展海军。他说："要使我国在国外的商业贸易受到保护，非有一支海军不可……我们必须建立一支有组织的海军，以随时准备保证中立……"，当"再次爆发欧洲战争时，我国的商业将不会再陷于像今天这样毫无保护的状况"。国会最终同意建造其中的 3 艘。至此，美国重新建立了一支小规模的海军。

重建海军，是华盛顿最大的贡献，他的远见和坚持保证了美国面向东面大洋的安全，也奠定了在以后的两个多世纪里，美国在海外彰显实力的基础。因为不可否认，作为一个远离欧洲大陆致力于自保的国家，当时的海军似无必要。但是作为一个致力于世界贸易的国家，建立海军对于保护海上贸易势在必行；同时，有志于成为世界大国的国家，必须有海上的强大力量作为发言权的基础，也作为推行各项国际性事务的后盾；此外，安全线从来都不是固定的，可以想象，如果没有一支强大的海上力量，美国会不会保持长久的安全？

4. 联邦主义时代的尾声

1796 年 9 月 17 日，华盛顿的《告别辞》发表在费城《美国广告日报》上。在告别辞中，华盛顿宣布了不愿第三次担任总统的原

> "孤立主义"形成于华盛顿离开白宫之时。

因。此外，他还呼吁加强国内各州之间的团结，消除党派斗争，维护国内持久和平；要求尊重外国，阐述了在法国大革命中美国保持中立的原因和保持独立、不卷入欧洲政治斗争的必要性，这就是所谓"不加入纠缠不清的同盟"的主旨。华盛顿表明了他所持有的美国政治自主和外交政策原则。华盛顿主张在扩大美国的对外贸易关系时，"尽量不与欧洲发生政治联系"。他认为，欧洲有很多与美国毫不相干的根本利益，美国发展外交关系，应当避免因人为的纠葛而卷入欧洲政治的"正常变迁"之中，或者与欧洲国家或即或离的爱憎关系之中。他主张，美国应避免将自己的命运与欧洲任何地方的命运"交织在"一起，避免使美国的和平和繁荣与欧洲各国的野心、竞争、利益、气质或反复无常纠缠在一起。华盛顿的思想，表达了自独

立战争以来，美国所奉行的"孤立主义"国家战略。其后，这一战略不断发生微调，但其总体思想一直持续到第二次世界大战之前。

《告别辞》包括两部分内容。国内事务部分中，华盛顿告诫国人不要陷入党派之争；外交事务部分中，他提出了孤立主义准则。《告别辞》指出："欧洲有一系列与我们无关，或关系非常微小的根本利益，……欧洲必然经常陷入纷争。而这些纷争在实质上与我们毫不相干。"因此，卷入欧洲的政治是极不明智的。他认为，我们超然世外，这使我们可遵循一条不同的路线，即"在发展我们的商业关系时，尽可能避免同外国发生政治联系"。他指出，美国遵守同外国签订的既有条约，但"仅此而已"，"我们真正的政策，乃是避免同任何外国订立永久性同盟"，暂时性同盟仅是"应付紧急事变"的权宜手段。

《告别辞》虽然是针对已成为牵累的美法同盟以及法国对美国内政的干涉而发的，但是它总结了独立战争以来的外交经验，提出了孤立主义的一般性理论。《告别辞》虽然没有出现"孤立主义"的字样，但它阐述了孤立主义的基本原则，把传统的孤立思想上升为方针政策，成为美国历史上的重要文献。美国外交政策第一次确定下来。

在"孤立主义"的大背景下，联邦党和民主共和党之间的战略之争从未间断，这一点在1797年以前的军队建设和军事政策中，表露无遗。在关于海军建设上，汉密尔顿就表达了"孤立主义"下，"成为置身美洲的欧洲仲裁者，左右欧洲国家在世界的这片土地上进行角逐的力量平衡"等关于对世界性强国的长远期待。而民主共和党则认为，美国应当建立一个由自耕农主宰的农业社会。1793年，法国大革命引起的英法之间的战争，在美洲激起了争论。联邦党认为，美国"不应当卷入欧洲国家的野心、冲突、利益和政治斗争的圈套中，而应当韬光养晦，以便发展壮大自己"。民主共和党则认为，法国当年支持过美国独立战争，法美又是世界上仅有的两个共和制国家，美国应当在英法战争中支持法国；强调给两国带来"永恒的友谊和联盟"的 1778 年《美法友好条约》和法国革命中反抗君主的思想。

看来，民主共和党略显感性。其实，联邦党的理念并非是表面看来的"孤立"。汉密尔顿的讲话就表露了他们的野心和当前政策的目的——"一个伟大帝国的胚胎，至少需要十年和平发展来发展壮大，以现有的弱势来同英国较量，将有可能把我们抛回到衰弱与贫困的境地，再想恢复还要若干年月"。而民主共和党也没有他们所说的那样"国际"，他们的观念无非是出于感情上的爱憎，建立一个自耕农社会才是他们的最终目的。在对于英法战争立场选择上，国家利益是最重要的砝码，联邦党人占了优势，美国政府宣布中立，并勉强持续到了 1798 年。

华盛顿的继任者联邦党人约翰·亚当斯在上任之初，延续了华盛顿的政策。在军事上，亚当斯十分重视军事建设，他把国防工作放在首位，认为"国防是一个政治家最重要的职责之一"。面对战争威胁，积极备战。他十分重视海军，认为"一支仅次于民兵的海军力量是美国的天然防御屏障"。

约翰·亚当斯战备的重要内容之一，就是建立海军部和新海军。随着法国对美国的不满和对英美渊源的嫉妒与日俱增，欧洲战

在战争威胁下，美国扩充了海军。

争的气息传到美国，令美国人感到战争似乎不可避免。为了持续韬光养晦，1797 年，约翰·亚当斯总统派遣了一个特别代表团前往法国，以维持和平。但是法国人的条件令美国无法接受，两国关系进一步恶化，战争似乎即将扑面而来。法国增加了对美国的敌视，并且在民主共和党人的协助下，在美国招兵买马，使美国感到内外的双重威胁。

政府加紧了战备工作，总统更是热心于推动海军建设。1797 年，他将每年 1100 万美元开支中的 250 万美元拨给海军。同年，国会批准继续建造曾于 1795 年动工但后来停下来的 3 艘战舰。1797 年 12 月 22 日，总统在国情咨文中有力地强调了在海上保护美国贸易的必要

性。经过几个月的激烈辩论，1798 年 4 月 30 日，海军部正式成立，从此脱离了陆军部的管辖；本杰明·斯托德特为第一任海军部长，约翰·巴里为舰队司令；7 月 11 日成立了海军陆战队；到年末，美国海军已拥有 54 艘战舰和 200 艘私掠船，拥有官兵 1.1 万人，已经成为当时世界上一支不可忽视的海上力量。

　　不满足于此，为了实现用海军御敌于国门之外的战略构想，12 月 29 日，本杰明·斯托德特部长提出了一个海军发展远景规划报告，指出："为了保护我们的海岸，保卫我们辽阔的国土免遭侵略……保护贸易和未来的和平，同时考虑到欧洲各国之间的战争，我们必须扩大海军力量。""我们的海军应该扩大——扩大到这样的程度，即使最强大的国家也希望同我们友好相处，最无条件地尊重我们的中立。"同时指出：虽然建造这些大型战舰耗资巨大，但这是"最明智、最经济和最和平的手段了"，因为海军所保护的美国商业、海运业和国防安全的效益，远远高出这笔费用。前几年美国因海上侵犯而导致的贸易损失，是建造和维护这样一支海军的费用的 4 倍。

　　斯托德特的论点扭转了"海军就是费钱"的传统观念；人们开始认识到，和平时期为国防支出的费用，会换来避免战争的破坏和消耗这样更高的效益。1798 年，在强大海军的保卫下，美国船主少缴的保险费达 860 多万美元，远远超过造舰的费用。他建议建造 12 艘74 门炮的战列舰、12 艘快速战舰、20～30 艘小型战船，建立一整套造舰厂和干船坞系统。他认为，虽然同英法海军相比这支海军规模很小，但它是个威慑力量。加上大西洋天然屏障，任何一国要想侵略美国，都必须有多一倍以上的大型战舰。国会部分地批准了他的规划，同意建造 6 艘战列舰和 2 个干船坞。斯托德特的计划虽然未能完全实现，但是他使用海军御敌于国门之外，以及辩证地看待国防费用的观点，促进了海军乃至整个军队建设。

　　海军的建设收到了立竿见影的效果。在与法国的准战争状态下，美国海军屡次挫败法国海军。1000 多艘武装商船极大地增援了斯托德特集结的 54 艘军舰，他们与法国的私掠船进行了成百次的交锋。在西印度群岛为商船队护航，追捕执行骚扰任务的敌人私掠船，偶尔与法国派往加勒比海的少数军舰交战，取得了可观的胜利。作战中，美国海军开始娴熟地与英国海军配合行动，并且利用英国的海军资源。英国皇家海军为美国船只护航，美国船只使用了英国的大炮、补给品和加勒比地区的基地。新生的美国海军有效防止了法国的强大武装力量进入新世界。

扩建海军的同时，国会开始扩充陆军。1798 年 4 月 27 日，国会决定增建 1 个炮兵和工兵团，服役 5 年。其后拨款 115 万美元修建防御工事和采购武器。1 月 16 日，国会决定将现有的 4 个团每团 8 个连增加到 10 个连，另外组建 12 个团和 6 个轻骑兵连，在对法危机期间服役。

> 美国历史上唯一一支政治陆军的建立，也产生于这次对法危机中。

为了进一步加强安全感，1799 年 3 月 2 日，国会通过法令授权总统在美国与任何欧洲大国发生战争或遭遇入侵威胁时，有权征召 24 个步兵团、1 个团零一个营的步枪手、1 个炮兵和工兵营以及 3 个骑兵团。以上兵力如果全部征召，正规军将达到 4 万人，加上这项法令规定招募 7.5 万名志愿兵，这将使美国形成一支正规军和志愿兵相结合的混合陆军，而不再依靠各州民兵补充常备军。

由华盛顿任这支新老混合部队的司令官，但华盛顿坚持只有战争爆发，他才就职。在华盛顿的坚持提议下，汉密尔顿为副司令，具体工作由汉密尔顿负责。汉密尔顿不遗余力地加强这支军队，他深信这支军队能够打退法国人；还朝思暮想用它去征服佛罗里达、路易斯安那，甚至整个南美洲。

在军官团中，汉密尔顿排斥了民主共和党人，使这支军队的名声有所折扣，成为美国历史上唯一一支政治陆军。汉密尔顿狂热而偏激的做法，使民主共和党感到不安；就连同是联邦党人的亚当斯总统也认为他是一个"十足的危险分子"，因而他的工作并不顺利。

对这支军队的使用也存在很大争议。由于对美国本土的入侵从未发生过，对这支军队唯一一次使用是对内部叛乱的镇压上。1799年，宾夕法尼亚东部的农民在约翰·弗赖斯的领导下，拒绝缴纳为创建新军队而征收的赋税。总统宣布该地区处于叛乱状态，命令军队前去恢复秩序。联邦党人赞赏军队镇压内部叛乱的行动，而民主共和党人认为这是联邦党人军事专制主义的又一明证。

扩充陆军的同时，国会也对民兵进行了改革，完善了《民兵法》。1798年7月6日，国会通过了新的《民兵法》，改变了民兵自费装备的状况，规定由政府出资购买武器装备民兵，提高了民兵的热情，克服了民兵发展的最后障碍。亚当斯的备战工作，使美国避免卷入对法战争，他显示了美国可以拥有一支令人敬畏的力量。

但是，由于传统的"有战争才建军队"的思想作怪和民主共和党的反对，以及汉密尔顿等人被视为危险的用兵方法，使得好景不长。

1800年，美法谈判签署了《1800年协定》，结束了准战争状态，大型军队也随之终结。国会首先解散了那支政治陆军。1801年3月3日，国会通过了一项和平时期的海军建设法案，授权总统卖掉绝大部分军舰，只留下13艘快速战舰；而且，13艘中只有6艘服现役，其他7艘贮存起来，留下了约1000名海军官兵。

亚当斯作为总统，在国内政治斗争中表现出来的软弱，不仅使辛苦建立起来的军队萎缩，引起了联邦党内对他的不满，导致党内失和；而且也给民主共和党以壮大的机会。汉密尔顿在军事问题处理中表现出来的狂热和强硬，也使民众警觉地意识到对民主与自由的威胁。两方面的因素，导致在1800年的大选中民主共和党获胜，并从此终结了联邦主义时代。

联邦主义时代的结束，意味着华盛顿和汉密尔顿赋予共和体制以强大的军事力量希望的暂时破灭。联邦主义时代结束时，汉密尔顿的党并没有像其希望的那样，在美国建立一支强大的正规军。

不过，这个时代为美国保留了一个独特的军事传统，当时所产生的军事制度，基本上原封不动地维持了一个世纪。即：国家平时保持一支小规模正规军，战时得到民兵和志愿兵的补充；兵工厂已具雏形，造船厂、干船坞和海岸工事系统初步建立；用一支小规模的海军在和平时期用来显示海上力量存在，在战时保护本国航运，并劫掠敌方商船。虽然这是一种消极的防御政策，但是它可以在危机中维护国家利益，使国家能有时间动员其潜在的力量。

5. 杰斐逊时代

民主共和党在军事发展方面的阻力一直妨碍着美国军事发展，甚至在联邦党人亚当斯执政时期就促使大量裁军。1801 年，杰斐逊当选总统，预示着军事的持续萎缩。暂时没有大的安全威胁和一些不合时宜的胜利，也误导了国会的决策，增强了杰斐逊关于军事政策的信心。他反对常备军，认为常备军是自由的敌人，现役常备军则是联邦党人压制民主的工具。但他深信，国际舞台上弱肉强食，军事上的软弱无能必然会招致侵略，他无意彻底摧毁联邦党人创立的军队机构。他主张建立平民军队，认为"维持一支训练精良的民兵作为和平时期和战争初期最好的依靠"；主张消除平民和军人的区别，通过训练、教育"使每一个公民都成为士兵"。这样，就可以放心地对正规军进行裁减，但绝不是完全取消。

《1802 年军队建设法》较为明白地体现了杰斐逊军事思想。1802 年 3 月 16 日，国会通过了一项《和平时期军队建设法》。该法保留了正规军，但是调整了军队规模和成分。

受他的保守军事思想以及紧张的国际局势的影响，美国军事在他执政期间，左右不定。

为了保证军队按民主共和党人的意志行事，在经济措施的幌子下，此法对陆军进行徒有虚名的"裁减"和实际上的整编。由于陆军从未达到其法定编制人数，因此，民主共和党人只是将编制人数降低到实际人数，从 4000 人减到 3220 人。整编却减少了 80 多个联邦党军官职位，增加了 20 名少尉编制。当然，总统把这些职务都委任给了民主共和党人。

《1802 年军队建设法》对美国军事发展少有的贡献之一是建立了至今为止仍然享誉世界的军事学院——西点军校，并规定各兵种都应设立军事院校。此外，该法还创建了新的兵种——工程兵，工程兵从此脱离炮兵而独立存在。值得一提的是，自 18 世纪 80 年代初，联邦党人就一直倡导建立军事院校系统，而杰斐逊一直反对。目前之所以一改初衷，有一个基础和两个主要原因。基础是，总统对工程兵和军事学院拥有特权，可以一手选拔创建学院的军官、教员和学员。原因之一是出于民主共和党的私心，西点军校拓宽了民主共和党人进入军官团体的道路，在人员的选拔上，杰斐逊搜寻着合适的民主共和党人，而排斥联邦党人；原因之二是杰斐逊认为美国需要一所重视科学的国立学校，它能培养有益于社会的毕业生，对军官进行科学家和工程师的培训，可以承担诸如探险家和开拓者之类的工作。

杰斐逊对海军也毫不客气，大有"卸磨杀驴"的意味。1801 年 3 月 8 日，国会通过了《和平时期的海军法》，允许裁减海军。财政部拒绝拨款给海军。中止了建造 74 门炮的战舰、干船坞和海军造船厂的工程，他辞退了所有的造船技师。新任海军部长罗伯特·史密斯遣散了军官和士兵，迫不及待地出卖海军舰船。为节约经费，把仅剩下的 13 艘战舰拖上海岸，结果这些战舰的木料很快便腐烂了。1801 年《和平时期的海军法》毁了海军，也产生了严重后果——不到两年英法两国就开始大捕美国船只，而美国对此无能为力。

"杰斐逊海军"是美国军事史上的一个笑柄。

"杰斐逊海军"起源于一些不那么大的危机和一些不合时宜的胜利。裁减海军伊始，北非海盗就已经变本加厉了。的黎波里传来威胁，如果美国不增加贡品，他们的海盗将"自食其力"。杰斐逊固然讨厌花费昂贵的海军，但此刻，正如当年同亚当斯赴北非解决

人质问题时的观点，他更讨厌北非的海盗。1801 年 6 月至 1805 年 4
年间，杰斐逊向北非派遣了 4 个分舰队，最后获得了胜利，迫使的黎
波里签订和平条约。

　　这场胜利不合时宜，因为对待这样一个弱小的对手、在较浅的海
域，美国的小炮艇在作战中出了很大的风头。这引起了杰斐逊的兴
趣，在战后，总统把炮艇看作其海军政策的核心。炮艇造价低廉，操
作简单，大部分可由民兵水手驾驭，也符合他反对常备军过多的思
想。1807 年 10 月，他向国会建议拨款 85 万美元增建 188 艘小炮艇。
但后来却耗资 185 万美元建造了 200 艘。杰斐逊之所以要造这些小炮
艇，是基于单纯防御、尽量避免战争的思想。他认为：远洋海军费用
高昂，人民难以负担；将炮艇同沿海战略要冲的固定炮台、陆地上的
活动炮群和海上的浮动炮台配合使用，就足够阻止任何海上强国的侵
略。

　　但是，炮艇对于保护海上贸易却无能为力。对于这支先天不足的
海军，联邦党人称之为"杰斐逊的海军"。失误的军事政策，马上让
杰斐逊总统手忙脚乱。

　　侵犯往往伴随自身的孱弱而来。1803 年，英法战火重燃，交
战的双方都对美国的中立贸易进行攻击，借此在经济上击垮对手。
与上一次不同，英国在特拉法加尔角海战中夺得了制海权，美国
的主要敌人是英国。在 1803～1807 年期间，英国海军就扣押了
500 多艘美国船。他们还封锁美国出洋路线，征用美国水手，甚至
打死打伤美国公民。杰斐逊政府采取了一系列外交和经济措施，
都无济于事。

　　在东南部，美国同西班牙在佛罗里达也发生了冲突。西部的印第
安人得到加拿大的英国人的支持，蠢蠢欲动。面对挑衅和威胁，杰斐
逊被迫改变初衷，不情愿地再次进行扩军备战。1808 年，国会授权
杰斐逊再征召正规军，把陆军扩大到 1 万人，增加经费以修复或建造
海岸防御工事，每年拨款 20 万美元来武装民兵。

热爱和平和独立，却不善于去保卫和平和独立；倡导自由和民主，却无法顾全自由和民主受到的外部威胁。杰斐逊手忙脚乱地建立起来的防御性军事体系作用微弱，被动而匆忙裁军和扩军，建造大批能力低下的炮艇，使国家浪费了大量人力物力，为国家埋下了隐忧。虽然杰斐逊是美国革命的领袖之一，虽然他起草了《独立宣言》，虽然他热爱民主、自由与独立，倡导人民主权、人民革命和天赋人权思想，奠定了美国民主思想的基础，但是，仍然不能遮掩他对美国军事发展所带来的挫折。因为，没有强大的保卫力量，民主、自由、独立和民权都无法得到保障。因此，当他走出白宫时，他留下的是一堆烂摊子和即将遭受的严重侵犯。

（三）军人的伤痛和荣誉

在即将爆发的战争中，人们将看到华盛顿和汉密尔顿等人留下的"可以迅速扩充的正规军"等军事遗产的作用，也将看到杰斐逊和平主义所导致的、不可能保证和平的危害；将看到美国在建国初期一贯的、慢吞吞地进入战争状态，也将看到流传至今的在战争中迅速反应、迅速调整的传统。

纵使没有战争威胁，没有远见的政府势必造成国家利益的严重损失。杰斐逊政府所持有的消极防御政策，给继任者詹姆斯·麦迪逊留下了一支连消极防御都无法满足的军队。而防御思想下包藏的，是美国人永不满足的对利益的欲望，美国民众的利益需求所要求的军事实力，更是大大超出了这支军队的能力。

在麦迪逊时期的国会中，成长起这样一批议员，他们来自西部和南部，是南部种植园主和西部边疆居民的代言人，在议会中表达这些人的扩张愿望，被称为"鹰派"，主要人物有亨利·克莱、约翰·C.卡尔霍恩和托马斯·哈特·本顿。西部议员企图吞并加拿大，南部议员企图吞并佛罗里达和得克萨斯。鹰派众议员哈尔柏声称："造物主已经确定了我们的疆界：南边是墨西哥湾，北边是永世冰盖的地方。"他们还认为英国负有在西北部煽动印第安人袭扰边疆的罪责。而英国的行为也恰恰说明鹰派判断正确。英国不愿意接受美国革命成功的现实，敌视美国，一直想把美国重新沦为殖民地。甚至在独立战争后，到1796年才极不情愿地撤出西北边境的7个据点，却继续策动印第安人不断袭扰美国的西部边境。

在经济上，美国依赖于英国，是英国的"经济殖民地"，无论是进口还是出口，都被英国实际控制了。在政治上，英国从不愿意接受美国的独立地位，曾8年不派驻美大使。在军事上，美国的中立地位被英法等国随意践踏。因此，到麦迪逊执政前，美国人认为他们并未实现完全的独立。对此，鹰派积极活动，期待扭转。美英双方互不相让，在美国激发起反英运动。1812年，战争不可避免，6月18日，国会批准麦迪逊的战争咨文，对英宣战，"第二次独立战争"爆发。

1. 仓促的准备

由于鹰派代表西部和南部，战争与他们的利益关系最直接，他们积极鼓吹战争；而东部则长期以来依靠与英国的海上贸易，担心中断与英国的贸易关系将会使他们的经济

> 即使是战争临近，即使是已经宣战，也永远不要期望美国国内的声音是一致的。

陷于崩溃；而且一向由联邦主义者控制，在传统上是亲英的。他们认为美国应帮助英国，反对法国，而不是妨碍英国。1814年12月的哈特福德大会上，新英格兰代表们提出了7条旨在加强与提高新英格兰在国家事务中的地位的宪法修正案，并以退出合众国相威胁。提交战争咨文的麦迪逊总统的思想也极为不利，他曾宣布治理国家的三原则，即建立小型的廉洁政府、压缩限制正规军和反对国债。宣战后，其思想并未调整。

思想不统一和心理准备不足，必然使战争准备不充分。

联邦党人反对的后果极其有害，新英格兰是全国最富的地区，却拒绝为"麦迪逊先生的战争"提供资助，而由于民主共和党人不愿意强行征税，于是只能采取借贷形式筹借了4000万美元（只有不足300万美元是来自新英格兰）。当麦迪逊要征召民兵的时候，联邦党的州长们总是拒绝动员他们的民兵，理由是根据宪法规定，只能在关键时刻征召民兵参加国家勤务，有权决定是否已处于关键时刻的是各州州长，而不是总统，他们认为现在不是关键时刻；而且不能把民兵派往国外去执行入侵加拿大的任务。美国陆军在战时无法借助在全国首屈一指的新英格兰的民兵系统。而新英格兰却为加拿大和大陆上的敌军提供补给，继续与英格兰进行非法的贸易活动。

麦迪逊心理准备不足，对于当前战争政策与平时治国政策的矛盾，没有进行相应的调整。例如，没有建立充分的税收制度，政府在一贫如洗的情况下走向了战争，造成了部队后勤供给短缺。宣战和备战几乎是同时进行的，此前主要依赖于外交途径解决问题，只进行了极少的战争准备。1812年初的法案把陆军人数扩大到35000人，并提供了5万名志愿兵和10万名民兵。但是由于美国人长期的不执行习惯，这些数字只停留在纸上，当战争开始时，正规军只有6700人，志愿兵和民兵还是一盘散沙；让许多无能之辈占据了重要的岗位，将军们都是独立战争时期的老兵，平均年龄为60岁，没有足够的精力；海军只有16艘舰艇，其中7艘先进的快速舰还是从联邦党人那里继承下来的；虽然拨款建造4艘战列舰，6艘重型快速战舰，但战争结束前，这些舰艇还未投入战斗。到1812年底，美国正规军1.5万人，志愿兵近5万人，总数6.5万人；1814年，正规军3.8万人；整个战争中征召志愿兵和民兵471622人。

不过，政府还是对陆军指挥系统进行了改组，这是唯一幸运的事。原来陆军后勤供应归国会掌管，财政部的公共供应承办局负责订购，由陆军部的军事仓库管理局负责储存和分配。这种制度花费大、效率不高。在战争的刺激下，1812 年 3 月设立军需部。陆军部中设立了采购军粮局，受陆军部长领导。此后，后勤供应从文官领导转归军队直接控制之下。国会成立了军械部，负责军事装备的研制、生产；扩建了工兵、炮兵等技术兵种，新设立了坑道工兵和地雷工兵；扩大了西点军校的规模，并囤聚了一定数量的军火。

当时英国有人口 1800 万，工业革命正在深入开展，经济实力世界第一。陆军近 10 万，海军有 15 万水兵，800 艘军舰，比美国海军的大炮数目还多。但由于在欧洲与拿破仑大战正酣，只能把极小的一部分力量投入到美洲。战争期间，加拿大人口才 50 万，驻加英军仅有 7000 人，民兵 1 万。英军总司令乔治·普雷沃新特中将把这支民兵队伍描述为"临时组织起来的乌合之众，缺乏装备，没有纪律"。居民中法国移民和英国移民占了大多数，这支队伍的忠诚问题也时时令人担忧。海军开始时在北美海域也仅有 1 艘战列舰和 7 艘快速战舰。战争期间，英军最高兵力只有 1.65 万人，并得到 800 名加拿大民兵和 2500 名印第安人支援。

不过，英美双方在战争之初，状况都不容乐观。

美国在人力方面占绝对优势，并拥有天时地利人和等有利因素，但官兵素质低、装备差。如纽约 7.6 万民兵，只有 3.9 万支枪。而且民兵的弊端是严重的，各州因本位主义作怪，唯恐失去对本州民兵的领导权，因而对民兵的训练、装备和领导都横加干涉，甚至使陆军部对各州民兵的准确数字都很难搞到，更无法有效地指挥和统一调动各州民兵了。

从双方力量对比看，英国兵力处于劣势。但英国海军占有绝对优势，可短时间内调来大批海军掌握制海权，封锁美国海岸；可以利用海军提供的掩护和运输，随心所欲地调动部队，选择美军防守薄弱的环节进行袭击。此外，英军训练和装备均胜美军一筹，指挥人员富有经验，部队战斗力强。显然，美国靠临时调整与扩充，难以应付面临的战争。

2. 拖沓的战争

美军在战争初期的表现是丢人的。英国把主要精力投入到对拿破仑的战争中，在北美兵力空虚。在这样的大好时机下，美军坐失良机，让战机流逝，使资源白白耗费，还屡遭败绩，为后续的惨败埋下祸根。

巨大的耻辱在战事开端就出现了。

基于在北美的兵力对比，加拿大的英国人采取了守势；美国人则信心满满地展开攻势。在西线，部队补给困难，美国将领威廉·赫尔犹豫不决，退守底特律，遭到英国司令官伊萨克·布罗克爵士率领的由正规军、民兵及印第安人组成的混合部队进攻。1812 年 8 月 16 日，美军以 2 倍于英国混合部队的人数，不放一枪一弹就投降了。耻辱还未结束，底特律惨败的前一天，奉赫尔之命，迪尔本堡的守军撤离了要塞，在撤退途中遭到印第安人的伏击，全军尽遭屠戮。接替赫尔的哈里森在弗伦奇敦遇袭，损失一半。至此，西部战线一败涂地。在中路的尼亚加拉，10 月中旬，民兵拒绝跨越尼亚加拉河进入外国领土，指挥官斯蒂芬·冯·伦赛勒平庸无能，3000 名美军败于 1000 名英军。在蒙特利尔一线，民兵仍然不愿过界，亨利·迪尔本将军毫无作为，坐等战机流逝，将战事拖到第二年。

海军为美国军队树立了正面形象。

正应了第一任海军部长本杰明·斯托德特的那句话——任何欧洲强敌要进攻美国，必须有多出一倍的军舰才能奏效。美国海军生气勃勃，高级军官通常只有 30 岁左右，海军近海作战；而英军只能向美洲海域派出部分力量。美军舰船在海上分头作战，战果喜人。仅在战争头几个月，美国海军便击沉英舰 3 艘，俘获英国舰船 500 艘以上。

海军的胜利抵消了陆地上的惨败，也为壮大自身赢得了机会。国会为新舰拨款：1813 年 1 月批准建造 4 艘 74 门炮的战列舰和 6 艘 44 门炮的快速军舰，3 月又批准建造 6 艘单桅海岸炮舰。可惜好景不长，毕竟英国拥有世界上最强大的海军，他们马上调整战术，美国军舰再也无法轻易占到便宜了。

到了 1813 年，英国开始充分发挥海上的压倒性优势。它增派舰船分布于美国沿海。美国舰船被迫退缩港内。其中，部分在以后整个战争期间再也没能出得了海。例如"星座"号就一直停泊在诺福克，因为港外海面有一支英国分舰队始终虎视眈眈地在监视着它。"美利坚合众国"号和俘获来的"马其顿人"号则被封锁在新伦敦。欧洲拿破仑战败，英国可以放手调拨海军增援大西洋彼岸的战区。为英国商船护航的力量也得到加强，从而有效地防止了美国贸易掠夺船的掠夺。单独行动的英国舰艇如果遇到比自己强大的美舰，就远远地避开战斗，这是他们的上级要求他们如此做的，这样，美舰就更难获得可乘之机了。

虽然美国的私掠船还在发挥作用，但总体来说，这不是战争中的有效武器。私掠船骚扰破坏英国的贸易，有时也掠夺来一些有价值的货物，但它不能取代海军。它丝毫不能削弱英国对美国沿海的封锁力量，以致当私掠船把掠获的货物拖回美国海港时，可能有半数仍然落回了英国人之手。还要看到，由于英国海军的封锁和英国私掠船的破坏，使美国的贸易趋于窒息，降到了灾难性的低水平，出口量从 1807 年的 1083 亿美元降到了 1814 年的 700 万美元。沿海航运也几乎全部中断。波士顿一家报纸曾作如下黯淡的描绘："我们的海港被人封锁，我们的船舶腐烂生锈，只有青草欣欣向荣，蔓生在公用码头。"美国商运业由于听信杰斐逊的海军理论而付出了高昂的代价，他们以为没有任何敌人能派出足够的舰船对美国沿海进行全面封锁，因而也就没有必要建立一支能保护航运的远洋舰队。

知耻而后勇，这句话同时适用于 1813 年后的美国陆军和英国海军。

美国吸取了经验教训，迅速改组了指挥机构。约翰·阿姆斯特朗取代了老迈的尤斯蒂斯任陆军部长，阿姆斯特朗大胆起用年轻军官任战地指挥官。国会还决定设置总参谋部，以协助陆军部长指挥部队。总参谋部下设多个部门，包括军械部、军需部、采购部、军法署、军医署、副官、监察长、军需部队、测绘部队、牧师、西点军事学院和九大军区。改组大大提高了部队的指挥能力和作战效率，经过一段时间之后，收到了较好的效果。而英国陆军还难以从欧洲抽出更多兵力，无法扩大战果。

1813 年初～1814 年初，作战范围扩大到东海岸和墨西哥沿岸，但主战场在美加边境的大湖区。美国在 1813 年仍采取了进攻战略，在对加拿大的几次互不协调的进攻中白白地耗费了力量，只在底特律取得了有限的胜利。1813 年初，美国的哈里森在对英国的普罗克特的作战中以 3 倍于敌的兵力获胜，并瓦解了印第安联盟。作战中使用的部队都经理查德·约翰逊上校进行过不同于普通平民士兵的严格训练，哈里森也改变了传统的步兵进攻方法，命令约翰逊的部队进行突击，收效明显。但这次胜利对于全国性的战争来说收效不大，哈里森的战线只是东部尚未开始的主战场的一个辅助战场，其他战场不容乐观。

1813 年 4 月，在乔治堡一带，英军以少胜多，连续取得斯通尼克里克、比伏坝等战斗的胜利。此后，陆军部长阿姆斯特朗用詹姆斯·威尔金森取代了迪尔本任指挥官。威尔金森的情况也很糟糕，在尼亚加拉一线，连败于处于劣势的英军。哈里森的胜利被迪尔本和威尔金森的失败抵消了，两军在尼亚加拉陷入僵持。

由于在欧洲战场上，法国海军已经对英国构不成较大威胁，进入 1813 年，英军抽调大批海军来到北美，掌握了制海权，取得了战略上的主动权。从 1813 年开始，皇家海军就开始进行惩罚性的海岸袭击，有效封锁了海岸，当年杰斐逊海军中的小炮艇对此无能为力。英

国海军有效地防止了美国私掠船的攻击，仅在 1813 年，英军就捕获
200 艘美国船只。英国海军还对从缅因到弗吉尼亚的整个东海岸进行
炮击、骚扰，烧毁了一些村庄和工厂。

但封锁并没有能围住私掠船和小型军舰，它们常常溜出港口活
动。1812 年以后，美军在海上取得的胜利主要来自私掠船和 1813 年
批准建造的单桅海岸炮舰。但它们不能有效地改变战争的方向。

3. 星条旗之歌

到 1814 年初，战争已经进行了 2 年，陆战场经历了一系列耻辱，
陷入僵持状态；而海军在短暂的辉煌之后，不仅得到了本国的重视，
还得到了敌人的重视，英军从欧洲调集了大批军舰，彻底压制了美国
海军。星条旗之歌，代表了美国人的爱国热情、战斗决心和在军事方
面的觉醒。

真正的敌人来了。欧洲的战况直接影响
到美国，1813 年 10 月，拿破仑在莱比锡会

真正的强敌，真正的军人。

战中遭到败绩；次年 3 月 31 日反法联军进入巴黎，4 月拿破仑被迫
退位，被流放到厄尔巴岛。获胜的英国向美洲增派部队，从拼死防守
转为惩罚性进攻；计划从加拿大、切萨皮克湾和新奥尔良向美国发动
进攻，来势汹汹。

举国烽烟四起，举国受到威胁。这场战争已经不再是西部和北部
鹰派的战争，南部的墨西哥湾沿岸、东海岸、甚至是最反对战争的新
英格兰，都被卷入了战争。因为，在英国看来，原来的殖民地已经成
为一个美利坚利益共同体，这是对整个美国的战争，各地区没有区
别。

当举国战争威胁到美国的独立时，每个美国人都感受到辛苦取得
的自由与财富岌岌可危，他们马上起来反抗，力量源于内心深处，美
国人开始万众一心，团结对敌了。全民觉醒，促使在独立战争中美国

军事的一些优势重新显现，如没有战略中心、军民富有韧性等。正如惠灵顿公爵所说："我不知道在哪里作战才能把美国一举打瘫，从而迫使他们求和。"

此时，1813年的军事调整表现出了成效，到1814年，一批富有进取精神的青年军官取代了军队中原来那些因循守旧的指挥官。他们之中的出类拔萃者，如雅各布·布朗、埃德蒙·盖恩斯、亚历山大·梅科姆，温菲尔德·斯科特和安德鲁·杰克逊，在战争中表现出军人本色；在后来的几十年中，这些军人将带领美军赢得军人的荣誉。

真正的军人在国家最危急的时刻涌现了。在英国的增援部队跨过大西洋之前，美国在加拿大方向发动了两次进攻。3月，在尚普兰湖一线，威尔金森的4000名士兵对不足200人的英军毫无进展。而在尼亚加拉前线，布朗指挥着2个旅的正规军和1个旅的民兵在7月初攻下了伊利堡，在向北挺进时遭遇强敌，他的民兵溃败。随后斯科特的正规军赶到，双方先是正规军在近距离排枪互射，后来斯科特亲自出马发动白刃冲锋，攻破了敌人的战斗队形。

斯科特的军队对英国人的震撼巨大，当他的旅跨过一座桥展开战斗队形时，英军指挥官里亚尔惊呼"上帝，那些都是正规军！"这得益于斯科特的正规化训练。其实，这支"正规军"中大多数是最近招募的新兵，斯科特对他们进行了几个月的训练，就使之成为具有正规军素质的能征善战的部队。斯科特曾潜心研究战争史和战争理论，并在1814年春天，建立了一座训练营，紧张地培训新兵。斯科特的成绩证明，只要军官称职，不用很长时间就能将平民士兵训练成一支精兵。

这次战役后不久，他们又与英军相遇，双方军队列成横队近距离射击，最后不分胜负，尼亚加拉战线再次陷入僵持。在里奇留河下游，梅科姆的军队阻止了英军的推进。加拿大一线的战事就此进入相对平静时期。

第二次独立战争中，美国首都第二次沦
陷（第一次是独立战争期间当时的首都费城
沦陷，1800 年首都由费城迁到华盛顿）。在

《星条旗之歌》产生在战火纷飞的战场上。

东海岸，他们遭遇了更加强悍的敌人，同时也展现了更加强悍的自
己。1814 年初，英国人制订了一项总体规划，以便能够战胜美国。
在几支小股部队佯攻切萨皮克湾的同时，威胁华盛顿和巴尔的摩；一
支由 11000 人组成的精锐部队从蒙特利尔向南进发；在牙买加聚集起
来的第三支队伍要攻打新奥尔良并包围整个西部。第三支部队被杰克
逊解决掉了，但攻击华盛顿的部队却实现了极大的破坏。

　　1814 年 8 月，切萨皮克湾的战斗开始，英军登陆后向华盛顿挺
进。由于美国军事当局认为华盛顿并无战略意义，因而起初并未设
防，临危匆忙组织了一支人数众多的民兵，交由威廉·温德尔指挥。
温德尔在布拉登斯堡设立了三道防线。前两道防线被轻而易举地攻破
了，士兵们作鸟兽散。但 500 名水兵仍坚守在第三道防线上，打退了
敌人一次又一次进攻，并高呼着"冲上敌舰"的口号发起了反击，
当敌人从侧翼包围了他们的阵地时，水兵们才最后撤走。通向华盛顿
的大门敞开了。英军进入首都，纵火烧毁了公共建筑，包括白宫和国
会大厦。

　　烧毁华盛顿后，英军直指巴尔的摩，满以为能轻易地再次取得胜
利，但这次他们失望了。美国指挥官塞缪尔·史密斯率领民兵和市民
防御极其顽强，挡住了英军一次次进攻，一名步枪手还击毙了英军指
挥官罗斯。9 月 13 日凌晨，英军开始对麦克亨利堡进行 24 小时的炮
轰。华盛顿的一位著名律师弗朗西斯·斯科特·基目睹着炮弹拖着红
色弹道，在堡垒中凌空爆炸，而美国国旗在晨曦中骄傲地飘扬在城堡
的上空，激发了极大的灵感。他一挥而就，写下了几句诗——后又作
了一些修改，这就是美国国歌《星条旗之歌》。激荡的歌词"你看星
条旗将永远高高飘扬，在这自由国家，勇士的家乡。"传唱至今。

　　这些使弗朗西斯·斯科特·基感到无比激动的场景也正是使科克

伦和布鲁克万分沮丧的现实。9 月 4 日，英军撤退了，不久即撤回加拿大。美军既没有打败加拿大也没有打败切萨皮克的英军，但英军三次进攻计划中的第二次就这样铩羽而归了。随着英军撤退，东海岸战线也平静下来。

在墨西哥湾沿岸，美军指挥官安德鲁·杰克逊用旋风般的战斗作风和钢铁般的决心，很好地谱写了军人的骄傲。

安德鲁·杰克逊是墨西哥湾的铁腕指挥官。他战法选择适当、作风硬朗、判断正确、决策果断，使用阵地战、反击等方式，使印第安人和英军遭到惨败。杰克逊捍卫了美国军人的尊严，在西南方战事中，他以骄人的战绩彻底击败了印第安人和英军的进攻。

1813 年夏天，一大批克里克族印第安人抓住了美国与英国交战的时机，对白人开战，在米姆斯堡杀害了 500 名白人，整个西南方印第安人怀着对白人的刻骨仇恨，也都乘机造反。当米姆斯堡事件传到田纳西时，从未带兵打过仗的民兵将领杰克逊正在病床上养伤——他是在一场边民的争吵中被打伤的，他的心脏附近还留有一颗子弹，手也吊在绷带上。他挣扎着从床上爬了起来，召集了 2500 名志愿兵。杰克逊带兵穿过人烟稀少的荒野向南进发，赢得了塔鲁夏奇和塔拉迪加两次战役的胜利。来自东田纳西、佐治亚和密西西比的部队也分别在各自的战斗中打败了克里克人。由于缺乏统一指挥，这些战斗没能结束克里克战争，但克里克人至少损失 20% 的战士。

到年底，志愿兵们服役期已满，都要求回家。杰克逊威胁说要枪毙胆敢回家者，但在志愿兵们的一再请求下，他发了善心。援军到达后，杰克逊再次入侵克里克族的领土。尽管克里克印第安人的实力已大大削弱，但他们却以令人难以置信的坚忍不拔精神发动了三次进攻，迫使杰克逊暂时撤出。当杰克逊得知有 1000 多名克里克人正在塔拉波萨河的马蹄湾筑垒时，他又发动了第三次入侵。杰克逊派出他的切洛基盟军和志愿兵骑兵堵死印第安人的退路，同时猛攻敌军工事。美军大开杀戒，彻底消灭了印第安人。克里克族的战斗力量在这片方圆上百英亩的冲积地上精耗殆尽，"马蹄湾战役"结束了克里克战争。

5月，杰克逊晋升为美国正规军少将，指挥包括路易斯安那在内的第7军区。奉命阻止英军入侵新奥尔良。9月中旬，英军向莫比尔的主要防御工事鲍耶堡进犯，被严阵以待的杰克逊击退。3个星期后，杰克逊实施反攻，占领了彭萨科拉。为了保卫新奥尔良，他召集了一支"世界化"的军队，其中包括一些海军陆战队士兵、水手、几个正规团、田纳西和肯塔基的民兵和志愿兵、路易斯安那的民兵、2个旅的新奥尔良自由黑人、一些巧克陶印第安人以及简·拉菲特为首的800名海盗。12月28日、元旦和1月8日，英军对美军发动了三次进攻。1月8日的进攻是最后一次，美军以伤亡不到50人的代价击毙英军约2000名。此役不仅击退而且彻底打垮了英军向新奥尔良的进攻，杰克逊在1813～1814年打败了克里克印第安人和英国人之后，就成了一位民族英雄。

杰克逊最后一场胜利对1814年圣诞节除夕签订的《根特条约》虽然毫无影响，却在民兵制度名存实亡的情况下，使美国人重新认识到了民兵的重要性。

一个刚刚称得上国家的国家，一支称不上军队的军队，最后赢得了真正的独立。随着美国军队逐渐出色的表现和欧洲战事的结束，美英两国签订了《根特条约》。在土地方面，双方恢复到了战前的状态。而西北部印第安联盟的毁灭以及克里克人的失败，极大地消除了向印第安土地扩张的障碍。同时，与打败拿破仑的胜利者打成平局，建立了美国军队极大的信心。在政治上，联邦党人因为曾经威胁要使新英格兰脱离合众国而使自己背上了叛逆的名声，从此一蹶不振，这为共和制今后的发展奠定了基础。在军事上，《根特条约》使美国告别了一个被动的时代。此前的一个多世纪里，欧洲的战争一直意味着是北美的战争；而此后的一个多世纪，美国成功避开了欧洲大陆上的冲突，国家全力以赴地进行国内发展和领土扩张。军人在伤痛后赢得了荣誉，使美国真正获得了独立，在今后的国家事务中发挥了极为重要的作用。

小　结

在民意推动下尝试，在现实刺激下调整。这就是建国之初美国军事发展的现实，也为美国军事发展自然地培养了一个传统，至今仍保持着这种内在的机制。

之所以称军人软弱，是因为其在国内关于军事发展的争论中，表现得相当克制和服从，服从于国会，服从于民意。

这种克制和服从，似乎与军事斗争的残酷和军人的硬朗不相匹配，在措手不及的战争中，带给军人无限的伤痛；但是对外战争中，新生的美国军人用其聪明的才智、强悍的意志和无比的勇气，成就了军人的荣誉。同时，也用自己的"服从"和"荣誉"赢得了人民对美国军队发展的认可，得到了拥有权力的文人的支持。

有人认为，华盛顿没有连任主要是个人主动选择的结果；但是就算他选择连任也未必得到理想的结果。诚然，在从军人到总统卸任的整个为国家操劳期间，华盛顿一直是伟大的，为美国树立了历史的榜样，应该被尊为"战争中的第一人，和平中的第一人及美国人民心目中的第一人"。但是不应因为其伟大就夸大个人伟大的作用，因为美国人民从来不盲目崇拜任何人，包括华盛顿。这在华盛顿领导美国革命时，军队和人民对他的质疑就已经显现了；在他任美国总统期间，也不得不考虑国会和民众的支持度，而对自己的军事发展理想极大地克制和保留；即使是妥协之后的计划，哪怕被后来证明是正确的，在国会与人民质疑的眼光中也难以完全实现。

美国历史上前3位总统，都是美国革命的功勋人物。华盛顿之后，亚当斯是1774年第一届大陆会议马萨诸塞代表，协助起草致英王的请愿书和权利宣言，协助起草独立宣言并在宣言上署名，1782年曾克服困难向丹麦银行家协商借款，在巴黎参加杰伊和富兰克林与英国的和约谈判，功绩不可谓不高。但是只任一届总统就输给了杰斐逊。杰斐逊是美国杰出的启蒙思想家、民主革命家和美国民主传统的奠基人、《独立宣言》的主要起草人、弗吉尼亚宗教自由法令的作者，被尊为弗吉尼亚大学之父。但是他的政策使美国非常无奈地走向战争，被讥讽为"杰斐逊海军"的创建者。

因此，在美国战争机器建立之初的关键岁月里，没有一个英雄可以凭借其个人的光辉而左右美国人民的选择。

各位总统、国会及美国民众，在建国后的几次战争中，表现得无情无义，时而中立，时而与英国结盟，时而与法国结盟。但是，这种选择，是出于对本国人民的深厚情意。在国际舞台上，国家和民族的利益，是决定政策选择的唯一标准。

民主共和党在军事发展方面的阻力表面上看一直起着副作用，但是正是这种制约，才有效避免了美国军队成为专制工具。而且，他们适时地转变，促进了军事的进步，直接促进了在第二次独立战争中扭转战局。

> 暂时的萎缩、挫折与伤痛，有一个好的影响，就是使美国从此一往无前地走向军事强国之路。

因为经历了争论与徘徊、萎缩与转机、伤痛和荣誉，美国在军事上换来了教训、获得了进步、得到了坚实的发展基础。在战争中，军队获得了一些进步。海军的活动范围在相当弱小的时候，就从大西洋发展到太平洋、印度洋和地中海；武器装备有所发展，战争中使用了榴弹、空心爆破弹、火箭、蒸汽战舰、水雷等；战术方面，阵地战、机动作战、两栖作战、步炮骑兵混合作战发展或产生，工程兵广泛使用；战争还凸显了军事教育的成就，西点军校毕业生表现出色，他们擅长指挥，精通技术，战争中没有一个由西点军校毕业生构筑的工事被敌人攻克。

战争中的创痛换来了宝贵的经验。重视民兵、忽视正规军付出了代价。战时征召的部队，因服役期短，训练有限，仓促上阵，战斗力很低，战争中美军经常以绝对优势兵力而溃败。这证明，在当时的美国，正规军和民兵二者互不可少，但应以前者为主。正规军是赢得战争的决定性力量，他们有较长的服役时间，和平时期必须保持一支能满足国防需要的正规军；民兵的建设要立足于组织、训练和领导，才有战斗力，能在战争中充分发挥作用。后来的军事家厄普顿就认为：如果美国有一支 1.5 万人的常备军，组织结构能够扩大两到三倍，那么美国只用一场战役就可以胜利结束第二次独立战争，美国也早就占领了加拿大。

美国战争指挥机构运转不灵，指挥机构由文官领导，效率很低，没有战略计划。表明在文官领导军人的原则下，必须把具体的军事指挥权交给职业军人掌握，才能有效地进行战争。

四 美国人的军队

——美国人的美洲

（1815～1860）

第二次独立战争中，美国靠一支仓促组建的
军队成功抗击了世界头号帝国，树立了信心。
战争中暴露的诸多军事问题，也促使美国人思考，
正确看待军队建设问题，开始了正规化建设。
争论依然激烈，波动依然继续，但是总体方向是
向着军事强国迈进的。这源于美国人的根本需求，
他们需要一个净化的美洲，尽量排除欧洲势力；
他们需要扩大美国的版图，以奠定国家本身的厚重基础。
因此，他们需要一个有力的保障——强大并属于美国人的军队。

（一）正规起于慌乱之后

第二次独立战争之后，美国彻底摆脱了英国的羁绊，获得了真正的独立，为土地扩张奠定了基础，为工业革命的深入开展扫清了障碍。独立战争后的军事思想和军事建设经受了检验，美国人逐渐认识到，他们需要一支像样的军队。政府逐步调整军事政策，解决战争中所暴露的问题。这一过程并非一帆风顺，其中曾出现过低迷。但是，民意要求拓展生存空间的需求和国会对世界大国身份的期望，使美国最终走向了武装力量扩张之路。

1. 觉醒

战争给民主共和党和国会都上了一堂教育课。在 1812 年战争期间，民主共和党转而接受了联邦党的军事政策。1815 年初，詹姆斯·麦迪逊总统在对国会讲话时引用了以前联邦党人的话：经验表明，保持一定程度的战备不仅是防患于未然的必不可少的条件，而且为维护持久和平提供了最好的保证。因此，总统要求国会维持一种国防体系，这种体系类似于联邦党人长期倡导的那种体系：建设一支强大的海军来保卫通商，建设一系列防御工事来保卫海岸线，建设一支名副其实的正规陆军和整编过的民兵来守卫边疆。国会除了不愿触动民兵组织外，对其余各项要求都表示赞同。

门罗带着战争的隐痛走入白宫。

1817 年，詹姆斯·门罗成为美国第 5 任总统，他是除华盛顿之外，在任时最成功的一个。他不仅在党派之间寻求平衡，减少了彼此的矛盾，而且他的政策完全符合民众的要求，因此，门罗执政时期被称为和谐时期。

在门罗的就职演说中，他说："为了防御外来的侵略，我们的海岸及大陆边界应该设有堡垒；我们的陆、海军也必须各自依适当的原则加以管理，使其秩序井然；我们的国民军必须有最切合实际、最合理的编制；为了保卫城市及内地免遭侵略，必须在我们广阔的海岸建筑防御工事，显然这将耗费一大笔费用……由于我们有一支强大的海军力量，在战争期间，即使战争不断扩张，也不致对我们构成威胁，所以在平时就应加以适当培养和训练。实际上，它的贡献将不仅仅是作为国防辅助力量，同时也是消除战争及结束战争的有力手段。"

在门罗的第二任期，他仍然提醒人们记住以往战争的经验教训——"在上一任就职大典之前，美国已经结束了与一强国之争。那次战争，对双方而言是平等且光荣的，而且在人们的记忆中仍历历如绘，在此毋庸再述其来龙去脉。在战争期间，我们大量的海上贸易被排除驱逐；大西洋沿岸及内部边疆大部被侵占，这些地区的人民也损失惨重；为了保卫国家，不仅征召了无数英勇爱国之士，战后还徒增了巨额公债"。

他还对战争准备提出了号召——"一旦战争结束，战争的教训使得这个国家决定未雨绸缪做好防备，以阻止类似的不幸事件再度发生；即使发生了，也能减轻灾害。依此之见，在将陆军缩减到维持和平所需的人数之后，我们又做进一步的调整；因为在我们整个海岸的各据点建立防御工事之条款已经设定，所以我们要加强扩大海军，以配合前述两项目的。制订这项条款之法律，已于 1815 年及 1816 年获得通过，此后就要靠行政部门不断努力以求实现了"。

门罗的讲话发生在美国经济衰退时期，受经济状况影响，当时的军队建设受到了较大的阻力。然而，即便如此，观念的觉醒也促使美国的领导人持续地坚守发展军事的硬道理。门罗的继任者，约翰·昆西·亚当斯在上台后不久的一份年度咨文中仍然坚持 1815 年时的那种国家主义政策，表明了他对军队建设的态度。他建议国会拨款，要超过汉密尔顿的国家主义，并使用联邦政府大量的税收来扩建海军，建立一所海军院校。

约翰·昆西·亚当斯是一位海军的坚定支持者。

1825 年，约翰·昆西·亚当斯就任合众国的第 6 任总统。当 1826 年巴西与阿根廷爆发战争时，美国建立了巴西（或南大西洋）支队，以保护美国的航运。他曾经说："随着时间的推移，有条不紊地、一步一步地建设一个伟大的海上强国，是各联合州的神圣职责。"越来越多的国会议员支持海军，南卡罗来纳州的参议员罗伯持·Y. 海恩说："海军不仅是这个国家最保险的，也是最廉价的防御力量"；他还争论说，舰队的建设不应当"依据不定期的和不断变化的立法行动……而应当依据有条不紊的计划来进行。除了发生某种重大的紧急情况，不应当打破这种计划"。

杰克逊的战争经历对他的军事政策影响很大。

在亚当斯当选总统之后，民主共和党就发生了分裂。1828 年，安德鲁·杰克逊建立民主党；而另一派则是辉格党。1829 年，13 岁就参加独立战争，并在后来的第二次独立战争中战功显赫的安德鲁·杰克逊成为美国第 7 任总统。

由于他在墨西哥湾主要依靠民兵打垮了印第安人和英国人，所以，他对正规军的看法与前几位总统不一样。他认为主要依靠民兵就足以保证国家安全。从杰克逊上任总统到国内战争之前，美国基本上奉行的是杰克逊的路线，军事政策也较少大的调整。

但奇怪的是，杰克逊的思想并没有阻碍美国军队建设的正规化历程，美国人并没有因为杰克逊的威望而忽视眼前的需求。也就是说，民众的觉醒，在第二次独立战争之后，对军队建设起到了决定性的作用，无论领导人支持还是反对，民众铸成的大势不可逆转。在任职后期，其实就连杰克逊自己也对正规军建设思想发生转变。对于海军，他作为总统的最后一次著名的演说中宣称，"依靠防御工事保护每个地区免遭敌对力量来自海洋的攻击，是不可能的。"他对这个问题的答案是毫不拖延地增强海军的力量。"在和平的时刻，在收入大量增加的情况下……可以不增加人民的负担，就增强海军的力量。现在是这样的时刻。这就是你们的真正的政策，因为你们的海军将不仅在遥远的海洋保护你们日益繁荣的大量的贸易，而且将使你们能够逼近并且袭扰敌人，从而最大限度地增强防御的效率。"

人们逐渐认识到一支强大的军队，对于一个国家之内的全体人民来说，是何等重要。当时，64 岁的海军顾问委员会主席约翰·罗杰斯建议："增强海上力量，使美国的海上防御能够建立在实力之上，以便确保联邦的安全和繁荣，以及获得应有的尊敬。"海军部长厄普苏尔在 1841 年向泰勒总统报告说："战争，通常是由于贸易上的竞争以及由此而产生的利益冲突引起的。一支有充分力量的海军部队是制止这种争端与冲突的最好工具，因为它能迅速弥合贸易遭受的创伤，保护贸易的进行。"

2. 和平时期的远见

战后，门罗总统选定年轻的民族主义者，来自南卡罗来纳州的约翰·C. 卡尔霍恩就任陆军部长。刚刚结束的战争使国内出现了民族主义热潮，公众正为战争中的挫折感到羞辱，希望类似的挫折不要重现。新任陆军部长刚一上任，就着手解决平时如何为战时准备的问题。

和平时期如何开展军事工作，以使得战争来临时，不至于陷入慌乱，是战后首先考虑的问题。

卡尔霍恩着手的第一项工作就是完善总参谋部。他说明了自己的观点："事实上，和平时期最需要加以重视的军事机构就是总参谋部。有了它，每项工作最后才能完整无缺。如果平时时间充裕，不加重视，到战时忙乱之中，就不可能使工作臻于完善。"战争中的一些机构改革方案，得到了实践的检验，是有效的，而且在和平时期仍然能够发挥作用，这为卡尔霍恩提供了基础，他在此基础上加以完善。

首先，他建立了一套参谋机构，吸纳了足够的可以信赖的助手和顾问，来处理日常繁杂的事务，自己则可以抽出身来在宏观上掌握全军，改编形式杂乱的团队和连队，建立统一的编制。此前，国会已经通过法案使战时建立的集中在华盛顿的总参谋部机构成为永久性管理机构。

卡尔霍恩充满热情地完善这个机构。他在总参谋部中增设了给养局和军医局，克服了由私人承包商包办军队给养时的腐败和质量差等弊端，改由给养局长负责签订各地区给养合同和零星项目合同，并负责监督整个过程。1821 年，又增设了监察局。他认为工兵指挥官应该处理国家宏观的军事工程事务，把工兵指挥官从西点调到华盛顿，指出工兵指挥官"应驻在政府机关里，直接掌握指挥工兵所担负的重大任务"。他选任的军需局长托马斯·S. 杰塞普，在军需局建立了一套机构，这套机构一直保持到 20 世纪，他本人后来被军需兵历史编纂者誉为"军需兵之父"。卡尔霍恩精心地选拔参谋军官，培养他们的忠诚，使他们留队。1821 卡尔霍恩为陆军设置一名司令，第一任司令是雅各布·布朗。

一个国家军队改革之初会收到怎样的效果，可能不是令人满意的，但坐在那个位置上的人有责任提醒国家注意。

卡尔霍恩在合适的历史时期，适时地提醒了国家应该在和平时期就具有军事上的远见。作为军队建设的领率者，不管这种提醒收到什么效果，都必须全力地推动之，才能唤起民众的觉醒，赢得更多的支持。

在机构改革的实际效果上，卡尔霍恩也确实获得了值得赞叹的成功。虽然，他的参谋部的部门体系把陆军的管理分割成各个业务部分，而总参谋部作为各种业务专家的集合体，不能很好地协调统一；华盛顿总部与全国各军区部队司令官之间的关系也不明确；陆军部长与陆军司令之间的关系也颇为棘手。但是，他所创立的参谋部门体系能够为他提供充分的有关陆军管理的业务情况和意见。作为文职部长，他能够通过各局长作为他的代理人对军队实施统一管理。这一体系一直保持到 20 世纪美国作为世界强国出现时为止。

3. 职业化的呼声

早在第二次独立战争前，一些有识之士就已经在呼吁军队职业化，只是由于这种呼声较少，尚未形成较为普遍的认识。1808年，众议员杰贝兹·厄珀姆就说过，依靠民兵进行战争的概念"看起来头头是道，在这个讲坛上发表的战争演说中，它也是娓娓动听的；侈谈什么兵即是民，民即是兵，宣称我国民兵是自由的保障，这都是十分迷人的，这一切都将名垂青史。但在实践中，这一切都是行不通的。"战争证实了厄珀姆的先见之明。军事决策者们也认识到，无论政客们如何颂扬民兵，也无论国会如何消减陆军，正规军仍是国土防卫的第一道防线；依靠普通民兵来增强正规军和国土防卫是不切实际的。

经济衰退引来消减军队的呼声。1820年5月11日，众议院指示卡尔霍恩准备一项计划，要求到下届众议院会议开始时，将正规陆军缩减到6000名士兵。在这样的背景下，卡尔霍恩提出了一项以正规陆军为国防柱石的新军事政策。卡尔霍恩向国会和国家提交了一系列详尽的报告，这份报告与汉密尔顿曾经提出的建军方案极其相似，它的主旨曾经是民主共和党人极力反对的，而现在，经过了近30年的思考和惨痛的经验教训，由民主共和党人自己提出。报告探讨了陆军的组织机构、最高领导层的军事政策、陆军在平时和战时的作用等问题，并阐明了必要性。

卡尔霍恩认为："如果一定要缩减正规陆军，那必须有一项战时立即扩大陆军的方案；美国的军事政策需以正规陆军为中心，应建设一支能够承担主要作战任务的正规陆军；和平时期军事机构首要目标

> 和平时期军事机构的建立，是卡尔霍恩军队改革中比较顺利的部分。这得益于他努力的推动，更重要的是，得益于战后人们对战争中那些痛苦经历的回忆。

> 民众的意愿固然对军队建设在事实上起到决定性作用，但是要使一种理念为人们所接受，就必须有人站出来奔走呼号，来宣传这种理念，尤其是在风向不对的时候。

应当是，创造并长期保持军事技术和经验；陆军的编制应使政府在战争开始时就能拥有一支按现役编组和做好准备的正规部队，足以应付国家的紧急状况。"他主张设计出战时正规陆军的整个框架，包含战时所有部队的建制（这在当时已经超前），以便一旦发生战争便能直接补入新兵。这样，在战时，新兵将很快具有正规军的作风和技术，而正规军始终能支持新兵。尤其重要的是，战时陆军的参谋部应在平时就准备就绪，"每个部门……都应完整地编成"。"有了健全的组织与平时训练有素能够准确遂行职责的有经验的军官，到战时（在不扩大军队规模的条件下）就能给国家带来无可估量的利益。"

与此同时，卡尔霍恩要求在陆军缩编之后保留1815年留队的两名少将和四名准将，保留完整的参谋部，以便有足够的高级职位，把有才能和事业心的人留在部队里。在各级部队里，他主张保持较高的军官比例。因为"军官的基本条件高于士兵，更难于培养"。卡尔霍恩表示，组建正规陆军的主要原则应当是"在战争爆发时，不应当去寻求或创造什么新的编制形式。陆军平时编制和战时编制的不同点只是，战时的人数比平时多。只要进行扩编，即可将平时编制转化为战时编制"。

卡尔霍恩所在的民主共和党，曾经坚决反对一支正规军，但是现在，民主共和党人已经主动地提出了这一要求。这说明，只要像华盛顿和汉密尔顿这样的人能够以国家为重，长期坚持信念，就能够产生很大的影响，甚至产生逆转性的效果。卡尔霍恩没有像他的前辈党魁杰斐逊一样，力图抹杀公民和士兵之间的差别；相反，他强调了两者的差别，把民兵的作用降低到次要地位，并力争"在战争爆发时，就拥有一支足以应付国家紧急状态的正规部队"。

卡尔霍恩的设想虽然因为过于急切，而引起国会的警觉，没有为国会所接受，但他发展了汉密尔顿的"和平时期可扩大的军队"的建军思想，提出了以军官和原有编制为主，战时迅速扩大的预备役动员制度的雏形。这成为遗馈后世的宝贵财富，一直沿用至今的美国动员制度，就源于这一设想。

战争史上的军事天才拿破仑改变了世界对军事的认识，其中包括大洋彼岸的美国。拿破仑战争规模巨大，形式复杂而新颖，促进了人们对军队专业化的认识，也促进了专门的军事研究。不久，欧洲大陆出现了两本重要著作，《战争论》和《战争艺术》，军校建设也更加深入。

如果说一些像卡尔霍恩一样的政治家的观点还不足以代表当时对军队职业化的呼声，那么，一些整天钻在军事土壤里，努力探索军事规律的人，则加强了这种呼声，因为，他们毕竟比其他人更深入地了解军事。

西点军校以法国人为楷模，努力进行军事教学和研究，改变了以往主要培养工兵技术人员的做法，开始培养各种专业的军事人才，大大加强了职业军人的技术和职业观念。特别是西点军校集中了职业军人，他们开始进行军队职业化的研究和宣传，产生了一批重要的军事思想家，成为军队职业化思想的代表，其中有两位最具代表性的人物——丹尼斯·哈特·马汉和亨利·韦格·哈勒克。

两人都以极其专业化的心态进行教学和研究，开创了美国战略研究的历史。他们认为：军事科学是知识领域中的一个特殊部分，只有通过认真研究，特别是对军事历史的研究才能理解。

马汉著有《野战防御工事详论》、《坚固防御工事及其攻守教程概要》、《军事工程学基础教程》、《前哨》。他坚持要把他的工程教授职称改为"工程及战略战术教授"，因为是他首创了美国新型军事学说。马汉认为：一切专业都具备三种特点，一是从长期的学习和实践得来的特殊专业知识，履行有益于社会的职能的责任；二是团体意识，即一种使本专业人员有别于社会其他人员的团体自我意识；三是专业军官的专门知识是掌握暴力，其责任是保卫国家安全。而团体意识来自教育过程和本专业内形成的习惯和传统，以及团体成员具备的专业知识和责任感。马汉强调专业的学习，他说："一个优秀的军事指挥官，应该从全部的军事史中吸取营养。因为，所有的战略原则都来源于军事史。""只有从军事史中，才能找到全部军事科学的原则，才能找到成功或失败的范例，通过这些范例就可以检验战略原则的价值和正确性。"

哈勒克著有《军事艺术与军事科学的要素》。他对军队专业化的看法更深入，他认为"军事科学和军事艺术的基本原则，组成了一种专业性的军事结构"，"掌握它需要丰富的书本知识"。他强调常备军，认为"美国应该拥有一支具有一定军事技术而又懂得战争原则的军队，而不是拥有一支人数众多的军队"。对于民兵，他认为："在战争中使用民兵是一个巨大的浪费。虽然未经训练的民兵，由于爱国热情驱使，也有可能取得一些胜利，但是要付出大量伤亡和巨大的经济开支。"而且，民兵仅在防御战中才能发挥作用，进攻战，即使对印第安人的进攻，也需要正规军。哈勒克还提出了一些具体建议，如建议设立欧式参谋部，负责指挥军队，参谋人员"由那些受过特殊训练、适合做参谋工作而又能在前线指挥作战的人组成"；建立一支扩大的但不是庞大的陆军；建立专业化的后备军官团，以备战时军队迅速扩编之用。

他们的思想极大地促进了军队职业化思想的发展。历史证明了他们的远见，仅就军官团而言，1800 年，各国都没有职业军官团；但到 1900 年，美国已经有了这类军官团。经过对印第安人和墨西哥人作战的检验，1854 年，美国第 14 任总统富兰克林·皮尔斯在他任期的第二个年度咨文中赞扬了"军队长期奉献的宝贵的服务，和军队作为一种核心力量不可估量的重要性；"并认为"在危急时刻，志愿民兵会围绕这个核心迅速集结起来。"

（二）弹性的建设

纵然战争已经给美国人在军事方面拖沓的作风以严厉的教训，

纵然很多领导人已经意识到一支较大规模常备军的必要性，纵然在国内已经存在较为强烈的军队职业化呼声，但是，在国会和民众真正接受它之前，各种理想还只能是理想。战后民族主义的狂热，并没有使军队建设失去理智，美国人仍然以相当谨慎和怀疑的态度对待军队。

1. 艰难上路的陆军

陆军有参加镇压国内暴乱的历史，因而它的发展遇到的阻力也较大。但在战后初期，由于正规陆军在战争中用自己中的表现赢得了荣誉，而展示了自身存在的必要性。当时的民族主义情绪，也对正规军相当有利。因此，在必然发生的战后裁军中，陆军并没有被消减到像以前一样可笑的地步。

战后，国会对陆军手下留情。

卡尔霍恩到陆军部上任之前，国会已经按照以往的常例，在战争结束后通过法案裁减军队。但战争的创痛和正规军的表现起到了正面作用，法案规定的和平时期军队规模较之战前水平略有放宽。按照国会 1815 年 3 月 3 日的法案，战时陆军被裁减到 1 万名正规军士兵，工兵部队不在此数。这 1 万人包括 8 个步兵团、1 个步枪团、1 个轻炮兵团、1 支永备堡垒炮兵部队。骑兵因为花费大，并且当时认为在对付印第安人的丛林战中骑兵用处不大，因此骑兵团被取消了。

陆军部将部队从战时编制缩编为平时编制时，采取了一项照顾团队传统的计划。从最初的乔赛亚·哈马的美国第 1 团开始，就有了步兵团的传统番号体系。这样，可以使这些团认为自己是美军最老的团队，增强官兵的荣誉感。这个做法还有一个没有预料到的好处，就是增强了军人作为某一固定团队的归属感，进而逐步增强了更大范围内对军队职业化的认识。

过度的热情必然招来反对的声
音，尤其在美国。

到 1818 年，国会中又出现另一种相反的潮流，试图将陆军削减到接近老民主共和党时代前的水平。当时的陆军部长卡尔霍恩顶住了这股潮流，他争辩说："随着国家的人口、财富和领土的增大，陆军的任务也扩大了。按比例来说，陆军现有人数并未超过 1802 年杰斐逊时期的约 3000 人的相应规模。"

随着美国出现经济衰退，国内出现严重的经济恐慌，认为消减军队以缓解国家财政压力的呼声占了上风。如前文所述，1820 年 5 月 11 日，众议院以更加强硬的口吻，指示卡尔霍恩准备一项计划，要求到下届众议院会议开始时，将正规陆军缩减到 6000 名士兵。在这样的背景下，卡尔霍恩提出了一项以正规陆军为国防柱石的新军事政策，即"架子陆军"计划。

门罗总统支持陆军部长提出的建立"架子陆军"的计划。但是这种主张对国会来说仍然显得过于强烈，似乎有一种危险的苗头。国会于 1821 年通过的法案没有采纳卡尔霍恩的"架子陆军"计划，不仅将正规陆军削减到约 6000 人，而且消减了编制。

卡尔霍恩的设想虽然没有为国会所接受，但是确实在国家政策中提高了正规陆军的地位，并对陆军和陆军部进行了实际而广泛的改进。他在任内仍坚持努力把自己的设想尽量变为现实，大力进行国防工事的修建，发展陆军，使西点军校从死亡的边缘得到复兴。但是，与 1829 年之后相比，这一时期对陆军还是宽松的。

战时杰出的精英，却未必能为
长远建设带来福音，这在民族
英雄安德鲁·杰克逊身上体现
得非常鲜明。

1829 年，民主党人安德鲁·杰克逊入主白宫，陆军建设也进入了一个较为消沉的时期。这主要有两个原因。一是威胁减弱了。印第安人的威胁已消失了，拿破仑垮台了，传统的来自欧洲进攻的危险已不复存在，《根特和约》基本消除了美国卷入欧洲战争的危险。因此，讲求实用的美国人已经忘记了是谁保卫了在外来攻击下曾经岌岌可危的民主和自由，认为没有理由搞军事训练来武装国家，服兵役是没有意义的，那只是少数热衷于军事的人的事。二是杰克逊以民族英雄为其象征，得到人民的崇敬，甚至短暂的盲目推崇。而杰克逊的战争经验此时产生了副作用。因为战争中他主要依靠民兵来消灭印第安人，击溃英国人，因此他十分相信民兵的作用，而对正规军不感兴趣。

杰克逊在就职演说中曾赋予民兵以地位，称民兵是"我国国防的支柱，……就我国当前的智力和人口情况来说，它必能使我们不可战胜"。基于这两个原因，杰克逊任总统时期的美国流行着平均主义，是一个极端轻视军事的社会，它对军事机构的态度，充其量只能说是漠不关心，而对军队职业化则持彻底反对的态度。正规部队和西点军校都受到公众的冷遇，也引起了公众对整个军事的忽视，并不可避免地影响到民兵，民兵制度也几乎走向灭亡。

环境的冷遇不等于自身停止发展。在正规陆军和西点军校里，军队职业化的新发展仍在继续进行。民间社会对军队的冷淡和敌视态度，激发了真正军人的荣誉感，军官们确信他们的所作所为是有价值的，因而坚毅地迎难而上。军官们知道，在华盛顿的时代，平民与士兵之间区别不大，没有太多军事经验的军事领导者可以领导那样的军队；而现在，战争机器进一步复杂化了，非专业领导者不能有效运转战争机器，非专业士兵不能有效操作作战工具。因而，这种冷淡反而在一定程度上促进了军队的职业化。

但不利因素是显而易见的，因为得不到认可的军人是孤独的。社会上平均主义和军队职业化相对立所带来的严重后果是，职业军人以战争为己任，民众则用以往的战争经验来讽刺，二者互不理解。陆军更加孤立于美国社会生活。当他们在一个分散的、杂而不精的环境中训练特殊技能时，仿佛置身于陌生的世界。这种状况一直持续到20世纪才改变。当美国担负起世界大国的重任时，民众的觉醒才使陆军和美国人民的关系重新密切起来。得不到民众支持的陆军发展缓慢，只有在民众认为他们需要陆军时，才通过他们的议员反映到国会，陆军真正地成为了民众的工具。

民兵的衰落始于崇尚民兵的英雄总统杰克逊的时代。

杰克逊对正规军的态度导致民众对整个军事轻视、冷漠甚至反感，正常的民兵制度也已经得不到有效的执行，民兵懒于参加训练。由于公民们认为没有任何紧急的理由参加一年一度的民兵训练，这就需要采取更为强制的手段，强制完成民兵义务的办法是罚款。平民出身的杰克逊信奉平均主义，宣扬"杰克逊式民主"。民兵则以平均主义为自己辩护，认为处以罚款的后果是为富人免除民兵义务，因为富人能迅速支付罚款而免于受训，而不能迅速付款的公民就麻烦多了。在大多数民众看来，民兵制度已经不是民主制度的财富，而成了不平等的工具。州政府的官员往往不愿意对任何人课以罚款以强加民兵义务，他们还引用民主的原则为自己辩护。这样，民兵制度就更加衰落下去了。

杰克逊的继任者马丁·范布伦总统的陆军部长乔尔·波因塞特，非常重视当年杰克逊关于民兵的态度，他建议对民兵进行改革，准备采用以募兵为主，必要时附以征兵的办法募集 10 万人，建立一支类似华盛顿所设计的特别"现役"民兵部队，但这项计划遭到国会拒绝。在当时看来："最后力图拯救失败的（民兵）制度……当时的民兵制度实际上已失灵了。"杰克逊的个人威望和经验所带来的军事损失，是他个人无论怎样后悔都难以弥补的，这些失败的情形在以后加深了美国人"不要迷信任何英雄"的信念。

一件好事——志愿民兵连的保存和发展——源于民兵制度衰弱的坏事。

由于以普遍兵役为基础的普通民兵制接近于死亡，那些支持军事的人们则寻求其他路径，尤其是对军事有需求的群体。他们在全国形成一个相当大的集团，作出许多努力，设法保存志愿民兵连队。全国出现了许多精心制作的民兵制服和讲究的社交场合，从而促进了募兵工作。波士顿的新英格兰警卫队、纽约的"国民警卫队"第 7 团、里奇蒙德的蓝色轻步兵、新奥尔良的华盛顿炮兵等数十个类似的民兵部队，成了美国社会的固定组织。

志愿民兵连队既是军事组织，又是社会团体。民兵们在集训期间（即每年民兵集训的时间）组织游行，担任保卫贵宾的任务，庆祝爱国节日，并在当地发生火灾水灾时帮助救灾。此外，民兵组织培养了数量惊人的军事技术人才，保留了志愿民兵传统，保留了美国陆军发展的种子，为美国陆军的发展预置了基础。

2. 不紧不慢的海军

海军与陆军的区别是，它主要用来向别国示威、保护和帮助拓展美国海上贸易、保卫沿海安全，其主要针对方向是外敌，而非国内。因此，民众基本未把海军看作是专制的工具。海军建设虽然没有受到类似陆军所遭遇的那些阻力，但是，由于大部分美国人通常只注重眼前的现实需要和经济负担，而较少注意海军作为一个国家强大实力的象征和在日益扩大的世界中将会带来的利益，海军建设显得不紧不慢。

战后的民族主义热潮还是有力地推动了海军的发展，国民对于一支较强海上力量的存在已经很少非议。此时，海军变得强大，拥有 3 艘 74 门炮的战列舰，2 艘重型快速战舰，还有一些小型战船编入现役，配备的官兵均经过良好训练；两支强大的分舰队被派往地中海和大西洋。而在以前，战争结束时，军舰一般是要被尽快出售的。

海军呈现了前所未有的强大。

1815 年，海军部提交了一份详细的改组海军方案。根据这一方案，国会于 1815 年 2 月成立了海军专员委员会。该委员会由 3 名上校组成，经总统任命，由参议院批准。这个委员会在海军部监督下工作，负责处理海军部所有的行政工作，诸如军需物资的采办，造船，武器装备及战时船只问题等。人事选择和作战指挥权则归海军部长掌握。这说明，职业军官在管理海军部方面将享有发言权了。但是，他们没有决定权。海军部长本杰明·W. 克劳宁希尔德在两种权力的分配上开了个好头，他坚持委员会只享有发言权。当专员们企图告诉他应当如何组织支队和任命人员时，他态度坚决地让他们各安本分。

总统麦迪逊也支持克劳宁希尔德，声称"如果海军专员委员会独立于海军部长之外，也就会独立于总统之外，这是绝对不行的"。总统的真正意思是：如果委员会独立于部长和总统，意味着海军独立于民众了，委员会也就成了职业军人的权力机构，这将是军事专制的开端。

当时的海军部长和陆军部长都是文官，海军部长监督专员委员会坚持了文官控军的原则。这一原则也因为一些委员的自觉遵守得到加强。当时委员会主席约翰·罗杰斯勤勤恳恳地工作，后来为海军的发展鞠躬尽瘁。在任时，人们曾两次推荐他当海军部长，都因为他自己固辞而没有任命。他的做法保证了军队建设权力把握在文官手中，这一传统逐渐形成明确的原则，保留至今。

委员会的工作颇有成效，在与国会打交道中，使国会对海军事务表现出日益增长的兴趣。1816 年，成立了参议院海军事务委员会；6 年之后，众议院也成立了相应的机构。至此，国会中第一次出现了专门研究海军事务的常设机构。直到第一次世界大战，这些委员会一直对海军的各个方面发挥着深远的影响。海军委员会除了处理日常事务外，这些职业军人在国会中频繁活动，宣传海军建设思想，在议员中培植了一种对海军有利的观点：因为议员们的表决，维系着海军的未来。

逐步增强海军力量，在美国成为约定俗成的事情。

1816 年 4 月，国会通过了"逐步增强海军力量"的法案。该法案是一个海军发展长远规划，使海军力量的增长有一个稳定可靠的比例和速度。法案要求连续 6 年每年拨出 100 万美元建造海军舰艇。计划建造 12 艘 44 门炮的快速帆船、9 艘 74 门炮的战列舰和 3 艘试验性的蒸汽舰用来保卫港口。

然而，没有战争的威胁，这个规划实现起来并不顺利。首先是建造过程慢得惊人。4 艘 74 门炮的战列舰中，下水最早的是"佛蒙特"号，于 1845 年下水；"阿拉巴马"号 1864 年才建成，而"纽约"号和"弗吉尼亚"号根本就没有建成。其他舰只也没有完全按照计划建成。虽然如此，但是它开创了"为建立强大海军而制订造舰计划"的先河，它在人们的意识中留下了深刻的印象。以后，再有其他大规模的海军发展计划也就不足为奇了。

大型战列舰计划数量少，建造任务执行不力，根本原因在于建造这种军舰的初衷不明确。大型战列舰攻击力强，抗打击能力也强；但速度不快，维持费用高。它的主要任务是进行大规模的海战，它的主要对手是敌方的较大规模以上的舰队和相近型号的战列舰，因为它们无法有效打击航速更快的小型海盗船。这意味着，只有在与欧洲列强的战争中才能够用到。因为当时与欧洲列强不存在战争的危险，所以它的职能只能是参与海上争霸。

> 不与列强争霸的观念，在这个没有成功的计划中体现出来了。

对大型战列舰的冷落，恰恰说明了美国人在潜意识中还没有做好准备投入更加广泛领域的利益追逐中，更没有预见到美国将来需要对其他国家——特别是欧洲大国——实施封锁，也就没有思考大舰队和战术问题。因此，仅仅几艘战列舰的用途模糊，其地位相当尴尬。当时美国海军的主要任务是保护美国日益扩大的外贸。对海上贸易造成威胁的不是大国，而是那些拥有小型快速船只的海盗和非正规的私掠船。因此美国人把主要精力放在小型军舰上，因为它们航速快，能够追击海盗船。很长一段时期内，快速帆船是美国海军的骨干。

海军没有建立大型作战舰队，只是将舰只分散编为分舰队，每个分舰队通常包括一两艘快速舰或战列舰，还有许多较小但速度较快的小型舰只。分舰队按地理位置划分区域巡航，这些区域被称为"海军站"。第一个分舰队建于地中海，打击阿尔及尔海盗，后来在地中海区常驻了一个分舰队。至 1843 年，已经在不同地区建成了 6 个分舰队。

海军建设再次走入低谷，是远离战争和经济衰退的结果，根源是美国人短视的军事现实主义观念在作怪。

人们的注意力转向开发西部和因奴隶问题引起的地区性冲突。1821 年，国会通过新的法案，虽然允许造舰计划再持续 6 年，但拨款却削减了一半，每年 50 万美元；海军人员从 1816 年的 5500 名减少到 1822 年的 4000 名；用于满足海军全部需要的年均拨款从 1821 年以前的 370 万美元降至 290 万美元。各分舰队也极度缩减，如地中海支队一度只拥有 1 艘快速帆船、1 艘双桅横帆船和 1 艘双桅纵帆船，另外只留下少数几艘军舰用于执行所有其他任务。几艘已经批准的战列舰、快速舰的建造工程也下马了，其经费被挪作他用；大型军舰被贮存起来。由美国率先搞起来的蒸汽动力推进器和平射炮，也被搁置一旁。

但这并不代表美国人忘记了战争的教训，只是他们的海洋安全观还很落后。他们延续以往的观念，只注重建设海岸防御体系，以为这样就可以对付敌人对沿海的封锁，一旦战争发生，海军的任务只是去公海进行贸易掠夺。这种做法有利可图，但不是解决海上攻击的决定性手段。

对蒸汽舰的态度说明了美国人对军事的现实主义观念。

人们曾经对蒸汽舰大施嘲讽之能事，说它是个肮脏笨重的怪物，说舰长像是一个扫烟囱的工人。原因是除了蒸汽舰肮脏笨重之外，主要因为它不实用。最初的蒸汽舰速度太慢，比不上传统的帆船；明轮发动机露在外面很容易被攻击和损坏，效率又低，每吨重量只能产生 1 马力动力；明轮和蒸汽机占用位置过大，削弱了火力配置；耗费能源严重，限制航程，得不偿失。

海军委员会只支持建造更多的大型帆舰，而没有签发文件支持建造蒸汽船。所以，自 1814 年罗伯特·富尔顿造出了世界上第一艘蒸汽动力战舰"富尔顿"号后，到 1838 年前，美国一直没有一艘像样的蒸汽舰。

然而，在其他国家，情况显著不同。英国海军于 1824 年在缅甸使用了一艘非武装的蒸汽船，并且于 1828 年开始购置武装蒸汽船；法国海军 1830 年在与阿尔及利亚的战争中，使用的军舰有一半以上是武装蒸汽船；希腊在 1827 年与土耳其的战争中，成为第一个将武装蒸汽船用于实战的国家。美国海军则没有跟上这种技术革命的步伐。

1837 年 2 月，马修·卡尔布雷斯·佩里上校指出："美国海军舰船仅居世界第八位，甚至落后于瑞典和埃及。"直到 1835 年，海军部长马伦·迪克森克服了对蒸汽舰的偏见，设法援引了 1816 年通过但未付诸实施的关于建造"蒸汽炮舰"的法令，才取得了国会的支持，下令建造新的蒸汽舰。1838 年，新的"富尔顿"号蒸汽舰下水，马修·佩里被任命为舰长。新舰展示了 10 节以上的航速和航程，试验了爆破弹，人们看到了它的潜力。

美国与英国边界又有冲突迹象，在西部土地上也出现了新的争夺，因贸易竞争而导致的冲突也在加剧。海军部长厄普舒尔在

真正克服民众的偏见的是战争威胁。

1841 年向总统报告，表达了民众的心声："战争是贸易上的竞争以及由此而产生的利益冲突引起的；强大的海军部队是制止这种争端与冲突的最好工具，能弥合贸易遭受的创伤，保护贸易的进行。"

战争威胁促使海军建设复苏，唤起民众对新军舰的兴趣。1839 年，国会批准建造两艘木壳远洋蒸汽动力战列舰——"密苏里"号和"密西西比"号，将明轮从中央移到舷侧，1843 年建成。一年以后，铁壳蒸汽舰"密执安"号也于伊利湖下水了，此舰一直服役到 1923 年。1841 年，建立了沿海分舰队，其任务是保卫美国沿海免受敌方袭击，厄普舒尔使这支舰队成为美国永久性本土舰队，这支舰队后来发展成为大西洋舰队的核心。

厄普舒尔对 1842 年海军费用的概算超过 800 万美元，他还第一次运用了国际海军力量对比的标准。19 世纪后期，这种标准成为英

国海军"两大国标准"的试金石，在 20 世纪初期，它成了所有造舰竞赛和裁军会议的基础。

美国人一直有"廉价收购脑袋"的优良传统，他们为世界上那些有才华的人提供发展的机会，并为己所用。

为了弥补明轮发动机的缺陷，人们一直在探索改进技术。一个人进入了美国人的视野，此人是个瑞士工程师，在英国搞研究，最终被美国人发现并发挥了才华。这个瑞士人叫约翰·埃里克森，是首先把螺旋桨推进器应用于实际的人，他的实验吸引了美国海军军官罗伯特·F. 斯托克顿上校的注意，建议埃里克森赴美帮助建造世界上第一艘使用螺旋桨推进器的军舰。

1844 年，这样的军舰在美国成为现实，以斯托克顿的家乡城市"普林斯顿"命名。这艘军舰的优点是当时欧洲强国的军舰所不具备的，它最早使用无烟煤，从而减少了黑烟，增加了军舰的隐蔽性；安装了鼓风设备，能注入空气，使煤更充分地燃烧；烟囱可以升降，战斗时或停机时可以降低高度；舰上火力强大，炮弹能穿透 57 英寸的木板和 4 英寸的熟铁板。

在美国军事发展过程中，我们会越来越多地看到海外人士的身影，这是美国战争机器发展的又一强大动力。动力的源头不在技术，而在于美国人兼收并蓄的思维。

技术的创新和海军规模的扩大，促进了体制的革新。

原有的海军专员委员会显得落后了，尤其是责任不清。1842 年 8 月，厄普舒尔撤销了委员会，代之以一个可以运转的体制。根据海军行政管理的职能，共建立了 5 个局：给养和服装局，卫生与军需局，军械与水道测量局，海军船坞与造船厂局，建筑、装备和修理局。这种体制在以后的一个多世纪中，成为美国海军管理的基础。

同时，马修·佩里为首的一批改革者说服国会批准了一项新兵训练制度，主张在美国国内招募本国更好的兵员，以避免对外国水手的依赖，实现"我们的海军很快就会全部由美国人来掌握"。"萨默尔斯"号方帆双桅船被作为第一艘海军军校训练船。

具有战略意义的海洋考察和研究取得了一定的进展。海上贸易的扩大和美国海军开始作全球性的活动，要求绘制大量海图并探测未知的海区。内战前25年，海军组建了11个探险队。这些探险队带着船队和探测人员的航迹从南极洲、亚马逊、死海到中美洲。其中最著名的是1838年派出的"美国探测队"，其任务是深测南极、太平洋和俄勒冈沿岸，由查尔斯·威尔克斯上尉领导。探险队在航行过程中观察了社会群岛、斐济、新赫布里底群岛、新喀里多尼亚、悉尼。之后，探险队去考察南极。接着，他们进行了航程更远的对太平洋岛屿的考察，并沿北美西北海岸行驶，包括普吉特海峡和哥伦比亚河口，最后经好望角回国，于1842年6月10日到达纽约。探险队先后航行了85000海里，考察了280个岛屿，调查俄勒冈的海岸线和河流达800海里，调查南极沿岸达1500海里。

同时，美国也产生了革命性的海洋理论，上尉马修·方丹·莫里就发展了关于风和洋流的理论，他因此以"海上导航者"闻名于世。1847年，他出版了《大西洋风、流图》。开始，这本书在海员中引起了争论，因为如果遵循他图上所标示的风、洋流去行船，航行时间将大大缩短。后来有一艘船进行了航行实验，航程减少了10天，莫里的理论于是被广泛接受。1855年，他又写出了关于海洋自然地理和气象学的著作。他的著作对1853年在布鲁塞尔召开的国际海洋学代表会议起了指导性作用，会上确立了国际上记录海洋和气象资料的统一制度。此后，随着这类资料的源源而来，莫里把全世界所有主要贸易航道上的风和洋流绘制成网。他提出的铺设横跨大西洋的海底电缆的建议，于1866年成为现实。他绘制的蒸汽船在北大西洋的航路图，则直到1873年，也就是他逝世后近二十年才被采用。

这一时期对美国人而言是幸运的，因为海军的建设周期长，大型舰只往往几年甚至十几年才能下水，如果有突发性事件，弱小的海军很难及时反应，即使是对已经觉醒的人们来说。海军在其不紧不慢的发展过程中，国家的海洋和海岸利益没有受到强大敌人的威胁，而使海军在浪费大好和平机遇期时，仍能够靠现实的逐步推动而自我完善。

3. 起死回生的军校

当今举世闻名的西点军校经历过艰难的时代。第二次独立战争之前，公众对之漠然，官方对之敌视，国家对之漫不经心。西点的毕业生既非职业士兵，也非军事专家；同时军队规模太小，使毕业生无处立足。在第二次独立战争中，在正规军获胜之前，西点军校的命运仍是摇摆不定的。

正规军的出色表现，为建设现代军事院校和推进美国军队职业化创造了可能，但路程曲折。

战争已使西点军校越出了它原来附属于工兵部队的范围。1808 年，开始从各种部队中选送学员，军校学员的法定总数增至 150 人；1812 年，国会因战争再次扩军，决定将学员人数增至 250 人；增加 3 名教授，分别负责教授自然和实验科学，数学，军事、民用工程学，每名教授配一名助教。自此，西点军校教学内容始包括士兵、军士和军官的各项勤务。

虽然战争的刺激为军校的发展和改进开辟了道路，但战争结束时军校再次濒于瘫痪。在战争期间，粗通军事的学员仓促上阵；校长斯威夫特兼任工兵司令，无暇顾及军校管理；接替斯威夫特的奥尔登·帕特里奇，虽有才能，却缺乏行政管理能力，致使军校内部争吵不休，濒于瓦解。直到 1817 年 6 月，门罗总统亲临西点视察，决定把帕特里奇交付军法审判，任命西尔韦纳斯·塞耶上尉（名誉少校）为校长。

　　塞耶的改革为西点注入生机。塞耶到西点就任时，正值卡尔霍恩就任陆军部长。卡尔霍恩高度重视西点军校，将军校从工兵部队完全独立出来，增加化学教授和炮兵教授各一名，增加教官薪金以吸引优秀人才，将学员最低入校年龄从 14 岁提到 16 岁；为学员制订了纪律条令。他甚至还建议建立第二所军校来储备军官，作为他的"架子陆军"计划内容之一。

　　卡尔霍恩支持塞耶，使塞耶得以恢复和改革西点军校。他积极寻求改革之路，战后去欧洲军校考察。他认真执行 1812 年关于西点的法案规定，其中包括"由军校教学当局授予普通学位"，军校课程应包括士兵、军士和军官一切勤务的规定。为给法案的规定赋予实质内容，把西点建成名副其实的高等学府，塞耶设立了教学委员会，时至今日，西点的教学委员会仍在发挥着很大的作用。

　　法国在军官职业化方面所作的努力促进了西点军校和美国陆军向职业化发展。塞耶认为，继续改进西点军校的最好办法是派军官赴法国留学。1826 年，他选中丹尼斯·哈特·马汉作为留学生赴法留学。后来马汉的成就证明他决策的正确性。

　　塞耶既注重军事训练，也注重一般教育。他认为西点军校不能固守于最初的办校方针，只培养陆军工兵军官，而应该培养更加全面的专业军事人才。军校设置了标准的四年课程，规定了必修学科。塞耶一方面发展工程学以外的一般学科，另一方面发展军事工程以外的军事学科。既增加了化学、通史、道德哲学、地理、法律和伦理学，也增加了军事专业科目。

　　他设立学员校长办公室，专门负责学员的军事训练和纪律。学员团体形成由学员军官指挥的战术单位；学员们要参加夏令野营，进行野战军事演练。学员的军事技术水平和遵守纪律状况均列入学员考绩内容。用与现实挂钩的方式鼓励学员提高成绩。塞耶采用小班制教学法，每个学员每天都有机会口头咨询，至今仍为该校许多学科所采用。

为了扩大西点的影响，让民众了解西点、接受军事院校，塞耶发起杰出的军官、教育家和政府官员每年组织参观团到西点参观，事后向军校和国会写出建议报告。参观团从1815年开始，至1819年已经固定为一年一次。在西点的工作造就塞耶成为培养职业军官的教育家，被尊为美国陆军学校之父。

1829～1837年，民族英雄安德鲁·杰克逊成为美国第七任、也是第一位平民总统，倡导平均主义，提倡民兵。提倡军队正规化的塞耶成了杰克逊派平均主义运动的特殊攻击目标。杰克逊的侄子唐奈尔逊曾是西点学员，当时就和塞耶有些意见分歧。唐奈尔逊和几个对塞耶的严格纪律有抵触情绪的同学打成一片。后来，唐奈尔逊当上了总统私人秘书，杰克逊多少受到唐奈尔逊的影响，他任总统期间的一个特殊做法是：违反纪律条令的军校学员可以指望得到白宫的同情，并往往由总统出面撤销其处分。同样明显的是，杰克逊不喜欢塞耶，厌恶他的意见。塞耶恼火的是，杰克逊的所作所为危及军校整个纪律条令，推翻了学校教学委员会和军事法庭的决定。1833年，塞耶愤而辞去了军校校长的职务。

但塞耶在军校已经打下牢固的基础，单是他个人的辞职，还不致给军校造成损害。他的继任者雷内·戴·鲁西（1807级西点生）很有能力。他继承了塞耶开创的事业，任校长至1838年。1838至1845年，理查德·德拉菲尔德（1814级西点生）继任校长，也管理得很出色。

卡尔霍恩担任陆军部长时期，军事研究生教育也有了起点。由于西点的课程中只有一部分是军事理论和军事史，只能对军官们灌输有限的专业知识，所以系统的专业教育需要更高级的军事学府——研究生院。研究生院可向学员提供担任各兵种参谋所需的特殊知识。1824年，卡尔霍恩在门罗堡建立了陆军第一所研究生院——炮兵实习学校；三年后，他们的继任者在杰斐逊兵营建立了一所步兵实习学校。

军校教育刚刚出现良好势头，西点就马上要面临被撤销的命运。

这是因为 1820 年后的经济恐慌引发的裁军浪潮，更因为 1829 年上任的英雄总统杰克逊不喜欢军队职业化。1821 年，因为要对付印第安人，正规陆军不能再减少了；而压力落到了西点身上，陆军职业化的中心西点军校则遭到接连不断的批评。

1831 年杰克逊的家乡田纳西州议会做出决议，认为"军校与国家体制不协调，危及自由政府的原则"，要求该州的国会议员设法撤销军校；1832 年，俄亥俄州议会也作出类似决议。为此，联邦众议院成立了特别小组委员会，对西点军校进行调查。1837 年才得出的报告结果对西点相当不利，报告说西点军校违反了"宪法的原则、照顾各方的原则和财务经济的原则"。委员会还谴责西点毕业生垄断了陆军军官队伍，严重违反了民主原则；军校实行不民主的制度以优待学员，让他们享受公费教育，但学员们在校期间却经常行为不端，并列出了一大堆行为不端的数据加以支持。

这个报告并没有令西点消亡，因为国会没有通过。但这毕竟是一个严重的打击，军校渴求进步的热情消减了许多。而 1824 建立的炮兵实习学校却被关闭了，步兵学校也名存实亡。直到国内战争结束后，固定的研究生制度才发展起来。西点没有因为杰克逊总统不喜欢就被撤销，也足以说明，总统意志的能力是有限的，决定西点去留的还是国会和民众。

在海军的院校教育方面，海军一直没有相当于西点的院校。这种状况一直到 1845 年乔治·班克罗夫特就任海军部长。班克罗夫特是一位历史学家，他高度重视教育，长期以来为青年海军军官的有限的教育感到焦急，迫切地想建立正式的海军院校。但他明白国会中阻力之大，不可能通过，因此在没有委任和得不到拨款的情况下自行发起。首先，他要求有佩里参加的一个军官顾问班子起草一个最有效地培养青年海军军官的计划；其次，说服陆军部把安纳波利斯的塞文堡转交给海军；再次，他把临时性的费城海军学校迁到了安纳波利斯；最后，他命令候补军官都从海上返回，召回少数教学和行政干部去新校址报到，并配备了5名教官。凭着佩里等人制订的一份学习计划和一张组织机构表，这个学校于1845年10月10日开学了。这样做显然违反了联邦正常的工作程序，为了保存这所院校，班克罗夫特采取了一些手段。为了减少国会复核时对此项安排的震惊，他将原来费城的大部分教官解雇，从而一年节省了3万美元的开支。对经济敏感的国会复核时，没有太大疑义，并且表决通过将节省下来的3万美元用于改善新校舍的设施。这样，争吵了几十年之后，一个崭新的正规的海军院校，在不可思议的过程中建成了。这所新的学校开始为海军培养专业化人才。1850年定名为海军学院。但是，海军还缺少类似陆军的研究生院。

在整个战后相对和平时期，军队建设并没有因为总统或国会的支持而发展过快，也没有因为领导集团或领导人的反对而消亡，甚至是安德鲁·杰克逊那样的民族英雄式的总统也没有使正规军萎缩，也没有使军事院校在美国消失。这说明，美国的战争机器已经基本成形，不利因素对它的影响只能起到修正的作用；军队建设已经走上正途，不会轻易中止。之所以如此，是因为国家的需求和民众意愿在起作用，使得任何伟人和思潮都不能急剧地改变它。

（三）美国人的军队

美国军队建设走走停停，靠不断的危机来刺激；那些领导人和权力机构也没办法彻底改变这种状态，而完全将自己的意愿施加于军队。这主要是因为这支军队是依靠民众建立的，从建立的第一天起，民众就通过无数根看不见的链条，将自己的意愿传达给国会和总统，从而实现民众对军队走向的控制。民众讨厌权力持有者对军队专权，以使军队成为对人民专制的工具，因此，民众敏感于政府的意图和行为方式，即使是那些民众并不反感的提议，只要政府显得武断或者过分的积极，都会激起广泛的反对声音。在军队的使用上，我们同样能够感受到那些"看不见的链条"。

1. 形象很重要

有时，一种良好的愿望，如果表现为一种过于强烈的欲望，会适得其反。约翰·昆西·亚当斯总统的热望，就勾起了民众恐惧，随之而来的就是反对。1817 年，在他上台不久，他在一份年度咨文中仍然坚持 1815 年战时的那种国家主义政策。他声称"要比他的三位弗吉尼亚前辈（即华盛顿、杰斐逊、麦迪逊），对《宪法》条文作出更广义的解释"。他建议国会拨款，要超过汉密尔顿的国家主义，并使用联邦政府大量的税收来扩建海军，修筑国家公路和运河，派出科学考察队，建立学术研究机构。他的这一言论马上遭到反对，反国家主义者抵制他的国家主义做法，民众怀疑他的意图。在南部尤甚，因为南部人担心，一个强有力政府会干预奴隶制。他还建议设立一所海军军官学校，并于 1827 年的海军拨款法案上列出一笔数额很少的专款以供开办。这也触动了反对者的神经，很少的拨款也被一笔勾掉了。由于约翰·昆西·亚当斯几乎得不到任何国会成员或人民的支持，因而他的规划未能实现。

> 要使自身发展顺利，军队必须注意自身的形象。

民族英雄安德鲁·杰克逊的铁腕行为方式，也引发了一股裁军浪潮。1818 年，杰克逊在未获批准的情况下，鲁莽地入侵西属佛罗里达。这显然违反了文官控军的原则，会勾起一种遐想——强有力的军队会独断专行，视国会如无物。议员们非常不满，国会企图将陆军削减到接近老民主共和党时代前的水平。另一些议员也乘机贬低陆军部长卡尔霍恩的地位，而提高文职人员地位。这股浪潮虽然由于卡尔霍恩的力争而平息，但是在美国，英雄人物显然不能享有特权。

一位优秀海军将领的出走，也说明战功不能抹杀罪过，尤其是违反联邦和人民意志的罪过。

————————————————

戴维·波特是美国历史上才华横溢、战功卓著的海军将领。他曾带领舰队驶入太平洋，担任西印度分舰队的指挥官，是世界上第一位使用蒸汽船进行战斗的海军军官，早于美国海军中的其他舰长10多年，在平定海盗的作战中战功显赫。但是在行为不当之时（在一些国家看来并非错误的行为），仍然不能避免厄运。

戴维·波特曾担任西印度群岛战区司令，吸取大船无法进入海盗藏身的小海港的教训，要求分舰队主要配备小型战船、炮艇和其他船只。他曾经担任过世界上第一艘蒸汽动力舰——"富尔顿"号的舰长，积极使用蒸汽动力舰，克服了风对帆船的限制。

波特打击海盗有一套自己的办法，波特利用大型舰只在危险海域护卫商船，而把大部分官兵都派到小型单桅炮舰和敞篷的小船上面，深入到海湾和小港，甚至深入到浅水区和到处生长美洲红树的沼泽地带抓捕海盗。经过数百次战斗，抓获海盗无数。

波特虽然是个能干的指挥官，但是在外交方面却是个外行。1825年，因为一次误会，他率军迫使波多黎各政府道歉。迫使外国当局向他们道歉，看似于国有功。但是，令他始料不及的是，要面临审判。因为他的做法具有战略影响：一是未与国会招呼便擅自行动。二是按照门罗主义，欧洲国家不对不属于它们的美洲国家进行干涉，美国也不干涉欧洲的事务；而波多黎各属于西班牙，引起了国际性的抗议。因此他的行动被认为是进行未经许可的干涉，违背了门罗宣言，违反了美国人在重大战略问题上的用兵传统。波特被军事法庭判决有罪，停职6个月。波特也愤怒不已，当时墨西哥正在组建海军，他接受别人的建议，到墨西哥担任海军司令去了。

后果与之相反的另一个类似事件与之形成鲜明对比。当安德鲁·杰克逊还是战区指挥官时，曾经擅自入侵过西属佛罗里达，吊死一名并枪毙了另一名英国军火走私犯，从而制造了一起国际事件，还占领了西属彭萨科拉。这个鲁莽行为得到默认，甚至祝贺。原因在于，杰克逊的行为限于美洲，符合门罗主义控制美洲的精神。而波特在海外擅自用兵，却容易导致还不算强大的海军要面对强大欧洲舰队的后果。

另一件海军审判事件也发生在立功之后。1832年，"波托马克"号军舰驶往苏门答腊的巴都克劳，调查某些美国商船船员遭到谋杀的问题。可能是出于战术原因，指挥官约翰·唐斯海军上校决定先开火再提问题，结果成了美国对亚洲的第一次武装干涉。这就超越了他接到的命令，尽管他在苏门答腊获得了成功，但是回国后受到审判，永远不能再指挥一艘军舰了。

这个传话筒一般是代表民众的，使得当军队想按照自己的方式行事时，即便是后来证明是正确的，但如果方式不适当，也通常受到制约。在总参谋部机关与各军区的指挥关系问题上，发生了很多事情，矛盾的凸显，仍然发生在杰克逊身上。

在某种意义上，总统和国会是民众与军队之间的传话筒。

这个关系问题，一直存在。战时陆军部长克劳福德曾命令配属杰克逊的南方战区测绘军官斯蒂芬·朗少校向华盛顿报告工作。杰克逊此前并未知晓，就要求陆军部作出解释。得到的答复是"本部有权在任何时候对执行特别勤务的军官下达任何指令"，这个答复表现了文官对军队控制的根深蒂固的理念。杰克逊不服，向门罗总统告状，抗议陆军部断言它有权不经过战区或军区指挥官同意，在全国范围内调动参谋军官。这个抗议现在看来是有一定道理的，但是由于当时并未形成一些稳定的机制，总统没有及时答复。杰克逊一气之下，命令下属军官，凡是没有通过他下达的陆军部命令，不得服从。

接下来的事情令杰克逊感到冤枉，这个命令引来了训斥。总统说："陆军部对任何人发出的任何命令都必须得到服从，这是一条明确的原则。"杰克逊仍然不服，将这一训斥归档，并附上一张便条——"此件归档，并等待进一步的答复……"。还告诉总统说：

"只有我认为陆军部的命令不违反任何法律，不触犯陆军服从和纪律的基础时，我才能在各方面继续支持政府。"

这句话显得太过分了，它触动了文官控军和军队属于人民（政府在这个问题上代表人民）的根本原则，公然对抗政府。门罗回答："政府权力高于陆军军官这一明确无误的原则，……因为陆军部和总统是不可分割的，陆军部的命令就是总统的命令。……军区司令确实担负着国防的任务，……但他的职责不过是忠实地使用政府交给他履行任务的手段。总的手段是法律规定的……是赋予政府的，……因此，应由政府裁决如何使用这些手段。在政府认为适当时，它拥有充分权力使用它们……"

最后，杰克逊还是屈服了，后来继任的陆军部长卡尔霍恩，做出了调和的解释："在通常情况下，应经过战区司令官向军官们发布命令，陆军部向战区司令官下属的军官发布的命令，均应抄送该司令官。另一方面，在必要时，陆军部可以直接向任何军官下达命令。"

入主白宫的杰克逊激起了一些矛盾，体现了联邦政府与各州，在军事上的相互制约。

不管这种制约是否明智，后来的内战是否与这种制约有关，但是它在历史上的确限制了政府对军事权力的随意使用。成为总统的杰克逊一贯信奉平均主义，与致力于建立职业陆军的卡尔霍恩之间有很多观念上的冲突。他一直信奉民兵，而当时成为副总统的卡尔霍恩，则主张正规军。两人之间的分歧越来越明显。

1832年8月，国会通过了一个新的保护关税法，卡尔霍恩鼓动南卡罗来纳加以抵制。州议会立即宣告"废止"1828年和1832年的联邦关税法，并宣布从1833年2月开始禁止联邦税吏在南卡罗来纳州征收关税。如果联邦政府强行征税，本州即宣布脱离联邦。这一声明把杰克逊置于尴尬境地。他不希望联邦分裂，但要维护联邦的权威。

开始的做法还是铁腕的，杰克逊扬言率领联邦军队对南卡罗来纳进行军事管制，处死卡尔霍恩，并派遣了军队，但未实施攻击。南卡罗来纳也积极备战，征集志愿军。最后的解决办法还是调和的。一方面，杰克逊要求国会同意在9年期间逐渐降低关税率；另一方面，他又向国会提出武力维护法案，对任何分裂联邦、武装抗拒联邦宪法权力的企图坚决镇压。双方都有了台阶下，一场危机暂告平息。

此事说明了联邦内部的不稳定性；在军事方面，说明了在美国人的国家里，人民不允许政府拥有绝对的权力使用军队，尤其是镇压军队的主人——民众。这种民众意识，在今后的南北战争、朝鲜战争、越南战争等战争中的国内反战情绪中，可见一斑。对于南北战争后，失败的南方以胜利者的姿态出现在今后的国家事务中，则更加深刻地体现了这种思想的延续。

杰克逊反对正规军，也正是他获得选举胜利的原因之一。上台后，就发表了他那番鼓吹民兵、反对正规军的言论。但无论是陆军还是海军，还都活跃在他的历史舞台上。

反对正规军的杰克逊对正规军的建设却有所贡献。

1829年底，由于局部地区的海盗危害已经消灭，他乘机裁减海军。这就意味着，海军因为自己的成就而削弱了自己。他决定只有为保护航运所必需的军舰才应留下来服役，但他不想完全废弃海军，因为他知道它是有用的。1829年他派遣"文森尼斯"号军舰起航进行美国海军的第一次环球航行，推行外交政策、炫耀武力以及偶尔进行援救和报复行动的环球航行。1831年还建立了东印度群岛分舰队。杰克逊还努力周旋，竭力劝说波特回国，波特答应了，回来继续为美国人民效力，这显示了杰克逊重视军事人才的态度。

杰克逊执政期间，虽然推崇民兵，但是正如前面说过的，民兵制度在他的任期内走向消亡，这也恰好促进了正规军的建设。杰克逊的民兵思想使他反对正规军，但正规军并没有取消，反而在他任内也有所发展；他的铁腕品质使他在使用军队的问题上，经常很强硬，但在处理矛盾时经常妥协。这说明，当他对正规军的态度和使用军队的铁腕风格符合民众需求时，民众就支持，也就得到执行；反之，民众反对时，任凭是声望甚高的民族英雄，也不可妄想忽视民众的意志。

2. 国家机器——正规军在国家建设中的多重作用

1803 年，美国从法国手中购买了路易斯安那，西部边界由密西西比河向西推进到洛基山，面积增加了 88 万平方英里，为以后 8 个州的建立提供了基地。第二次独立战争也为西进扫除了很多障碍，1816~1819 年出现了第一次西迁的移民大潮，它在 30 年代达到高峰。1810 年，美国只有 1/7 的人住在阿巴拉契亚山脉以西，到 1840 年，该山脉以西的人口已占美国总人口的 48%。移民向西推进的速度惊人，一般 30 年就可以完成从领地向州的过渡。在这一波澜壮阔的国家建设过程中，陆军担任了多重角色，显示出当时这支军队从属于民众的特点。

陆军是西进运动的开拓者，他们的工作为移民奠定了基础。

地理勘探是移民活动的基础，对西部的勘探由来已久。陆军对西部的勘探在第二次独立战争之前就已开始，梅里韦瑟·刘易斯上尉和威廉·克拉克中尉领导了第二次独立战争前最著名的勘探。他们于 1804 年从圣路易斯出发，横穿了北美大陆到达西海岸，对西北部进行了勘探。这是第一次由联邦政府直接支持的勘探，目的就是为开发西部做准备，并为其后的勘探开创了先例。1805 年夏天，泽布伦·派克中尉率领探险队探查密西西比河的发源地，因没有找到密西西比河的发源地，而改变方向到达落基山；此后他们进入西班牙属地，遭数月囚禁后，经西班牙属地返回路易斯安那。

受勘探成果和精神的鼓舞，军队越来越多的参与了西部探险。无论这些探险成功还是失败，都为美国向西推进准备了条件。战争爆发后，勘探中断了一段时间。1815 年后，对西部地区的勘探工作又重新开始了。战后，随着西进热潮的掀起，勘探活动更加大张旗鼓地展开，陆军成为活动的急先锋。1816 年，国会规定总参谋部设三名地形测量工程师；1831 年，陆军部长设立地形测量员，作为一个单独的参谋部门并在第二年获得国会批准。从此，陆军的勘探活动更加有力了。陆军中尉约翰·弗雷蒙特就是其中著名的一个，他在 1842 ～ 1845 年之间进行过 3 次长途考察，赢得了"探路者"的称号。

陆军中，像弗雷蒙特这样的探路者还有几十个。他们还经常与科学家、学者、艺术家和平民一起活动，而以平民为首的勘探队也要依赖军方的帮助。勘探活动的结果是，1800 年，美国人对密西西比河以西还只是道听途说式的了解；1860 年，人们已懂得了这里的地理状况，了解了它的地质、动植物分布和土著居民，西进的移民在这里不再茫然了。

这主要有两个原因，一是因为陆军院校培养了大批工程人员，他们既能建设军事工程，也能参与民间工程。二是因为战后的陆军部长卡尔霍恩为陆军做了长远打算。卡尔霍恩设想以陆军参与民用工程为手段，密切陆军与美国社会的关系；同时为全国的交通和商业带来方便，以求在全国造成良好舆论，以有利于陆军的发展。因此，他鼓励陆军参与交通运输网的建设。

陆军还是西部开发运动中的建设者。

卡尔霍恩还认为，美国版图辽阔，需要道路和运河，促进各地的工业和政治繁荣，陆军也可借此进行军事调动。他建议建设一个可以贯通东西的交通网，由国会出资让陆军开凿一条从波士顿通往萨凡纳的内陆水道，同时建造一条与海岸线和水道平行的直达新奥尔良的陆路，形成运河和道路网，把东部同阿巴拉契亚山脉以西地区以及西部各地区连接起来。由于多种原因，这项计划搁置了。但他还是指派陆军有限度地参与修建道路，士兵们完成了许多工程，使各军事基地之间的交通得到改善。如加拿大边境战略地区的普拉茨堡—萨凯茨港航线，底特律—梅格斯堡线等。国会也允许陆军参与一些铁路工程项目，如 1825 年建成的底特律—迪尔伯恩堡的芝加哥线，1832 年批准兴建的霍华德堡—克劳福德堡线。

正如卡尔霍恩在计划中所期待的那样，这些交通线同时有益于军民。在和平时期，尤其有利于移民的开发活动。芝加哥线和霍华德堡—克劳福德堡线就分别对开发密执安和威斯康星起了很大作用。《1824年总测量法》中，国会批准动用军队工程人员来改造重要的商业和军用交通设施。《1824年的河道港口法案》责成工兵部队修浚海港和内陆水道。这样，陆军工程兵可以像参与联邦政府资助的工程一样参与到各州的和私营的工程中去。工兵部队参加了大量的铁路建设，例如，约翰·昆西·亚当斯总统就曾将陆军工兵部队借给巴尔的摩和俄亥俄的建设工程。

随着国土不断扩大，士兵筑路队也紧跟不断前移的边界前进。有很多时候，建筑任务由部队担负，也有时候是由军队工程人员督率地方工人承担陆军部的合同。陆军工程兵改造了河流和港口，协助修筑运河，与铁路公司合作。到30年代中期，每年都有10到20家公司接受军队工程人员的帮助。

在参与勘探和建设的过程中，陆军还理所应当地成为了开拓者们的保护神。

战后的西进运动仍然危机四伏，印第安人的空间被不断压缩，各类奸商又不断地欺骗他们，使他们越发好战；英国据有加拿大，与美国一同虎视俄勒冈；西班牙控制的西南部，正是美国人想要得到的地方，西班牙人因此非常愤怒。所有在大路上与美国有利益冲突的群体，都对美国移民深怀敌意，冲突不断。而定居者们需要安全。因此，随着国界向西推进，陆军部在各战略要地不断建立新的要塞。

1817年卡尔霍恩到陆军部任职时，移民热潮已经越过密西西比河，到达了原来防线以西。因此，卡尔霍恩建议陆军沿着整个可预见的西部前沿构成一道防线。他建议将陆军基地向前推进800英里沿密西西比河直达黄石河口。国会批准了卡尔霍恩的计划，卡尔霍思成功地将军事边防线推进到密西西比河以西地区，那些地区以后变成了美国的一批新州。

陆军中有少数官兵，主要是炮兵和工兵，被派到远离本部队的边境地区单独执行任务，修筑防御堡垒并就地守卫。1817 年，从密执安湖东端的麦基诺堡起，经格林贝的霍华德堡、密西西比河上的克劳福德堡、阿姆斯特朗堡、爱德华兹堡等堡垒，延伸到路易斯安那中部的纳奇托切斯，形成了一系列堡垒组成的松散防线。而到了 19 世纪50 年代初，军事前沿已达到哥伦比亚河、加利福尼亚海岸和格兰德河，军事据点遍布西部开发地区。

驻扎在这一防线的陆军部队，从事日常训练和守卫，进行艰苦的行军，还要应付小规模的冲突和战斗。对于这项保卫任务，陆军还承担起另类的保护工作，即在印第安地区执行加强贸易和交往中的法制。自 1790 年以来，国会通过了一系列这方面的法令，并于 1834 年汇集成典，期待对各种活动的规范来化解印第安人的抱怨，实现短暂的和平。这些法律禁止在印第安区域内定居，规定与印第安人进行贸易的规则与禁忌。军队尽力维护法律尊严，通过这一迂回的方式来保护移民的安全。

内战之前，海军的任务已预示了战后的全球义务，在前面已经说过的威尔克斯探险队，是最著名的海军探险之一。1838～1861年之间，海上的勘探活动集科学研究、商业和外交任务于一体。他们不仅考察了南极洲

海军也在海外贸易中担当了开拓者和保护神的角色，为美国拓展海外贸易奠定了基础、提供了保护。

沿岸，深入太平洋，考察了西海岸；而且还考察了亚马逊河和拉普拉塔河，勘探了达连地峡，为修建贯通大西洋和太平洋的运河（后来修建了巴拿马运河）选址。他们还勘探了约旦河和死海，航行到北冰洋，绘制了非洲西海岸地图。

海军还直接为通商做出了贡献。在独立战争结束时，美国商船就开始到中国的广东做生意了。在那里，他们向中国人提供海獭皮。为此，他们在太平洋开辟了夏威夷岛作为中转站。1819 年初，美国军

舰偶尔零星地出现在东方海域，保护美国商船免遭海盗袭击。在中英鸦片战争中，劳伦斯·卡尼率领的一支海军分舰队保护了美国商人，并在1844年，借中国战败之机，与中国签订了《望厦条约》，使中国对美国商人开放了五个通商口岸。这一条约对美国的历史意义是，它打开了通往远东国际政治的大门。借着这个势头，1853～1854年，马修·佩里上校以他的舰队为后盾，与日本签订了《神奈川条约》，打开了日本的国门，并从此改变了亚洲的历史。

海军还为海外贸易提供了直接保护。1841年，海军部长厄普舒尔对海军的方针政策与贸易活动的关系作了最好的描述："贸易中的利益冲突和争执常常会引起战争。海军有力量保护海上贸易，就能使商业获得利润，受到损失也能及时得到补偿，上述争端和冲突也能防止了。"可见，当时利用海军为美国海上商人提供保护是何等重视。因为，随着和平的恢复，美国的海外贸易不仅有所增加，而且达到了历史的顶峰。进口贸易从1820年的7450万美元增加到1860年的3.536亿美元，几乎增长了五倍。出口贸易也以同样的倍数，从7070万美元增长到3.336亿美元，美国的商船驶向世界各大洲。但是，伴随着贸易的是海盗的掠夺与地方的歧视。在地中海，阿尔及尔海盗于1812年就已经恢复了抢劫；在南中国海，在巽他海峡，在变革时期的南美地区的海域，在加勒比海域等地，海盗横行，任意掠夺商人的财物。仅仅在加勒比海域，仅1816至1822年，就发生了3000多起海盗掠夺事件，美国商人大受其苦。1815年2月，《根特和约》刚刚批准，麦迪逊总统就要求国会向阿尔及利亚人宣战，兵威之下，阿尔及尔当局被迫签订条约，无条件地释放美俘，取消纳贡要求，给美国以最惠国待遇。美国海军的两支舰队又先后来到突尼斯和的黎波里，因为这两国也都违背前约而公开劫掠，两国当局同意赔款。而后，两艘快速战舰和少数小型战舰留了下来，组成地中海分舰队的核心，保护该水域的美国贸易。

应商界的请求，1818年派出22门炮的单桅炮舰"安大略"号绕过合恩角进入太平洋，并于 1821 年成立太平洋分舰队。5 年以后，由于巴西与阿根廷开战，又在南大西洋建立了一支较小的分舰队，以保护南美东海岸的美国贸易。1820 年，为了禁止奴隶贸易，并帮助美国的自由黑人去利比里亚定居，成立了非洲分舰队。1831 年，因为几名美国海员在苏门答腊被谋杀，为了进行惩罚，快速战舰"波托马克"号迫使苏门答腊立即答应尊重美国船只。3 年后，东印度群岛分舰队成立。到国内战争前，为保护海外贸易，美国已经在地中海、太平洋、南大西洋、西非、东印度群岛和本土建立了六个分舰队。

海军为商业护航的行为，促进了民众对海军的认同，不仅沿海的民众需要海军，由于贸易的丰富和扩大，内地也是进出口货物的受益者，全国民众对海军的接受速度远远超过陆军。

3. 需要才是硬道理——斯密诺尔战争中军队的沉浮

移民和联邦政府与印第安人的矛盾，在美国建国之初近 100 年的历史阶段中，是一个永恒的话题。政府和渴望土地的民众需要印第安人向西迁移，把土地留给他们。他们极尽欺骗与胁迫手段，实在不行就用武力，军队成了这一行动的工具。这些行为激起了一些勇敢的印第安人的反抗。1836 年，三个克里克部族武装反抗，政府的 11000 多名正规军、民兵和友好的克里克盟军迅速平定了这次反抗。稍后，切洛基人也奋起抵制迁移时，军队又进行了镇压。在西进运动中，随着矛盾的加剧，军队已经不再是只担当开拓者和保护神的角色那样简单，而是联邦政府意志的执行者，也就是西进民众意志的执行者。1827 年，陆军部接到伊利诺伊州的请求，安排该州境内的萨克人和福克斯人迁移。1831 年，州政府又动员了志愿部队，强迫年迈的萨克酋长黑鹰签署了一项协定，保证留居在密西西比河以西。1832 年，对家乡的眷恋，使黑鹰的部落又涉水穿过密西西比河回到河东，引发了"黑鹰战争"。当他们发现无法对抗美军时，黑鹰准备率领部族投降，但是遭到拒绝。无奈再战，遭到屠杀。

"黑鹰战争"更加验证了军队担当"意志执行者"的角色；同时，也证明了美国人对军事的实用主义观念——需要就建设，从不因走回头路而羞愧，也不因探索新路而迟疑。

骑兵的重建起因于对印第安骑兵的作战。伊利诺斯以西尽是草原和平原，陆军从东部森林地区进入该平坦地区，就开始同印第安人骑兵发生战斗。

美国人在正规部队中重新建立了骑兵，并成为以后西进作战中的主力，步兵开始成为"跑在后面的人"。其实，骑兵在黑鹰战争中就已出现，他们被用于长途奔袭。到了平坦地区，陆军开始从伊利诺伊州和密歇根州招募民兵骑兵，这些民兵骑兵表现很好，增强了国会对他们的信心，提升了兴趣。国会批准在正规陆军中建立一个巡逻骑兵营，下辖6个连，营长道奇被授予美军少校军衔。国会又于1833年3月2日通过法案，将骑兵营升格为正规军骑兵团——第一重骑兵团，该团由10个扩编骑兵连组成，共计1832人，道奇任团长，由一位有丰富作战和侦察经验的正规军老兵任中校副团长负责募兵、训练和战术。这支骑兵团骑马行军，作战时则以徒步为主，这与二战后美军的空降兵部队有异曲同工之妙。

第一重骑兵团初创艰难，军官来自步兵部队，新兵还要向刚学骑兵技术的军官学习；马匹奇缺，7个月时间只筹集到3个连的马匹。而战斗任务迫在眉睫，11月份，陆军西部战区以为骑兵团已组建完毕，命令他们到远在阿肯色河上游的地区执行任务。这项任务对骑兵团来说非常困难，但是使命所系，必须执行。该团派出了仅有的配备马匹的3个骑兵连和2个徒步的"骑兵连"，穿过渺无人烟的地带，进行500英里的冬季行军。大平原的风暴摧残了这些缺乏训练的新兵，也锻造了他们的意志。次年春天，其余5个连也开赴上游。各连备齐马匹后，全团出发行军250英里到上游的波尼村和科曼奇村进行侦察，并同印第安人签订新条约。最后到达目的地的部队仅为全团的

20%，其余都病倒在路上。尽管如此，新条约还是签订了。第一重骑兵团的糟糕条件和艰苦历程，充分反映了当时整个密西西比河边疆军事生活的特点。

在 1819 年美国购买佛罗里达以前，这里是美国逃奴和罪犯的避难所。在西班牙的默许下，印第安人、黑人和英国人在北佛罗里达建立要塞，对佐治亚不断构成威胁，塞密诺尔人是主力。1818 年 1 月，安德鲁·杰克逊将军被授予指挥权，6 个月内征服了他们。后来，塞密诺尔人拒绝西迁，并进行抵抗，1835 年爆发了第二次塞密诺尔战争。1835 年 12 月 28 日，陆军上尉弗朗西斯·L. 达德率领的 107 名官兵陷入塞密诺尔人的埋伏，全部被歼，触发了塞密诺尔战争。

> 塞密诺尔战争是当时规模最大的战争，它提醒了美国人的军事需求，促进了军队建设。

塞密诺尔战争对美国正规军的作战方式提出挑战。游击战曾经是独立战争中格林将军的拿手好戏，并促成了约克敦大捷；北方的华盛顿采取的消耗战略，也在应用游击战思想。但是，60 年后，当美国军官队伍职业化深入以后，他们更加注重使用新技术进行欧洲式的常规战争。1835 年时，美国正规陆军以英军和欧洲军队为模式已进行了充分的训练，却把游击战抛在脑后。

塞密诺尔人与远在北方的丛林印第安人大不一样，他们从不孤注一掷，决一死战，而是采取袭击和恐怖的手段消耗敌人，把自己居住的禁地变成抗击敌人的武器。塞密诺尔的游击战，使得美军好几位指挥官连续遭遇挫折，包括某些最优秀的指挥官。名誉准将邓肯·L. 克林奇、西部战区司令埃德蒙·盖恩斯准将和东部战区司令温菲尔德·斯科特准将，都企图率领远征队用常规作战方式平定塞密诺尔人的反抗，但都没有成功。军需局长杰塞普担任临时战地指挥官，用违背道义惯例的方式占了便宜，却违反了民意，引起了国会的非议，也激怒了塞密诺尔人，加剧了他们的反抗。

美国正规军不得不重新学习游击战，并重新丰富相应的技术和装备。后来，扎卡里·泰勒上校担任塞密诺尔战地指挥官，他是黑鹰战争中的知名英雄。当印第安人不出所料地逃入沼泽地打游击时，泰勒对症下药。泰勒在整个叛乱地域划区扎营，分散指挥，要求各指挥官每隔一天在自己所管地区进行一次扫荡。这样做效果良好，却耗费时间，华盛顿失去耐心，命令泰勒停止作战。但后来印第安人又恢复了袭击活动，泰勒要求辞去他的指挥官职务。

威廉·J. 沃思上校继任，他依据作战的特点行事，做法更残酷。沃思不进行搜索，而是毁坏庄稼和房屋，塞密诺尔人被剥夺了生存条件，停止了有组织的反抗。1845 年通过协定，塞密诺尔人被迫向密西西比河以西迁移，1856 年他们得到了克里克族印第安人居住地以西的土地。

美军重新重视游击战的做法促使他们养成了一个良好的传统，能够及时调整战法。即使 160 多年之后，作为世界最强大的美军，在阿富汗崎岖的山路上，还适时地骑驴对塔利班武装分子进行搜索作战。

塞密诺尔战争暴露了美国正规军的不足。战争开始时，陆军实际兵力下降到约 4000 人，作战地域占用了 1000 多人，还嫌不足，同时削弱了全国其他地区的守备力量。国会于 1836 年 5 月 23 日批准再建 1 个重骑兵团，授权紧急招募 10000 名士兵服役半年至一年。随着战事深入，1838 年，国会作出决定，每个炮兵连编制增加 16 名士兵，每个步兵连编制增加 38 名士兵，每个炮兵团编制从 10 个连增为 16 个连，组建了第 8 步兵团，并且允许参谋部门按比例增加编制，正规陆军的编制兵力增至 12539 名官兵。

就像平定海盗之后的海军用自己的成就伤害自己一样，沃思上校的功劳在于平定了叛乱，过失是他始料不及的，叛乱平息使国会又要举刀裁减了。1842 年 8 月 23 日，国会将正规陆军裁减至 8613 名官兵。幸运的是，国会这次长了记性，他们在一定程度上采用了卡尔霍恩 1820 年提出的"架子陆军"计划，只裁兵员，不裁编制。因此，作战团没有解散，军官没有遣散，只是削减了每个连的士兵实力；对参谋部门作了一些压缩；第2重骑兵团改为步枪团，但不到一年又恢复。

无论大事还是小事，只要与军队有关，美国人就相当警觉。军队的消减，并没有因为卡尔霍恩、厄普舒尔等杰出人物富有远见的提议而停止脚步；军队的扩充，也没有因为英雄总统杰克逊的反对而停止。一切取决于民众的需求，因需求大小而增减，已经成了一条美国军队建设的定律。那些杰出人物或者正确、或者错误的准则，在民众眼里，都让位于需求——这一准则。

在军队与民众之间，总统和国会是个传话筒。军队必须通过这个传话筒传递有益的声音，博取民众的信任，才能保证自己的发展。民众不仅掌握着军队的建设权，还牢牢掌握着军队的使用权。这已经在西进运动中，军队担当的多重角色中，得到了很好的证明。就是通过对不分巨细的各种事务的敏感，美国人牢牢掌握着这支军队，保证它是自己的力量。即使在军队获得重大成就时，也没有因为对成就的赞扬而使民众失去理性的认识，甚至经常在战胜之后遭到裁减。缰绳握在民众手中，在民众的驾驭下，军队从未变成脱缰的野马。

在一系列反复增减之后，一些后来证明有益的军队建设思想，得到了民众的认可，卡尔霍恩的"架子陆军"计划，在提出20多年后，开始得到执行。也为后来的美墨战争奠定了较好的基础。

（四）美国人的美洲

要保证国家的安全，最好的办法是变得强大。在成功地将印第安人驱赶到西部之后，美国人就已经在盘算这个问题了。在地理上，美国占据了北美最适合生活和发展的纬度，面积也已经扩大到足以使其强大的程度。现在的问题是，还不足以与欧洲列强争雄，因此还不能对外表现出过于明显的张力。解决的办法是，把自己的院子打扫干净，让那些有利于控制美洲、有利于走向世界、便于美国开发利用的土地变成美国国土，让那些令欧洲强盗鞭长莫及的美洲土地听自己的话；同时，在这一过程中，最好不要有欧洲的强盗同行来打扰。

1. 可爱的美洲

"既然神有意让他的子民在美洲大地上扎根，显然天命的逻辑延伸就是领土扩张。"这是美国人的逻辑。

1845 年，纽约的《民主评论》杂志主编约翰·L. 奥沙利文指出："我们的天定命运是，为了我们每年都在大幅增加的千百万人们的自由发展，向上帝指派给我们的这个大陆进行扩展。……使美国远离欧洲的影响，……促进更大的经济自由，……维护民主制度。"他坦白地说出了美国人当时的普遍愿望。第二次独立战争之后，美国人信心膨胀，控制美洲和开拓领土的野心再也按捺不住了。

其实，1812 年战争前，参议院就提出了一项法案，要求授权总统占领佛罗里达、加拿大等地，但未获通过。战后，詹姆斯·门罗成为美国总统。为了维护和扩大美国的势力范围，门罗执行了一套远交近攻的外交战略。对于英国在北美的势力存在，门罗通过和英国达成《拉什—巴戈特协定》，划定了美国和加拿大的边界，从而限制了美英在北美洲大湖地区的军备竞赛，明确了两国共管俄勒冈。然后，他转而向南，于1818 年用武力入侵西属佛罗里达；第二年又乘西班牙国内局势动荡之际，强迫西班牙签订《亚当斯—奥尼斯条约》，仅用 500 万美元就买下整个佛罗里达的土地。另外加上从印第安人手中夺来的土地，门罗在任内大大地扩展了美国的领土。

19世纪20年代，拉丁美洲地区掀起了民族解放的风暴。西班牙帝国日暮途穷，已经无法控制拉丁美洲的广大殖民地。墨西哥、秘鲁、委内瑞拉、阿根廷等国家相继独立。

与此同时，拉丁美洲的事务提上日程。

这吸引了欧洲诸强的目光，打败了拿破仑的"神圣同盟"企图干涉拉丁美洲革命运动的计划。英国的意图是出于在拉美的巨大商业利益，图谋在中南美地区扩张；沙皇俄国想扩张它在北美西北海岸的殖民势力。1823年，英国外交大臣坎宁致函门罗，"友好地"提议英美结盟，联合干预拉丁美洲事务，反对"神圣同盟"插手。门罗与前总统杰斐逊和麦迪逊商议，两位前总统都赞同与英国联合采取行动，但遭到国务卿亚当斯的反对。门罗最后敏锐地觉察到了英国人的险恶用心和这样做对后世的遗患，于是采纳了亚当斯的意见，决定由美国单独行动，反对欧洲列强干涉美洲事务。

亚当斯起草，由门罗宣布的"门罗宣言"表达了以下两点内容。第一，"在已经获得、并维持自由独立情况下的美洲大陆各国，今后不得被任何欧洲列强当作将来的殖民对象"；第二，"同盟各国（即神圣同盟各国）的政治制度，与合众国是基本不同的"，"我们认为列强方面把它们政治制度扩展到西半球任何地区的企图，对于我们的和平和安全都是有害的"。"任何欧洲列强凡以压迫它们或以任何方式控制它们的命运而进行的干涉，我们只能认为是对合众国不友好态度的表现。"

门罗宣布的原则实际上是扩大了的孤立主义。该原则并不表明美洲各国在地理环境、政治原则和经济利益方面的共同性，而是表现了美国一国的扩张利益。在这个原则中，美洲被视为美国控制和卵翼的对象。美洲体系实质上不过是美国殖民体系。美国一贯把自己视为美洲的中心和理所当然的领袖，所宣称的美洲国家对美洲的管理权，实际上就是美国在美洲大陆随意扩张的权利。

后来，第十一任总统波尔克对如上原则进行了重申，大大提高了这些原则在美国外交政策体系中的地位。从门罗咨文到门罗主义的演进过程在 40 年代中期已大体完成，到 1853 年这些原则才正式冠以"门罗主义"之名。

"天定命运"论的泛滥和波尔克咨文的发表，为美国的扩张活动创造了浓烈的舆论气氛。这以后，就是将扩张口号和扩张政策转化为扩张行动了。美国对拉美政策的这三项原则互相关联、相辅相成，构成后来称为"门罗主义"的政策体系。它们的核心是同欧洲的外交体系相对抗，在当时有防卫性的一面，但排斥欧洲是为了拓清地盘，由美国来取代欧洲列强在美洲的地位，从而为美国称雄美洲奠定了"理论"基础和战略方针。

门罗宣言体现了美国的拉丁美洲政策，向欧洲列强提出了全面挑战。我们今天清晰地看到了门罗宣言的历史意义，在之后很长阶段的美国历史中，美国政府始终打着这一旗号，反对欧洲国家侵入拉丁美洲，同时把它作为自己干涉和侵略拉丁美洲的有力工具。美国以"保护者"自居，终于把拉丁美洲变为自己的后院。

1845 就任总统的詹姆斯·波尔克所推行的是正宗的杰克逊政策，其主要两条就是，坚持联邦统一和坚持领土扩张。

波尔克的就职演说表达了这一点——"大家需知并承认我们联邦至高无上的价值，难道不想在联邦的废墟中为几千万民众找到比现在更快乐的居所？每一个爱国者只要想到他的国家有瓦解的可能性时，会不寒而栗，而那股爱国情操'我们的联邦必须保持'必然油然而生"。他还说："得克萨斯共和国已宣布愿意加入联邦，以分享宪法所确保之自由福祉。我认为合并的问题完全属于得克萨斯和美国之间的事，外国势力无权横加干涉，或对此二者的联合表示抗议，扩大联邦之疆界即是将和平的范围拓展至新的领土及新增的人民。"

就职演说显示了他合并得克萨斯的决心，但决不仅限于合并得克萨斯，而是取得整个太平洋沿岸的墨西哥属地。在波尔克的竞选纲领中称；"在尽可能早的时期内再度占领俄勒冈并重新吞并得克萨斯是美国伟大的战略。"这纲领向南方和北方的扩张主义者都发出呼吁，并暗示美国曾一度占有过俄勒冈和拥有得克萨斯，以此来唤起欲望并转移列强的指责。这些说法虽属子虚乌有，但它深得"天定命运"精髓蔓延之利。波尔克将他在选举中的呼吁解释为人民授权他去获取俄勒冈和得克萨斯，以及加利福尼亚和新墨西哥。

当时，英国对俄勒冈的领土要求与美国一样强烈，因此波尔克提出的美国对俄勒冈全境享有"明确和不容置疑的"权力，令英国人怒不可遏。在一番军事威胁与试探之后，双方作出妥协。1846年6月，两国以直抵太平洋的北纬49度线为界，瓜分了俄勒冈。

两任之后，富兰克林·皮尔斯总统持续了对外扩张的政策。1852年。皮尔斯迫使墨西哥让步割地，完成了所谓的"加兹登购买"。他还对国务卿授意举行了轰动一时的奥斯坦会议，"劝说"西班牙"出售"古巴。他还向英国施加压力，谋求得到中美洲沿岸的特殊利益。

扩张持续推进。

美国人需要内陆的土地，更需要漫长的海岸线，那里无疑是一个致力于开放和海外拓展的民族最重要的地方。在1845年以前，东海岸全线、佛罗里达半岛及周围海岸，已经属于美国。但是，美国对墨西哥湾沿岸的占有量还不尽如人意，在西海岸上的加利福尼亚还不属于美国，那里有三个天然良港，是通向太平洋的窗口，这使美国更有一种被收紧口袋的感觉。而且，海岸延长了，领土也会扩大。于是，在解决与英国在加拿大边境的问题同时，美国已经向墨西哥下手了。

2. 自信与自知

对墨西哥咄咄逼人的态度，使得美墨战争不可避免。战争的起因是为了得克萨斯。1845年美国吞并得克萨斯，被墨西哥视为战争行动，认为绝不能丧失领土完整和国家尊严。美国方面，波尔克已决心占有得克萨斯及墨西哥的另外两个行省——新墨西哥及加利福尼亚，因此战争很快降临了。两军首先在格兰德河对峙，守卫那里的美军指挥官是扎卡里·泰勒。1846 年 4 月 25 日，墨军在攻占伊莎贝尔角的途中遭遇了 60 多名美军，击毙了 16 人，其余的投降了。波尔克总统借机向国会提出咨文，要求战争解决问题。众议院以 174 对 14 票，参议院以 42 对 2 票的结果，通过了总统的要求。

墨西哥军队看起来很强大。

墨西哥正规部队 2.5 万人，以骑兵为主力，并有民兵、游击队配合作战，但没有海军支援。许多墨西哥头面人物都曾认为，美国在政治和军事上都不堪一击。在政治上，美国南北各州在奴隶制和税收方面分歧严重，致使很多墨西哥人认为，北方各州不会支持扩充南方领土的战争。而且，奴隶的反叛和印第安人对迁移运动的报复也是困扰美国人使之无法全心投入美墨战争的因素。在军事上，首先是美国陆军正规军人数太少，墨西哥军官根本未把民兵放在眼里。其次是墨西哥辽阔干旱的领土是美军后勤支援的最大敌人。在海上，如果美军实行两栖进攻，则会遇到海上风暴和通往内地的恶劣道路，以及墨西哥低洼地区流行的黄热病。

欧洲观察家们也认为，墨西哥军队相当精良。多种现象表明，墨西哥似乎十分强大。海盗会聚集在海上，尽情掠夺美国商船。墨西哥还坚信它会得到欧洲的援助，特别是从英国方面，因为当时美国在俄勒冈正与英国僵持不下。墨西哥《共和国之声》报的编辑声称："我们进行战争的力量绰绰有余，让我们干吧，胜利旗帜将高高飘扬！"

的确，美军显得并不强大。

1846 年 5 月墨西哥战争爆发时，美国拥有的正规军人数不多，正规陆军军官 734 名，步兵 7883 人，由 8 个步兵团、4 个炮兵团和 2 个骑兵团组成。美国政府主要依靠征召志愿兵来扩充兵力，在整个美墨战争期间，美国共招募志愿兵 67905 人。

但美军军官素质较好，而且有舰队提供支援。美军最初的作战计划是：以海军封锁墨西哥湾；陆军兵分两路，一路向南夺取墨西哥北部领土，占领其首都，另一路向西进军新墨西哥和加利福尼亚。而负责南部战线的扎卡里·泰勒上校就统率了5个步兵团、1个重骑兵团、16个炮兵连，总兵力将近4000人，超过了美国正规军的一半。

在最高层指挥部里，陆军部长与陆军司令之间的关系问题，仍然没有解决。在军官结构上，战争爆发时，虽然上尉和中尉军官中已有许多西尔韦纳斯·塞耶培养的西点毕业生，但是，当时西点军校的职业军官还没有提升到高级领导岗位上，由于没有退休制度，许多年龄较大的人仍然占据着较高级军官职位，他们大都是半路改行的，水平参差不齐，没有受过行政管理和指挥大兵团作战的系统教育。

独立战争中有亲英分子，与法国的准战争状态中有共和党分子，第二次独立战争中有联邦党分子。在墨西哥战争中也不例外。

反战情绪在美国开始进行扩张战争时就形成了传统。

墨西哥有一个方面的估计是正确的——那就是它相信战争会引起美国社会分裂。四个主要政治团体对这次战争都持批评态度。一是废奴主义者，他们认为这次战争是南方企图扩大奴隶制的阴谋。二是和平主义者，他们争辩说战争破坏了基督教的全部信条，而且抨击用诸如"无论正确与否，都是为了自己的国家"这类口号，都是以"虚假而有害的教义"毒化人们的道德品质。三是辉格党政客，他们认为波尔克是为了发动一场帝国主义侵略而有意刺激墨西哥。有一个名为"觉悟"的辉格党小派别对军事拨款投反对票；但幸运的是人数较多的辉格党"棉花"派，尽管也批评这场战争，却坚定地支持政府。四是前总统马丁·范布伦和约翰·卡尔霍恩（其时为南卡罗来纳州参议员）的民主党追随者们，他们也痛斥战争，反对扩大奴隶制。卡尔霍恩认为，波尔克似乎无限制地行使战争权利是违背宪法的，预示着行政机构中危险的集权现象。

反战批评和宣传还阻止了一些潜在兵源，有个年轻人一语道出心声："不，先生，只要我还能干活，要饭或是到救济院，我就不会去墨西哥，不会到那里去睡湿地，忍受饥饿、暴晒、蚊叮虫咬和蝎蜇蛛毒……然后送上战场挨枪子儿，就只为了每月 8 美元和一天三顿馊饭！"

作战部队的组成问题一直困扰着美国政府和军队。

当时有三种方式可供使用，其一是动员普通民兵。国会授权总统可征召民兵为联邦服役 6 个月，而和平时期法律规定只有 3 个月服役期。就远征作战来说，6 个月的服役期本来就太短，如泰勒等人动员入伍的民兵，大部分还未参加过任何战斗就服役期满，复员回乡了。同时，因为墨西哥战争显然是境外战争，宪法中对民兵境外服役的问题还有争议，认为普通民兵只是国内防御力量，不适于出国作战，所以征召民兵的规定很难付诸实施。

第二种选择是增加正规陆军。早在第二次独立战争中，国会曾组建了许多新的团，形成了一支名义上可观的军队。但是，这些部队兵员不足，官兵素质低劣，缺乏战斗力。后来，政府为了避免重蹈覆辙，在塞密诺尔战争后，陆军兵力被裁减为 8600 人，但只是裁减士兵，并未涉及建制数量。1846 年 5 月，国会授权波尔克增加陆军士兵数量，把陆军随编制内实力翻了一番。新兵与老兵混编，由经验丰富的军官指挥，期望不久新兵就能像老兵一样行军作战。但这个数量显然不足，而正规军毕竟是最值得依赖的作战力量。直到 1847 年 2 月，国会才同意再增加 10 个团的编制。

最后一种方式是动员志愿民兵。1846 年 5 月 13 日，国会要求征募 50000 名志愿民兵，服役期为 12 个月，或延长至总统决定的整个战争期间。但是总统犯了一个错误，他授权各州和志愿兵部队自行选择一年或是整个战争期间的服役期，结果他们几乎一致地选择了前者，结果造成后来斯科特在向墨西哥城进军时，中途一部分志愿兵服役期满而回乡，只留下 7000 多人的部队陷入进退维谷的境地。后来才吸取教训，1847 年 2 月以后，应募入伍的士兵至少都要服役到战争结束。同时，志愿民兵虽然战斗勇敢，但相当一部分纪律极差，奸淫烧杀。墨西哥人都认为他们是"地狱里来的魔鬼"。正规军把志愿民兵形容为"一群无法无天的暴民"。反之，一些较好的志愿民兵也抱怨他们的功劳不会得到应有的表彰。志愿民兵耗资巨大，因为政府只有照例向他们提供土地和补助，他们才肯应征入伍。志愿民兵还导致了正规军的新兵来源枯竭，随着战争的发展，征兵越来越困难。

美国人是自信的，他们自信于可以打败像墨西哥这样的对手。当年陆军部长卡尔霍恩的"架子陆军"计划的优点，得到了验

然而，长期职业化建设的结果是内在实力的增长。

证。这次国会没有重复以往在战时虚假扩充武装力量的做法，而决定按照实际可能达到的规模适当扩大正规陆军。由于此前裁减的只是士兵数量，而不是编制，所以正规军在"架子"的基础上很快得到扩充。另一方面，志愿兵部队很好地辅助了正规军。

1846 年 5 月，国会决定将正规陆军步兵连队的编制兵力从 64 名士兵增加到 100 名士兵，并决定建立一个 100 人的坑道、布雷、浮桥连和一个下辖 10 个连的步枪骑兵团。正规陆军的服役期延长到 5 年。1847 年 2 月，国会又决定再组建 9 个正规步兵团和 1 个重骑兵团；给予了更有吸引力的服役条件，士兵可以根据合同只服役到战争结束，在退伍时还可以得到一笔土地津贴。3 月份，每个炮兵团又增编两个连队，炮兵团的轻型炮连也由一个增加到两个。整个墨西哥战争期间，在正规陆军服役的士兵总数达到 30476 人。同时，国会于 1846 年 5 月授权总统可视情况招募 5 万名志愿兵服役一年或至战争结束。还授权总统可根据各州提供兵员的多少，按比例分配各州志愿兵的校级军官、参谋军官与将级军官的名额。志愿兵部队按照各州的民兵法组建。

后来南北战争中的英雄，当时第 4 步兵团的少尉尤利塞斯·S. 格兰特在美墨战争

在军队素质上，美军也很出色。

后认为：美国在战争爆发时幸好有一支正规陆军，这支正规军是 1812 年战争之后经过多年努力建设起来的。格兰特少尉当时在泰勒所辖部队，事后他写道："在墨西哥战争头两个回合里，出现在敌人面前的是泰勒将军指挥的前所未有的优秀部队"，他们"训练有素，

纪律严明"，"各级军官都受过专业训练，不仅在西点受过教育，还在军营、守备任务中经受过锻炼，许多人经历过印第安战争"。事实的确如此，正规军经过30年西部和塞密诺尔战争的锤炼，已成为顽强而善战的部队。

美国陆军的强大在于其下级军官和士兵，特别是西点毕业生。他们不仅使参战的正规部队成为一支值得信赖的力量，而且再一次表现出奇帕瓦和隆迪小道得胜部队的作风。同时，人数较少而懂得带兵的军官和军士，能够凭他们的领导能力和榜样，很快地把自己的军事知识传授给新兵，在很短时间内把志愿应募的公民训练成优秀的士兵。虽然军官们在指挥营或旅等较大部、分队的作战中存在困难，但他们中许多人已经成为高度熟练的小分队指挥员，掌握了充分的战术知识。如1845年，斯蒂芬·W.卡尼上校曾率领5个连从利文沃思堡沿俄勒冈小道行军，行程2200英里，历时99天，返回利文沃思堡，全体士兵如数返回，无一减损。

政治上，墨西哥人的判断也有失误。

按照传统的、西班牙式的想法，一个内部存在分裂危险的国家，是很难在战争中达成一致的。尤其是北方参与的战争，直接有利于南方扩充奴隶制土地，而这正好违背了北方人的意愿。但是他们忽略了一点，就是海岸线和领土是绝大多数美国人共同的追求。虽然存在反战群体，但是他们从未达成一致。辉格党的绝大部分持反对态度，但在行动上忠于政府，战争中两位主要将领——扎卡里·泰勒和温菲尔德·斯科特，都属于波尔克总统的反对派——辉格党人。

美国人应该拥有自信，因为他们就是投入了一支较小的军队，以劣势兵力，打赢了墨西哥战争，实现了扩张的愿望。

宪法中有关平民权利的条款不会导致反战者上战场流血牺牲，因为兵役是志愿的。在战争经费上，政府是用贷款而不是直接用联邦税收来资助战争，所以，反战人士无法反对提案或拒绝纳税，也不能谴责政府的监察制度。尽管反对派对波尔克总统进行持续的恶意攻击，但他从未压制这种攻击和批评，因而也没有给反对者太多的关于独裁或专制攻击的口实。因此，国内总体上是忠实地支持政府进行战争的。

3. 匪夷所思的胜利

美国在此次战争中的目的不是征服墨西哥共和国，而是企图运用武力强迫墨西哥签订城下之盟，割让土地，以扩大美国的版图，同时打通通往太平洋的大门。战争分两个阶段，第一阶段，美国人企图占领西南部的加利福尼亚和新墨西哥，向南在得克萨斯一线向墨西哥腹地推进，占领墨西哥城，迫使墨西哥签订城下之盟，割让土地。首先，他们以海军优势，封锁了海港，康纳海军准将和斯洛特海军准将指挥的美国舰队封锁了墨西哥湾和太平洋西海岸，切断了墨西哥与海外的联系。陆军分兵两路，一路是泰勒上校指挥的部队，从得克萨斯向南进军，取得了帕洛阿尔托、拉帕尔玛、蒙特里、布埃纳维斯塔等一系列战役的胜利。在绝大多数战役中，美军人数均少于墨军，在布埃纳维斯塔以 5000 人击退了墨军 20000 人。

另一路在西部，1846 年 6 月 16 日至 7 月 6 日，美国政府唆使美国移民发动叛乱，攻击墨西哥军队，建立"加利福尼亚共和国"。7 月 7 日至 8 日，美国海军远征加利福尼亚，支援当地的移民，攻占了洛杉矶等要地，8 月 17 日宣布加利福尼亚并入美国。

这一阶段结束时，美军已攻占了墨西哥北部大片土地。美军虽在人数上处于劣势，但倚仗精良的装备和优越的战斗素养，击溃了以印第安人为主的数量上占优势的墨西哥军队。墨西哥人民在占领区积极开展斗争，迫使美军停止了进攻。

美军虽然在战场上取得了一系列胜利，也占领了大片的土地，但是墨西哥拒绝和平倡议，战略目标没有达到。于是波尔克总统改变战略，在海岸登陆，找一条捷径直插墨西哥城，签订城下之盟。陆军司令斯科特组织了一支 1 万多人的远征军，在海军的配合下，在维拉克鲁斯登陆。之后，经过塞罗戈尔多、普埃布拉等战役，最后攻下了墨西哥城。

1848 年 2 月，双方签订了《瓜达卢佩·伊达尔戈条约》。墨西哥割让了本国一半以上的领土给美国，面积达 190 万平方公里，即今天美国的加利福尼亚、内华达、科罗拉多、得克萨斯、新墨西哥、亚利桑那等州。打败了规模远大于自己的军队，美军固然值得骄傲，但是，战争中发生的一些现象，让这场胜利显得匪夷所思。

政治与军事纠缠在一起，导致军队在前线腹背受敌。

高级将领通过获得军功，提高声望，使得在一段时间内美国产生了一种军事政治，一些作战有功的将军们热衷于竞选总统，这是与军官队伍的职业化相矛盾的。对扎卡里·泰勒和温菲尔德·斯科特来说，墨西哥战争给他们提供了竞选总统的机会，于是他们把军事作战和政治竞争搅和在一起了。

更为糟糕的是，这两位将领都是辉格党人，是在任总统波尔克的反对党。他们的政治野心促使波尔克总统也按照自己的政治倾向把政治和军事搅在一起。波尔克唯恐他们利用军事上的声望成为总统，因此存有戒心。他提议设立中将军衔（以前最后一位中将是华盛顿），并打算提名一位民主党人来居此高位，但遭到国会拒绝。于是，总统只得与他不信任的军官共同进行战争。无奈之下，他又在陆军中建立了一套职责不明的师、旅政治指挥员制度，以分权和监视辉格党的将领们。

而将军们也惧怕有人阴谋攫取他们的胜利。在泰勒取得了令人称道的布埃纳维斯塔战役的胜利后，因为兵力不继停止推进时，遭到了总统的斥责。在战争第二阶段，为了不使辉格党独享战功，总统想找一位民主党的将军来统率远征军，却没有成功，最后无奈地选择了斯科特而没有选择常胜将军泰勒，原因也是阻止泰勒独享荣誉，降低他的威信。波尔克一样讨厌斯科特，斯科特也感觉到自己是政府阴谋攻击的目标，因而与泰勒站在一起。当波尔克要斯科特立即率军投入战斗时，斯科特还没有完全准备好，他认为总统这样做是别有用心的。

正如斯科特所说："我感到这里面有问题，就立即告诉陆军部长，我认为这是个双边诡计：一方面是想踢开我，另一方面，想在战争结束后的半年、八个月或一年之内，遣散所有不愿把民主置于国家之上的将军。"他还说"前有墨西哥人的明枪，后有来自华盛顿的暗箭"，这使他感到腹背受敌。

在战争第二阶段，总统从泰勒部下抽调了大批官兵，几乎包括他全部的正规军，使泰勒手下的兵力已不足 5000 人，总统还命令泰勒留守在墨西哥北部。对于泰勒来说，这是一次双重打击，他不仅失去了作为统帅的机会，还失去了大部分士兵。因此，他愤怒地指责波尔克和斯科特合谋中止他的军事生涯，阻止他成为 1848 年辉格党的总统候选人。这件事还直接促发了危险的布埃纳维斯塔战役。波尔克总统采取降低泰勒威信的做法被墨方得知，墨西哥方面立即派重兵攻击泰勒，企图置泰勒于死地。泰勒以不足 5000 人，对阵墨西哥 20000人，最后依靠战术和炮火优势，击败了墨军。在战斗中，泰勒险些受伤，一颗子弹穿过袖子擦破了左臂，另一颗子弹穿透了上衣只打掉了一个纽扣。斯科特远征军与总统远隔数千英里，他们之间摩擦不断。远征军的军官中有许多波尔克安插的人，部队内经常发生争执，作战问题与党派、个人之间的政治斗争全部搅和在一起。所幸的是，斯科特的军事才华和墨西哥军队的无能以及美国人共同的利益观，给这支远征军以胜利的可能。

这种现象也给美国人以深刻的教训，以后的总统们和将军们从这一事件中得到了教益。一方面，以后的军官们认为，任何政治

后勤供应是美军在战场上要面对的另一个大问题。

上的倾向都是同军人为国家服役的责任不相容的，即使有政治野心的军官也认为应当尊重传统而克制自己，不公开表达自己的野心，军人也不再参加党派活动。另一方面，以后的总统们在担任军队总司令时，也不再掺杂自己的党派之见，避免了出现波尔克总统遇到的麻烦。

　　后勤供应暴露了陆军部业务部门的体制问题，业务部门不善于根据紧急需要事先作出计划，工作中出现了许多失误，浪费了大量时间和金钱。供应系统是临时凑合的，管理松散，让一些野心勃勃的供应商钻了空子，牟取暴利。后勤供应不力，远征墨西哥的部队不得不主要靠自己来解决给养问题。斯科特部队与海湾基地之间的联系被切断以后，食品由随军给养军官采购或征集，或者由士兵们自行筹集。在沙漠中，士兵们需要经常地节约膳食。为了改善生活，部队不得不依靠随军的民间小贩，后来一些军人也加入了贩卖物资的行列。

　　同时，将领缺乏供应方面的认识和能力，也是供应不力的原因之一，像斯科特那样的将领毕竟是少数。比如扎卡里·泰勒，他擅长作战指挥，而不擅长行政管理，忽视后勤工作。当泰勒开始南下进军时，他竟没有同军需局一起商量安排运输问题。运输紧张时，国内手忙脚乱地高价购买牲畜搞运输，而泰勒所在的墨西哥就是以出产驮载牲口闻名的国家，泰勒对此视而不见。他选定卡马哥城作为准备进军墨西哥的基地，而该城距墨西哥湾的直线距离为 100 英里，道路曲折，距格朗德河则更远，很难保证供应畅通。再者，卡马哥城地处石灰岩地带，空气污浊，卫生极差，泰勒的卫生措施又不得力。在1846 年 8 月炎热季节里，有 1500 名官兵病死；泰勒整装待发时，有1/3 到 1/2 的士兵成为病号。

士兵的数量，一直困扰着美国的将领们的用兵打仗。

　　布埃纳维斯塔战役险象环生，就是因为总统分走了泰勒一多半的军队，因为实在没有别的可以利用的部队来组成远征军需要的数量。斯科特从维拉克鲁斯登陆后，又在塞罗戈尔多打败了山塔·安纳的 12000 名优势数量的墨军，在黄热病盛行之前顺利通过低洼地区到达哈拉帕。

　　而就在此时，人数本来就少于敌军的远征军面临危机。这源于波尔克恢复了独立战争时期的短期服役制度，根据这一制度，3700 名服役期为 12 个月的志愿民兵服役期满了，强烈要求离开这支深入敌国领土的部队，斯科特也没有办法。这些士兵返回维拉克鲁斯登船，斯科特只剩下 7100 人。后退显然是不明智的，进攻又很冒险，但他冒险继续进抵普埃布拉，并在那里等待增援。直到 8 月初，斯科特才等来了 3000 人的生力军，才又开始进军墨西哥城。

漫长脆弱的交通线需要保护，但斯科特拿不出多余的兵员，只好放弃后勤补给线，自行解决补给问题。志愿兵无情无义的离队和糟糕的补给，难以令人乐观。一直长途随军的英国威灵顿公爵都说："斯科特输定了，……他既攻不下这座城市，也无法返回基地"。因为，打败拿破仑的威灵顿公爵不理解，劳师远征、放弃补给线却能够不间断物资供应；也不理解，战场上的士兵，可以不顾国家和军队的安危，无情无义地离去。

但斯科特没有像当年杰克逊那样威胁要处死离队士兵，因为他和士兵们都知道这是制度规定的，没有人可以侵犯制度的权威。或许，斯科特还注意到了，这些离队的士兵看似无情无义，实则是制度的坚定维护者，或许这一做法危害了目前战争中军队的利益，但却在整个军队发展历史中造就了深远的正面影响。这样做的结果是，促使美国人尽量完善他们的制度。

我们把目光重新拉回到这场战争，克服了如此多困难，度过了如此多危机，斯科特最终攻陷了有 30000 人驻守的墨西哥城。

诸多不利的表象和最后的胜利，使威灵顿公爵称赞斯科特是"活着的最伟大的军人"。

4. 军队在战争中的成长

和以往美国人进行的战争一样，美国军队在跌跌撞撞的战争中，其长远建设获得了一些发展。

波尔克是美国历史上第一位确定战时总司令权限的总统。以前，华盛顿曾经在战时

总统作为总司令的地位得以确立。

依据宪法担任军队总司令，但当时的华盛顿已经卸任。所以，波尔克是美国历史上第一位确定战时总司令权限的总统。他的后继者，诸如亚伯拉罕·林肯、伍德罗·威尔逊、富兰克林·D. 罗斯福和哈里·杜鲁门等战时总统，都行使了这一职权，很好地领导了军队进行战争。

波尔克性格坚强，作为美军总司令，他在战争中发挥了杰出的作用，尤其是他很好地处理了军队与文职的权限问题。虽然战局几度恶化、战场间不容发，但是文职当局仍保持着对军队的控制，这在美国军事史上具有历史意义。因为，文官控军的原则虽然以宪法的形式确定下来，在平时也得到了很好的执行，但是在战时，以前却没有真正执行过。宪法产生以前，美国人幸运于华盛顿将军谨慎地忠于文职当局，没有破坏这一原则。宪法产生之后，在第二次独立战争中，总统并没有很好地行使自己的总司令职权，幸而军队顶层也没有强权的人物，几个办事不力的陆军部长和陆军总司令还被撤了职，他们谁都没有能力威胁总统作为文官控军的代表的地位。

但是，人们不能总是期待这样幸运的事情发生，战时总统作为军队总司令、作为文官控军的代表必须得到切实的执行，才能够不仅在宪法上确立，也在实际操作中确立。否则，现实执行的与宪法规定的相反，由于是战时，也可能被人们容忍，甚至形成一个默认的传统，直至引起宪法相关条款的修改。波尔克用他的坚强、智慧和勤奋，首次证明了一个坚强有力的政府，能够不受国会分散权力的干扰，较好地协调文职最高权力与实行有效的军事指挥，并使两者都得到促进。这个实践打消了人们对于"分权会不利于处理战时紧急情况"的疑虑。

尽管波尔克对于军事是个外行，但他却控制了前线的将领，掌握了这场战争。这源于三个主要原因。第一，他非常勤奋，积极参与具体军事事务。战争开始后，他同陆军部保持密切联系，经常亲自过问军事计划，就连船只起航日期之类的细节也不放过；他为所有远征部队选定指挥员，亲自起草基本任务指令；他指示陆军部长将战报准时报送白宫。这使他弥补了对军事工作了解不足的缺陷。第二，在与文官们打交道时，他坚决地维护军队的权利，维护自己作为军队总司令的权威。当时的陆军部长马西比较软弱，而各文职部长在陆军部任职的时间比部长长，资格较老，他们经常不能充分尊重陆军部长，马西的工作也经常不到位，波尔克经常为他补台。当总统想提升一些军士填补少尉缺额以奖励他们的勇敢作战时，陆军部的副官长就把缺额名单隐藏起来，阻挠这一计划。马西毫无办法，而波尔克则用非常强硬的手段把副官长的职权限制在原有范围内。波尔克召见了副官长，没有同他辩论，而是威严地提醒他："必须把我的话当作军令，我希望立即执行。"以往所有的财政预算都由财政部长汇集，然后直接送交国会。波尔克决心掌握军事预算权力，他坚决要求在财政部将预算送交国会之前，由他本人在预算上签署意见。他亲自同总参谋部商量预算款额，最后的预算是由他直接确定的。因为他作为文官的一员支持军队，文官们没有过分的反感和反对。第三，在与军队打交道时，他坚决捍卫文官控军的原则。战争中，他有力地、毫无争议地指挥了他的将领们，他向泰勒、斯科特、卡尼等人下令，他们也坚决地服从了。当将军们主张谨慎从事时，他总是坚持将战争进行下去。他斥责泰勒与敌方在蒙特雷谈判停火，下令继续推进。在任命军官上，陆军部长的话证明了文官总统的权力："……我想你不会不知道，应该说，选任军官不是陆军部能决定的事，要由总统本人作出决定。"他以得当的方式行使宪法赋予他的职责，设法领导和控制军事机构，领导了战功卓著的将军们，使军事政治感受到了阻力。

　　正规军是作战的主力，在他们的带动下，美军总能够以少胜多。在帕洛阿尔托，2300 名美军击败 6000 名墨军；在拉帕尔玛，1700 名美军击败 5700 名墨军；在布埃纳维斯塔，不足 5000 名美军击败 20000 名墨军；在墨西哥城下，10000 余名美军击败 20000 名墨

正规军的表现赢得了职业化发展的机会。

军；最后，7000 名美军攻占了驻有 30000 名守军的墨西哥城。技术兵种是正规军中的亮点，特别是炮兵。1845 年，斯科特又写了一本关于采用英、法体制的首批新型炮兵连的战术教范。美军炮兵的机动性很好。他们几乎与骑兵一样，时而在步兵侧翼，时而在步兵前面。炮兵的火力更出色，帕洛阿尔托战役主要靠炮兵取胜。危险的布埃纳维斯塔战役更是靠炮兵，战役后泰勒感动地向上报告："我们的胜利主要依靠炮兵的威力"，"我们的炮兵确实创造了奇迹"。

陆海军协同作战，效果明显。海军有效封锁了墨西哥海港，还运送士兵和物资，协助陆军攻取城市。1847 年 3 月 9 日，斯科特还发动了美国历史上第一次大规模两栖登陆作战，部队使用斯科特定制的波浪艇进行登陆，顺利登陆。这造成一种舆论，美军在墨西哥作战时间不长，节节胜利，故而今后有必要加强正规军，使之能在战争中承担更加重要的作战任务。

有效的训练，是美军在战争中节节胜利的主要原因之一。

"架子陆军"思想和正规军的优良素质，成功地教会了民兵和志愿兵如何作战。正如格兰特所说：民兵们"有这样多训练有素的士兵和受过专业教育的军官同他们一起投入战斗，使他们丢开顾虑，充满信心，自己也就很快变成了士兵"。习惯于欧洲军事思想的职业军官总认为，造就一个士兵需要几年的时间。而美国陆军发现，他们能够在大约 13 周的基本训练时间内培养出合格的士兵，甚至在后来的第二次世界大战中，这一时间也没有延长。以前，因为缺少受过训练的士兵、特别是受过训练的军官，从平民到士兵的转变很困难。但是现在，有正规军职业军官特别是优秀的下级军官的领导，应征入伍的公民所受训练比以往任何战争中都多，效果也更好。

志愿兵的军官和军士们手头上有斯科特的各种教范。1821 年起，陆军部就开始出版《美国陆军总法规》，以后不断修订。这些教范为志愿军提供了礼节、行政管理和组织编制以及作战行动等方面的指南，这是以往的战争中所没有的。将领们十分重视训练，泰勒就强制

"他手下的志愿兵每天接受 6 小时的训练，免除其他一切勤务，以便把他们造就成士兵"。有了良好的训练，志愿兵素质提高很快，在战争中很好地支援了正规军。战争中还有 1.5 万名志愿兵转为正规军。

西点培养的下级军官是美军的摇篮。下级军官的专业能力首次堪与其勇敢精神相媲美。西点对学员工程培训的战术训练是充分的，使他们能够成长为战地指挥员，他们在作战中同在军事工程上一样能干。他们在诸如选择阵地、构筑野战工事、摧毁堡垒、侦察行军路线等各项任务中，都显示了高超的专业能力。有了西点毕业生，斯科特也能够为他的远征军组织第一个比较完善的野战军参谋部，其中就包括内战中著名的罗伯特·李，时任工兵参谋，斯科特称他们是他的"小内阁"。斯科特将军是不会在接到工兵关于接敌道路的详细报告之前，派部队投入进攻的。这些西点生工作成绩斐然，如李发现的塞罗戈多附近的良好的侧面道路和博雷加德中尉提供的调查资料及情况估计，使斯科特正确选择了经由查普尔特佩克城堡通往墨西哥城的道路。而以前这些工作通常依靠外国军官来做。"小内阁"还把当地人和墨西哥叛逃人员组成一个谍报连，该连的谍报网为斯科特提供了自乔治·华盛顿以来的最好的美国情报体系。在后来的内战中，几乎每个高级将领的履历中部记载着曾在墨西哥战争中表现出熟练的专业水平和勇敢精神。

美军首次征服别国土地，使他们感到兴奋和新奇。尤其是民兵，他们破天荒地进行

美军积累了战场管理的经验。

大规模境外作战，他们还没有做好心理准备，去面对陌生土地上的人和物，占领区出现了严重的失控。很多民兵和志愿兵大肆烧杀掳掠，严重伤害了当地居民。领导者对于维持当地秩序也标准不一，有的宽松，有的严厉。一切的不当，引起了混乱，激起了反抗。

司令官斯科特对此非常重视，决心改善这一状况，他力图制止这些伤害人身和特大盗窃的罪行，尽力约束自己的士兵，并维持社会正常秩序。当时没有国际上普遍承认的军事占领法，他就颁布了一项占

领区"戒严法",委任了执行法律的军事长官,平民和军人罪犯都要由军事委员会来审判。斯科特强调:美国是同墨西哥政府而非墨西哥人民争吵,因此必须按照通常的美国司法标准来平等地对待墨西哥人。

他通过军政府的政策把墨西哥人民同发动战争的墨西哥当局区别开来,同时保留被占领地政府官员的地位并发挥他们的作用。他承诺保护墨西哥人,挑选400名士兵组成宪兵队协助当地政府;免征一切无理的人身税和财产税,命令美军购买或征用物品必须付现款。他尊重当地风俗和宗教,还力图改善墨西哥城的公共卫生。斯科特的战场管理赢得了许多墨西哥官员的赞扬和友谊,这一政策一直执行到美军撤离墨西哥。

制度拖了精明的斯科特的后腿,精明的斯科特拖了制度的后腿。

当时美国的军事制度还与"完善"二字相去甚远,这严重影响了斯科特的军事行动。如志愿兵临阵返乡,把剩余的7000多人扔在战场,只能冒险驻留、等待援军;再如后勤体制不完善,供给不力,使前线经常勒紧裤腰带过日子,最后斯科特决定放弃补给线,连威灵顿公爵都认为"斯科特输定了";兵员仍然是一个大问题,美军在战场上几乎都是在以少敌多,最悬殊的兵力比例曾低于1:4;当时陆军没有军邮系统,信件来往缓慢而无保证,没有使用密码防止他人看信件,许多信件中途遗失或泄露。

但斯科特的精明有目共睹,他是一位能干的战略家、战术家和后勤专家,他凭借天赋的才能、个人的经验和自修军事知识,克服了自己性格上气量狭窄的缺陷,完成了一个有缺陷的军队很难完成的任务,赢得了战争。当年卡尔霍恩建立的陆军部各业务局在执行特定任务方面表现得不错,但在战略和作战的专业指导上,陆军还缺少一个合理的机构。斯科特作为陆军司令,几乎单枪匹马地担负起现代总参谋部的职能。他起草各种可能的作战方案,将其优点报告总统,估计实施作战方案所需人力物力;方案批准后做出详尽的实施计划,与部队保持联络，监督作战方案的实施等。他缺乏墨西哥的地理情报，有时不得不依据一些略图，询问去过墨西哥的人以便了解那里的气候。他去前线后，总参谋部的工作就无人接替了。

当然，墨西哥战争的胜利有其深层的政治、军事实力等原因，但精明的斯科特使战争的胜利来得很快。他的精明对于这场战争来说，是可贵的，生死攸关的。但是，他的精明掩盖了很多制度上的缺陷，使得美军在战争中和战后直到内战爆发，没有取得明显的制度性进步。

斯科特的精明导致很长一段时间，美国军队没有多少革新，尤其是制度上的。诚然，美军在战争中有进步，却很少是制度性的，就连斯科特在墨西哥实施的"戒严法"也是战场行为，不能算作美国的军事制度。在进军墨西哥城时，斯科特决心"把我小小的军队变成一台自行维持的机器"，放弃后勤补给和交通路线——这一明智又冒险的决定出奇制胜。但是后勤部门对此不以为然，军需局长杰塞普就一味强调后勤的成绩："我们的供应站远离物资产地，比阿尔及尔到土伦或马赛还远。我们在墨西哥头6个月作战中完成的供应量，超过了欧洲第一军事强国法国在非洲17年的供应量。"这是当时一种普遍的态度，以致1861年之前，军队没有进行多少革新。按照惯例，战争结束，遣散志愿兵，战时新组建的正规部队也多数解散了。旅和师的建制撤销，团重新成为最大的战术单位，把原有的东部战区和西部战区改划为9个较小的军区。

皮尔斯总统的陆军部长戴维斯是一个要强的人。他致力于军队改革，但是由于人们对墨西哥战争的美好回忆而大多数失败了。他曾设法解决逃兵的难题，但没成功；他想鼓励和迅速提拔优秀军官，但按年龄和资历提升的习惯占了上风；他主张美国应当在政府工厂里生产本国的武器，却未能在太平洋沿岸增设一家兵工厂；战争中暴露出来的陆军指挥体制的问题也未能解决。戴维斯主张提高陆军部长在陆军指挥上的作用，根据法律制订的陆军法规确切规定了陆军部长作为总统的副手实施对武装部队的直接控制，但却没有规定陆军司令的职责。如果让陆军司令来指挥陆军，他就将取代宪法赋予陆军部长的法定地位。要既能维护宪法和法令，在陆军指挥系统中保持专业能力，唯一的办法是把陆军司令变成陆军部长的副手和顾问，但这遭到战功卓著的陆军司令斯科特的反对。凭借个人的威望，在执行命令上，斯科特公然与陆军部长对抗，后来总统站在了陆军部长一边，才顶住了斯科特的压力；出于对陆军部长的不屑和对新上任的个别总统不满，在斯科特任陆军总司令期间，曾在扎卡里·泰勒总统和富兰克林·皮尔斯当选总统时，两度将陆军司令部迁往纽约，形成陆军"华纽分治"的局面。第二次分治直到内战爆发，为了保卫共和国的统一，斯科特才回到华盛顿，结束了分治局面。

军事发展，主要体现在其他一些方面。

陆军部长杰斐逊·戴维斯在战后的改革取得了一些可喜的成就。他说服国会在新增的领土上增设陆军巡逻部队。1855 年，又增加了第 9、第 10 步兵团和第 1、第 2 骑兵团，使陆军编制兵力达到了 17867 人。在他主持下，陆军采用线膛步枪，这是内战前一次重要的军事技术发展。1855 式斯普林菲尔德步枪的使用，要求一种新的战术体系，陆军于是采用了《哈第步枪和轻步兵战术》。炮兵也发生了变化。1846 年，意大利和德国已经造出线膛炮和后膛装填炮，美国观望之后，南波士顿铸造厂和西点铸造厂在 40 年代末制造出了一些线膛炮。他要求美国陆军更多地了解欧洲的军事发展，派遣一个美国军事小组到欧洲对克里米亚战争和欧洲各国陆军进行考察。

党派斗争，对军事的影响有喜有忧。担心军事政策的改变会影响派别之间的平衡，因此改革很小，南方不希望中央政府拥有强大的镇压武器，国会也为了避免在军官队伍中出现派别上的不平衡而形成政策——西点学员委任为军官的名额要按照国会选区来平均分配。但同时形成了一个好传统，双方都不希望陆军卷入派别斗争，以免一方在军事潜力上超过另一方。陆军主张在政治上保持中立，连泰勒和斯科特也尽量把他们的政治观点同军事分离开，他们都赞成丹尼斯·马汉立下的规定——任军职就不参加投票。

致力于将美洲变成美国人的美洲，美国人在俄勒冈与英国人剑拔弩张，并被可能爆发的第三次美英战争惊出一身冷汗，因为英国毕竟还是一个强大的对手。再者，与此同时，南面的墨西哥领土问题已经是美国人必须解决的问题，解决墨西哥肯定要强于对抗英国。美国人惋惜于错过吞并加拿大的最好时机，因而不失时机地狠咬了俄勒冈一口；转而向南，信心满满地挺进墨西哥。他们不仅要贯通东西两大洋，还要占据最好纬度的农业和工业用地，占据最好的海港。最后，"注定失败"的斯科特赢得了一场匪夷所思的胜利。这对于那场战争而言，是幸运而重要的；而斯科特的精明，掩盖了很多制度的缺陷，这对于一个国家战争机器的长远发展来讲，不是一件好事。这在后来的内战中表露无遗。

但是不管怎样，美国人正在把美洲变成自己的，也在逐步走向成功；一些有远见的军队建设者，也在艰难地推动着军队的进步，在战胜之后获得了些许发展，也算是幸运的了。墨西哥战争使向西部扩张的使命接近完成，还创造了美国军事史上的几个第一：第一次大规模远征别国，第一次在战争中大量使用蒸汽战舰，第一次成功地进行大规模的两栖作战，第一次进行巷战，第一次在别国建立军政府。这种事情将在今后的内战、菲律宾战争以及其他规模更大的战争中频繁的出现。战争有力地证明，一支训练有素的、可以扩大的正规军队，远比民兵有效。著名军事家厄普顿称：墨西哥战争使"我们的军事政策发生了革命"。战争还提供了一个军事实践的大课堂，军人得到锻炼和洗礼，将在内战中一展才华。

小　　结

1812 年之前对军事缺乏远见和麻木，直接导致在第二次独立战争中美国的惨痛损失，甚至首都被烧，这是任何一个国家人民无法接受的创痛，尤其是军队的耻辱。创痛和耻辱刺激美国人在军队发展上觉醒，但是长期遗留下来的历史惰性，使得军队的正规化建设仍然不紧不慢。一些有识之士的呼声很容易被国家暂时的问题淹没，比如经济萧条；一些战争中有卓越军事才华的人，在和平时期还阻碍了军队的建设，比如民族英雄杰克逊。但是，军队职业化的呼声已经破茧而出，不可能再退回到厚厚的外壳里，直到在民众和军队中形成一种普遍的认识。

令人称奇的是，主张建立强大正规军的联邦党人，在执政期间并没有建成一支强大的正规军，而是尊重了反对派和群众的呼声，适当地克制和忍耐；相反地，反对建立强大正规军的反联邦党人，在执政之后，逐渐发现了正规军的重要性，一支国会拥有很大控制权的正规军在民主党执政期间初步成型。比如军人出身的杰克逊，以非职业军队在战场上的荣耀，抵制军队正规化建设。但是，从 1821 年经济衰退时开始的正规化建设，到 1837 年他下台，一直因为民意的需求而从未间断。这说明，需要才是硬道理。在美国军队发展过程里，任何党派都没有一成不变的军队发展方针；而是都能够出于国家利益，一旦发现必要，就义无反顾地调整；甚至在国家政策还没有改变之时，一些后来被证明正确的发展途径，已经越来越多地印上了美国军人的足迹。真理的力量是巨大的，它所产生的大势不可逆转；而在美国战争机器完善历程中的真理，就是民众和国家的需求，任何伟人和思潮都不能急剧地改变它。到 19 世纪中期，美国的战争机器的形状初见眉目，反对的声音对它的影响只能起到修正的作用；军队正规化建设已经走上正途，不会轻易中止。

美国人对军队的警觉态度从未改变，包括在遭遇军事挫折后对军队强烈需求时也同样如此。他们认真地审视着军队，一旦发现军队存在有悖民意的行为、甚至是疑似有悖民意的行为，裁军的剪刀马上通过国会之手，落在军队身上。因为决定军队生杀消长的大权，也通过一些看不见的链条，掌握在民众手中。因此，军队小心翼翼地保持着自身的形象。在平时的建设中、在浩浩荡荡的西进运动中，他们都担任了多重的角色，是一支为美国人服务的军队。

在这支"可以扩大的军队"的支持下，美国人毫不掩饰对整个美洲的欲望，称之为"天定命运"。占有整个美洲变为遥不可及的事情之后，美国人开始控制整个美洲的行动，净化美洲是第一步。美国人以欧洲祖先那种白人的优越感和植根荒野的开拓气魄，宣称了"美洲是美国人的美洲"。这种胆略源于贪欲、历史所证明的能力和开拓者的气魄。与此同时，在欧洲和南美贸易的基础上，美国开辟了亚洲和非洲贸易，为将来国家触角的延伸，埋下了伏笔。军队在领土扩张的过程中成为先锋，在战争中得到锤炼，一些软实力得到提升。但是，仍然无法摆脱"打赢无好事、成就害自己"的宿命。

赢得战争得到认可的同时，军队的建设步伐放慢了，军队因为自己的出色表现而影响了自己的发展。值得一提的是，精明的斯科特拖了制度的后退。让美国人后怕的是，斯科特的两次"华纽分治"，除了证明职业军人影响力提高之外，"华纽分治"无论是对于民众，还是对于军队，这都是极其危险的。一是这样很容易使军队脱离于民众，成为一个专有利益集团；二是容易导致一个不光彩的军队形象，引起民众的反感，妨碍军队发展。幸运的是，民众没有放任这种行为，总统和国会有效地限制了斯科特，而斯科特本人也是一个联邦的保卫者；斯科特虽然在制度上对美国军队影响不佳，他的业绩却提高了美国人对军队的认识，他在军事组织上也进行了有效的尝试，一些优秀的军官在各个级别和队伍中变得越来越专业。

五　制度之战

——美国内战

（1861～1865）

在美国历史上，内战的破坏力和影响力空前惊人。

史学界关于这场战争的原因也有很多看法，

诸如州权主义与联邦主义之争、蓄奴主义和废奴

主义之争、北方工业利益者与南方农业利益者之争等。

但总体来说，内战与制度息息相关，对立者所持有的

制度期望不同，无法调和，最后就诉诸战争。

战争的起源、进程和结局都与制度密切相关，

制度也经受了战争的洗礼。

（一）全面分裂

美国内战起源于分裂，又造成了战后长期的分裂。内战就是这个国家历史上最严重、最危险、涉及领域最广、持续时间最长的分裂。地区割裂，党派以仇敌相待，怀有不同信念的人刀枪相见，许多家庭也一分为二，横飞的血肉和断壁残垣震撼着大地。很多领域本来就存在的分歧，也在内战中暴露出来。在军事界，不同的战争观、战略思维、作战理念交杂出现，使战争犹犹豫豫地持续了 4 年。

1. 从头到脚的分裂

从内战爆发前到内战结束后，如果还认为这是一个国家的话，那么这个国家已经出现了从头到脚的分裂，因为大到社会、小到家庭都产生了分裂。产生这种分裂，不能简单地归因于蓄奴与反蓄奴者、工业与农业团体、州权主义与国家主义之间的矛盾，因为这几个方面是纠结在一起的，而且产生了复杂的外在表现。

墨西哥战争之后，由于以国家的名义、凭借一国的实力，使美国人得到了以土地为　**分裂的社会。**

主的大量实惠。到内战之前，美国从最初的 13 个州增加到 33 个州，还不算准州。国家主义因此被越来越多的美国人接受了，尤其是北方。因为长期以来，北方社会发生了革命性的转变。1820 ~ 1860 年，美国经济蓬勃发展，北方发展的显著标志是工业化进程，40 年中产生了大量的工厂，制造业和商业发达。工业化的生产流程不仅联结了生产的各个环节，还使北方的不同地区成为这个大工业链条上不可或缺的生产节点，彼此的紧密联系使北方人尝到了甜头。为推进工业化而进行的交通运输革命中产生的大量运河和铁路，以一种新的方式将整个国家联系起来，在西北部和东北部地区，铁路和水道形成了强大的经济纽带，同时也是强大的社会纽带，使该地区的人们拥有了共同的政治观念。这就使北方人的国家意识得到了强化，北方人更加倾向于成为一个国家的人民。一些制造业——如纺织业——对女工的需求，提高了妇女的社会地位，也标志着北方已经逐步成为较为进步的社会。

而在南方，情形就大不一样了。长期以来，强盛的农业，使南方人很少考虑工业的利益。战前，南方工人、工厂、铁路、生铁分别是北方的1/12、1/10、1/2.4，铁路又互不联结、统一。茂盛的种植园，使南方成为举世瞩目的"棉花王国"。同历史上所有农业社会一样，农业生产是彼此割裂的，一个农场的农产品可以通过简单的商业途径销售出去，不同农场之间相互没有紧密的、经济方面的关系。因此，南方的农业社会仍然是一个相对松散的社会，各州之间没有紧密的利益联系，以地域和传统为基础形成的各州仍然专注于本州的利益，绝大部分民众仍以州权为重。这个棉花王国的基础不是自由民，而是奴隶——最廉价的劳动力。从1820年到1860年，南方奴隶从150万增至400万，75%的奴隶从事农业劳动，棉花产量增长到14倍以上。在后来宣布脱离联邦的11个州中，有6个州的奴隶超过人口总数的44%，密西西比和南卡罗来纳还超过了55%。奴隶是主要的财富创造者，不仅如此，奴隶贸易也使南方人获利颇丰，棉花王国形成了对奴隶制的强烈依赖。田纳西州议员休·怀特说：奴隶制是神圣的，是文明的基础。正如当时一位英国旅行者所说："攻击罗马天主教和君士坦丁堡的伊斯兰教要比在美国南部攻击奴隶制容易。"相比于北方，南方的社会要落后得多。

南北方社会的差异，产生了一种独特的制度。在一个崇尚自由和民主的国度里，同时存在自由人和奴隶，排除人类天生的私欲不说，这种制度的直接后果是，让美国人感到一种新的紧张与压力。北方的工业化需要大量劳动力，当然最好是廉价的；而南方早已将大部分廉价劳动力据为私有财产，禁止他们自由迁徙，剥夺他们的选择权。这就自然而然地激起了南北两方的矛盾，北方要求废除奴隶制、解放劳动力的呼声越来越高。这种矛盾还在迅速扩张。美国通过与英国的斗争、对墨西哥战争、驱赶印第安人获得了大量土地，形成了很多新的州和准州。在这些新州和准州里，是否允许奴隶制，成了一个矛盾集中的问题。实际上就是向这些州扩展北方工业还是移植南方农业的问题，核心还是南北利益的冲突。同时伴随的，还有意识和文化的冲突，这些土地上矛盾频发。

诸多的矛盾，集中表现为两个政党之间的斗争。战前，美国有两个主要政党——民主党和共和党。民主党的前身为1792年杰斐逊创立的民主共和党，19世纪初，该党发生分裂。一派成立民主共和党，后改称辉格党，50年代，由于拒绝在奴隶制的问题上表明立场而瓦解。另一派以杰克逊为代表，于1828年建立民主党。50年代后期，党内分裂，部分北方民主党人参与建立反奴隶制的共和党，因而以南方民主党为主，他们维护种植园主的利益，维护奴隶制。共和党于1854年成立，由辉格党人、北部民主党人及其他反对奴隶制的党派联合而成，他们代表东北部工业资产阶级和西部新开发区农业企业主的利益，规定自己的任务是根除奴隶主的政治权力、限制并逐渐消灭奴隶制、开放西部土地供农民无偿迁徙开发。

1860年亚伯拉罕·林肯当选为总统，成为共和党首次执政的人，这也成为了美国内战的导火索。南方人认为：共和党的政见显而易见，不符合南方人的利益，为了维护自身利益，战争已经成为必要。南方人坚信，他们必须为维护自己生活方式、家园和文明的一切价值而斗争。北方则为保持联邦而战，而且认为北方联邦不仅给美国人民，而且给全人类的民主带来了希望。蓄奴最多的南卡罗来纳州率先宣布脱离联邦，紧接着另外6个南方州也宣布脱离联邦，加入南部同盟。这6个州分别是：佐治亚、阿拉巴马、佛罗里达、密西西比、路易斯安那、得克萨斯（战争爆发后，弗吉尼亚、北卡罗来纳、阿肯色、田纳西先后脱离联邦，加入南部同盟，总计 11 个州）。1861 年 2 月 8 日，脱离联邦的州组成了新的政府，自称美利坚联众国，推举杰斐逊·戴维斯为总统，制订了一部独立的宪法。战争不可避免，双方立刻着手集结军队，规模超过了西半球以往所能动员兵力的数倍，"一幢分裂两半的房子"坍塌了，国家真正分裂了。

分裂的军队。

萨姆特堡的炮声宣布军队分裂了，诺福克造船厂的大火标志着海军分裂了。1861 年 3 月 3 日，南方同盟下令包围南卡罗来纳境内唯一由联邦军队占领的军事要塞——萨姆特堡。4 月 12 日清晨 4 时 30 分，南部同盟军炮击萨姆特堡，连续进行 34 小时的炮击。联邦军队被迫于 4 月 13 日下午 2 时 30 分宣布投降，降下弹痕累累的星条旗，撤出要塞。萨姆特堡的陷落揭开了美国内战的序幕。

联邦正规军本来就很少，他们是每场战争中的骨干。尽管大多数南方出生的联邦正规军士兵仍然效忠于联邦，但是，骨干中的精华——正规军军官——中的 1/3 离开了联邦部队，回到了南方家乡，为南部同盟作战，这其中就包括才华横溢的罗伯特·李将军。背叛和不忠行为像瘟疫一样在蔓延，南方的重要军事设施均不战而落入叛军之手。萨姆特堡事件之后，为了不使生产能力首屈一指的诺福克造船厂落入叛乱分子之手，北方人烧毁了它。

马休·佩里等海军先行者们为之献身的海军分裂了，安纳波利斯海军学校为安全起见，迁往罗德岛新港。每艘军舰上生于南方的军官都纷纷打起辞职报告，海军 1457 名现职军官中将近 1/4 奔往南方，他们绝大多数都是骨干力量，虽然想方设法加以制止，但无济于事。

一般来说，出生地决定了军人的归属。但是，永远不要忽视美国人个人的主见，信念使很多美国人依然选择了不寻常的去向。由于来自马里兰、肯塔基和密苏里三个边界州的约 160000 名白人穿上联邦的蓝色制服，还有 85000 人穿上南部同盟的灰色制服，参加了这场异常痛苦的真正的兄弟之战，密苏里州还陷入了大内战中的 4 年小内战。

美国人的主见还造成了很多家庭的分裂。战争中，罗伯特·李将军的堂兄弟塞缪尔·李就是詹姆士河上联邦海军的指挥官；约翰·乔丹·克里坦登是联邦国会参议员，曾先后被哈里森总统和菲尔莫尔总统任命为司法部长，该家族在美国政界很有声望，家族中的两兄弟是敌对两军中的主要指挥官；总统林肯的 3 位姻兄弟都是南方同盟的斗士，最后血战而亡；联邦海军最伟大的军官之一戴维·法拉格特是南方的阿拉巴马人，毅然为联邦而战，后来成为联邦海军司令；1823～1825 年西印度群岛分舰队总司令，优秀的海军将领戴维·波特的儿子小戴维·波特为联邦而战，而他的两个孙子却参加了南部同盟的军队，在斯通沃尔·杰克逊指挥下作战。安纳波利斯海军军官学校首任校长富兰克林·布坎南 1862 年任南部同盟海军切萨皮克湾舰队指挥官，指挥美国第一艘装甲战舰"弗吉尼亚"号重创联邦海军，而他的弟弟就在他的攻击目标之一"国会"号上当军官，在"国会"号挂起白旗后，富兰克林·布坎南仍然命令继续向"国会"号开火。内战使美国从社会到家庭彻底地分裂了，而且相当惨烈。

2. 分裂的苦果

内部分歧最终还是由内战解决了，萨姆特堡事件使美国变成了两座大兵营，士兵被源源不断地投入战场，战争在犹豫不决之间进行了 4 年，大体分为两个阶段。战争中北方无论是战争资源，还是道义上都占有主动。第一阶段，由于北方对这场战争认识不足，期待速战速决，又对南方主动放弃斗争怀有幻想，因此处于有限战争阶段。第二阶段，北方认识到，必须彻底摧毁南方，才能结束无休止的残杀，实现和平和统一，因而进入全面战争阶段。

1861 年 4 月 12 日～1862 年 9 月是有限战争阶段，双方主要集中在东战场围绕着争夺对方首都而展开激战。

南方在人力上处于劣势，因此采取集中兵力、速战速决的策略，把主力集结在波托马克河一线，重点保卫首都里士满，同时寻机决战，歼灭北军主力，迫使北方签订城下之盟。由于南方对战争早有准备，因此对速战速决充满信心。与南方相反，北方对战争毫无准备，当南方蠢蠢欲动时，共和党主席西华德却要人们"亲切、耐心和宽大地等待南方叛乱者自己回心转意时为止……"。斯科特的"蟒蛇计划"也过于保守，"蟒蛇"怀有仁慈的幻想，发力太慢，来不及被有效地执行，战争就进入激烈的状态，因而陷入战略上的混乱。

从这个阶段的整个战局看，南方占了明显优势。在东线，罗伯特·李将军取得了"第一次马纳萨斯会战"、"半岛战役"和"第二次马纳萨斯会战"等3次重大胜利，两次逼近华盛顿。北方只是在西线，在格兰特等人的领导下，陆海协同，取得了肯塔基、田纳西和密西西比河一线的胜利；此外，还利用海军优势对南方海岸线实行严密封锁。封锁使南方的出口锐减，以主要出口产品棉花为例，1861年出口值为4200万美元，1862年锐减到400万美元。到1862年底，南方仅剩威尔明顿、查尔斯顿和莫比尔这三个港口与外界往来。

南方取得优势的主要原因是北方的战争指导思想问题。内战前林肯便千方百计地避免发生冲突；战争爆发后，又想以妥协来换取南方停止叛乱，恢复联邦统一。林肯以恢复联邦统一为最高战略目标。一方面，他想速战速决，用军事压力迫使南方重归联邦；另一方面，又顾虑各派别和集团的利益，不想使用毁灭性的暴力手段，害怕引起南方人的反抗和仇恨。此外，林肯还想争取4个没有脱离联邦的边境奴隶制州。因此，他迟迟不触动奴隶制度，不谈奴隶解放问题。所以，北方进行的是有限战争。

1862年9月~1865年4月是全面战争阶段。

战争中的失利，使林肯政府面临着严重危机，在各方面形势的作用下，林肯政府作出调整，实施全面战争。首先是政治方面的，通过颁布《解放奴隶宣言》、《宅地法》等一系列制度，在全国乃至世界赢得了支持。政治上的全面改革，意味着林肯决定坚决以战争手段，结束国家的分裂。军事上，格兰特和谢尔曼制订的总体战战略，无情地打击了叛乱分子，彻底摧毁了南方的军队和分裂的意志。他们寻机歼灭南方军的有生力量，同时破坏南方的军事基础。

　　1863 年 4、5 月份，南方人赢得了在这场战争中的最后一次胜利——"昌斯洛维尔战役"的胜利，此后，北方取得了"葛底斯堡战役"胜利，一举扭转了北方东线的战局。在西线，北方接连取得了"维克斯堡战役"、"查塔努加战役"的胜利。1864 年，北方向南方发起战略进攻。按照格兰特和谢尔曼制订的计划，规定东西两个战区分两路同时对南方发起协调一致的攻击，"靠不间断的一系列战役，以消耗掉南部同盟的军队"，然后相机夺取里士满。在东线，经过 5、6 月份的"荒野之战"、"冷港会战"和"谢南多亚河谷之战"，有效地消耗和歼灭了南方军队。谢尔曼"向海洋进军"，长途迂回穿插，将南部同盟的东部分割成两半。1865 年，战争进入最后关头，南方已濒临崩溃边缘，格兰特发起总攻。1865 年 4 月 9 日，罗伯特·李率残军 2.8 万人投降；26 日，J. 约翰斯顿也投降了；6 月 2 日，全部叛军（17 万多人）放下了武器。

　　当时，伴随着工业的发展，军事技术取得了显著的进步，这使得战术相形见绌。线膛炮和后膛枪的使用大大提高了战场武器射

> 分裂使美国人付出了惨重的代价。

击距离和精度，杀伤力大增，原来那种两军对垒，站成密集队形进行排枪射击的战术为线膛炮和后膛枪提供了活靶子。在线膛炮和后膛枪的射击下，处于密集队形中的军人成群地倒下，进攻往往意味着谋杀，战场变成了屠宰场。除了武器杀伤之外，当时死于疾病的人数是阵亡人数的 2 倍，麻疹、腮腺炎、痢疾、疟疾和伤寒热等疾病持久地侵袭军营。

　　据统计，美国内战中双方士兵和水兵的总伤亡人数是 1095000 人。其中，联邦方面伤亡总数为 640000，阵亡或伤重不治 112000

人，因病致死227500人，受伤277500人，还有23000人的伤亡是因其他各种原因造成的，如溺死、谋杀、死刑、中暑和自杀。南部同盟方面的伤亡总数为455000人，阵亡或伤重不治94000人，因病致死164000人，受伤194000人，还有至少3000人因其他原因伤亡。美国在第一次世界大战、第二次世界大战和朝鲜战争中的死亡总人数为578000人，也不及内战中620000的死亡总人数。

3. 参差不齐的反应

战端开启后，参战双方及各自内部对于这场战争反应不一，也表现出一种分裂的认识，从而使战争看起来迟疑不决、犹犹豫豫。南北双方由于所处的攻守地位不同，认识固然不同，最主要的是北方军事领导群体对战争认识不一致，并具体表现为战争观、战争战略、作战风格上。

这场南北战争开始时，联邦政府所遇到的情况与当年独立战争时英国所遇到的情况很相似。

北方的联邦政府就像当年的英国，力图阻止南方的脱离，处于镇压叛乱的地位。而宣布脱离联邦的南方各州，就像一个世纪以前的北美13个殖民地，力图脱离联邦的束缚，获得对于本身生活方式的自由选择权，处于叛乱的地位，很多南方人认为这是正义的自由事业。镇压叛乱者，必然要采取攻势，直到叛乱者放弃脱离联邦的念头；叛乱者，在这场战争中处于守势，希望用坚强的抵抗，消磨北方人的决心，并赢得国际社会的支持，使北方放弃征服南方的意图。

基于这样的态势，并考虑政治、军事能力、战争潜力、国际环境、敌方意图和地理等因素，南北两方实际上在进行一次赛跑——北方先放弃还是南方先屈服。在实践过程中，北方逐渐找到了开启胜利之门的钥匙。北方将歼灭战战略与消耗战战略结合在一起，逐渐形成了联邦的总体战略。在西部，北方强调实行消耗战略，因为那里的河流提供了渗入南方最重要资源地区的通途；在狭窄的东部，由于罗伯特·李的北弗吉尼亚军团挡住了北方军队南下的道路，联邦强调打歼灭战。但由于北方将领对战争认识上的分歧，使这个过程漫长而痛苦。

联邦陆军总司令温菲尔德·斯科特是南方的弗吉尼亚人，但是忠于联邦，他坚决地主张采用军事手段打击南方。他制订了较为温和的"蟒蛇计划"，这是以一种以慢慢扼杀猎物的南美巨蛇来命名的。斯科特计划用强行的海军封锁，切断南部同盟与欧洲的联系；同时，沿密西西比河突破，把南方一分为二，首都里士满所在的东部将变成一个半岛，环水的三面受到北方海军的包围，而向陆地的一面又被陆军重兵封堵。这样，南方就将因窒息而死；同时，南方的联邦分子还有可能重新控制局势，使南方重回联邦。

斯科特制订了"蟒蛇"战略。

"蟒蛇计划"有一点是正确的，即采用消耗战略；不足之处在于，它完全采用消耗战略，因为漫长的封锁线并非牢不可破，一旦被攻破几个点，封锁将失败，南方军队将继续存在。这是因为他忽视了一点，即这场战争是全面的，而非惩罚性的，战争是要让南方军民共同丧失斗志，就需要使忠于南方的军事力量不存在。

由于"蟒蛇计划"的速度太慢，公众和政治家们希望联邦以更快的速度平息叛乱，许多将军也希望采取更富有决定性的行动，并建议在大战役中消灭敌军重兵集团来平息这场叛乱。林肯意识到联邦最重要的打击目标是南部同盟的军队，因此他敦促将军们"只要可能，就消灭反叛的军队"。当这些将军们未能做到这一点时，他就表示出极大失望，以致在战争期间，数次更换军队统帅，甚至更换了数名总司令。波托马克军团司令欧文·麦克道尔怀有与斯科特相似的观念，似乎更甚，因为他不爱打仗。"第一次马纳萨斯战役"失利之后，其职务由麦克莱伦接替，并为麦克莱伦升任陆军总司令创造了条件。

麦克莱伦的战略太"仁慈"。

乔治·布林顿·麦克莱伦是西点军校 1846 年的优秀毕业生,参加了墨西哥的战争,之后任西点军校军事工程教官。克里米亚战争时期,为了获得作战经验,被留在西方军队中,考察欧洲的战略战术,有较强的军事才能。内战爆发,他站在北方立场上。1861 年先领导俄亥俄州志愿军、率领波托马克集团军,后担负防御华盛顿的任务。因为在 1861 年 7 月率军击败南方联盟军,获得"西部小拿破仑"称号。第一次布尔伦战役后,他受命保卫首都,击败了敌人在弗吉尼亚北部和东部的军队。

1861 年 11 月,麦克莱伦接替斯科特任北方各州联军总司令。但是,对这场全民战争认识不清,使他的很多才能闲置无用。麦克莱伦是战争中的"慈善家",他不愿打大仗,害怕冒险和发生大屠杀。他在写给妻子的信中说:"我已对战场上令人作呕的情景感到厌倦,那里到处是血肉模糊的尸体和病苦挣扎着的伤员。"这与完全摧毁南方人的信心背道而驰,甚至与他的仁慈也背道而驰。因为"仁慈"使他在指导战争时犹豫不决,防御时倒是可以倾尽全力,但进攻时就畏缩不前。结果造成战争久拖不下,在遇到可以尽早结束战争的机会时,却停止了进攻,使战争变成了慢吞吞的屠杀;害怕伤亡,却造成了更大的伤亡。另外,他对这场战争的政治性认识也不足,尤其是当总统林肯和陆军部长斯坦顿站在政治的高度干预战争时,他就很反感。后来《解放奴隶宣言》发表之后,政治工作所表现出的威力,证明了麦克莱伦的目光短浅。麦克莱伦心理的外在表现是,他强调自己的困难和敌人的机会,缺少求战的欲望,认为对手胜过自己,因而显得过于谨慎,行动迟缓。

激进的共和党议员要求进行一场能从根本上重建南方社会的严酷战争,包括解放南部黑奴。于是,议会组建了一个战争指导委员会,通过秘密的程序,宣称议会有行使战争权,表彰了同意激进派观点的将军,而对不愿将战争进行到底的将军则进行了责难。

1861 年 10 月 21 日巴尔布拉夫战役失败之后，麦克莱伦仍然按
兵不动，并错误估计对面的南方军队有 15 万（实际上只有 5.5 万）。
此行为引起了国会的怀疑，质疑他对联邦的效忠，压力之下，麦克莱
伦磨磨蹭蹭地开始向里士满推进，并形成了合击里士满的形势。机会
大好的情况下，他又迟疑了，结果给了罗伯特·李集结军队的时间，
致使北方军遭到败绩，损失了 1.5 万人。之后，李将军乘胜北上，取
得了"第二次马纳萨斯会战"的胜利，歼灭北方军 1.4 万人，兵临
华盛顿城下。防御战激发了麦克莱伦的责任感，在 9 月的"安提坦
战役"中，他击退了李将军的军团，却没有乘胜追击，丧失了全歼
李部的机会。

林肯对麦克莱伦越发不满，评价他时说他们"不想伤害敌人"，
并解除了他的指挥权。像这样的将领并非只有麦克莱伦一个，伯恩赛
的、比尔，甚至后来担任参谋长的哈勒克，也与之相似。

他们认清了这场战争的性质是全民战
争；要结束战争，就需要进行彻底的全面战
争，残酷地消灭敌人，用残酷的战斗尽快地
结束这无休止的屠杀，格兰特和谢尔曼是他们的杰出代表。他们能够
看到自己的机会和对手的弱点，虽然并非真正爱好打仗，却能毫不犹
豫地抓住战机。他们认识到只有彻底征服才能使南方归顺，并决心要
完成这项任务。正如林肯在对麦克莱伦等人失望之际所说："我们不
能没有这个人（格兰特），他在战斗。"

幸运的是，北方还有另一类将领。

尤利塞斯·格兰特于 1843 年，以班上的中等成绩毕业于西点。
他参加过墨西哥战争，墨西哥战争结束后在军队服役了几年，郁郁不
得志。1854 年 4 月，他辞去职务，辗转回到伊利诺伊州的盖伦纳，
在父亲经营的皮革店中工作。内战开始后，训练民兵；1861 年 5 月，
他被任命为上校；8 月，升他为陆军准将。

1861 年下半年到 1862 年春，东部战场一筹莫展之际，他率领部
队在西部战场取得了一系列胜利，田纳西河上的战略要地——帕杜

卡、贝尔蒙特等，都是格兰特率军占领的。他的作战风格硬朗，对叛军十分强硬。在坎伯兰河畔的唐纳尔逊堡，包围了18000名敌军，敌守军司令西蒙·巴克纳将军与他探讨投降条件，他的回答是"除了无条件投降外，任何条件都不能接受"，于是敌军司令只好交出堡垒，当了俘虏。他因而得名"限令无条件投降的格兰特"，声名大震，林肯因此把他提升为少将。

　　1862年10月25日，格兰特被任命为田纳西军区司令官。在他的主持下，西线战场捷报频传，支撑着联邦政府和民众的意志。1864年初，林肯总统任命格兰特为总司令。他深刻认识到内战全面战争的本质，认识到解放奴隶及武装黑人的重要性，向政府表示"我从内心支持武装黑人的工作，这个和解放黑人（的措施）一样，是对于南部同盟的最沉重的打击"。他注意战局的统一性，实施全面统一的指挥，各战区协调行动，密切配合。尤其是陆军和海军的配合，自己与谢尔曼的配合。他指挥里德在东线逐渐消灭李的军团，把敌军驱到里士满附近。谢尔曼的大军在南方腹地攻下亚特兰大后，"向海洋进军"，横扫北卡罗来纳，有力地破坏了南方的交通运输及经济。1865年4月3日，格兰特占领里士满；4月9日，罗伯特·李将军所统率的28000人全部投降。

　　威廉·谢尔曼1840年毕业于西点，是内战中格兰特的得力助手。他发展了总体战战略，把摧毁敌方经济资源同心理攻击结合起来，把恐惧当作战争工具，主张用战争暴力摧毁敌方军民的战斗意志，使其无法继续进行战争。主张"只有让他们饱尝战争的苦头，使今后几代再也不敢诉诸战争……我们一定要清除和摧毁一切障碍，有必要的话，就杀死每一个人，夺定每一寸土地，没收每一件财物。一句话，破坏我们认为应该破坏的一切东西，不达目的，决不罢休"。他认为："我们不仅是在和敌对军队作战，而且是在和敌对人民作战。我们必须使他们不分老幼、无论贫富都感到战争的以及有组织军队的无形力量"，从而丧失进行战争的意志。他所指的对人民的征服，主要是指对敌方人民的财产。同时他认为："对拒绝服从法律和当局的人应该毫不怜悯地消灭。"

格兰特和谢尔曼的总体战战略，在美国军事史上影响极大。在以后的核威慑、大规模报复等战争思想中，都可以看到总体战的影子。正是像格兰特和谢尔曼等一批清楚认识内战全面战争本质的将领的努力，才最终结束了残酷的内战。

内战是美国历史上最彻底的分裂，不仅社会分裂了，家庭也分裂了；不仅人民分裂了，军队也分裂了；甚至，在北方军队中，连对战争的认识也完全分裂了。分裂给美国人民带来了深重的灾难。战争持续了4年，62万美国军人死在战争中；而平民也不能完全幸免，总体战毁坏了无数家园和人们赖以生存的资源。在军事上，那些思想停留在有限战争形态的军人们，恪守"军人与军人"之间的战争，回避大量的杀伤。然而事与愿违，越是避免杀伤，杀伤就越无止境。他们很难转变，幸运的是，民众及时转变了，促使那些已经转变战争观念的将领们走上领导岗位。从而，以铁的手段，果断地结束了战争。

（二）大战争

一个厌恶军队的国家，一个致力于生产和生活的民族，却将自身投入到规模和复杂程度都空前的战争。由于双方的理想和利益冲突不可调和，同时自信于自己的战争实力，双方都决心一战；军事技术的进步增大了杀伤精度和作战范围，而作战观念却未能及时调整，战争伤亡巨大；战争深入社会深层，久拖不下；战争方式在军事领域无所不用，并拓展到军事之外，成为全面战争。美国内战堪称一场名副其实的大战争。

1. 庞大的兵营

事物往往在一个极端上，预示着另一个极端。

虽然，内战以前，美国近似于一个没有军队的国家。然而就是这样近乎没有军队的现实，蕴涵着全民武装的潜质；没有武装的国度，孕育着全民的大战。正如曾经指挥过田纳西军团的约翰·洛根将军所说："那时，炮火声响彻大地，必要时全国大部可变为森严壁垒的大兵营，但是这个国家在和平时期仍然没有军队。……这种情况是相当独特的。"

直到内战爆发，美国的正规军数量仍然很少，陆军只有198个连队，包括1108名军官和1.5万名士兵，而且有182个连队分散在西部前线的79个哨所里。海军在航的各种类型的舰船实际上只有42艘，很多分散在全球各地的海外驻屯点上，有的直到战争爆发两年之后才回到国内。服现役的海军官兵总共只有7600人，207人在大西洋沿岸的海军接待船上工作，人手奇缺。这支主要负责开疆扩土和保护贸易的军队，对于这个幅员辽阔、利益遍布世界的国家，显然是不足的；尤其是对于将要爆发的这场大战，也只能说聊胜于无。

在欧洲，已经有过这样的经验。法国革命战争最先显示出巨大的军事威力，这种威力在于它把全民族爱国主义激情鼓舞起来投入战争。这种激情能够在短时期内大面积地武装民众，国家成为大批军队武装的国家。如果有一支为同样民族激情所鼓舞的军队与之相对抗，那么大战就不可避免。

美国内战的情形就像法国这种模具制作的标准产品一样。之前的第二次独立战争、墨西哥战争已经证明了，美国的军事传统具有在短期内组建大批军队的能力，这表明全民武装有可能实现。由于南北双方都是为无限目标而战斗，北方为重新统一和解放黑奴而战，南方则为争取独立和维护奴隶制而战，因此不可能找到折中方案。短期而有限的战争不可能迫使任何一方屈服，只有持久而残酷的斗争方能解决问题。萨姆特堡事件之后，席卷南方和北方的爱国主义热情异常强烈，几乎全体人民都意识到大战即将来临。

民心高涨，使战争初期的征兵速度相当惊人。在亚伯拉罕·林肯就任总统后两天，

国家！兵营！

南部同盟的国会决定，组建一支由 10 万名志愿人员服役一年的军队，并且规定在一个月以内必须把 1/3 人员武装起来。在马纳萨斯战役后，又决定招募 40 万兵员，服役 3 年。1861 年 11 月，又推出了名目繁多的赏金和特权享受鼓励服满一年兵役的人员继续服役 3 年。到战争结束时，在南部同盟军队中作过战的总人数约 90 万，1863 年底同盟军最多时有 46.45 万人。

北方的反应速度较慢，但是数量巨大。1861 年 4 月 15 日，在撤出萨姆特堡次日，林肯总统发表公告，为镇压南方七州的叛乱，要求各州提供 7.5 万名民兵为联邦服役 3 个月。同时要求，陆军部确定各州征召民兵的名额，普通民兵都列入注册名单，各州招募兵员补充已编成的连队。民众的热情使得招募编成的志愿人员的总数大大超过了各州州长和总统准备接受的数字，91816 人远远超出了要求的 7.5 万人。由于仍有很多人争相踊跃应募为联邦政府服役，林肯决定增加无须立法授权的军队建制。他于 5 月 3 日征召了 42034 名志愿人员；将正规军陆、海军分别增加 22714 人和 18000 人。接受兵员的人数超过了招募计划，7 月 1 日，陆军已经装备了 31 万部队。在 7 月 4 日的演说中，他要求授权征召 40 万服役 3 年的志愿人员，国会很快决定征召 50 万人。这样，国会决定建立一支 100 万人的志愿人员部队。根据两个法案和 5 月 3 日的官方命令，最终约有 70 万人应募入伍。8 月 2 日，根据陆军部长的报告，485640 名服役 3 年的志愿人员已在部队，编成 418 个步兵团、31 个骑兵团和 10 个炮兵团。

这样，从萨姆特堡失利，到陆军部 8 月 3 日作出报告的大约 4 个月的时间里，美国陆军在原来的基础上扩大了 27 倍。整个战争期间，

在联邦军队服过役的总人数有 200 万人，到战争后期军队实力达到 100 万人的顶峰。内战期间，北方人口总数是 2200 万，南方人口总数是 900 万。可见，南北双方的服役总人数均接近人口的 1/10，内战中的美国，俨然成为了一座巨大的兵营。

海军方面，战争之初，北方海军以其先天优势，决定要封锁南方海岸线。这一任务是艰巨的，从波托马克河到里奥格朗德，海岸线长达 3500 多英里，其间还有 189 条河流，无数的港湾，需要大量舰船。当时联邦政府海军各类舰船登记在册的共有 90 艘，但是年久失修，可用船只极少且分散。海军力量问题落在海军部长吉迪恩·韦尔斯身上。据韦尔斯报告，到 1861 年 9 月，编入现役的舰船已经达到 82 艘；1861 年 12 月，达到 264 艘；1862 年 12 月，达到 427 艘；1863 年 12 月，达到 588 艘；1864 年 12 月，达到 671 艘。曾服役于南方邦联海军，战后成为研究南方海军的历史学家据托马斯·沙尔夫说："这种封锁使南方与外界的联系隔绝，补给渠道切断，陆、海军的力量削弱，最后，各种物资来源枯竭而不得不屈服。"

黑人也在这场战争证明了自己的价值。成千上万的黑人加入了北方联邦部队，也有一小部分黑人被迫参加了南部同盟的部队。但是在联邦部队中的黑人，是以自由人的身份参战的，这是一个历史性的标志，标志着美国内战中参战的群体已经扩大到了更多的种族。

2. 前所未有的震撼

（1）巨大的伤亡，前所未有。

内战一开始就给美国人以前所未有的震撼。

线膛枪和线膛炮已经出现，并正在逐步取代滑膛枪和滑膛炮，射击精度和射程都有了较大的提高。南北双方都以购买、改装等方式大量装备步枪，内战成了步枪大会战。对于线膛炮来说，其有效射程和步枪相近，炮手免于受到对方枪炮射击的安全距离，也正是对方射手的安全距离，因此不能充分发挥自身威力。对于进攻者而言，炮兵若想保证自身安全，就会对躲在战壕中的敌人无能为力。而步兵则可以躲在战壕中，在较远距离内杀伤进攻者，基本不给后者以突破或者白刃战的机会。因此防御者占有绝对的优势，而进攻者则困难重重。以往那种密集队形进攻，然后实施白刃战的进攻方式只能遭致屠杀。拿破仑的进攻战术（提高炮兵机动能力，将炮兵与步兵同时部署或部署在步兵之前，以强大的火力轰击防御部队）也遭到了步枪的破坏，因为炮兵已经不在安全距离之外。虽然，北方后来取得的胜利是进攻的成果，但那是一种消耗战略和对步兵、炮兵等各兵种战术运用得当的结果。

军事技术和战术显然不能在一场决定性战斗中完全消灭敌人，那么长期消耗战就是击败敌人的唯一办法。美国内战第一次使大规模对阵和大数量伤亡映入世人眼帘，战争自此进入耗资巨大而无结果的消耗战阶段，第一次世界大战就仿佛是美国内战的翻版，绞肉机和屠宰场频繁出现，这种情况一直持续到坦克和飞机出现为止。

1861 年 7 月 21 日，南北双方在华盛顿以南布尔伦河畔的马纳萨斯进行第一次会战。联邦军主力 30000 人，在麦克道尔将军指挥下，向博雷加德将军指挥的 22000 南部同盟军发动攻击。战役中南方军队表现坚决，而北方军队迟疑不决。南方约翰斯顿将军率领 9000 南部同盟军前来增援，而负责牵制约翰斯顿的联邦军将领帕特逊率领 15000 名军队犹豫中未予截击，致使北方军溃败。这次会战，双方投入总兵力 7.6 万人，超过了墨西哥战争中双方任何一次对阵人数，是美军在墨西哥战争中总兵力的 3 倍多。战役结果，联邦军死伤 1584 人，失踪 1312 人，南部同盟军损失共计 1982 人，双方共计损失 4878 人，一次战役的伤亡就超过了墨西哥战争中伤亡总数（13283 人）的 1/3，超过了第二次独立战争美军伤亡总数（6765 人）的 2/3。

第一次大伤亡出现的时候，人们的感受是置身于地狱。

战场被这样描述道：发动攻击经常意味着"屠宰场，停尸房和在家中哭泣的许许多多的母亲和姊妹"。无论是对于失败者还是胜利者，进攻者还是防御者，战场都是一片令人伤感的景象。成千上万的人被炸得支离破碎，血肉模糊。在天气暖和的时候，尸体肿胀发黑，迅速腐烂，空气中弥漫着刺鼻的恶臭，伤兵的呻吟惨叫不绝于耳。

　　后方也好不到哪去，在临时医院里，外科医生的围裙溅满鲜血，手持血淋淋的器械在救死扶伤，制造出一堆堆分离的肢体，在切开伤口和锯断伤肢时往往没有麻药。大屠杀真的开始了。然而，这只是个开始，更大的伤亡在后面漫长的战争进程中络绎不绝地出现了。第一次马纳萨斯会战的失败，使北方人清醒起来，抛弃了轻敌和速战速决的思想，开始认真准备进行一场残酷的持久战争。

战争中后续的对阵与伤亡数字，让第一次马纳萨斯会战的数字相形见绌。

　　在东部战场，1862 年 4 月，麦克莱伦发动了半岛战役，南部同盟罗伯特·李将军抓住麦克莱伦孤军深入的机会，于 6 月 26 日发动了"七日战役"。战役中，联邦军投入兵力 91169 人，损失 15849 人；南部同盟军投入兵力为 95481 人，损失 20614 人。这样的数字足以进行以往任何一次战争了。8 月 29 日至 9 月 1 日，南部同盟军发动了第二次布尔伦河会战。南方军 55000 人对北方军 65000 人，北方再次败在战术高超的李将军手下，损失了 16000 人，南方损失了 9200 人。9 月 5 日，南部同盟军在华盛顿以北渡过波托马克河，进入马里兰州境内，展开了安提塔姆会战。结果，9 万名联邦军对阵南部同盟军的 45000 人，南部同盟军被击退。北方损失 1.37 万人，南方损失 1.2 万人。以后的弗雷德里克斯堡战役、钱瑟勒斯维尔会战、葛底斯堡会战、"荒野"地区会战、斯波特西尔法尼亚战役、冷港会战等历次战役中，对阵人数均以十万计，伤亡人数均以万计，战事惨不忍睹。

　　这场战争，就其规模和残酷程度而言，均为美国历史上前所未有。据统计，北部联邦先后征集 220 万人入伍，有 360222 人死亡，

635397 人受伤；南部同盟先后征集了 90 万人，死亡人数为 258000，受伤 383000 人。战争耗费了大量资财，双方总数加起来估计在 200 亿美元以上，是 1789～1865 年联邦政府全部开支的 5 倍。

（2）广阔的战场，前所未有。

战线从大西洋延伸到距海岸 3500 多英里的堪萨斯平原，战场被自然与社会政治经济因素分为四个战区。第一个是东部战区，它位于切萨皮克湾和阿巴拉契亚山脉之间。它又可分为两个小战区，谢南多亚河谷流域是一个小战区，阿巴拉契亚山区东部弗吉尼亚的剩余地区是另一个小战区。谢南多亚河沿线是入侵北方的一条极佳路线，它使得南部同盟军队能够对华盛顿及其他城市构成威胁；还威胁到北方的两大重要运输线，即切萨皮克至俄亥俄的运河和巴尔的摩至俄亥俄的铁路。而另一方面，河谷也为北方部队更深地进入山区开辟了道路。在东弗吉尼亚，许多大小河流自西向东流去，把华盛顿和里士满之间的地区分割开来。河流水网可以帮助抵御陆路攻击，也能为海上攻击提供航道。东部战区对于双方来说都是喜忧并存，双方的首都位于东部战区，使双方都存在对敌方首都包抄突袭的可能性。因而，东部战区显得特别重要。

内战所及面积空前，令人惊诧。

第二个是西部战区，是阿巴拉契亚山脉和密西西比河之间的广大地区。它包括三个小区，即田纳西州中、东部和密西西比河战线。西部战区的地理条件对联邦十分有利，坎伯兰河、田纳西河和密西西比河自北向南流去，可以断开任何一道防线。

第三个是密西西比战区，是密西西比州及周围的地区，它虽然幅员辽阔，但不像东部和西部战区那样重要。

第四个是海上战区，由于封锁对于总体战的重要性，使得北方海军竭尽全力控制海上战区。

海上战区的存在，还使战火烧到了海外。

在内战全过程中，南部同盟有 19 艘各种船只逃离美国港口，以私掠船面目在海上出现，他们总共俘获了258艘各类船只。据载，这些战利品最低的价值为1500美元，最贵的为150万美元。臭名昭著的海盗船"萨姆特"号俘获了18艘，"塔拉哈西"号俘获了29艘；"谢南多亚"号俘获了36艘；"佛罗里达"号俘获了37艘，而"阿拉巴马"号俘获了69艘。北方联邦政府必须派遣舰只到海外追剿这些私掠船。

最著名的海外海战就发生在"阿拉巴马"号身上。"阿拉巴马"号到处游猎，是一只没有国籍、没有基地和没有休整地点的"海狼"。为了消灭这个幽灵，联邦海军抽调了军舰，从西印度到东印度，从巴西外海到好望角外搜寻"阿拉巴马"号。但它异常狡猾，充分利用中立法为自己寻找一个安全的天堂，并在当地条件允许时利用中立法去干坏事。终于，在法国的瑟堡，在"阿拉巴马"号等待法国批准进港检修时，北方的"基尔沙奇"号抓住了机会。一艘法国军舰护送"阿拉巴马"号至3海里的领海线外之后，战斗开始了。在法国海岸如潮的围观者眼前，美国南北两艘军舰兄弟相残。最后，防护力和攻击力都逊色的"阿拉巴马"号被击沉了，9名人员阵亡，10人淹死。

广泛分布的战区，使彼此之间的协同非常重要，在内战中，经常看到陆海军协同、不同战区之间协同的场景。不同军种、不同战区之间的协同，使美国内战波澜壮阔，为美国人以后进行大战积累了宝贵的经验。第一次世界大战中美国海军在广阔的大西洋上打击德国潜艇，为商船护航；美国远征军在西欧与英法军队并肩作战，成为扭转战局的决定性力量。第二次世界大战中美国领导全球战争，同苏联、中国、英国、法国等许多国家联合，在三大洲、两大洋中利用陆、海、空三维力量与敌国战斗。

3. 全面战争

南北战争中，南北各方都是为了获得各自的社会利益，最终服务于全社会，但这要求双方都必须首先赢得战争。为了赢得这样规模巨大、影响深远的战争，必须调动全社会的力量。南部同盟的一名将军写道："战争中全体人民和国家的全部产品（士兵和军队的给养），都是战争的基础，各种支援战争的制度无不建立在该基础之上，每个公民、每个工业部门此时都只能采取一种态度——为全民防御作出贡献。"北方也是如此，必须以全部的力量来进行战争。而且，交战的任何一方部不能依靠临时性的措施来装备、供养和运送其大量的军队。后方的保障与前方的战斗同等重要。此外，作战范围广阔，涉及部门繁多，牵一发而动全身，后勤与战略问题的广泛协调已不可能由各州单独完成，必须在国家的范围内实施集中统一控制。

内战进入了漫长的消耗战，双方的交锋不再仅仅局限在战场上，战场只是双方各方面对抗的前端显示。交锋在军事、政治、经济等各个领域展开，战争的触角深入到社会的各个领域，影响到细枝末节。从战争的进程来看，战争初期，南方依靠较好的军队素质和将领高超的指挥艺术，打了几场漂亮仗。他们连续赢得了第一次马纳萨斯会战、七日会战、第二次马纳萨斯会战等战役，还曾一度进逼华盛顿，涌现出了一批优秀的将领，最著名的有罗伯特·李、杰克逊、约翰斯顿等。到了战争后期，当北方人意识到摧毁敌人赖以发挥素质与指挥的生存基础时，南方就显得不堪一击了。

人口，是一个社会经济发展的重要指标之一；其中的成年男子，肩负着生产者和战斗者的双重使命，是战争的第一要素。社会生产和生活资源，为战争提供物资和装备，维持战争的进行，是战争能量的源泉。一场旷日持久的战争，战场上的对抗已经不可避免地与全社会的对抗交织在一起。越是仁慈，越是保持骑士精神，战争就越残酷，残酷就越持久。谁先认识到这一点，谁就会占得先机。

这时，回过头来看南北方的综合实力对比，就会发现，如果北方能够顶住南方最初几轮猛攻和突袭，胜利属于北方几乎是必然。

北方共有 23 个州，面积约占全国的 3/4，集中了全国工业生产的 86%，全长 5 万公里铁路线的 70%，银行资本的 80% 以上，以及 97% 的军火生产。

在人口方面，1861 年，联邦拥有 2200 万人，而南方只有 900 万人。此外，两个原因加深了南方的人力紧张。首先，南方有 350 万奴隶在农田和工厂劳动，本来是有利的军事和生产资源，然而，1862～1863 年以后，当北方开始招收黑人入伍时，奴隶们反而成了南方的敌人。其次，在 1861～1865 年间，有大约 80 万移民到达北方，其中有相当大的部分是可以从军的男性公民。这使北方在战争期间服役人数超过 200 万，不到可用人口的 1/10，大约是男性劳动力的 1/2 对社会生产影响不大，也可以忍受继续消耗。而南方在战争期间服役人数约 90 万，超过了白人的 1/3，几乎对南方白人男性总动员，严重影响了社会生产，也使军队后继无源。

在提供战争物资的工业基础上，北方的工业优势巨大。1860 年，北方有 11 万个工厂，而南方仅有 1.8 万个。南方的弗吉尼亚、阿拉巴马、路易斯安那和密西西比四个州制造业产品总值不到 8500 万美元，而北方的纽约一个州就几乎达到 3.8 亿美元。南方各州要依靠北方的技术知识、技能和原料基地，缺少这些支持，生产很困难。例如，截至 1860 年 6 月 1 日的一个年度中，南部同盟生产了 36790 吨生铁，而北方宾夕法尼亚一州就生产了 580049 吨。而且，南方工厂和矿山都集中在靠近北方的地区和沿海城市，容易遭受攻击。

在战略价值重大的铁路方面，北方的铁路网较为完整，工业设施有能力生产足够的车辆和铁轨；而且，1862 年 1 月，国会果断授权总统管辖所有铁路，林肯任命丹尼尔·安卡勒姆为美国军用铁道部主任，5 月，总统正式接管了全部铁路，有力地支持了总体战。相比之下，南方铁路网不完整。铁路大多是短途单轨，五花八门的铁路公司之间的激烈竞争使轨距不统一，且经常互不联结；机车、车辆、钢轨和修理设施十分匮乏，又都不能生产；由于政府拒绝对铁路实施管理，直到1865年初，南部同盟政府才最终接管了铁路，但为时已晚。北方的水路和公路运输也较好。北方的海上力量限制了南部同盟的沿海交通，联邦的炮舰可以在西部的多数大河中耀武扬威。

在金融方面，一个农业化社会和一个工业化社会更是不可同日而语。南部同盟没有能够应付长期战争的金融机构，缺乏银行业的专家和研究部门，没有可供其支配的硬货币；传统的财富主要体现为土地和奴隶，难于转化为流动资本。与欧洲的棉花贸易也因战事而中断。财政收入日益萎缩，一些临时性措施也没有基础和可信的根据，难于奏效，难以支付战争经费。相对来说，北方则显得机构健全，政策合理可信，财政实力雄厚。

显然，与南方的领导人和将领们相比，林肯、格兰特和谢尔曼拥有丰富的资源进行总体战。麦克道尔单纯的军事对抗、麦克莱伦的"仁慈"、林肯总统的犹豫不决，促成了1861年4月到1862年9月间漫长而残酷的战况。两度担任陆军总司令的麦克莱伦应

> 林肯政府的新政策，起到了明显的效果，北方军队兵员更加充足，士气更加高涨；而南方在兵员和社会生产等方面进一步受到影响。

该没有意识到这场战争的全面性，因此也不可能制订正确的战略，实施果断的进军。但林肯总统的犹豫是因为他是站在国家战略高度来进行这场战争的，他的全面战争策略在开始就初露端倪，但是并没有完全放开。联邦海军一开始就对南方海岸实施了封锁，着手绞杀南方的经济。但是考虑到一些处于中立状态各州的倾向，并没有触及奴隶制以及西部土地问题；同时，处于对传统战争的记忆，也没有制订毁灭南方社会基础的战略。但是，随着战事残酷无果地延长，北方人意识到需要以果断的措施来结束这场战争了。1862年9月以后，林肯总统连续发表了《解放奴隶宣言》，颁布了《宅地法》，同意武装黑人。

这些政策让这场战争彻底变成了全民战争，无情地摧毁了南方赖

以支撑战争的社会基础。北方充分发挥了雄厚的经济、军事潜力，战局开始有利于北方。1863 年 4～6 月份，胡克指挥波托马克军团 13 万人，同罗伯特·李的 6 万人进行了"昌斯洛维尔战役"，这是南方取得的最后一次胜利。因胡克指挥不力，北军失败，但是南方骁将杰克逊阵亡。7 月初，李的军团 8 万人与波托马克军团 11 万人进行了著名的"葛底斯堡战役"，北军取得大捷，一举扭转了东部战场的局势，从此北方掌握了东战场的主动权。在西线，1863 年 2 月至 7 月，在格兰特的指挥下，北军取得了"维克斯堡大捷"，占领了控制密西西比河的要地、西部铁路网的枢纽——维克斯堡。11 月，格兰特又取得了"查塔努加战役"的胜利，攻占了重要铁路枢纽和战略中心——查塔努加。从此，通往南方后方亚特兰大的道路向北军敞开了大门。

同时，北方适时地实行了征兵制，并不断尝试改组军事领导机构，最终林肯选定了在西部战场上表现卓越的格兰特，任命他为总司令。为了证明格兰特的军事才华，这里有必要回顾一下他的战绩。当 1861 至 1862 年东部战区战绩不堪入目时，西部战区却令人眼前一亮。格兰特的军队经常取得令人欣喜的战果。1862 年 1 月，格兰特建议指挥官哈勒克占领亨利堡，在海军的配合下，取得成功。继而，格兰特又联合海军，攻占了多纳尔逊堡，使南军物资损失惨重，并被迫放弃了纳什维尔。4 月，又在田纳西河上游击退了约翰斯顿。1863 年 2 月至 7 月的维克斯堡大捷，也出自格兰特之手。在格兰特周密计划下，7 万陆军在海军的配合下，先攻后围。南军弹尽粮绝，被迫投降。是役，北军俘敌 3.7 万人，毙伤敌 1 万人，包括 15 名将军，缴获大炮 172 门；自损 8873 人；迫使哈得逊港的敌军也放下了武器。北军从此控制了整个密西西比河，将南方领土一切两半。在 11 月的"查塔努加战役"中，格兰特指挥 6 万人马击溃了南军 4.6 万人，毙伤南军 8500 人，自损 5824 人，打开了通往南方后方亚特兰大的门户。

格兰特的成功，一方面，是他们坚决的作战态度；另一方面，是他们对这场战争的认识较别人更加先进，他是最早认识到这场全面战争性质的人，并且非常重视陆海军以及不同军队、军区之间的配合。升任总司令后，格兰特与他手下干将谢尔曼制订了新的战略。

联邦的战略思想很明确，就是总体战略，进行全面战争。格兰特信奉拿破仑的歼灭战略，认为歼灭敌人有生力量是首要目标，而不计较一城一地的得失。他把目光盯在两支南军主力李和约翰斯顿的军队上。他给米德下令："李的军队将是你的首要目标。李跑到什么地方，你也要跑到什么地方"。他告诉谢里登："敌军不亡，我军便追逐不止，敌军撤向何处，我军就跟向何处。"

打赢全面战争，要有总体战略

他把摧毁敌人军事力量，同用国家一切资源摧毁敌人的一切政治、经济目标及民心结合起来，从而迫使敌人无条件投降。正如格兰特的传记作者亚当·多巴说："他懂得他正在进行一场人民的战争。除非南方的军队及人民都被征服，否则战争就不会结束。"他命令谢尔曼："尽你所能深入敌境内部，对他们的战争资源进行你所能够进行的一切破坏……把它们毁掉，不必流血却能与消灭敌军产生同样的结果。"他把战争目的从消灭敌军发展成为摧毁敌人进行战争的资源上。

谢尔曼则进一步发展了这一总体战略，把摧毁敌方经济资源同摧毁心理结合起来，使用恐惧手段，把敌方人民包括在内，主张用战争暴力摧毁敌方居民的战斗意志，使敌人丧失继续进行战争的能力。他说："我们不仅是在和敌对军队作战，而且是在和敌对人民作战。""只有让他们饱尝战争的苦头，使今后几代再也不敢诉诸战争……一句话，破坏我们认为应该破坏的一切东西，不达目的，决不罢休。"格兰特和谢尔曼的战略，开辟了总体战略的先河，在其后美军"无条件投降"、核威慑和大规模报复等思想中，都可以看到这种思想的影子。

按照总体战略思想，战略计划规定东西两个战区分三路同时对南方发起协调一致的进攻。

东线为主攻方向，格兰特亲自指挥波托马克军团，主要目标是歼灭罗伯特·李军团。即"靠不间断的一系列战役，以消耗掉南部同盟的军队"，然后寻机夺取里士满。巴特勒的部队从东向西进攻里士满。谢尔曼负责对"南部同盟"的东部地区实施中间突破，由西向东南横扫，插入南方腹地直至大西洋沿岸。海军则继续攻占南方沿海港口，实施封锁，同时协助陆军作战。

按照既定的战略计划，北军连续取得大胜。格兰特采用消耗战略，在东线，1864年4月，进行了"荒野之战"，6月进行了"冷港之战"，两军伤亡均很惨重，北军略多，但是补充很快，而南军则人力枯竭。1864年8月至1865年3月的"谢南多亚河谷之战"中，北军谢里登部全歼南军厄尔利部。

在西线，谢尔曼集结了10万精兵，直插南方腹地。占领亚特兰大之后，向海洋进军，与海军一起攻下萨凡纳。一路上实施恐怖战略，大肆破坏，极大地破坏了南军的战争潜力。与此同时，北军托马斯部在"纳什维尔战役"中歼灭了南方在西部的最后一个军团。

1865年，罗伯特·李升任南军总司令，但已无力回天。1月15日，北军攻占了南方最后一个港口威尔明顿。1865年2月，谢尔曼从萨凡纳出发，向北挺进，准备与格兰特合围李军团。在五岔口一战中击败李军团。

虽然投降的是罗伯特·李，但是以李为代表的南方战略仍然有其合理之处。

在战争的第一阶段，李根据双方力量悬殊的现实，制订了"以攻为守、掌握战争主动权"的战略。他认为："南方必须从单纯防御转入以攻为守。在南方处于人力劣势的情况下，只有把我们的部队集中起来，我们才能有希望赢得具有决定意义的优势。"因此，他不专注于华盛顿，而是集结主力于波托马克河一线，保卫首都里士满；同时寻机决战，以便歼灭北军主力，迫使北方签订城下之盟。此时北方也奉行有限战争，正中南军下怀，因此南军连战连捷，但北军也渡过了难关。

第二阶段，李清楚地认识到，南方胜利的可能性不大。因此，意图尽力用军事压力迫使北方与南方讲和。要以彻底进攻战略取代以攻为守战略，攻入北方，夺取要地，从而使北方放弃战争。但人力的限制和后方供应的困难，使南方的目的无法达成。而北军则采取了总体战略，使南军在进攻中耗尽元气，最终铸成了败局。

李的失败，主要归因于南方有限的战争资源和一个旗鼓相当的对手，而且采取了歼灭与消耗相结合的战略。虽然在大多数战役中，南军损失的人数都比北军少，但是北军可以很快得到补充，而南军则无以为继。从这一点来说，南方以劣势资源，与一个强大的对手打一场有限战争，实在是无奈之举。

大战的概念，第一次深入美国人心。大军团对阵、大数字伤亡、大战场、全面战争等大场面，使美国人第一次经历了大战的洗礼。美国人也为世界近代开了大战的先河，自己也积累了大战的经验。在以后的两次世界大战中，后来参战的美国都能得心应手，在几个大洲的战场上指挥若定，不能不说是得益于其内战的洗礼。

（三）制度的胜利

美国内战起于制度之争，战争的结果归根结底还是制度的作用。北方战争潜力大于南方，是取得战争胜利的一个方面。但是，亚历山大大帝征服波斯，恺撒统一罗马，拿破仑以资本主义的法国席卷欧洲，以及后来第二次世界大战中德国征服欧洲大陆，日本侵略整个亚洲的事实，都说明决定战争胜负的因素并不能单纯地归结为战争潜力，在具备一定战争潜力的基础上，能够将战争潜力迅速、持久地转化为战斗力的军事制度，才是战争胜负的根本。美国内战中，具有较为进步的制度基础，且适时对制度做出适当调整的一方取得了战争的胜利；而制度本来存在问题，调整又不适当的一方，最终招致失败。

1. 南方的努力

脱离联邦的南部同盟所怀有的理想和所推行的制度，是其进行这场大战的制度基础，也是成千上万南方将士浴血奋战的精神动力。而对于一场正在进行的战争，一个尚未完善的新生政权必须在军事制度方面做出适应战争的调整，才有可能赢得战争。

南方人怀有一个自认的崇高理想。

同盟脱离联邦的一个重要原因，就是他们不同意联邦推行的国家主义。因为国家主义适合一个工业社会各地区产业之间密切的流通与合作，而不适合农业社会彼此相对独立的生产方式，威胁到了农场主的个人权力与利益。南方的农场主不希望中央政府有太多的权力，干涉各州的事物。他们希望回到邦联时代那种州权较大的时代，一些主要事物仍然由各州自主决定。

对于这场战争，他们仍然期望像当年独立战争时，13个殖民地组成的松散邦联由于怀着一个崇高的理想，因而可以对抗一个实力雄厚的集权国家，并赢得胜利。但是，他们似乎忘记了，工业时代的到来导致巨大的社会进步，各地区与产业日趋紧密地联系在一起；军事技术的发展，改变了战争形态；一场全民战争必须由一个中央集权的政府来领导；而且，北方近在咫尺，不同于远涉重洋的大英帝国。而且，北方民众同样也怀有一个自认为崇高的理想。

对于这个时代来说，南方的制度是扭曲的。

需要大量自由劳动力的工业化时代，本能地排斥奴隶制的存在。奴隶被限制在一块固定的私人土地上，不能够按照自己的意愿去选择工作场所，这样一来，那些步入工业化时代的工厂巨大的利益吸引就失去了意义，无法获得足够的劳动力。独立战争时期所形成的美利坚民族团结日趋紧密，日趋形成利益共同体。而分裂、脱离等词汇显然与这个趋势不符。重视州权而轻视国权，无疑会阻碍统一民族的社会进步。甚至南方的一些有识之士已经发现南方的制度已经开始阻碍自身的发展。

扭曲于时代的制度，使南方并非铁板一块，因为南方内部已经有人在不断地质疑其本身的制度了。内部的分裂又在南方的人力和资源问题上雪上加霜。在阿巴拉契亚高原地带，联邦主义者数量很多。诺克斯维尔的一位报刊编辑就发誓要"与脱离联邦的坏头头们战斗到底；直至地狱封冻的日子，然后还要在冰上继续战斗"。他并不是孤立的，例如，有 2 个团的骑兵逃出北卡罗来纳，加入北方部队；成千的东田纳西人参加了北方部队；在阿拉巴马北部，联邦主义分子组成了联邦第 1 阿拉巴马骑兵队。虽然南方把山区的联邦主义分子视为眼中钉而采取了行动，但没能消灭他们。战争进行到 1863年，北方优势逐渐明显时，最初的一些和平主义团体开始有组织地活动，如和平会社、和平与宪法会社、美国英雄社团及其他较小的社团。为促使战争结束，他们反对南部同盟的权威，瓦解军心，帮助联邦军队。

庞大的作战阵势，要动用庞大的部队，非一州所能提供；使用较为密集高效的武器，战争节奏加快，需要集中快速的反应；

对于这场战争来说，南方的制度也是扭曲的。

在空前广阔的战场上流动作战，这一切都使内战已经不是各州各自为战所能把握的了。因此，如果过分强调州权，而排斥中央政府的集中领导，则根本不适合进行这场战争。

就在战争刚刚开始之时，南方的州权狂热分子已经在干扰同盟的战争了。很多著名的政治家，包括副总统亚历山大·斯蒂芬斯、佐治亚州州长约瑟夫·布朗、北卡罗来纳州州长泽布伦·万斯等，他们都不愿放弃各州较多的权力，进而抵制为进行有效战争所必需的中央集权。

南部同盟的防御系统，也不得不屈从于其制度的现实，主要是其政治与后勤现实。

南方的防御系统是采用了按地区建立指挥部的方法，希望它能满足地方和国家两级防卫的需要。当然，这样做也有一个虚弱的理由，就是南部同盟的各州都感到遭受威胁，因为每个州都面临从陆地或海上的潜在入侵，但他们忽视了战争中的重点方向问题。

更加扭曲的是，虽然强调州权，但是南方所有各州都希望国家政府担负主要的防御责任。结果，为使各州和当地政治家都得到安慰，南方的防御部署十分分散，同盟政府要求每个区保护各自区内的资源，并对本区内的原料、军火、工业产品和食品进行实质上的垄断。

当然，南方也没有一味走极端，他们在分区的基础上保留了随时集中的机制。但问题是，由于戴维斯总统认为地区指挥官最熟悉当地的形势，因而授予他们相当多的自治权。区界、指挥官和自行处理权都确定之后，总统常常不愿以命令的形式进行跨战区合作，而代之以要求和友好协商，这显然不适合快节奏的战场态势。战区指挥官将各自的人力物力资源都视为己有，只要没有明确的命令，就拒绝合作。地理区界模糊，也使同盟在划区防御的指挥问题上纠缠不清。战争的形势从来不会顾及战区的划分，各战区协调、流动作战是现实的状况。南部同盟最高指挥部必须在各区之间集中部队进行积极防御，用机动制造战机或避开敌军的进攻；也不得不对铁路等必须共管共用的战略设施进行偶尔的集中管理。这样做，无疑违背了南方的制度理想，既打了自己一记响亮的耳光，也无法像北方一样奏效。

出于无奈，南部同盟走上了违背初衷的军事路线。

由于南方人更加好战，作战素质更强，加上罗伯特·李、杰克逊、约翰斯顿等将领杰出的领导，南军在战争初期连战连捷。但随着战争深入，兵员问题成了大问题。建国以来，美国作战部队的主要来源是民兵和志愿兵，民兵负有保卫家园的义务，志愿兵享受报酬，较小的正规军一直作为一个执行日常军事任务的力量而存在，在战时成为扩充的内核。招募民兵与志愿兵参加这样的大战,靠的是报酬和参军者的热情。但是,内战的残酷和旷日持久,人民厌战和畏战情绪与日俱增,使单纯招募民兵和志愿兵很难解决兵员补充问题。于是,同盟当局拟采用征兵制。征兵制是征集公民到军队服现役的规定和制度,规定符合某一条件的公民有服兵役的义务。

1862年4月16日,南部同盟开始实行征兵制。国会规定18岁至35岁的白人男子应尽兵役义务;1862年9月和1864年2月的修正案规定将服役年龄扩大到17岁至50岁。1862年4月21日的补充法规定各类职业中被认为必不可少或者至少很有用的人可以免征。是否享受免征由行政领导决定,这就带有人为的因素;法律的规定中也有令人讨厌之处,奴隶主或管理20名奴隶(1864年2月以后减为15名)的工头可以免征。但是,征兵制显示了中央政府的权威和集权倾向,这显然与南部同盟脱离联邦的初衷背道而驰,不符合正在战斗和将要战斗的人的理想。因此,征兵制推行起来遇到了一定的阻力;免征问题也激起了对带有阶级性质立法的争论,给征兵带来一定的麻烦。但征兵制还是为南方征召了30万的士兵。南方征兵的效率,提醒了北方,北方随之开始酝酿实施征兵制。不同的是,北方实施征兵制,在制度上更自然,人力资源也更丰富。

南方军队还使用黑人。在这场持久的消耗战中,当南方还在经常取得胜利时,他们取得的每一场战斗和战役的胜利,在战略上都是失败的。因为南部同盟地小人少,兵员资源不能与联邦相提并论,兵员的消耗难以弥补。至于失败的战事,就更是败上加败。当大量白人在战场上倒下时,同盟政府想起了黑人。尽管他们认为黑人是低劣人种,然而挖掘黑人人力资源是补充兵员、减少白人死伤的权宜之计。1862年4月12日,南方陆军部戴维德·亨特少将就在当地开始征募黑人,但响应者寥寥无几,此后他采取了强制措施,强行征召黑人入伍。如著名的废奴论者托马斯·温特沃斯·希金森所说,黑人是"像羊群一样被赶进"军队的。其他将军也个别地仿效此类做法。征召黑人，无疑又打了南方人自己一记耳光，再次暴露了南方制度的扭曲。

2. 联邦的尝试

北方对联邦权力并不反感，认为联邦权力大于州权对社会发展有利。因此，在军事制度调整和中央集中管理战争事务中比较顺畅，没有太大的阻力。北方工业社会渴望得到更多的自由劳动力，支持解放黑奴，对提高黑人的地位态度也比较积极。

北方的军事制度优势是逐渐显现的。

首先，它继承了历史遗留下来的各项军事制度，而且保留了志愿兵连队的编成。1861 年 4 月 15 日，在北军撤出萨姆特堡次日，林肯总统发表公告扩充部队。1792 年《民兵法》规定：陆军部确定各州征召的名额，普通民兵都要列入注册名单，招募的兵员补充到已编成的连队，使之满员，以此完成各自的指标。据此，总统要求各州提供 7.5 万名民兵为联邦服役 3 个月。招募很顺利，很快招满并超额了，志愿连队得到了迅速补充。

正因为联邦拥有现成的已编成的志愿人员连队，总统才能不依靠国会，迅速动员起一支经过一定训练、具有一定装备而数量相当大的军队。根据 1795 年修订的民兵法，在下届国会开会的 30 天之内，总统可以保留这支临时征召的军队。在公告征召民兵的同时，林肯还宣布 7 月 4 日召开国会特别会议，特别会议可采取行动提供服役时间更长的兵员。

民兵很识大体，为了让总统周密地组织战争，民兵同意林肯长期推迟国会的会议，以便他有时间仔细考虑战争问题，北方这支随手可得的部队给了国家进行战争的喘息机会。民兵的热情也证明了这是一场人民拥护的战争，正如林肯所说："普通百姓理解并赞赏"，这场战争"主要是一场人民斗争"，"没有发现任何一个普通士兵和普通水兵当逃兵"。

正规军虽然规模很小，只有 1.5 万人，却是联邦进行战争的坚强内核。当时的陆军司令斯科特反对把正规军官分散编入新编部队，认为正规军不应该当教官，而应该保持建制，作为军队的核心，林肯同意了他的主张。但是，各州州长认识到这些正规军官对于他们的民兵部队的重要性，就设法争取他们。一些人离开正规军投奔志愿兵部队，这时政府也在一定程度上放宽了斯科特的政策，各州志愿兵部队都吸收了许多复员后再穿军装的西点毕业生，393 人接受了州的任命，另有 115 人重新加入正规军。

联邦正规军也完好地保留在联邦。

正规军不仅有效带领了志愿兵部队，还在战争中树立了榜样，在初期的"马纳萨斯战役"中战绩辉煌，证明了他们在大战中的价值。国会批准增加正规军 9 个步兵团，1 个骑兵团和 1 个炮兵团。

北方不仅有人口优势，还有制度的优势。最初征召的为期 3 个月的民兵发挥了大作用，当南方李将军的部队进逼首都时，正是他们解救了危难之中的华盛顿。此后，民

在一场消耗战争中，兵员的作用不言而喻，北方尝试改进兵役制度。

兵应募仍然踊跃，林肯认为有必要增加军队建制。在未经国会授权的情况下，他于 5 月 3 日征召了 42034 名志愿人员，服役 3 年。还增加正规军陆军 22714 人、正规海军 18000 人。到 7 月 1 日，联邦已经新建成 208 个团，其中 153 个服现役，55 个整装待发。在一场顺应民心的战争中，在较为合理的制度和顺畅的制度期待下，国会及时地批准了林肯采取的紧急措施。在 7 月 4 日的国会特别会议上，他要求国会授权征召 40 万服役 3 年的志愿人员，国会很快决定征召 50 万人；马纳萨斯战役后，参议院讨论了再扩军法案，最终通过了征召 50 万人的法案，这样一来，国会就决定建立一支 100 万人的志愿人员部队。根据两个法案和 5 月 3 日的官方命令，最终约有 70 万人应召入伍。

　　起初，联邦政府对于征兵制迟疑不决。1862 年 4 月 16 日，南部同盟已经开始实行征兵制。而直到 1862 年年底，北方还是没有实行征兵制，但已经明白征兵制的必要性了。此前，陆军部长西蒙·卡梅伦曾经进行过一些尝试。为了保持军队的实力，1861 年 12 月 3 日，在陆军部第 105 号命令中，卡梅伦宣布了一项计划。他中止各州和个人募兵的办法，规定在完成部队组建之后，再编组新部队所需的兵员一律由陆军部统一招募。进而命令陆军部兵员总监负责在每年初奔赴各地招募新兵和管理各州的新兵分队。如此，就是以联邦的名义招募军队了。新兵部队经训练后送往各战区部队。由联邦政府控制招募工作，从而能保证部队实力，而不必组建新部队。不幸的是，1862 年 1 月 15 日，埃德温·斯坦顿就任陆军部长，推翻了卡梅伦的计划。

　　联邦对征兵制继续进行尝试。由于斯坦顿的招募办法不甚有效，于是，1862 年 7 月 17 日，联邦国会修改了民兵法，而对于完全实施征兵制，仍然犹豫不决。修改的民兵法重申所有 18 岁至 45 岁身体合格的男性公民必须承担兵役义务。同时规定，在民兵为联邦政府服役时，总统有权决定不超过 9 个月的服役期限。在那些民兵法律不完整的州，总统可以制订必要的法规。据此，8 月 4 日总统下令征召 30 万民兵服役 9 个月，在那些 8 月 15 日之前不能完成招募服役 3 年志愿人员名额的州，将实施征兵。在没有实行征兵的州，陆军部要求州长指定官员负责新兵入伍登记，决定征兵与否。陆军部还任命一名文职宪兵司令，由州长提名，监督每个平民执行法律。1862 年 7 月 17 日修改的民兵法，是美国政府使用征兵权力的第一次尝试。

　　即便是尝试，即便在落后的南方已经实行征兵制，这一非美国传统的招募方式也招致了不满，各地爆发了骚乱，公众还以暴动相威胁，进行抗议。可见，美国人的自主意识是何等强烈，即使在战争的紧急状态下，也不放松对政府的警惕。斯坦顿部长不得不同意各州推迟征兵，采取折中的办法。

3. 联邦的决心

从 1861 年 4 月萨姆特堡事件开始到 1862 年 9 月"安提坦"会战结束,战事胶着,丝毫看不到战争的尽头。东线战场,北方负多胜少,让联邦蒙羞。消耗战带来的惊人伤亡数字,让人们难以忍受。所有这些状况,都要求联邦停止犹豫的态度,放弃仅凭教训南方使之回归的幻想,痛下决心,进行彻底而坚决的战争。林肯这样写道:"事情越来越糟……终于感到了我们在我们所奉行的作战计划上已经走到了绳子的尽头。我们必须拿出最后一张牌,并且改变我们的策略,否则就要输了。我现在决定采取释放政策。"

因为,在当时实行征兵制是违背美国军事传统的,长期以来,美国一直实行志愿兵役制度,即便是在第二次独立战争和墨西哥战争期间也是如此。征兵制的实施,必然引起民众强烈的抵触情绪,甚至会有更加激烈的情况发生。

> 从志愿兵制到征兵制的转变,对美国军事来说,是一次重大的挑战,考验着联邦政府对于战争的决心。

但是,在 1862 年秋季和冬季的战役中,战局恶化,第二次马纳萨斯战役、斯普林菲尔德、佩里维尔、安提坦、科林思、昌西洛维尔、弗雷德里克堡等战斗,都是惨痛的代名词。人员伤亡触目惊心,伤亡人员远远超出响应入伍的人数,在以后即将到来的战役中的损失还可能会更有过之。志愿兵征召中的勉强从军现象也与日俱增,后来应募的人就更很少了,因此北方意识到必须采取更为可靠的征兵方法。

1863 年 3 月 3 日,国会以宪法中允许政府"建立并支援军队"的条文为依据,通过了"征兵法"(又称"注册登记法")。《征兵法》规定,所有身体合格,年龄在 20 岁至 45 岁的男子都有为联邦政府服役的义务;只有身体和智力不合格的人、联邦政府高级官员、州长、寡妇和病弱父母之子,才能免服兵役;在《征兵法》公布的两年中，入伍人员都算为征兵，他们必须服役期满三年或至战争结束。《征兵法》形成了一套管理和实施征兵的组织体系，并把主要的责任交给了军事官员。宪兵总署是征兵系统的领率机构，在基层设有185个征兵小组，每个小组负责一个国会议员选区。各小组又将自己的区划分成若干小区，每个小区指定一名征兵军官负责，逐户地登记适龄男子资料。在宪兵总署与小区之间，总署为每个州任命了一个或几个宪兵主任助理，负责协调各区事务并担任他和地方官员之间的联系人。

《征兵法》虽然措辞强硬，但是执行起来困难很多。

主要是因为人们对志愿兵役制度印象深刻，包括征兵人员在内，一时还转不过弯来。征兵官员挨家挨户尽力劝说而不是强制人们当兵，把征兵作为一种试探，这样就损害了征兵的严肃性。法案允许替身，也就是一个应征青年可雇用另一个人代替服兵役；法案还允许缴纳抵偿金。《征兵法》的这些缺陷造成了很多不正常和不公平的现象，激起了很多对立的事件，纽约州就发生了征兵暴动和小规模的游行示威。

最终，联邦还是采取了折中的办法，很多地区通过招募志愿人员来完成分摊的名额，从而避免了征兵。这样做使兵役法无形中推动了招募志愿兵，在征兵法的推动下，志愿兵有效地补充了兵员。内战期间，北方军队只有6%的人员是应征兵。根据1863年兵役法"应征服役"的人有249259人，其中只有46347人是"本人亲自应征服役"的。不管怎样，征兵制还是间接和直接地补充了兵员，对于北军兵力增长起了巨大作用。1862年底北军只有55.6万，1863年底便达92万，1864年又征兵30万。而且，这是一个良好的开端，这是美军史上的一大变革。

《解放奴隶宣言》的发表，说明了联邦政府已经决心用武力恢复联邦的统一。

解放奴隶的呼声虽然一直很高，但是由联邦政府公开地宣布，还是一件极有风险的事情。因为林肯担心，这样会把边境上几个处于犹疑状态的蓄奴州推向南方，造成更大的分裂；还担心这样会坚定南方人叛乱的决心，将那些不坚决的叛乱者变成铁杆叛乱者。但是，1862 年下半年，几个边界蓄奴州已经投入北方的怀抱，说明了联邦的制度优势；南方人连战连捷表现了他们的决心已经很坚决，使林肯不再抱有幻想。

1862 年 9 月 17 日的安提坦战役，是内战中最血腥的一场战役。当时的北军司令是麦克莱伦，对手是李将军。北军以人数优势，获得了一场模糊的胜利。双方有 24000 多人阵亡或重伤，兵员本来就少的南军占了大多数，有 13000 人。这场模糊的胜利，使林肯看到了联邦重归统一的希望。于是，也为了解放黑人劳动力，但主要是为了增强联邦的力量与叛乱者决死一战，以尽快地统一联邦（林肯也指出："为了拯救联邦，解放奴隶这是一个军事上的必然步骤"），1862 年 9 月 22 日，林肯发表了《解放奴隶宣言》，把为联邦而战改成为自由而战。

《解放奴隶宣言》的基本文件在 7 月份就已拟就，发表之前，就在联邦内部招来了反对的声音。以麦克莱伦为代表的保守派，敦促总统采取温和政策，他辩论说，此时此刻既不要考虑没收叛乱分子的财产和进行政治处置，也不要"用暴力废除奴隶制"。但是，联邦中持肯定意见的占了优势，两个月后，《解放奴隶宣言》还是发表了。

《解放奴隶宣言》宣布，1863 年 1 月 1 日所有仍然叛乱的各州内的奴隶将获得自由并受保障。根据这一规定，只有在 1863 年 1 月 1 日以后处于联邦军队军事控制之下的各州的奴隶才能获得自由。对于未参加叛乱的蓄奴州仍按 1862 年 4 月国会决议，采取自愿的、逐步的、有赔偿的解放奴隶措施。因此，《解放奴隶宣言》不适用于特拉华、肯塔基、马里兰和密苏里等 4 个边界州，也不适用于北部军队已经占领的南部同盟地区，如田纳西州以及弗吉尼亚州和路易斯安那州的部分地区。对于逃亡奴隶，则根据其主人是否为叛乱者再决定是否引渡。同时所有黑人奴隶都被赋予在陆军和舰队服役的权利。《解放奴隶宣言》并未宣布废除奴隶制和分给已解放黑人土地，直至 1865

年的宪法修正案第 13 条，才正式宣布废除奴隶制。可见，《解放奴隶宣言》当时是作为军事措施颁布的。

《解放奴隶宣言》在联邦内部引起了部分反对的声音。

林肯的确冒了相当大的风险来颁布这一文件，要求取消宣言许诺的压力很大，联邦的保守派认为宣言违反宪法，仍然担心为联邦和解放黑奴而战可能引起北方对战争支持的分裂，但也能团结不赞成南部同盟事业的南方人；新的战争目标也许会激起南方更加强烈的反抗，会引起一场种族战争，并把边界地区的蓄奴州推向南方的怀抱，还可能使南方支持联邦的人离心离德。后来的战况，证明了宣言的正确性。正如林肯对陆军部副部长查尔斯·达纳所说：修改宪法以解放奴隶，是一项最重要的军事措施，等于在战场上补充了至少相当于 100 万人的新部队。因为，宣言为联邦获得了前所未有的军事优势。

虽然它遭到了联邦保守派的反对，但是宣言受到大多数国内民众和国际社会的热烈支持，更多的联邦的拥护者把自由看成振奋人心的战斗口号，为战争注入了新的活力。由于奴隶制是南方的经济和社会体系的基础，承诺给奴隶自由就破坏了这个基础，它瓦解了南方叛乱各州的战斗力，成为对南部同盟进行经济战和心理战的釜底抽薪之策。宣言击中了南方的要害，400 万黑人奴隶看到了自由的曙光，鼓舞他们起来斗争。

宣言还获得了国际上的支持，阻止了英法两国进行武装干涉的企图。英国内阁推迟了进行干预的念头，北方的解放政策使英格兰和南方同盟也不可能结盟，南方对欧洲进行干涉的希望更加渺茫了。宣言的发表，标志着北部转向用革命方式进行斗争。使内战形势转向有利于北方的方向发展，成为南北战争中重要的转折点。

接受黑人参军，是联邦坚决进行战争的又一表现。

在美国历史上，人们已经逐渐认可了黑人的军事潜力。尽管美国白人都普遍认为黑人是劣等人种，然而，挖掘黑人人力资源仍不失为一种补充兵员的良好办法。黑人愿意加入联邦部队为保卫自由而战。对多数北方人来说，招募黑人意味着减少白人兵员，使他们远离危险；对于反对奴隶制的理想主义者来说，黑人参军具有浪漫色彩的吸引力。

在军队中使用黑人并非史无前例。海军经常雇用黑人，在殖民地战争、独立战争和第二次独立战争中都有黑人士兵服役，第二次独立战争中，安德鲁·杰克逊的部队中就有黑人参战，但是他们不能加入正规军。根据1792年民兵法，黑人也不能参加各州的民兵，内战开始后，黑人才在美军历史上有一席之地。1862年，《解放奴隶宣言》发表之前，联邦军队已经开始使用黑人劳工，一些将军也在未经正式批准的情况下，组建了黑人团。在联邦占领区，军官们成了逃亡奴隶的新主人，强迫他们修筑工事，并虐待他们。黑人百姓也从事一些不太繁重的工作来帮助联邦部队，如担任侦察兵、间谍、货车驭手、木匠、炊事员及护士等。另一些较为激进的将军甚至不顾政府政策，开始组建黑人部队。詹姆斯·莱恩组建了由北方自由黑人和密苏里州逃亡奴隶组成的第1堪萨斯州黑人志愿军，巴特勒组建了由自由黑人和新奥尔良逃亡奴隶组成的第1、2、3路易斯安那州地区警卫队，亨特组建了由来自海岛的黑人组成的第1南卡罗来纳州志愿兵团。

林肯曾一直对招募黑人犹豫不决。他说："作为恢复联邦的一种力量，有色人种最有作为然而又最不宜动用。"1862年下半年，政府踌躇不决地开始了招收黑人入伍的行动。当林肯采取回避、暧昧态度的时候，斯坦顿暗示同意招募黑人，并进行了一些尝试。1862年7月17日，联邦颁布了《第二个没收法和民兵法》，授权总统可以放手使用黑人士兵；8月25日，陆军部首次正式批准征募黑人，限制招募5000名黑人用作警卫和劳工勤务。

9月22日，《解放奴隶宣言》发表后，才表明林肯打算最大限度地使用黑人士兵。宣言中说：黑人"只要条件合适，他们将被吸收加入美国武装部队，担任兵营、驻地和其他地方的警卫，还可分配到军内的各种舰船上"。最初的招募黑人工作以州为单位进行，带来了一些混乱局面，因此，陆军部决定亲自承担这项工作。1863年5月22日，陆军部成立有色人种部队局，专门负责组建和监督黑人部队。斯特恩是联邦政府负责黑人兵员的高级副官帮办，他募来的黑人都编进了美国有色人种志愿兵团，后简称美国有色人种部队。同时，北方各州继续招募黑人，并把他们作为完成整个州征兵指标的一部分。黑人部队的军官清一色是白人，他们虽然也参加了一些战役，但主要用来执行警卫和勤务等任务。

为了坚决地将一场维护联邦的战争进行到底，林肯政府不断地进行军事调整。

早在1861年4月，海军部长吉迪恩·韦尔斯就拟订了一项海军扩军计划：召回远航的舰船，重新装备旧船，修造新船，购买或租用商船改装成战舰。此外，他还任命了一个战略委员会，研究如何进行更有效的封锁。为了给日益增多的舰船配备人员，1861年7月24日，国会通过了一项"暂时扩编海军的法令"。根据该法令，增加了7500名志愿军官。为了让他们学一点最起码的军事技能，在海军造船厂为他们安排了一些军事课程。

陆军的军事调整就没有停止过。战争初期，参谋机构、通信、后勤等都尚未调整到能有效进行大战的程度，军队只有不断地尝试进行必要的调整，当然也不断出错，有时甚至可能是致命的错误。后勤方面，初期效率低下，丑闻不断。到了1862年中期，国会设立了调查委员会来揭露腐化行为，并通过立法规定合同的签订手续。所有合同必须有文字文本和向长官提出执行合同条款的书面保证。合同副本、所有投标建议及广告副本，都要交内政部存档。后勤动员的管理权重新归属陆军部所属的军械、给养和军需部门，大部分效率低下和供应不足的现象都逐步消失了。

在更高一级的管理层次上，1862年1月新上任的陆军部长斯坦顿建立了一个由各局局长组成的战争委员会，埃森·阿伦·希区柯克少将任该委员会主席。该委员会是美国式参谋部的前身，在协调后勤工作方面起到了积极作用。1864年7月4日，国会正式立法，完善了军需部,确定了军需局长梅格斯曾经建立的军需部各个非正式的局(共9个)。第一局为部队提供牲口,第二局提供军装被服,第三局负责海洋、湖泊运输,第四局负责铁路和河流运输,第五局负责油料粮秣,第六局负责兵营医院,第七局负责马车货运,第八局负责督察,第九局负责档案和通信。经过改组,确立了更加集中的采购制度。除紧急情况外,所有补给都由军需部相应的局负责签订合同。军医方面,战争开始不久,民间就自发成立了"美国卫生委员会",斯坦顿坚持卫生委员会提倡的机构改革,克服卫生署官僚主义惰性。卫生委员会做了很多有益的工作,贡献了很多医疗设备和药品,提出了一些宝贵的建议。1861年6月9日,该委员会执行陆军部一项指令,规定除了在营区和行军途中,军队医院可使用女护士。军队医疗工作改革也很积极,波托马克集团军的军医乔纳森·莱特曼创造了一项实际可行的医院制度,1864年3月11日,为国会正式批准而实施。按照当时的标准,北方军得到了良好的医疗和充分的补给。供应状况良好,有力地支持了战争。

战争指挥官调整最频繁。战争期间先后有4人担任陆军总司令,分别是斯科特、麦克莱伦、哈勒克和格兰特。斯科特受麦克莱伦排挤而辞职;麦克莱伦属保守派,缺乏战

> 经过军事改组,一个带着现代色彩的、虽不成熟但却有效的指挥体系形成了。

争决心,对这场战争的性质和已经变化的形态也不敏感,最后被林肯解职;哈勒克颇有军事才华,熟悉军队条例、传统和实际情况,擅长协调和建议,很少决断,不适合担任总司令;后来才发现在西线表现卓越的尤利塞斯·格兰特似乎是一个完美无缺的军官。1864年初,国会批准恢复了中将军衔,林肯授予格兰特中将军衔,并任命他为陆军司令。

林肯建立了以他为首的最高统帅机构,由他掌握全权。陆军部长斯坦顿负责兵员、给养。他的特殊使命是通过陆军部的参谋和各局实施行政管理,战争结束时,他所管辖的局已增至11个,包括副官局、

军需局、军医局、军法局、军械局、军粮局、军饷局、工程局、通信局、工程兵局和宪兵局。为便于林肯与格兰特之间及总司令与下属各战区指挥官们之间进行联系，陆军部设立了参谋长的职位，哈勒克任参谋长。哈勒克协助格兰特保持同其他集团军的联系，把别人的决定变为详细的命令，他那种善于在文官和军人之间进行沟通的能力使林肯和格兰特之间从未发生过误会。他还协助格兰特搞好与战区司令之间的关系。

陆军司令格兰特通过参谋部负责全军和波托马克军团的实际指挥，各战场司令都要听其号令，格兰特要向总统及陆军部长不时汇报工作。格兰特把全部战区所有集团军按统一模式实行整编。林肯对格兰特只保持了松弛的和一般的监督；斯坦顿信任格兰特，自己集中精力搞行政工作，格兰特指挥所有集团军。虽然陆军司令的合法地位仍然含糊不清，但军队工作显得井井有条了，可以在战争中动员一切人力物力，把行政和军事领导有机地合在一起，大大提高了战争效率。

4. 自由的力量

自由的力量是巨大的，在内战中以蓬勃的气势奔涌而出，形成了巨大的战斗力。联邦的决心，给予了黑人自由，也给予了劳动和资本的自由。

《解放奴隶宣言》承诺给予黑人自由，允许黑人加入联邦军队，一经公布，黑人兵员便如潮水般涌来。

在联邦占领区，大批黑人来到兵站报名入伍。更加令南部同盟沮丧的是，奴隶们为自由所吸引，大批越过南北分界线，逃到联邦占领区，有的直接加入联邦部队。奔向自由的奴隶队伍形成强大的洪流时，南方的白人就不得不去务农和做工，填补黑人的空缺，而不是去参军。哈勒克写给格兰特的信中说："从敌人战线上每撤走一个黑人，就等于使一个白人失去战斗力。"实际的效果，还远大于此。因为这使得南部同盟既减少了兵员和劳动力，又增加了敌人。

黑人参军给联邦增添了一支生力军，黑人痛恨奴隶制度，具有为自己的解放和自由献身的强烈愿望，作战非常勇敢。参军还给黑人以平等的地位。正如黑人废奴主义者弗雷德里克·道格拉斯所说："一旦让黑人自己得到'美国'这两个铜字，纽扣上带着鹰徽，肩上背着步枪，口袋里装着子弹，那么地球上就根本没有谁能否认他在美国已获得了公民权。"而且，战争结束前，废奴论者还在一直进行斗争，以消除在薪金待遇上的歧视现象。

自由与平等为黑人提供了无穷的战斗力，内战中，黑人应征入伍共计23万，其中直接参战的有18万多，178892名黑人在陆军中服役，还有至少1万人加入了海军。另外，约25万黑人在军中服务。所有为联邦作战的人员中，黑人约占9%，他们组成了160个黑人团，其中步兵团140个，骑兵团7个，炮兵团13个，还有11个独立中队和炮兵中队。虽然起初黑人部队从事杂役，但在战争濒临结束时，他们也越来越多地承担了战斗任务。他们参加了39场大战役，打了几场漂亮仗，特别是麻省54团一举摧毁了查尔斯顿附近的瓦格纳堡。他们的战绩被广为传扬，将关于黑人驯服、懦弱的荒诞说法一扫而光。

对于《解放奴隶宣言》中的自由之光，理想主义和现实主义的废奴论者，都为之所激励。给予奴隶自由的意义很广，因为这预示着解放大批的劳动力，使工业生产得到了自由选择的工人，会极大促进工业生产。解放奴隶，也就等于解放了资本，解放了工业生产。联邦的大多数白人更加热情地支持战争，联邦军队的作战也更有动力。

为了顺利进行战争，政府不得不控制联邦中那些不利于战争的势力。联邦政府经常

大自由有时要限制小自由。

对报刊加以约束，对记者的稿件进行检查；限制公民的自由，允许军方实施逮捕（可能多达1500人）。和平民主党人——即臭名昭著的"铜斑蛇"分子强烈反对征召民兵和《解放奴隶宣言》，极力反对解

放奴隶和征兵，劝阻人们不要参加志愿军，鼓动开小差，甚至有一些人叫嚷着反对这场战争本身。

为了对付对招收民兵的抵制，1862 年 9 月 24 日，林肯在全国范围内终止人身保护法，此举和《解放奴隶宣言》及征兵制加剧了反战分子的反对。"铜斑蛇"分子讽刺林肯为"林肯国王"，谴责他的军事与专制，反对招收任何公民参军。共和党人对指责暴政进行了反击，谴责这是叛国行为。总统理直气壮地为自己辩护，揭露在言论和新闻自由以及人身保护权力的幌子下，南部同盟"千方百计要在我们中间建立一个由间谍、密探、资政者和他们事业的支持者组成的强有力的军团"。认为普通的法律条文不能约束这些人，只有军事法庭和军事委员会才能做到。并且声称侵犯人权也只是暂时的，在战争时期实行军事逮捕，不意味着在"我所坚信摆在美国人面前的整个无限和平的未来"剥夺他们的合法自由。

国会及时通过的《1863 年 3 月人身保护法》，使林肯的做法合法化。从 1863 年初起，共逮捕"铜斑蛇"及各类反革命分子 1.3 万人。虽然有些无辜的人受到了不公正的对待，但是政府调用军队对付平民并没有酿成暴政，限制小自由有效地赢得了大自由，林肯开创了战时干涉公民的基本自由的范例，意义深远。

联邦在内战中获胜是一场制度的胜利。经过 4 年残酷的战争，拥有更加进步制度和制度取向的联邦获得了战争的胜利，使联邦重归统一。战争的胜利得益于联邦较为进步的制度，联邦的制度，使它能够更加顺畅地实施中央集权领导战争，能够调动全部的资源进行战争；能够在有利制度的基础上，顺畅地调整制度，去适应战争的需要；制度就像一块巨大的磁石，将所有有利于联邦进行战争的资源都吸引过来，它是联邦战争能量的源泉；制度本身就是战争能量，释放着进步的威力。战争结果证明了制度的先进，以无可辩驳的战争过程说明了赢得战争的一方拥有更加进步的制度。制度的胜利，是一切胜利的根本。

（四）共同财富

一个国家之所以成为一个国家，绝不仅仅取决于地域的关系，也不是单纯的武力征服所能够达到的；而是还取决于多个方面，包括共同的政治、文化、信仰和利益等。北方用武力征服了南方，恢复了联邦的统一；而联邦在内战后真正地成为一个国家，是经过十几年的磨合，在地理、政治、经济、文化、信仰等方面实现了融合之后，才最终实现的。联邦用武力阻止了南方的分裂，事后仅用十几年的时间就实现了真正的复合，证明联邦是正确的。格兰特在检阅部队时宣布："战争已经结束……叛乱分子现在又成为我们的同胞了。"而对林肯总统来说，他们从来就是他的同胞。一旦敌对的双方实现了和解，成为一体，那么他们所拥有的一切，就是这个国家的共同财产。军事上的对抗，付出了惨痛的代价，也在激烈的对抗中获得了长足的军事发展，南北方又统一于联邦之后，战时的这些军事发展显然不再是彼此保密的，而是成为美国军事的共同财富。

1. 需求是创造之母

北方的武器生产经历了一个从临时凑合到高效体系的进化过程。战争之初，北方求助于欧洲市场，在 15 个月内购买了 738000 件火器。购买过程中，代理商们寻遍欧洲，付出了不少额外的费用。

战争为联邦工业提供了机会，尤其是军工生产。

为了避免单纯依赖进口，政府鼓励私营军火工厂生产武器，并增加了国营军火工厂的产量。1860 年时，私营和国营军火工厂生产的武器还不到 5 万件；战争期间，已提高到每年 250 万件；1862 年后，联邦已经不必再向外国购买火器了。

对于其他军用物资需求，工业界反应积极，迅速转产军用物资，并扩大了生产。到 1862 年中期，美国已经停止了向国外的采购，物资过剩取代了短缺。而且，这些工业生产使工业变得更加集中和协调，企业界在战争中得到了加强，工业界使用密集的机械化生产技术和更加复杂的管理方法，真正的国家工业崛起了。

南方则比较困难，但是困境逼出了很多办法。南方人依靠走私、战场缴获和自己生产解决武器装备问题。他们收买走私船进口大量火器、硝石、铅和发火帽；打扫战场，仅在 1862 年春季战役中就获得了约 8 万件武器，战争中，共缴获了 15 万件敌方武器；扩建和新建兵工厂和仓库，战争期间，南方总共制造了 60 万件小型武器。但物资短缺、缺少资金、运输不畅等诸多不利因素，使得采购和生产都受到阻碍，武器供应严重不足。缺乏工业基础，也使其他战争物资难以保障前方。

战争促进了全美国发展新技术装备，陆军装备迅速更新装备。

来福枪和线膛炮开始显示威力，并被越来越多地装备部队。战争初期，战场上出现了滑膛枪、来福枪、骑枪、手枪等并用的场面，两军所用的武器是大杂烩，这些武器的性能差别很大，即使同一类枪的用弹也不同。在第二次马纳萨斯战役时，联邦政府陆军军械官在一份报告中，要求领取各种枪支弹药多达 11 种。当时，在联邦的军火库中，有 457660 支来福枪和滑膛枪，多数是滑膛枪，其中 35335 支来福枪是由滑膛枪改装的，口径也不同。南方从美国军火库缴获了 12 万支滑膛枪，1 万支来福枪；南方民兵还拥有 30 万件武器，但通常过时，甚至有大量燧发枪。一般说来，滑膛枪最大射程为 250 码，有效射程还更短些。一位威斯康星居民就说，使用滑膛枪，要击中 50 步远的粮库门都很困难。1855 式步枪使用较早，使用米尼子弹，最大射程是半英里多，有效射程只有 200~250 码。其后的

1861 式步枪性能好些，装有可靠的发射装置用一个经过改进的雷管代替了易受潮的盆式导火线，性能明显优于滑膛枪。

联邦陆军部计划尽快更换滑膛枪。1862 年秋，北方军多数部队用上了斯普林菲尔德和恩菲尔德制造的步枪或由滑膛枪改装的步枪。至 1862 年 11 月 21 日，北方就进口了 30788 支来福枪，兵工厂生产新武器的能力迅速提高，如斯普林菲尔德兵工厂的来福枪年产量迅速提高到 20 万支。南方则通过战场缴获、进口或制造，同样迅速为其部队装备了步枪。

炮兵越来越多地使用线膛炮，线膛炮提高了火炮的射击距离和精度，4.62 英寸 12 磅重拿破仑线膛炮弹的最大射程为 1680 码，有效射程 800～1000 码；而 3 英寸线膛炮最大射程为 4000 码，有效射程 2500 码。到 1863 年，北方军野战部队炮兵中约有半数拥有 3 英寸线膛炮。陆军更新装备是一个创造性的事实，那些武器装备本身则是在内战之前就有的，而海军武器装备的发展，则真正验证了一句话——需要是发明之母。

在发展美国海军武器装备方面，南部同盟做出了巨大的贡献，成了领头羊。由于联邦加紧封锁南部港口，以扼杀南部的海外经济来源，南部同盟工业资源本来就差，为了

海军武器装备在内战的压力下，实现了质的飞跃，世界上最早的铁甲舰应运而生。

打破封锁，不得不绞尽脑汁利用有限的工业资源制造出先进的武器，对抗联邦规模大得多的海军。南部同盟最为野心勃勃的努力是铁甲舰计划。

1861 年 7 月，落入南部同盟的诺福克造船厂已经基本恢复，被炸沉的原联邦快速帆船"梅里马克"号已经捞起，置于船坞中。它原是一艘标准的中世纪快速帆船，以蒸汽为动力，有 40 门炮，三桅、横帆，船中央有一烟囱，还有螺旋桨。南部同盟没有把它恢复到原貌，而是计划改装成铁甲舰，他们决定用 3 英寸的铁板把它全部包起来，以便起到防弹的作用。舰上没有桅杆，上甲板几乎和水线处于同

一高度，水下部分保持原状，水上部分如屋顶一般，长 170 英尺。在侧部以及船首和船尾，都有等距离的炮口，总共是 10 个。6 门火炮是 9 英寸的滑膛炮，舷侧 2 门是 5 英寸的线膛炮，船首和船尾则各有一门 7 英寸的经过加固的线膛炮。"弗吉尼亚"号在海军建造史上是一个创举，但未经过检验。设计者相信改造后的"梅里马克"号能够成功地同联邦最重型的舰只作战。这艘铁甲舰被重新命名为"弗吉尼亚"号，它的设计是如此陌生和大胆，以致遭到一片反对的声音，有人断言它不会浮起，有人认为它会倾覆，也有人认为火炮的震动和响声会把人震聋。但设计者坚持下来。

有关"弗吉尼亚"号的消息迅速传到了华盛顿，联邦确信它的海军需要一艘铁甲舰与之抗衡，19 年前开始建造的"斯蒂文斯炮台"号军舰是一个现成的原料，海军部立刻寻求合适的设计方案。1844 年"普林斯顿"号的设计者、瑞典人埃里克森再一次引起注意。他的设计获得了通过，他所发明的模型很古怪，有人甚至说；这看来"不像天上、地下和水下的东西"，但却肯定了它，将这艘新舰命名为"监视者"号。

1861 年 11 月，"弗吉尼亚"号已经成型，南部同盟海军部长马洛里已经坚信"能够抗击重型武器射弹撞击力的铁甲汽轮一定会很快成为所有海军国家的主要作战舰只"。受"弗吉尼亚"号改装成功的鼓舞，马洛里还签署了购买有撞角的军舰和大型快船的合同。1862 年初，"弗吉尼亚"号完成了新的改装，已经没有原来的痕迹，没有桅杆，上甲板几乎和水线处于同一高度，水上部分是 170 英尺长的屋顶似的东西，平顶的下斜部分约 20 英尺宽，中部有一巨大的烟囱，水上部分增加了很重的防护，顶部是松树和橡树制成，斜面上有两层铁板，均 2 英寸厚。舰上装有 6 门 9 英寸滑膛炮，舷侧有 2 门 6 英寸的线膛炮，船首和船尾各有一门 7 英寸的线膛炮。在船首水下部分，有一个撞角，重 2/3 吨。"弗吉尼亚"号在海军建造史上是一种创举，正如马洛里所确信的："我们海军现在第一次有了实施决定性打击的工具和机会。"与此同时,埃里克森的"监视者"号也已成形。水下部分与"弗吉尼亚"号相同,是标准的船身。水上部分是铁板平台,上面装备带装甲的旋转炮塔,内装两门重炮。

铁甲舰的威力在战斗中得到证明。1862 年 3 月 8 日,在詹姆士河口的汉普敦湾,发生了铁甲舰和木质军舰之间的战斗。正在执行封锁任务的 5 艘联邦军舰完全不是"弗吉尼亚"号的对手,炮弹打在"弗吉尼亚"号上,不能造成丝毫损伤。而"弗吉尼亚"号则火炮和撞角并用,大发威力,使联邦军舰一艘沉没、一艘搁浅、一艘挂白旗,其余重伤逃窜。辉煌的战果震惊世人,就连"弗吉尼亚"号的建造者都感到惊奇。正因为"弗吉尼亚"号的胜利,使联邦军舰不能溯河而上,配合进攻里士满的陆军,有力地支持了南军在半岛战役中的作战。

联邦海军马上做出反应,3 月 9 日,发生了世界上第一次铁甲舰之间的战斗,联邦的"监视者"号驶入了詹姆士河口,只装备两门炮的"监视者"号与装备 10 门炮的"弗吉尼亚"号展开了大战。从上午 8 点到下午 1 点,两舰大战了近 5 个小时,浓烟弥漫了战场,阻隔了水手们的视线,双方都受到了一定的损伤,打成平手。

海军部长韦尔斯和他的政治家及外国外交人员就在附近目睹了这次战斗,感到振奋,因为只要南方的先进武器露面,联邦就可以马上生产出威力相同的武器,而且更多,而南方的生产能力却有限。从此以后,南军主要将铁甲舰用于港口防卫,联邦海军在沿海地区的控制权再未受到任何挑战。在战争结束之前,联邦已拥有 70 艘在编的铁甲舰了。

联邦海军军官达尔格伦根据内压的比例曲线制造发明了瓶状的"达尔格伦"火炮,在战斗中非常有效。但更加惊人的发明出现

海军的其他新武器装备不断涌现,影响深远。

在工业资源贫瘠的南方。当时南方不断试用的水雷和潜艇,至今仍是海战主要兵器。

当时，水雷被叫作鱼雷，通过接触而爆炸，或者由岸上的观察者用电线连接水雷，通过电源使之爆炸。最普通的触发雷用啤酒桶制成，内装多至120磅的炸药，水平地浮于水中，两端的圆锥形有利于海水流过，引信安装于上端。这种雷预先放置在水中，舰只接触时引起爆炸，虽然简单，却十分有效。在1865年3月到4月的3周时间中，这种水雷在莫比尔湾炸毁了7艘联邦船只。当时使用的另一种称作鱼雷的武器是现代鱼雷的鼻祖。这种鱼雷形似圆柱或鸡蛋，系在长长的圆柱上，长圆柱固定在船的船首，迅速地驶向目标撞击后爆炸，小船常常与目标同归于尽。1863年10月5日夜，驻在查尔斯顿水域的旗舰"新艾恩锡代斯"号就遭到鱼雷的袭击，尾部遭到严重破坏。

当代水下隐秘杀手——潜艇的先驱也产生在美国内战中。攻击"新艾恩锡代斯"号的鱼雷携带者——戴维号小船，就是其中的一种，呈雪茄形状，约7英尺宽、50英尺长，加上艇首的圆柱和"鱼雷"后，长度又增加了10或12英尺；它以蒸汽为动力，锅炉装在前部，船尾有双桨叶的螺旋桨；艇上载4名船员，战斗时，只有烟囱和中间的小舱露于水面，很难被发现。另一种潜艇则完全在水下，发明者是霍勒斯·L.亨莱。它也像一支雪茄烟，靠人力摇动曲柄，曲柄连接推进器推动前进。该潜艇拖着一个爆炸力强大的水雷，乘对方不备，接近舰体，布下水雷，潜艇自身撤离一定距离后，用拉索引爆水雷。这种潜艇第一次使用是在1864年2月17日夜，它攻击了蒸汽帆船"豪赛托纳克"号，蒸汽帆船5分钟内就沉没了，而潜艇及其艇员也同归于尽。这些新发明，在战场上显示了不同的威力。

联邦则利用强大的工业基础，迅速发展了自己的海军。海军部长韦尔斯和助理部长福克斯努力发展海军，充分发挥海军优势，计划并组织两栖作战行动以及夺取敌方领土内的基地，封锁港口，为发展海军做出了很大贡献，到1864年12月，海军已拥有671艘军舰，包括战争期间建造的 236 艘蒸汽舰。事实证明,需求牵引着美国军事的发展。

2. 走向真正的国家军队

华盛顿和汉密尔顿等美国军事先驱的梦想在内战中逐步成为现实,内战使美国军队向着一支真正的国家军队前进。内战之前,除了军队指挥之外,大部分征兵和后勤工作均由各州独立完成,联邦政府只具有较弱的权力。通信技术和交通能力的提高,战争规模的扩大,使得政府必须时时刻刻在全局的高度把握战争中的一切事务。作为战争中与指挥同等重要的征兵与后勤工作,也一步步走向由国家统一控制。

1863 年 3 月之前,美国一直实行志愿兵役制度为主,志愿兵由联邦政府分配给各州名额,各州自行招募,之后组成各自的建制,加入到联邦军队作战。在联邦军队中,各州的建制仍然保持,保留各州团的番号,中、下级军官也是各州自行任命的。这样的军队是联邦临时从各州抽调兵员拼凑的,不是完全意义上的国家军队,不利于联邦站在全局的高度统一编组、统一组合新老兵、统一指挥作战。

组建联邦志愿兵部队、1862 年 9 月的《解放奴隶宣言》允许黑人参军和 1863 年联邦实行征兵制,给国家统一征兵提供了好机会。

早在 1775 年,大陆会议曾试图把 1776 年招募的兵员组成的大陆军各团的番号取消,使之成为大陆会议意义下的军队,但试

成立联邦志愿兵部队的理想由来已久。

验失败了。内战时期,北方的联邦政府更强了,再次谨慎地试图将战斗部队明确定为全国性武装力量。内战开始时,联邦仍然采取传统的方式组建志愿兵部队,战斗部队初具规模后,联邦政府便有了回旋的空间,可以进行一些尝试了。他们开始设法绕开各州,直接进行征

召，有控制地组成联邦志愿人员部队。

像美国有色人种部队一样，该部队一般同各州没有特殊、正式的关系。第一批美国志愿兵部队只有两个团被授予这样的番号。1861年，联邦从8个州第一批服役3年的部队中抽调兵员，组成了美国志愿兵神枪手第1团和第2团，这两个团在波托马克集团军中干得很出色，1864年底整编为一个团。

1863年，联邦又做出了更加大胆的尝试——建立联邦后备队。其意义更为深远，因为它有可能取代各州民兵，支援正规部队作战。1863年4月23日，这项工作正式开始，陆军部指令组建美国志愿兵病弱人员兵团，由不再适合一线作战但又可继续服役的官兵组成，仍是联邦部队团的建制，而不归州管辖。该兵团几度达到6万人，能够承担值勤放哨和紧急后备等有限战地任务及书记员、炊事员和医院勤杂工等任务。后来改称老兵后备兵团。

国民警卫队的建立，是联邦更具创举性的改革。

1862年和1863年南方李军团两度逼近华盛顿，催生了国民警卫队。国民警卫队是更具有强制性和更大数量的后备队，名称是从第7团抄袭并推广到所有民兵部队的。1863年6月，林肯和陆军部要求紧急组建部队应付李将军的入侵。为击退南军的突袭，斯坦顿建议组建联邦政府管辖的长期后备队，其任务不限于应付当前的危机。该部队听从总统的召唤继续为战争服务，但只在紧急事件中服现役，由联邦政府负责训练、装备和指挥。

由于多种因素，斯坦顿的计划落空了，联邦不得不接受紧急入伍的人员大杂烩。但是，内战中，一些州尽力保持了10万~20万有组织的民兵。他们不仅应对危机，还担任守卫战俘营、重要工业设施、铁路干线和替换印第安边疆正规部队等任务。此外，联邦还组建了另一类联邦志愿兵部队以满足印第安边疆的需要。虽然建立联邦后备队的设想落空了，但陆军部仍坚持建立美国志愿兵部队。

陆军部授权州长和有影响的平民筹建黑人团，就像以前他们组织白人志愿部队一样。马萨诸塞州州长约翰·安德鲁热心地组织招募黑人，当他发现马省的黑人兵源不足

《解放奴隶宣言》发表后，1863年上半年，组建黑人团的工作正式开始了。

时，就派乔治·斯特恩以及其他支持黑人权利的人到北方其他州征召黑人兵员。他们工作出色，不仅能够编成马省 54 团，还能编成马省 55 团。这样的活动引起了其他州的非议，认为在别的州招募黑人兵员不应算作他们马省的兵员，于是有的州开始在本州征募黑人，征召黑人工作显得有些混乱。为此，陆军部长决定由陆军部亲自征召黑人，以结束无休止争吵和混乱的局面，联邦政府把招募黑人的工作大权独揽了。

1863 年 5 月 22 日，陆军部成立有色人种部队局，负责组建和监督黑人部队。斯特恩任联邦政府负责黑人兵员的高级副官帮办，把招募来的黑人都编进了美国有色人种志愿兵团，后简称美国有色人种部队。

它保持了全民军事义务的原则，体现了人力动员政策的根本性变化，将自愿入伍改成强制征兵，征兵对象不是针对各州或州

实行征兵制使军队更加具有国家意义。

长，而是针对全国人力资源。而且，南部同盟和联邦的征兵程序中都未提及州权，征兵法把全民兵役制原则作为对国家政府而不是对州应尽的义务。征兵法形成了一套管理和实施征兵的组织体系，并把主要的责任交给了联邦军事官员，联邦宪兵总署是征兵系统的领率机构，在基层设有诸多征兵小组。

值得一提的是，率先实行征兵制的是南方而不是北方。1862 年 4 月 16 日，南部同盟颁布了美国历史上第一个国家征兵法。这个先后顺序的意义在于，这等于南方不得不认可中央政府所具有的权力；先于北方实行征兵制，使得他们在战后对整个联邦实行征兵制也无话可说。

后勤方面的改革也在继续。

在本章第三节中已经描述过，战争初期，南方和北方军队的装备和补给都由各州以至城镇和群众团体承担，南部同盟和联邦政府都尚未掌握足以满足大型部队所需的行政机器。各州都有各自专管军事的小陆军部，只负责满足各自部队的需求。这种分散的保障，造成军队内部竞争、物价上涨，导致军需供应的五花八门、浪费严重。麦克道尔准将就认为：北方军的慷慨补给，超过世界上任何部队，"仅我们浪费的物质和装备，就足以供给只有我们军队半数的法国军队"。

为了改善混乱局面，1861 年夏季之后，大部分后勤工作又回归陆军部原来的机构。军需部门也迅速扩大、走向正规，由军需局发展成为军需部，下设 9 个局，后勤工作真正由联邦政府统筹起来。随着征兵和后勤工作由中央政府集中管理，美国军队正一步步走向真正国家意义上的军队。

3. 宝贵的经验

美国内战与美国以往所有的战争有明显的区别，这场战争规模空前，参战人数、伤亡人数、涉及区域都前所未有；一系列技术进步促使战争呈现新形态，战场面貌大为改观，带来了很多战略性和战术性变化；战争复杂程度的提高，促使美国人重新考虑训练、管理等问题；总统作为国家政治的代表，主导了这场战争；武力的战争结束之后，观念的战争还在继续的情况下，战后重建问题颇为复杂。新形态的战争，带来了挑战，为美国人积累了宝贵的军事经验。

政治主导战争，是林肯在这场战争中给人印象深刻的一个方面。

林肯是客串军人，不得不相信那些军人的策略。当斯科特的"蟒蛇计划"破产后，新任陆军司令麦克莱伦也不能让林肯满意。因为，在半岛战役中，麦克莱伦曾经一度抵近里士满，甚至看到了里士满的教堂尖顶，却按兵不动，给南军以喘息之机，导致失败。此外，麦克莱伦还对他的军事计划三缄其口，即使对总统也不愿意说明。这一方面是由于麦克莱伦的保守和军事能力，另一方面是由于麦克莱伦作为一名久负才名的军人，排斥文人政治家对军事的干预，进而忽视在政治的战略需求内采取军事行动。

在看到麦克莱伦犹豫不决、坐失良机后，林肯发现必须由以总统本人为核心的政治来主导战争，总统必须以最高军事统帅的身份来把握战争中的政治方向。于是，在林肯发布的一些命令中，开始表现出总统决定自己主导战争的态度。麦克莱伦一直反对对波托马克军团改编，但是，1862 年 3 月 8 日，林肯下令把波托马克军团分成了 4 个军，任命了各军军长。其中有 3 人赞成林肯的进军思想，他们作为一个群体倾向于激进派的观点，看不起麦克莱伦。林肯还命令麦克莱伦要确保华盛顿"安全无恙"并指定了麦克莱伦进军的时间。麦克莱伦执行不力后，于 3 月 12 日被总统免去职务，降了级。但并未任命接替者，而是在陆军部长斯坦顿的协助下，亲自行使总司令职权。林肯还增设了一个包括弗吉尼亚西部和田纳西东部的山地战区，交由弗里蒙特指挥。

陆军总司令空缺一段时间之后，西线的哈勒克表现抢眼，林肯将这一位置给了他。但是哈勒克的才华和性格只适合担任建议和协调的参谋工作，没有成为主角，这一期间，仍然由林肯总统与斯坦顿唱主角。最后，任命格兰特为陆军总司令，总统自己则把握战争的政治方向。

对于联邦内部的反战活动，林肯果断地实施了一系列战时政策，如对新闻媒体加以干预，限制公民的自由，惩罚猖獗的反战分子等。他的做法，与墨西哥战争中的波尔克总统颇为类似。波尔克大胆创立了战时强有力的行政领导，林肯为战时干涉公民的基本自由，创立了同样意义深远的范例，为了战胜南部同盟，他行使了许多人认为他没有而且也不该有的新的总统权力，从而确立了总统在战争中的权威。

在一场规模空前的战争中，美国军人积累了大战的经验。

首先是指挥调动大军的经验。战争之初，联邦的许多将领，如麦克道尔、麦克莱伦等，无法取得优势，战争观念陈旧和作战意志不坚决固然是主要原因，但也不得不承认，美国军人从未见过如此巨大的阵势，少则数万人对阵，多则十几万人对阵，这在美国历史上是前所未有的。缺乏大战经验是一个重要原因，就连对这场战争反应迅速的格兰特和谢尔曼，也时常遭遇失败，格兰特就因为在夏洛伊战役中损失过大而面临降职的压力。

但是南军似乎比北军认识得早，在李将军的领导下，杰克逊、博雷加德、约翰斯顿等几路大军配合较为紧密，在东西战区之间调动，在初期取得了一系列胜利。北军也逐渐学会了调动大军团的方法，西线虽然是次要战场，几支较小的部队却经常能很好地配合，取得一些胜利。战争后期，格兰特和谢尔曼等北军将领已经能够在更大范围内组织大军团作战。格兰特和谢尔曼的计划就是东西两个战区分三路同时对南方发起协调一致的攻击，东线之一格兰特指挥东战区主力波托马克军团，以歼灭李军团为主要目标，相机夺取里士满；东线之二巴特勒的部队从东向西进攻里士满；西线谢尔曼从密西西比河东岸向东南横扫，深入敌后占领佐治亚州，向海洋进军，对"南部同盟"的东部地区实施中间突破。当谢尔曼向海洋进军成功后，又向北进军，与格兰特会师，合围李军团。其实，这样的长途奔袭，谢尔曼在1864年春季就已经实践过了。谢尔曼于1864年2月初率领的25000人从维克斯堡出发，破坏了密西西比河中部的铁路和资源，而后撤到了坎顿，于3月初返回维克斯堡。

至于本章第二节描述过的总体战思想，则是内战中美国人获得的最大的财富。海军的封锁，也体现了在一场总体战中，全面打击的重要性。联邦的海军优势，使之能够实施封锁战略。1861年8、9月间，巴特勒就成功占领了北卡罗来纳海岸的两个要塞。这两个要塞非常重要，在哈特拉斯湾的入口处，是偷越封锁线最方便的地方。占领了这两个要塞，就塞住了这条通道。联邦海军敏锐地注意到了基地的重要性，正如"海权论"的创立者艾尔弗雷德·T.马汉所认为的，"在当地有一个供出击和返航用的基地要比一艘擦亮的军舰或一个神龛更有价值"。11月7日，联邦军又攻占了南方南卡罗来纳州的罗亚尔港。夺取基地、封锁海岸的行动仍然在继续，一些港口和基地不断被联邦海军占领。两个著名的港口战役发生在维克斯堡和查尔斯顿。从1862年12月28日和29日到1863年5月22日，联邦军队一共5次攻打维克斯堡，均告失败，1863年7月4日，守军由于补给困难、伤病严重而投降。占领维克斯堡，北军就贯通了密西西比河，并打开了通向大西洋沿岸的道路。查尔斯顿是南部同盟最后一个海港，1863年4月至9月，联邦军曾多次攻打，均未攻克，后来改变战术进行封锁，于1865年2月18日，迫使守军投降。封锁几乎扼杀了南部同盟的一切海外支持，致使南部同盟的战争资源迅速走向极限。

铁路、电报和步枪三大技术在内战中第一次大规模使用。没有电报，就不能在很远距离间进行快速通信，就不能充分发挥利用铁路进行远距离快速机动的优势，电报的使用很关键。当时，英国已经开始建立其总部同下属司令部之间的电报联系，美国人注意

> 一些推进时代进步的技术发展，对战争的影响是全面的，美军首先体会到了工业革命对战争的深刻影响，并积累了运用它们的经验。

并借鉴了英国人的做法。他们把学到的电报技术应用于更大的范围，原西部联盟电报公司总裁安森·斯塔格上校创造了一个通信系统，把从波托马克河到海湾地区的所有联邦军部队同华盛顿联系在一起。这个系统由陆军部直接领导，在业务技术方面接受军需部领导，经费也来自军需部，工作人员都是有经验的文职报务员，军官都有助理军需官的职衔。

但是，战术层面上使用电报仍然很不方便，影响行动效率，战场上的沟通手段仍很落后，彼此保持联系很困难。艾伯特·J.迈尔上校尽力发展战术通信，取得了进展，他创建了通信兵。1858年印第

安战争之后，他就开始试验一种旗语方法。1860 年 6 月 21 日，迈尔被任命为陆军首席通信官，这个职位在世界各国陆军里是前所未有的。1861 年夏，他又发明了一种能够沟通集团军司令和下属部队联系的轻便发报装置。1861 年 11 月 30 日，迈尔决定采用比尔兹利轻便发报机，还为它配备了野战火车车厢，取得了明显效果。在半岛战斗中，这种轻便发报机使巴恩赛德在弗雷德里克堡的拉帕哈诺克整个地区保持了电报通信联络。虽然电报、旗语和轻便发报机的应用，只取得了有限的效果，但是通信系统和首席通信官的设置，是一个良好开端，为今后通信技术和战术在战争中大显身手奠定了基础。

铁路和水运的大规模使用，是内战之所以战线恢宏的主要原因之一。

铁路为部队提供了巨大的机动能力。借助铁路，波托马克集团军曾经有两个军的2.5 万人、10 个炮兵连及战马、100 车行李，在 11 天之内，行军 1200 英里。联邦和南部同盟都在极力开发铁路的潜能，南方受到先天不足的限制，收效不大；北方则做得很好。联邦从社会上雇来了铁路专家，把军队铁路运输管理得井井有条，效率很高。

国会于 1862 年 1 月 31 日通过的《铁路法》，规定在需要时，政府有权占用美国任何铁路干线，掌握、监督所有部队和军用物资的铁路运输，保证了铁路为军队提供充分的服务。由于政府措施得当，忠于政府的北方各州，从未受到铁路收归国有的威胁，北方的铁路公司持续地给予支持。联邦还对南方 2000 多英里的铁路线实施了铁路法，军需部建立了铁路工程兵团，成效显著，保证军用铁路畅通；还在查塔努加建造一座轧钢厂，给铁路工程兵团以钢铁支援，使南方破坏铁路隧道的企图失去了意义。

联邦还有效组织水路运输。军需部购买和建造了 183 艘海洋轮船，43 艘帆船和 86 艘驳船；租用了 753 艘海洋轮船，1080 艘帆船和847 艘驳船；同时拥有 599 艘内河船只，包租了 822 艘内河船只。半岛战役中军队供应，是通过水路运输；在弗雷德里克里地区打仗的波托马克集团军所属部队的补给，是由水路运输的；彼得斯堡战线上格兰特集团军的补给，主要来自詹姆斯河基地的水陆供应；西部集团军充分利用了西部的河流；谢尔曼北进中，梅格斯的军需船队源源不断来到北卡罗来纳州港口，确保了后勤供应。水陆并用的运输，是北军总体战的一大优势。至于武器的发展，不仅引起了大战、总体战等战略性的变化，还引起了深刻的战术变革。

纵使通信有了一定的发展，但还是没有跟上武器的发展。当时战术队形产生于拿破仑时代，密集的火力和在正面进攻中进行白刃战起着决定胜负的作用；拿破仑时代的通信技术不发达，战场上靠的是口令，必须采取密集队形才能彼此协调一致的战斗；同时代的陆军武器的射程和精度都有限，对于密集队形的杀伤力不大，防御者没有明显的优势。因此，密集队形盛极一时，美国内战仍在沿用。密集队形的基本概念是：进攻者整齐编队，稳步接近敌方阵地，向敌齐射，然后用刺刀短兵相接，夺取阵地。

陆军武器，尤其是步枪和火炮的改进，引起了陆军战术的变化。

但内战时期使用了线膛武器，射程和精度提高很大，采用密集队形，就等于给对方当靶子。尤其是对于进攻者来说，前进到格斗距离所要通过的距离过长（对于当时的武器射程而言），给防御者充分的时间，一批一批的射击。这种情况下，密集队形进攻无异于自杀，防御者占有明显的优势。防御者可以对正在开阔地行进的敌军发射数发子弹，在敌人靠近之前就粉碎其正面攻击，根本不给敌人白刃战的机会。进攻者越来越需要寻找或构筑步兵坑、战壕等作为掩体，任务也就更艰巨。较为落后的通信技术也限制了部队的分散度，进攻中大量的伤亡就不足为奇了。

战斗队形毕竟已不那么严格，散兵线毕竟开始显现出重要性，进攻部队则更多地使用散兵线，还经常用冲锋来代替稳步推进，试图抵消防御者的优势。在前进过程中，进攻者常常采取一系列短途冲击，利用各种掩体摸索前进，接近敌人，能给战场内的敌人以相当大的打击。对于防御者来说，从一个掩体慢慢移向另一个掩体的人，是守不住坚固战壕阵地的。老练的指挥官，有时以攻击敌侧翼来避免正面进攻，总是可以在侧翼取得暂时和初步的成功。因此，尽管防御部队占据有利条件，进攻部队若决心很大，仍能给予巨大杀伤。

炮兵战术也发生了改变。内战初期也沿用了拿破仑的炮兵战术，即提高炮兵机动能力，将炮兵与步兵同时部署或部署在步兵之前，以强大的火力轰击防御部队，加强进攻。但是线膛武器破坏了拿破仑的炮兵战术，防御者可以在敌炮兵机动到轰击距离之前解决之。在炮手安全的距离之外，线膛炮对在战壕内的敌步兵没有多大杀伤力。幸而北方炮兵保持了自诺克斯将军和林戈尔德少校以来的传统，主要用于防御。北方军炮兵赢得了敌军的尊重。北军准将亨特认识到在当时的战术条件下，炮兵的主要价值是支援步兵击退敌人进攻。线膛炮能以更远的射程，在进攻之敌对步兵真正形成威胁之前就将其击退。线膛炮与滑膛炮可以配合使用，线膛炮用以进行远距离射击，而滑膛炮则用于近距离射击。线膛武器的发展，使进攻困难，防御者也不会轻易跳出战壕，战斗经常处于僵持局面。像拿破仑战争中发生在奥斯利茨和耶拿那样决定胜负的一次性战斗已不复存在，旷日持久的消耗战成为战场主角，直到坦克和飞机出现为止。这样，内战就在美洲提前上演了第一次世界大战中的基本情形。

内战重新开发了骑兵的价值。内战以前，美国骑兵就已经发展为骑马步兵，那种挥舞军刀和长矛的传统骑兵只能当炮灰，美国人的认识显然比二战中还使用老式骑兵的波兰人早了80年。内战之初，南方的李将军因为有优秀的骑兵部队为其侦察敌情，打了几场漂亮仗。半岛战役中，南方斯图尔特的骑兵侦察就获得了麦克莱伦的行动情报，成为后来李将军拯救里士满计划的基础。而北方则没有有效利用骑兵进行侦察，这就是北方军在初期几次重大指挥失误的原因。战争后期，在约翰·布福德和菲利普·谢里登等人领导下，北方骑兵部队获得新生。他们不仅用于侦察，还起到了现代空降部队的作用，能够以其高度机动能力，在大部队到达之前抢占阵地，然后像步兵一样坚守阵地，等待增援部队到来。侦察和机动能力，使骑兵成为一个有效的辅助兵种。

发生在"弗吉尼亚"号和"监视者"号之间的世界上第一场装甲舰大战，预示着装甲舰之间的战斗是攻击力、防护力和灵活性的比拼。"监视者"号发动机吃水浅，机

> 海军装备的发展，不仅创造了海战新战法，还加强了陆海军联合作战。

动灵活，但火炮射速太慢，每门炮七、八分钟才发射一次；而"弗吉尼亚"号射速快，但行动笨拙，难以对"监视者"号实施准确的射击。两舰炮弹对于对方的装甲也无能为力，打成平手。但这场战斗不仅告诉人们装甲舰的价值，而且提示了它的发展方向。

1861 年 8 月 27 日，巴特勒将军指挥了夺取哈特拉斯湾控制权的战役，联邦海军先用炮击，继而派两栖部队登陆作战，很快取得了成功。在 1861 年 11 月 7 日攻打罗亚尔港的战役中，北军在舰对岸进攻的认识上有了突破。港口配有远距火炮，按照传统的认识，木壳舰与岸堡交火难以取胜，除非舰炮占压倒优势。联邦舰队指挥官杜邦曾对克里米亚战争作过研究，认为舰、岸交火还应当把军舰的动力这一因素考虑进去，蒸汽动力舰不依赖风和流，能够始终保持运动，作为海上打击力量更为有利。战斗中，蒸汽舰果然利用机动力通过岸炮火网，抵近堡垒射击，攻下港口。

水路配合更加紧密。1861 年 5 月，为控制"美国的脊梁骨"——密西西比河，联邦初步建立了淡水舰队。陆军部对该舰队拥有使用权，淡水舰队战功卓著，配合陆军作战，像一把匕首，直插南方心脏，保护了具有战略意义的俄亥俄州与密西西比河的接合点，维护了肯塔基州与密苏里州边缘地区的安全，同时又打乱了南方邦联的部署。1862 年初，新建的 7 艘战舰加入了这支舰队，联邦成立了在内河活动的西部舰队，配合格兰特攻占了亨利堡和东尼尔森堡，迫使叛军放弃了哥伦布和肯塔基，退至下游的战术据点——十号岛。在

攻打十号岛时，联邦海军设计了一个巧妙的办法：以一艘驳船装满煤和干草紧紧系在炮艇侧面作为防护，抵抗河岸敌人的炮击。3 天内，两艘炮舰用此方法通过火网进抵十号岛，迫使守军投降。接下来，在孟菲斯附近的一次战斗中，联邦舰队的两艘带有冲角的战舰，撞翻两艘敌舰，取得了优势，顺势赢得了战斗。北方的水陆两军配合得像一把大剪刀上的两片刀刃一样，在密西西比河沿线发展顺利，南下维克斯堡。同时，为了从最南端的墨西哥湾入口，沿密西西比河北上，配合西部舰队攻占新奥尔良，进而占领维克斯堡，组建了西海湾舰队。该舰队借鉴已有的海战经验，发挥了顽强的作风，连克几个堡垒后，占领了新奥尔良。1862 年 6 月下旬，西海湾舰队与西部舰队会合，明确必须有陆军配合才能奏效。最终在陆军的配合下，于 1863 年 7 月 4 日攻克了维克斯堡。1865 年 2 月 18 日，攻占查尔斯顿后，海军的主要作战行动基本结束了。通过内战，海军在人们的实践中越来越活跃，逐步提高了自身的地位；而且积累了大量的作战经验。

大战给司令部工作提出了挑战。

长期以来，美国军校缺乏训练设施，且未能培养军官从理论和原则上指挥大部队作战，也没有培养他们的实际工作能力。美国也没有参谋学校，没有参谋工作的理论。然而战争要求参谋为师长、军长、集团军司令准备千军万马作战行动的方案和建议。因而开始时，参谋工作一塌糊涂。例如，当麦克莱伦企图率部队从约克河畔基地向詹姆斯转移时，认为仅有一条道路。但当时还有两条条件很好的道路与此路平行，其中一条还相距不远。虽然向詹姆斯转移的行动已经酝酿了几个星期，但司令部内却没有人知道这另外两条路。稍后，凯斯少将的第 4 军发现并使用了这条路，富兰克林少将的第 3 军也发现了这条路，但麦克莱伦还是不知道。情报是参谋工作的一部分，在初期的大部分时间内，情报工作最糟糕。麦克莱伦不仅一直对周围地理环境一无所知，而且他关于敌军人数和部署的情报也都是错误的。

后来，胡克将军专门指定乔治·夏普上校负责情报参谋的工作，波托马克集团军情报工作质量才有所提高。到 1862 年底和 1863 年，波托马克集团军有了几位才能出众的参谋人员，他们很快学会了参谋业务。他们有能力承担各种繁重的工作，丹尼尔·巴特菲尔德和安德鲁·A. 汉弗莱等参谋长在司令官不在位的情况下，还能采取适当的行动、作出正确的决定，表现了非凡的才能。在美军历史上，这些人的军衔同任务第一次相称了。主要参谋军官挂上了准将军衔。其他军团也涌现了很多参谋人员，改善了参谋工作，这是前所未有的。

军团指挥官的失误常常导致成千上万的人丧生。有些将领经常把时间和精力消耗在与指挥任务无关的事情上，麦克道尔亲自勘察路线；麦克莱伦进逼安提坦时，亲自检查炮兵武器并作示范。而联邦却不得不容忍他们，因为还没有发现比他们更强的人选。因为当时美国缺乏统一的军事指导理论。麦克莱伦和哈勒克熟读军事著作、著书立说，却拘泥于成法，不会变通，因此无法对抗精明的李将军。院校的军事史和军事哲学对培养有才能的军官很有价值，但不能造就实用的指挥官。联邦指挥的改善得益于南方将领的启示和战争的历练。

团以上单位是特混部队，他们的组成必须根据不同情况来决定，因此编成都不固定。旅通常含 2～6 个团，有时甚至更多；师由 2～3 个旅组成，师一般还有直属炮兵，一些步兵师还有骑兵，但后来骑兵都单独编成骑兵师了。当时波托马克集团军没有军这一级，而是由 15 个师组成的臃肿组织。1861 年底和 1862 年初，林肯敦促麦克莱伦着手组建军，但麦克莱伦反对，最后林肯下令波托马克集团军建立 4 个军。1862 年 7 月 17 日，国会宣布集团军一级都建立军一级编制。此后，美军所有的军和师都依次编号，一般每个军有 3 个师、45 个步兵团和 9 个炮兵连。

美军已经开始采用较为灵活的部队编组。

联邦军队还确立了一个优良的传统——部队拥有徽章。美军部队的标准徽章（或符号），是从军一级开始出现的。1863 年，约瑟夫·胡克任波托马克集团军司令，他指示每个军要有特殊的标记以便识别。徽章能鼓舞部队自豪感，也便于寻找掉队人员。徽章制度在波托马克集团军推广一年后，其他部队也有了各自的徽章。

训练问题造成了战争初期很高的伤亡率。士兵只会在阅兵场上操练，而不懂得在战场上如何很好地保护自己，伤亡惊人。在第二次世界大战中，10%的伤亡率就难以接受；而在内战中，有些战斗达到50%，个别的高达80%。双方都缺乏足够训练有素的军官，也几乎没有制订过有连贯性的训练计划。战争初期，温菲尔德·斯科特企图制订一项系统训练规定，为首批服役三个月的新兵集结地点提供训练营，但是告吹了。而继任者麦克莱伦一方面支持按制式进行训练，另一方面却又无迹象表明他制订了全军系统训练的纲要，训练混乱、五花八门。训练不足带来的悲剧显而易见，警示了后人。

如何处置不称职和超龄军官，也是一个问题。

根据1861年7月22日法案，1861年7月25日，陆军部下达指示，要求所有志愿兵部队军官必须接受考核。负责主持工作的考核委员会由陆军司令和军衔最高的将军共3～5人组成，这是美军军官考核委员会的雏形。1861年8月3日通过的一项法案，批准了第一个军人退休计划，为安置和平时期超龄的高级军官提供了依据。

此外，随着南部同盟政府土崩瓦解，北方军陆军必须建立临时政府，把宪兵司令的职责范围从维持军队秩序扩大到占领区。宪兵司令在各地创立了忠诚宣誓制度，以此考察南方平民的政治倾向，并依此决定给予他们多大自由。为协助组建州政府，林肯在许多南方地区任命了军人州长。

内战结束了，原来敌对的两方又成为一个国家，原来在战场上刀兵相见的两军又成为一支军队，原来双方军民为各自胜利所取得的军事成就现在成为美国军队的共同财富。竞争是事物发展的催化剂，竞争越激烈，发展就越快。在一场空前惨烈的军事竞争中，美国军事得到了全面迅速的发展。一场空前的大战让美国军人提前感受到了总体战的思想和方法；制度的先进性对于战争的意义十分明显；武器装备的发展引人注目，大量发明创造用于战争；诸多因素改变了战争战略与战术，美军在许多方面获得了许多宝贵的经验。内战还体现了美国人为了信念不惜一切的决心和勇气。无论是南方人还是北方人，都坚定地为理想而战，为此付出了许多宝贵的生命。这种坚定的决心和战斗激情产生了无穷的创造力。正如一位前海军军校学员 J. T. 沙尔夫在 1894 年回忆年轻时的经历并展望南方和北方统一后的前途时所说："如果世界各国对美国军事力量在内战中的发展壮大感到惊奇的话，那么，仔细考察一下南部同盟所取得的成就，考虑和对比战争双方的条件和环境，就可以发现南部同盟取得了远比美利坚合众国伟大的成绩。如果在相互拼杀并且破坏一切搬不走的东西之际仍然各自取得了这些辉煌的成绩，那么，对于这样一个被保卫他们共同国家的一致决心所团结和激励的民族的能力，还能划定什么极限吗？"

小　　结

联邦因为制度的分歧而分裂，因为制度的进步而复合。当联邦制度符合北方人民的选择时，人民就坚决地支持它，并在长达 4 年的战争中持续地支持，包括一些为赢得战争而创立的新制度。这些制度，是国会和政府的那些政治精英提出的，的确是顺应民意的，才为人民所支持，仍然是人民的选择。军事斗争催生了很多新的军事制度，这些制度以联邦制度为基础，适应军事发展和战争需要，人民支持，广大官兵支持，获得了自然奔涌的能量。

联邦的胜利，源于它的制度基础和制度取向，以及基础和取向衍生的军事制度调整。

至于南部同盟，同样怀有理想，却存在难以克服的制度缺陷。它维护制度和制度理想，然而制度和制度理想已经不适应历史发展的潮流；它渴望夺取胜利，并作出调整制度的努力，但不是不符合本身的制度基础，就是不符合战争需求。在不顺畅的制度之下战斗，就等于扭曲着身体进行一场殊死搏斗。

南部同盟从来不缺少天才，罗伯特·李、约翰斯顿、杰克逊等人，都能在敌强我弱的情况下不断赢得胜利，却最终无奈地走向失败。实践证明，南方的天才拯救不了制度落后的南方。即使南方人民选择了自认先进的制度，却无法顺应历史的潮流，最终在一场大败后沉思，摸索十年之后清醒地回到了历史的大潮中。

战争初期，北方的几位主要将领实战能力平平，连败之下首都告急，而联邦却总能够化险为夷，这分明说明了其他的因素在起作用，制度是主要的因素。在选择了正确的将领和战略后，在军事艺术上仍然看不到格兰特比李将军强，只是资源丰富得多。南方消耗不起，北方则经得起消耗，大战争中的大消耗，决定了必须得到人民自愿的支持，才能丰富而持久，才能带来胜利。这说明联邦制度和军事制度的选择，仍然是人民的选择。

林肯既是制度的拥护者，也是制度的违反者。

林肯作为总统在任时，联邦分裂而后恢复了统一。在国家命运攸关的时期，林肯的确是一个称职的领导人，他是一个具有先进制度取向的人，但他的行为也曾有悖于制度。例如，战争初期，他瞒着国会招募部队；战争中干预新闻，镇压反对者；他的政府使用军队对付平民。这些固然为赢得战争发挥了积极作用，大局为重，反对之声不多。但是，他真的拥有这样的权力吗？宪法似乎还没有赋予，他本人和人民都认为他行使了他没有而且也不该有的权力，人民担心战争中受到压制的自由可能在和平时期也会丧失。战争毕竟会结束，而制度要持久地延续，战争中破坏制度，战争后就会受到责问。这就是一些激进人士指责他为"皇帝"和"暴君"的原因。林肯遇刺，固然是极端分子所为，但是也表达了那些制度维护者的呼声。

因为,内战是美国内部的一次本能的分裂、自愿的战争,人们自由地投入战争,坚决地战斗。这样的民族如果实现了真正的统一,其能量将难以估量。围绕林肯的一些事件,说明了美国在战争中和战后,都一直保持了特有的多样性。这种多样性在战争中发挥的积极作用大于消极作用,在战后更是确立了一种统一下的多样性,或者说是保持多样性的统一。这种统一,蕴涵着无限的发展能量。

> 表面上看来,内战让美国人蒙羞,实际上,恰恰说明了一个民族在为理想而奋斗时的决心和勇气、自信和顽强。

美国内战一直被称为第一场"现代化"战争。在世界近代史上,美国人提前经受了大战的洗礼。在地面上,由于线膛炮和步枪的使用、堑壕战的出现、大规模的伤亡、铁甲舰和新海军装备的使用发明,美国的内战预示了第一次世界大战可能出现的情况。美国人开始郑重地考虑军事问题了,从此告别只对付印第安人和领土扩张的时代的战争和军事,走上了通往强大的发展之路。

六 安全的概念

——美利坚帝国战略的理论起点

（1865～1917）

　　内战基本解决了国家内部深层的矛盾，美国人有理由重新
考虑国家在未来世界中的角色。是用鲜血换来的统一来拓展
国家的利益？还是摈弃这些令人伤感的回忆，享受似乎来到的和平？
美国人进行了艰难的抉择。内战解放的生产力要求拓展贸易，
保障其安全的首选工具是军队。于是，美国人开始站在军事
角度放眼世界。在思考了将近半个世纪后，美国人开始下
决心参加一场大战，并使这次参战成为主宰这个世界的开端。

（一）拿着武器的弱势群体

纵然在一场空前惨烈、空前伟大的大战中，为美利坚民族立下了汗马功劳，美国军人还是不能够主宰自己的命运，因为，命运的锁链仍然掌握在民众的手里。民众牢牢控制着军队，始终保持着警惕，让军队的发展永远符合自己的需求，并不致危及自身利益。甚至立功的军人不能在战后保证自己的安全，就更加难以谈及自身地位的提高了。至于军队的发展，则必须等待社会的认同。

1. 英雄的回报

1865 年《波托马克协议》签订之后，谢尔曼曾经预言："不管我们怎样希望能改变南方民众的感情和思想，我们都不能用武力来实现，我们更不可能在那里维持一支足够强大的军队，把他们控制在被征服的状态。"

美国民众历来反对较多地使用武力，加之他们恐惧常备军、不愿意给军队太多的财政支持。谢尔曼的预言不幸成为现实，北方赢得了战场上的胜利，却在一场非常规战争中一败涂地。南方白人重新拥有了至高无上的特权，支持南方战时理想的人重新掌握了南方各州，并逐渐占据了国会中的重要位置。

联邦军人在内战后并没有得到英雄式的回报，反而处于困境。在许多民族主义盛行的国家，在获得一场战争胜利之后，军人通常会得到英雄式的爱戴。但是，在 1865 年后的美国不同。因为这是一场内战，交战双方在战后又成为一国人民，联邦政府必须站在公正的立场，处理各种事务。北方的情况比较单一和乐观，而在南方，从靠武力征服得到的统一过渡到真正的统一，还有很长的路要走。很多南方人并不服气，利用联邦的公正甚至怀柔的态度报复联邦军队，联邦白人军队、有色人种部队、甚至军队高级领导都难以幸免。

驻南方的军队处境很艰难。

1865年5月23日在宾夕法尼亚大街接受检阅，是赢得内战的联邦军队最后的荣耀。波托马克军团10万名刀枪闪耀的士兵走过欢呼的人群；第二天，谢尔曼的6个军又接受了检阅，那些又高又瘦的西部人昂首挺胸，俨然是"世界的主宰"。此后，部队胜利的喜悦就开始逐渐冷却了。

在南方广阔的土地上，重建任务毫无例外地落在了陆军身上，陆军部采取了较为强硬的政策。林肯遇刺后，副总统安德鲁·约翰逊成为总统。鉴于前总统采取铁腕政策而遭到南方人激烈反对的经验，他采取了怀柔政策，破坏了重建政策的连续性，使陆军处境艰难。

为了缓和南方人的敌对情绪，也为了恢复他们的信心，依据总统的赦免权，约翰逊宣布赦免内战中进行过忠诚宣誓的前南方联盟成员，允许他们重新组建政府。这样一来，这些人的信心是增强了，但他们原来独立的政治观点却很难改变。南方各州立法机构制订了有关黑人的法律，表明他们决心重新置黑人于屈从地位。各州法庭也开始同联邦建立的自由民局法庭和宪兵争夺审判权，还经总统批准，各州再次组建了民兵，兵员来自遣散的南方军，自然地排除了黑人，还保留了南方军的灰色军装。这样，南方人有了重回旧日的感觉，他们仇视联邦军人和黑人，嘲笑和侮辱他们，当他们人数较少和独自一人时，还有遭到袭击的危险。由于民主党的阻挠，军人的家庭生活也受到干扰。如1877年，国会到年末——11月30日——才给军队拨款，迫使官兵们靠借贷度日，而贷款通常是高利贷。

在"重回旧日"感觉的鼓励下，很多南方人开始秋后算账。

在重新恢复的各州法庭上，南方公民开始不断对联邦士兵提出诉讼，要求赔偿战争期间和战后在军法统治下造成的损失，各州法庭的倾向是可想而知的，原告、法官及陪审员大都是以前的反叛者，他们串通一气，对被告毫不留情。南方人经常侮辱、有时甚至伤害士兵。

重建之初，军人的法律地位相当模糊。这导致联邦军官们不敢行使军政府职权，因为如果南方平民的指控获胜，他们将蒙受损失。军官们想向陆军部寻求帮助，不幸的是，他们的领导，陆军部长斯坦顿也成了反攻倒算的受害者。在纽约州的法庭上，前反战人士约瑟夫·E. 马克多斯声称：他在战争中因莫须有的不忠罪名被捕，因而对斯坦顿提出指控。民主党抓住机会报复，支持马克多斯。如果马克多斯赢得诉讼，那么驻守在南方的下级军官将更加没有安全感，他们为此人心惶惶。

作为陆军总司令，格兰特尽力挺身保护陆军部长及他的军官和士兵，但作为陆军的一员，他的说服力有限，最后在国会的支持下，陆军才勉强免去了很多麻烦。

总统对南方的态度代表了大多数美国人，他们渴望尽快地回归到正常的社会生活轨道上来，不愿意有新的冲突出现。因此，对南方的政策是比较宽容的。在 1866 年 4 月和 8 月发表的宣言中，约翰逊总统表明了自己的立场：叛乱已经结束，南方各州在联邦政府宽大政策的感召下，已重回联邦，文官政权应凌驾于军人之上，军队应撤出重建的各州。他解释说：在和平时期，常备军、军事占领、军事管制法、军事法庭及中止人身保障法等都是对公众自由的威胁，是与自由制度不相容的。在一些与此有关的决议案中，最高法院也同意总统的观点。

为了保护联邦军人免遭南方人报复并确定他们的法律地位，国会和军方不得不对抗总统。国会中很多共和党议员认为总统的这种态度不转变，那些战争中忠于联邦的人会遭到报复，军人和白人联邦主义者将遭到更多的凌辱，黑人实际上将重新沦为奴隶，战争中的牺牲就将付之东流。于是，军方和国会联手，通过了《重建法案》，保护军人、黑人和胜利果实。

南方人马上做出反应，最强烈的举动是成立三 K 党，三 K 党起初是一个社团，很快就发展成保守党的一支准军事武装。在那些不讲民主的民主党人及种族主义反动派的操纵下，三K党对黑人和共和党白人烧杀奸淫，大搞恐怖活动，阻碍重建的进行。

南方白人从来没有放弃为特权而斗争，而北方的联邦领袖以及民众渴求和平，对南方共和党和黑人的命运越来越冷淡，使民主党越发肆无忌惮，军人无疑成了牺牲品。19世纪中期，南方又掀起白人恐怖浪潮，要"收回"南方各州，使之重回民主党控制。他们既采用政治和经济手段，也采用军事手段。叛乱很有组织，既能限制联邦的选举，又使联邦没有理由派遣军队维持社会秩序，最后真的实现了对南方各州的重新控制。

黑人大有一种被出卖的感觉。

南方民兵的控制权毫无疑问地归属到南方白人手中，自然地将黑人排除在外。不仅如此，约翰逊总统对他亲自扶持、重新建立的南方各州政府怀有好感，对黑人却不表示同情，这就助长了仍然怀有叛乱情绪的南方人的气焰。北方原来设想在1865年就可以结束在南方的军事管制法和军人执政状态，希望南方人能认输，拒绝南部邦联的领袖，拥护在南方的联邦成员，并公正地对待黑人。

然而，联邦的这些设想全部落空了。约翰逊总统提出不对南方施以重惩的重建政策，使那些顽固不化的南方人有机可乘，他们选举前南部邦联分子进入当地州级和国家级机构，建立自己的民兵部队，通过《黑人法典》限制自由民权利，制造种族冲突，残杀黑人，拒不批准第十四条宪法修正案，恐吓忠于联邦者，黑人的安全和其他权利得不到保护。1865年7月，新奥尔良还发生了白人警察、平民屠杀黑人的事件，致使40人死亡，160人受伤，其中多数是黑人。而当时联邦部队就驻在城外，为了避免麻烦上身，他们没有介入。

起初，在重建各州恢复州军事力量时，一些州同时组建了黑人连队和白人连队，前者大大多于后者。各州让黑人民兵执行维持秩序等任务，包括监督选举和投票，确保不受前南方联盟成员的干扰。但是白人为了抵制黑人的地位，消除他们对选举的影响，大搞恐怖活动。黑人民兵经常遭到报复，南方的白人一见到着军服的黑人，就要寻机挑衅，夜间袭击单个黑人民兵和他们的家属，不断地袭扰他们。

重建时期的共和党法官阿尔比恩·图尔吉在小说《白痴的使命》中描述：黑人及其白人同盟者"被枪击、刀刺、绞死、溺毙、肢解，遭到非人的折磨，惨不堪言"。这些曾经用于对付印第安人的残忍手段，现在被复制到黑人及其白人同盟者身上。甚至在阿肯色和新奥尔良，白人同黑人的武装对抗有时发展成激战。恐怖暴行灭绝人性，使得黑人劳动力背井离乡，无法正常劳作。困于这些来自自称为绅士的白人的骚扰，黑人对军队的热情急剧下降，到19世纪70年代初，黑人民兵瓦解了。很多黑人仍然没有土地，在白人的土地上为白人老板干活，成了没有标签的奴隶。种族歧视和压迫仍然广泛存在，黑人没有得到完全解放。

大战的消耗巨大，政府债务沉重；人们刚从大战的阴霾中走出来，急于恢复国内的生产和生活，没有把主要精力放在军事发展

> 内战后，裁减军队是意料之中的事情。

上。对于陆军而言，除了维持南方的秩序，其他大量陆军的存在，不仅增加纳税人的负担，而且是对自由的威胁。尤其是战时林肯总统曾经动用军队镇压反联邦的捣乱分子，战争已结束，美国历史上固有的对常备军的恐惧又恢复了。

美国人不需要一支庞大的常备军，军队应该遵循它的历史传统。因此，就在1865年5月23日那次骄傲的阅兵之后，联邦军队进行了大规模的复员工作。1865年5月1日，美军在编人员共1000516人；年底下降为199553人；一年后，又下降到11043人。陆军总司令格兰特要求将正规部队增至8万人，但陆军部和国会不予理睬。

1866年7月28日，国会终于同意改组陆军，批准扩大连队编制。即便如此，美军总数也只有54302人，而且并未征满，部队实际

人数不足 4 万人。在编制中包括 4 个黑人步兵团（后减为 2 个）、2 个黑人骑兵团和 1000 名印第安侦察兵。有色人种在和平时期编入美军，具有历史意义，成为战后军队建设的一个永久性特征。但是好景不长，1876 年，陆军最高编制人数下降到 27442 人。

对海军的裁减也毫不留情。

当时，欧洲列强远隔 3000 海里重洋，舰船技术尚未达到突然、大规模打击美洲的水平，一时间还不具备入侵的可能；美国在海外没有需要保护的殖民地，无须大规模舰队长期守护某地；保护海外贸易，似乎战前规模的海军就足够了；这期间发生过一些小的争端，如法国不顾"门罗宣言"，干涉墨西哥，西班牙在加勒比海与美国有冲突，英国劫掠"阿拉巴马"号等，都通过外交途径解决了。因此，人们把海军置于脑后了。

内战中，在海军服现役的舰船达到 700 艘之多，包括 5 艘铁甲舰。战后，政府把许多舰只卖给商人做商船，战时草率建造的很多舰船保留价值都不大，保存下来的铁甲舰和快速舰因闲置不用而锈蚀腐烂。到 1870 年，只剩下 52 艘，全是船首安装前膛炮的过时木制帆船，已远远落后于欧洲海军装备。到 1880 年，进一步减至 48 艘，美国海军力量退居世界第 12 位，排在中国和智利之后。资深海军将领戴维·波特曾把当时美军的舰船比作"画在中国古代碉堡上的龙，只能起吓唬人的作用"。欧洲海军毫不留情地予以讽刺说：看了美国海军，就知道美国不存在过时的东西。阿尔弗雷德·塞耶·马汉（丹尼斯·哈特·马汉的儿子，"海权论"的提出者）曾痛心地说："我们现在拥有的东西正是其他国家过去用过的东西。"内战中战功卓著的军队就这样迅速溶解在美国社会中了，剩下的一点残余还不得不在执行任务时，忍受嘲讽和攻击。

但不管怎样，内战的果实还是保存下来了。经过十几年的努力，南北方实现了融合，美国社会进入了工业生产的繁荣时代。而这样的时代，军队似乎又走上了原来的老路。

2. 陆军的尴尬处境

联邦重回统一之后，政府暂时没有过多的精力去放眼海外，军队的处境也很尴尬。因为，内战证明了军事力量的发展对于国家的重大作用，但现在内战结束了，外部侵略又不大可能，军队到底扮演着一个怎样的角色，要不要大力的发展下去，都成了悬而未决的问题。甚至国民不愿意再花心思去思考，军人们对这样的状态深表惋惜，同时也给予了一定的理解，因为在美洲，国家的确已经安全了。即使是谢尔曼和谢里登两位将军也都理解，外来侵略是根本不可能的。因为欧洲列强彼此敌对，谁都不能把大批军事力量投入到新世界去；也没有一个欧洲国家的海军有能力横跨大西洋输送并维持一支庞大的远征军；美国巨大的军事潜力，也足以使外来侵略者望而生畏。

陷军队于尴尬的另一个原因是重建的结果。民主党在南方取得的胜利，使全国各地的民主党再次联合起来。因为受到重建的鼓舞和对军队的不良印象，民主党再次继承了杰斐逊和杰克逊思想，成了一个反对派。下一代民主党的国会议员，一般都反对具有长远意义的军事立法，导致国会很难再通过颁布法令进行武装力量的改革和现代化。陆军部的各局局长利用重建时期军队孱弱的机会，加强了自己的政治权力，经常与民主党一道反对军队发展。他们越来越独立于陆军部长，而加强了和国会的直接联系，提高了他们与作战部队提出的改革方案作斗争的政治地位。在这种情况下，军队没有展望前景的奢望，而是继续充当国内警察的角色。

重建时期，为了保卫胜利果实、保护军人安全，国会和军队联手通过了《重建法》，

军队扮演了它不喜欢的角色。

该法使武装占领合法化，恢复了军事管制，将南方分为 5 个军管区，每区由一位将军指挥。军队再次成了维护南方社会的政治工具，扮演着一种它并不喜欢的角色。但是，为了保护自身和联邦，非扮演这个

角色不可。军队有权任免官员，登记选民，举行选举，规定法庭程序以及批准州宪法。按照格兰特的解释，指挥官可以全权控制文官政府，而且不必对合众国的任何文职官员负责，国会同意了这种解释。到1871年，不论它们由民主党还是共和党控制，多数州已被国会重新承认。

当一个州回归到联邦政府之后，军人统治就自动结束，由文官政府接管。但由于南方人对大多数新生的政权都恨之入骨，致使军队在创建共和党政府之后又不得不帮助捍卫它们。文官政权要求军队帮助时，军队就作为其助手介入地方事件，无论处境窘迫的政府何时求援，军官们都尽力而为。但军队的地位和力量显然又不适合执行这样的任务。首先是地方政府的法律权威在1865~1867年之间若明若暗，宪法及法律对军队权力的防范条款也限制了军队。其次，正规军数量太少，1868年有17657人执行占领任务，而3年后只剩下8038人。对于渗透于社会每个角落的动乱，这个人数实在太少了。再次，那些地方官员们要么害怕，要么同情恐怖分子，常常拒不采取有效的行动，这种情况下，军队的存在就显得多余了。

19世纪70年代初，国会通过了一系列《强制法案》，这是北方与南方反叛势力之间的一次重要较量。其中就包括专门针对三K党的"三K党法"，宣布三K党及其类似的组织非法。总统格兰特宣布实行军事管制法，终止《人身保护法》，破例授予联邦官员及军队强制执行该法的特权。但是强制执行的记录少得可怜，格兰特唯一的一次终止《人身保护法》是在南卡罗来纳州，当地的指挥官刘易斯·梅里尔少校有效地使用了第7骑兵团，打破了三K党对该州的控制。但这样的事例是绝无仅有的。三K党最终的覆灭并不是因为军队的力量，而是因为它自身的暴行失去了社会基础。

陆军继续自己的郁闷。

内战结束了，志愿民兵也重返了家园，正规军又回到了从前的老路上来，帮助国家开拓疆土，发展经济，驻守海防。陆军部本已拟定了战后发展计划，建造一批土、砖，混凝土结构的炮台，但由于军费减少及火炮技术的不断更新，这一计划被砍掉了。人们大都认为：既然国家已经安全了，还有什么必要把钱浪费在军事防御上呢？

内战后的陆军经常充当国家警察。在工业化浪潮下，政府对新型大企业采取扶植政策，而大多数美国人从新增的财富中获益不多，很多人通过加入工会、罢工或开展在职反抗运动以示抗议。1877 年全国性的劳工罢工运动震撼了政府的统治，无奈之下，政府下令军队去执行镇压。

19 世纪后半叶，美国社会经历了迅猛的变革，生产结构巨变，社会矛盾激化，劳工们经受着周期性经济危机的猛烈冲击，他们为强调个人权利和需求而举行罢工，形成了阶级斗争的格局。企业主请求政府干预，以恢复秩序，总统就命令陆军去加强执法。1877 年的罢工是由铁路工人发起的，煤矿工人和城市失业者很快加入，警察无力维持秩序，资本家呼吁国民警卫队予以支持。但是，国民警卫队同情罢工，而有些州根本没有国民警卫队，总统无奈之下派遣了正规军。对劳资纠纷进行军事干预在历史上已有先例，1834 年，杰克逊总统就动用过陆军制止骚乱。1877 年开始的军事干预陆陆续续延续了 20 年，陆军的行动缺乏计划，都是临时反应，但是很有效；他们的行为也很克制，没有伤害民众。

执行这样任务的陆军，实际上已经变成了国家警察。承担这个角色产生了连带影响，直接影响是陆军更加不得人心。重建时期陆军已经令很多人讨厌，现在，他们又来镇压国内工人阶层，南方人和工人都不喜欢陆军。来自南方的很多议员阻挠军事立法，工人则发出了政府将走向军事独裁的警告，陆军发展的阻力更大了。

在陆军陷自身于尴尬时，国民警卫队得到了发展的机会。1877 年国民警卫队平息罢工不利后，开始自我调整。战后的志愿民兵统称为国民警卫队，南方由于社会原因保持了这支力量，而北方则出现退化。平息罢工刺激了国民警卫队在北方的重建和在南方的复兴。1879

年，民兵领袖们组织了国民警卫队协会，游说国会制订对其有利的法规。1881～1892年间，各州也都修订了民兵法。到19世纪90年代初，国民警卫队已超过10万人，成员主要来自中产阶级，最主要的活动就是平息罢工。从1877年到1903年，各州共动用警卫队700次以上，半数用于执行平息罢工任务。虽然国民警卫队的复兴起源于平息罢工，但是他们和正规陆军一样，都不愿意背上资本家工具的骂名，也不希望以此作为基本任务，而是积极寻求新的职能。

对付印第安人一直是美国陆军的传统使命。

战后，由于发现印第安战争正席卷大平原，正规军被重新部署到西部。早在1861年，当正规军东进参加内战时，西部地区的民兵组织和志愿部队就担负起了边界保安的职责。这些平民士兵对印第安人往往不分敌友，滥杀无辜，印第安人与白人间的冲突不断激化，仇恨越积越多。1865年，政府签署了一系列印第安条约，西部呈现出暂时的太平景象。但财富引发了新的矛盾。美国人在西部发现了很多金、银矿，《宅地法》把土地近乎无偿地分给开拓者，有这些巨大的吸引，即便在内战时期，人潮也照样涌向西部。印第安人再次面临被压缩的危险，他们渴望拥有永久性边界的梦想破灭了。政府提出保留地政策，限定印第安人居住地点，放弃游牧传统，移植白人文化，改变他们的宗教信仰。这一切使印第安人痛恨这个制度，他们群起反抗，政府不得不动用军队来迫使之就范。

军队既要平定印第安人，又要忍受社会的挤兑。

对于军事镇压，社会上分为两种截然不同的派别。正如谢尔曼所说："当时存在着两类人，一种人要求彻底消灭印第安人，而另一种人则对使印第安人文明化和基督教化充满了热情。不幸的是，陆军夹在这两类人之间左右为难。"西部边疆的开拓者，主张最大限度地压缩印第安人的居住地，这驱使印第安人开战，当陆军的作为略显柔和时，他们就讽刺陆军为懦夫。东部人道主义者却经常大声疾呼，反对动武，经常指责陆军在进行大屠杀；同时，他们"博爱"

地要使印第安人归化白人文明，反而刺伤了印第安人的自尊，也会引起战事。总之，陆军费力不讨好。

陆军自身也是矛盾的，命令需要服从，但是良心使他们自责。政府一再自食其言地毁约，战争中经常出现虐俘和屠杀等失控现象，使陆军很惭愧；他们同情印第安人的处境，钦佩他们为自由而战。谢里登将军曾说："我们夺去了他们的土地和他们赖以生存的手段，破坏了他们的生活方式和习惯，给他们带来了疾病和腐败，他们正是为此而战。……真是是可忍，孰不可忍？"正是基于这样的态度，许多军官更喜欢讲和而非杀戮，也积极支持对印第安人的福利政策。但是，战斗仍是主流，一旦印第安人不服从政府政策，便予以军事镇压。

虽然工业发展促进了美国社会的进步，但是陆军在西部的处境却不容乐观。正规军训练不足，装备很差，人数太少，不能很好地维持西部地区的治安。当时陆军的训练都是按照欧洲式的战术章法进行，不能适应印第安人的游击战术，常常在对手面前束手无策。武器装备落后而短缺，1873 年，陆军装备了后膛装填黑色火药的斯普林菲尔德式单发步枪。可笑的是，印第安人在作战中已经开始使用连发步枪，特别是温彻斯特步枪。陆军直到 1892 年印第安战争结束后，才正式使用无烟火药的克拉格—乔根森式连发步枪。西部远离工业文明，铁路运输伸展有限；地形复杂，河道很少，道路崎岖，运输主要依靠骡马和篷车；牲畜常常因缺草而饿死，干旱和严寒季节更加可怕。而印第安人则机动灵活，无城可守，无辎重拖累，野外生存能力很强，是游击战的行家。

纵使陆军困难重重，但印第安人势单力孤，物质基础薄弱，又不团结，给了陆军可乘之机。陆军高度的纪律性、严密的组织和

印第安战争必然要结束，陆军的存在也必然要受到质疑。

战略计划，是印第安战士无法比拟的；他们想尽办法迫使印第安人正面交锋，摧毁印第安人的固定营地，这种摧毁在冬季更加致命，因为印第安人冬季习惯于躲在帐篷中；他们雇佣印第安人做向导、参与作

战。这些因素，使陆军逐渐建立了优势。在平原地区，陆军与科曼奇族、切延内族、阿拉帕霍族、基奥瓦族和苏族人作战；在洛基山区，他们与犹他族、班诺克族、食羊族及内兹佩尔塞族人作战，共历950余次战斗。1890年的伤膝谷之战是最后的战斗，印第安人的反抗从此终结了，陆军再也不必执行这样丢人的任务了。

印第安战争终结之时，陆军也面临走投无路的境地。自美军第1团建立之日起，与印第安人作战就是它的基本任务，现在这个任务已经没有了，整编也在迅速地进行。一个问题被自然地提上日程——既然陆军的传统使命已不复存在了，那么军队存在的目的又是什么呢？

陆军越来越孤立于美国社会。

在维护重建秩序时遭到南方人忌恨，在平息罢工时遭到工人唾弃，在镇守边疆时孤独无聊、脱离社会，这就是战后美国陆军的凄惨生活。边疆的孤独和无聊使他们感到生活毫无意义，去印第安边疆执行守卫任务意味着必须在大平原简单孤立的小屋里度过尘土飞扬的夏天和寒冷的冬天，就像电影《与狼共舞》中那个受伤的士兵一样。偶尔去打仗虽能打破无穷尽的单调生活，但是要冒着生命危险。这样恶劣的生活条件，使逃兵问题严重。1871年，逃兵8800人，占陆军总数的1/3；在经济衰退的70年代，为了糊口，逃兵人数下降；1882年，逃兵又回升到3721人。

对于这种脱离社会的孤独状态，一些有识之士很担心，因为孤立于社会的军队是无法得到社会的了解和支持的，发展势必困难。约翰·波普少将很早就发现内战中那种陆军和人民之间极其亲密的关系发生了巨大的变化，担心陆军又会回到孤家寡人的困境中去。他说："人民的利益与陆军的利益应同等看待，……两者需要相互同情，相互关照，共同奋斗。"他身怀疑虑地问道："我们正规军是否应该特别慎重而不感情用事地研究这样一个确凿的事实……，那种曾把军人同平民世界联系起来的强烈感情是否已经消失？经过一场大内战，多年来军民关系疏远的问题才得以缓和。这种不幸的、几乎致命的感情隔阂是否还要影响我们的后代？"

　　一些不利的声音继续加深波普这类人的忧虑。1887 年，《美国志愿兵》一书发表，作者是平民出身的少将约翰·洛根，该书批评了正规军和西点毕业生不民主的排外主义情绪，主张美国应该依靠一支平民军队和安德鲁·杰克逊那样的军事天才。正规军再次被指责为反对合众国传统的敌人。在 19 世纪末强硬思潮出现之前，商界和全体美国人由于摆脱了长期战争而感到松一口气，他们对正规军持冷漠甚至敌对态度。19 世纪 70 年代初期，国会减少了军事拨款；甚至在 1877 年 11 月 30 日之前，国会没有给陆军拨任何款项。

　　波普的担心是正确的。他认为："只要士兵仍然是人民的一员，只要士兵与人民休戚相关，加入他们的前进行列，共享他们的希望和意愿，陆军就受到高度尊敬；当士兵反其道而行之，或在最崇高和最真实意义上官兵不再成为公民的时候，由于失去人民的热情支持，陆军就理应失败，它也理所当然成为被怀疑和被厌恶的对象。"

　　陆军部长和陆军司令之间的关系是老问题，它一直影响陆军的发展。内战后，陆军**领导机构的职责仍然不清。**
司令先后由上将军衔的格兰特、谢尔曼和谢里登担任，即使是上将军衔，这个职位还是很尴尬。陆军司令的职责范围没有法律规定，而由任职命令来决定。习惯上，他的职责还包括总统已经确定或者可能确定的几个准州的军事指挥权，军队编制涉及部队的纪律和控制。财务则由陆军部长通过几个参谋部门进行管理。传统上，参谋部门不属陆军司令管辖，这影响了后勤物资的分发和转运，限制了陆军司令对几个准州的控制。

　　内战中，陆军部长斯坦顿和司令格兰特取得了相互信任，战后的重建危机也掩盖了他们之间的矛盾，彼此进行了合作。此后，格兰特任代理陆军部长兼司令，他先以陆军部长的身份下达命令，然后再以陆军司令名义联名签署文件，用这种办法尽力维持两个职位的现有权力。谢尔曼升任陆军司令时，面对的先是代理陆军部长约翰·斯科菲尔德, 此时尚好。陆军司令将不仅是联系野战部队的桥梁, 而且还要沟通陆军部长和所属几个局之间的联系, 部长将陆军司令的上述职责作为命令下达。

新的陆军部长约翰·A. 罗林上任, 根据法令直接控制几个局, 斯科菲尔德的命令被撤销了。继任的部长是 W. W. 贝尔克纳普, 他力图最大限度地扩大自己的权力, 谢尔曼和他之间明显不和。陆军司令的权力持续缩小, 迁往圣路易斯。而贝尔克纳普实际上身兼陆军部长和陆军司令两个要职, 谢尔曼除了视察部队之外, 无事可做。后来, 贝尔克纳普因事辞职, 几位继任者要么限制了自己的权力范围, 要么对陆军部长一职不感兴趣, 谢尔曼才得到了一些实权, 也做出了一些贡献, 例如他在李文沃斯堡创建了步兵和炮兵学校, 还促进了情报工作的进展。

从宪法和法律的角度看, 陆军司令职责不明的问题并没有解决, 仅仅有所缓和而已。1882 年, 谢尔曼退休, 让位给谢里登。谢里登力图解决这个一直有争议的问题, 包括控制几个参谋部门的问题, 遭到反击, 情况再次恶化。陆军部长们对军事没有什么兴趣, 也没有军事经验和知识, 局长们各行其是。各参谋部门负责管理陆军, 向陆军及野战部队提供给养, 它们各自为政, 互不通气, 几乎成了独立的部门。参谋部门的主要职责应该是设想战争的爆发, 为战争做准备, 但是在长期和平环境中, 疲沓的参谋部门对国外战争甚至连小规模战争也毫无准备。而陆军司令只有在战争爆发时才拥有指挥权。

情况终于出现了转机。1888~1895 年, 斯科菲尔德接替谢里登任陆军司令, 为解决指挥权的争论提供了一线希望。他曾任过代理陆军部长, 这一经历促使他相当多地考虑陆军部长同陆军司令的关系问题。他认为解决这一问题的唯一办法是破除惯例——根据美国政治制度, 陆军司令不可能真正行使职权。宪法规定: 指挥权应归总统或他的文职副手。他坚信总司令或挂名的陆军司令充其量是 "参谋长", 否则就没有意义, 只有经总统任命才能任职。他放弃了谢尔曼和谢里

登的主张，听从陆军部长的指挥，既指挥部队又当参谋，向部长奉献
自己的军事知识，就像参谋长给部长出谋划策一样，组织陆军各部队
包括机关协作。他仿效欧洲的做法，提出了符合美国宪法精神的改革
方案，以克服现行制度的缺陷。他认为，在美国，总统担任军队总司
令，要"对军官进行教育，要求他们搞好同总司令的关系，要求军
人的雄心壮志必须有所约束，这绝不是无益的"。

但是好景不长，1895 年，纳尔逊·A. 迈尔斯少将接替了斯科菲
尔德陆军总司令的职位，拒不正视宪法规定所造成的现实，也没有取
得陆军部长的信任。在他的领导下，斯科菲尔德时期所取得的进步全
都丢掉了，陆军再次迷失方向。后来陆军部长伊莱休·鲁特提出了复
杂的改革方案，想把斯科菲尔德关于参谋长制的设想固定下来，以寻
求解决指挥权的办法，迈尔斯却阻止了他。陆军领率机构的问题仍然
没有解决。

3. 海军的黑暗时代

从 1787 年《独立宣言》发表到 1865 年内战结束，90 年间，美
国海军经历了 6 次大的考验，即独立战争、对北非海盗的战争、与法
国的准战争、第二次独立战争、墨西哥战争和内战。海军获得了宝贵
的经验，包括封锁与反封锁、护航、远洋巡逻、探险、帆船和蒸汽舰
的使用，还有铁甲舰、水雷和潜艇方面的首创经验，海军火炮射击的
精确性举世闻名，干船坞、造船厂、铸造厂和轧钢厂具有相当的规
模。海军虽然缺乏舰队作战经验，却了解单舰作战和袭击商船的全部
知识，低舷铁甲舰获得了英国人的赞赏。内战结束时，单就数量而
言，美国海军已能与英国皇家海军匹敌，已经证明它能够影响和贯彻
对外政策。在别国人看来，美国有了一支可作为政治工具的海军，就
可以与列强抗衡，并有可能置身于世界上流国家集团。

但是，对于一些美国人而言，美国的陆地够大了，大陆主义者主

宰着19世纪80年代对国家利益的认识，认为美国没有必要供养一支强大的现代化海军。既然美国无意与欧洲列强竞争，就不需要一支海军来向他们挑战。本土防御只需一支小型海军，在战时能够袭击敌人商业，为海岸堡垒提供补给。当时的海军部长乔治·罗伯逊都认为："这里没有殖民地，海岸险峻，港口浅窄，而且有大西洋将好战的欧洲海上列强隔开。要保卫这里和平时期的人们，战后选择过时的小型海军已足够了。"

然而，在战争开始和结束时，扩充和缩减成了美国海军一个不可避免的周期运动。

美国不仅在裁减海军，甚至试图使之回归到帆船时代。在别国看来这是不可思议的，一个有能力提出挑战的国家却自愿地拒绝成为一个世界强国，美国在内战后似乎已经失去了它在国际上的有利条件，并且被排挤出局。美国走向世界强国途中似乎钻进了一条死胡同，因为美国抛弃了一个帝国的必要伙伴——强大的海军。战后，美国海军执行对外政策时的两项主要使命——促进外交利益和保护航运，要求它必须炫耀旗帜。1866年，海军部长威尔斯曾派"哈特福德"号在巽他海峡至日本的海域内活动，驶抵澳门时，它的指挥官亨利·H.贝尔遗憾地报告说"我们只见到了一艘悬挂美国旗的商船，尽管我们遇到了许多悬挂其他国家旗帜的商船"。美国海军进入了黑暗时代。

人民有自己的看法。

不像外国人认为的那样——美国海军陷入黑暗时代的唯一解释只能是愚蠢、无知或极端保守，恰恰相反，美国人靠需求牵引军事的发展，美国海军的衰落有其历史背景。

大战的惨痛记忆犹新，没有一个人希望发生另一场战争；连续的扩张使美国增加了几百万平方英里的土地，在美国的海岸线和边界线之内，就有一个版图绰绰有余的帝国，没必要再去扩张。"海权论"的提出者阿尔弗雷德·塞耶·马汉曾经这样解释美国民众的心理：除阿拉斯加外，美国没有任何外国的领地——没有一处不能从陆上接近……太平洋是防御最薄弱的边境，它也远离最危险的敌人。国内的资源与我们目前的需要相比，能够用之不竭；我们能够在"自己的小小角落"里无限期地依靠自己生活下去。马汉这些话无奈地替美国人说出了心声，美国究竟是否要有一支海军？需要一支怎样的海军？希望它干些什么？在没有得到肯定的回答之前，美国海军不得不处在黑暗之中。

当时占主导地位的政治和战略思想是：从政治上说，当时美国人还没有帝国主义的扩张意识；从战略上说，美国在海外没有必要的燃煤补给基地可以给庞大的蒸汽动力舰队进行补给。当时，夏威夷、波多黎各都不属于美国，日本帝国海军对太平洋边疆并不构成实际的威胁，巴拿马运河没有建成。虽然也曾有人提议占据夏威夷群岛、萨库亚群岛、多米尼加的萨马纳湾以及从巴拿马地峡取得一块地方作为海军基地，但这些建议均被置于脑后。所有这些因素都证明了海军的实力可以削减。

这是战略和政策。

1870 年，众议院海军事务委员会的一名成员写道："有人指责我没有建立一支有强大军舰的海军。实际上，我拥有为履行当时任务所需的舰只。"海军的衰退已经成为现实，人们不再认为海军是必要的，维修费用被扣留，军舰被出售；由于经费短缺，服现役的军舰越来越破损不堪。

政策导向本来就不利，海军内部一些军官又极为保守。虽然蒸汽动力经过战争考验早已证明比风帆优越，但不幸的是战后的海军又回到了风帆时代。在指挥军官（主要是在风帆海军中担任行政职务的军官）和新生的技术军官之间的相对地位问题上产生了一场冲突：或是出于嫉妒，或是出于偏见，指挥军官刻意阻挠技术军官争取平等地位的企图。保守的指挥军官以波特为代表，他们斗争非常有力，以致到 1890 年这两支军官队伍仍未合为一个整体。

这也是现实的问题。

由于担心丢失职务或减少薪金，保守的指挥军官阻挠海军技术进步。例如，总工程师杰明·F. 伊舍伍德设计了一艘快速巡洋舰"万潘诺格"号，采用高热蒸汽，速度惊人，1868 年试航时最高时速为 17.7 节。但遭到保守的军官的愤怒指责，他们生怕这样下去领导权会落入工程师之手。"万潘诺格"号再也没有出海，靠在码头边无声地烂掉了。21 年后，才有一艘美国军舰达到了"万潘诺格"号的速度。以海军将领波特为代表的保守派鼓吹：帆船从事远距离航行是合适的，因为只要船员的给养不缺，它可以始终保持海上活动能力。1869 年的一道命令要求舰船在航行时全部使用风帆。现存的锅炉和发动机，有的改小了，有的几乎不起作用了，有的干脆拆除了。燃煤受到严格限制，舰长们甚至受到警告：如果耗煤量超过规定，费用要由舰长支付。

海军开始重新强调帆船时代的技能，看一个军官是否优秀，往往看他对风帆的操纵技能如何。许多军官都附和海军部长乔治·M. 罗伯逊的观点：蒸汽舰上搬煤烧火，不能培养出水兵英勇顽强的品质和熟练的航海技能。波特还在公众面前作了自我标榜，称赞自己抵制蒸汽舰的主张为国家节约了建设一支装甲舰队的费用。甚至到 19 世纪 90 年代，海军少将丹尼尔·安曼还在反对建立一支以蒸汽为动力的海军的思想，还固执地相信"有撞角的军舰取代目前价格非常高昂的装甲炮舰已经为时不远了"。

就是这些人在领导海军。罗伯逊的继任人理查德·W. 汤普逊基本上不了解舰艇，无助于海军的发展，这也是公众想要的状态。海军内部就是如此，作为公众的代言人，国会始终不肯拨款建造新舰，只同意每年拨 600 万美元用于修理旧舰，到 1877 年海军部长罗伯逊离任时，海军留下的已经只是个空架子。

在大洋上执行任务的海军经常感到羞愧。

一位军官从法国写信说："这里的港内停有 10 艘巨舰，而我们没有喷漆的军舰成了一条可怜虫……和别国的军舰相比我们就像一个小东西，一想到这点我就感到难受。"作为美国第一艘安装电灯的军舰，"特伦顿"号是舰队中最好的军舰之一。但一位海军少尉从直布罗陀写信说："我无法告诉你我在'特伦顿'号上是如何的失望。我曾经希望我的军舰与外国海军的军舰相比时不致被嗤之以鼻。但是，'特伦顿'号相形之下，却是一个败笔。……如果我想要出风头，在美国造出一条能称之为体面的军舰之前，我不准备乘军舰出航。"在亚洲的美国海军一位工程师说："今天，北德意志的一艘快速帆船驶过，它是一艘非常漂亮的军舰。事实上，它比我们这里所有的军舰看来更像一艘军舰。"

1873年10月发生了"维尔京尼"号事件，西班牙军舰抓走了一艘非法地悬挂美国国旗的古巴船，船上满载着革命党人。西班牙人枪决了包括美国人在内的53名旅客。这激起了美国人的愤怒，但是美国海军根本无力与西班牙人作战，按照罗布斯·D. 埃文斯的说法，"当时只要有两艘现代化的军舰就可以在30分钟之内把我们全部搞垮"。幸好此事和平解决，但是掩饰不住美国海军的耻辱。

这样的海军里，官兵都不大想干。海军生活单调、机械，制度不合理，加上内战时期形成了庞大的军官队伍，使提升缓慢。

海军缺乏合理的晋升制度，导致管理混乱。

1869年的上尉，12年后仍然是上尉，委任军官往往任人唯亲；战斗部队军官与参谋人员之间矛盾尖锐；海军学校毕业的学员在部队得熬上7年才能被授予少尉军衔。招募来的士兵，质量和数量都有所下降。

1878年，美国海军总人数不超过60000人，这是自杰克逊政府以来的最低数字。其中大多数是从世界各国的港口招募的外国人。1876年，对在亚洲分舰队一艘军舰的调查表明，全舰128人中只有47名美国人，其余是21名中国人、20名意大利人、9名英国人以及另外22个国籍的人。他们的语言沟通都成了难题，就更别说维护美国的尊严和荣誉了。工作条件糟糕，海军官兵生活糜烂。每当军舰驶入港湾，官兵们就尽情地赌博、跳舞、喝酒、看戏、听歌剧、玩女人，并且在舰上款待参观者。因为他们的军舰破损不堪，外国人讥笑不绝，国内对他们持鄙视态度，政府又不支持改进，他们就不会为他们的职业感到骄傲，部队的名誉也不再值得维护。

一支没有像样任务的海军是很无奈的。

没有多少商船需要保护，没有多少海盗需要驱赶，没有仗可打，海军几乎无所事事，只限于保护移居海外的美国公民和传教士。一些有远见的人力图改变这种现状，他们首先要扩大海军的影响。1866 年，助理海军部长古斯塔夫斯·福克斯远航欧洲和俄国，这是第一次以低舷铁甲舰进行的远航活动，在大西洋两岸引起了相当大的震动。

从 1867 年至 1868 年底，法拉格特将军担任欧洲支队的司令。他运用自己的权力进行了有效的外交活动。而众议院的一位议员却冷嘲热讽地评论说："我们的人民可以确信，他们的欧洲支队完全是在进行他们必须支付费用的郊游。"1867 年，海军控制了中途岛，以此作为加煤站，建立了通过太平洋与亚洲联系的新纽带。4 年以后，又尝试打开朝鲜的通商大门，虽然失败，但最终于 1881 年与朝鲜缔结了条约，成为第一个与朝鲜订立条约的西方国家。

1872 年，海军成功地同萨摩亚签署了一项在帕果帕果建立美国海军基地的条约。但 1879 年华盛顿批准该条约后不久，英国和德国的军舰开始入侵，发出战争恫吓，使得国会对舰队投以后悔的目光。为了扩大影响，海军还对未知海区的考察重新发生了兴趣，其中特别是对北极的考察。但是由于缺少支援而十分困难，如"珍妮特"号困在北极两年多，损失惨重。

对于这样的现状，一些有识之士不懈努力。

为了给海军和商船提供训练有素的人才，海军准将斯蒂芬·B. 卢斯提议建立一种训练制度，倡导从少年开始培训。1875 年 4 月 8 日，经国会批准，卢斯招募了 750 名 16 岁至 18 岁的少年，进入海军学校学习，服役到 21 岁。这批少年先在港内接受初步的预科训练，然后到训练舰上学习火炮，船艺和其他技能，这种训练制度在一年后得到了推广。这项训练为海军现代训练制度开辟了新思路。

依靠某些军官和士兵不懈地争取，在同全国忽视和蔑视海军的行为进行斗争的过程中，海军蹒跚地向前发展。到 19 世纪 80 年代，海军的情况开始好转。这直接得益于 1879 年智利对秘鲁和玻利维亚发动战争。因为美国在秘鲁拥有经济利益，在秘鲁接近失败时，美国派了一个海军使团前往瓦尔帕莱索，试图劝说智利停战。因为智利拥有世界上最现代化的海军，强硬地拒绝了美国。他们直率地告诉美国人，如果他要管闲事，他们就将把他和他的舰队送到海底去。

美国人颜面扫地，更重要的是，他们的利益没有保障了，甚至是在他们特别看重的"美国人的美洲"。于是，美国人开始意识到是加强海军力量的时候了。1881 年 6 月 29 日，海军部长威廉·H. 亨特在信中对海军专员委员会说："为了满足海军的迫切需要，海军部认为，在海军部长向下届国会提交的报告中，切合实际地并且简明地提出目前海军迫切需要的军舰，是非常重要的。"海军建立了一个咨询委员会，成员都是专业海军军官。他们从技术、材料、数量等各方面提供咨询，并建议立即拨款 2900 万美元建造 68 艘先进军舰。美国民众开始重新认识海军，美国海军正在接近复兴之路。

凡事走到最低谷，也就快到反弹的时候了。在逐渐摆脱了内战的阴影之后，一个永远致力于扩展利益的民族，必然求助于自己的军事，也就必然要使军事力量变得强大。

（二）海洋和陆地的区别

1880 年代，美国的工业生产已经明显过剩，需要寻求新的市场。技术的进步改变了原有的距离感，铁路的延伸与改进使东西海岸似乎更近；蒸汽动力舰船的不断更新，使大西洋彼岸的欧洲不再遥远，太平洋彼岸的亚洲也是可以进一步开发的。陆地和海洋的区别越来越明显，本土已经装不下美国人的视野，海外是更大的空间，有更多的陆地和利益，转向海洋是必然的选择。

1. 一些有识之士的担忧

早在海军的黑暗时期，一些有识之士就开始担心，美国人生活在自己的思想角落里，限制了向外扩展的意识，限制了海军的发展，会造成战略性的失误。一位海军随笔作家在 1879 年写道："历史从不支持那种以为靠一个空洞的和平承诺即可避免战争的观点。"的确，由于利益的驱使，战争迟早会发生。在全球竞争时代，美国与一个强敌打一场大战的可能性是存在的。经过几十年的和平时期，19 世纪末，军事理论的中心就是和平时期军队如何准备对抗那些潜在的敌人。对于欧洲列强来说，这是一个常识；但对于美国来说，这已经违背了美国的军事传统。

一些人早就为海上力量的状况担忧。

前海军部长威尔斯在内战结束后就说："我们担心会发生战争，我们有一支庞大的防御部队，但没有与海上强国发生战争时所需的那种数量的大威力军舰。""一个民族的通商和海军具有一致性，而且是不可分割的，彼此互有所需，两者对国家的繁荣和实力都是不可或缺的。不管我们的商船可能在何处出现，在其附近均应有海上力量对其进行保护，并且使世人都了解我国的实力。"威尔斯还重申了在远方建立海军站的政策。

艾尔弗雷德·塞耶·马汉指出：美国的独立既可能受到战争的破坏，也有可能因为和平的竞争而受到影响。对于海洋的价值，马汉说："如果这个小小的角落受到通过地峡的新的贸易路线的影响，美国就有可能会突然之间从梦中醒来，觉察到有人曾经放弃过全人类共有的一份与生俱来的权利——海洋。"

在 1870 年，众议院海军事务委员会的一名成员说："我在履行与海军有关的官方职责时，只有一个愿望，那就是使其获得尊敬，使其强大以及使其富有战斗力。我是按美国人，面不是按英国人的理解来使用这些术语的。我不是在谈英国海军，也不是在谈法国海军。我指的是一支曾经属于我们祖辈的，以及应当在和平时期属于我们的美国海军"。

有些人抑制不住对一支强大海军的热望。

一些有远见的海军军官们也无法保持沉默，在 1873 年 10 月建立的美国海军学院里，一些有志改革的军官经常集会讨论海军学术，对海军的状况提出批评。《美国海军学院学报》成为他们宣传思想的平台，他们把这些意见发表在这个学术杂志上。这个杂志开始是不定期的，后来改为季刊，1917 年起又成为月刊。

随着美国和平时期国家的发展，经济形势和政治形势也起了变化，对外贸易日益上升，进入世界市场，海运开始恢复，使人们对欧洲的竞争者产生了关注。政府中支持海军的发言人开始强调海军对保护国外贸易的重要性，并指出国库收入已能够担负海军建设的费用。得克萨斯州的民主党参议员塞缪尔·B. 马克西大声疾呼："世界上哪有作为一等强国而没有海军之理！"一位名叫亨利·乔治的社会评论家在 1882 年发表意见："美利坚合众国不再需要对它海军的嘲弄，就像一个温顺的巨人不再需要包了棉花的棍棒和锡做的刀剑一样。"

海军军官一面孜孜不倦地使公众记住海军对于国外的商人的作用，一面在一些特定的社会集团中为新海军做宣传，他们游说从海军建设中获利的造船厂、钢铁公司及武器制造商。海军至上主义者也支持扩大商船队伍，因为有更多的商船就应有更多的军舰。海军杂志、论坛和其他活动，借着社会的东风，渐渐造成了有利于海军建设的舆论。

美国开始探索新的海军战略。

新的大海军主义者的中心论点是：现在的稳定不可能永远持续保持下去，正如《美国海军学会会刊》的观点："和平保障未受干扰并不能确保战争不会爆发。"传统的防御战略认为一支扩充了的海军以及现代化的要塞就可以防止敌人袭击沿海，炮轰重要的港口城市并形成有效的封锁。到19世纪80年代中期，欧洲蒸汽动力舰队的实力不断增长，对这样的战略提出挑战，人们对此惴惴不安。美国终于认识到，如果海岸遭到攻击，它的保卫者就必须有某种金属舰只，木制的舰只应当淘汰。

越来越多的战略家对传统的沿海战略提出质疑，他们发觉电报和快速蒸汽巡洋舰的出现给商业袭击带来了困难，海军舰船不应再单独航行或滞留在海岸附近来保卫重要港口，而应该集中使用，以舰队形式在海上采取进攻性行动。一位国会议员在1887年说："它（海军）能使我们在远离海岸的地方迎击来犯之敌。"南卡罗来纳州的民主党参议员马修·C.巴特勒则认为贸易掠夺的活动是"微不足道、意义不大的一种游击战和偷袭战"，美国应放弃传统的海上战略。

2. 转向海洋

美国磨磨蹭蹭地进入了关键的20年，即19世纪最后的20年。海外贸易的需要，使美国社会认识到海军的重要性，美国人开始转向海洋。陆军还是相当郁闷，随着印第安战争的结束，陆军失去了传统任务，充当警察也很尴尬，战略家没有想到要派遣大规模远征军到国外去，充其量也只不过需要少量陆军去帮助海军临时守卫外国领土上的据点。而此时，海军的改革开始了。

改变并不容易，美国有自己的特点，与当时的其他国家不同，英国是持续发展，日本是举国支持，而如同以前的情形一样，美国必然遇到很多争论。海军复兴的过程是典型的美国式，开始时存在着争论和不同看法，后来逐渐达成一致意见，接着采取行动，最后取得了巨大成就，成为全国的骄傲。

1882 年开始的改革在海军部长威廉·亨特的领导下进行，他劝说切斯特·阿瑟总统应有一个新的设计。总统向国会表示："国家的安全、经济和荣誉都需要我们全面振兴海军。"国会开始批准了建造 2 艘钢壳巡洋舰的法案，却未为之拨款。但是在同一个法案中限制维修旧舰，以确保它们尽快退役，还批准海军部长建立一个海军顾问委员会，该委员会建议建造 4 艘钢壳巡洋舰和 1 艘通信快艇。国会在 1883 年为著名的 A、B、C、D 四舰拨款，这四艘舰是有帆索的过渡性巡洋舰。1884～1889 年期间，国会陆续批准建造 8 艘装甲巡洋舰（包括美国第 1 艘现代化的无帆索军舰——"查尔斯顿"号）。这些军舰还不能与欧洲列强的军舰相比，但是对于那些落后的国家而言已经足够了。

国会控制着钱袋，海军部和总统只能提出方案。

海军部长本杰明·特雷西是一个贪婪的扩张主义者，也是一个狂热的海军至上论者。这迎合了民众的希望。他深信"海洋将是未来霸主的宝座，像太阳必然要升起那样，我们一定要确确实实地统治海洋"。为此，美国需要海外基地和一支强大的海军。海外基地的设想落空了，但海军得到了发展。1889 年 11 月，在他的第一个年度报告中，表明了不断开拓的专业化海军思想，突破了过去的战略。报告提出了一种以战列舰歼敌舰队于远洋的能力为基础的、全新的制海权理论，而没有强调海岸防御、保护商业活动和袭击敌人的任务。他说："一个国家需要有一支能使其免于战争的海军，但只有能发动战争的海军才是能完成这一使命的唯一角色。"他建议加强舰队力量，建造 100 艘先进军舰。他指派政策委员会制订长期计划，委员会的结论是需要 200 艘军舰。

19 世纪 90 年代初，海军政策发生了一次重要的转变。

委员会把这个计划透露给了新闻界，得到了民众的支持。国会也对此展开激烈的辩论。虽然最终的拨款是折中的，但是海军的核心力量——战列舰得到支持。从 1890 年到 1896 年，国会陆续批准了 9 艘战列舰计划，而且一艘比一艘先进，这是美国海军驶向世界的关键起点。1889 年，海军还编组了机动分舰队，这是战斗舰队的前身。这些发展开辟了美国海军的新纪元，也开辟了世界海军的新纪元。

陆军成了海军的助手。

在国民把目光投向海洋的时代，海岸防御似乎就成了陆军唯一有意义的任务。专业人士都知道，海军是国家军事力量的进攻性长臂，而只有拥有安全可靠的后方港口，才能使之完全摆脱防御任务，完成进攻任务，坚不可摧的海防是建设一支强大的海军必不可少的条件。1883 年，阿瑟总统提请国会关注旧的海防设施。第二年，陆军司令斯科菲尔德在年度报告中声称："沿海城市完全处于没有防御的状态。"1885 年国会通过了海防拨款法案，指示总统成立一个陆、海军及文官组成的三方委员会，由陆军部长威廉·恩迪科特主持研究这一问题。该委员会在 1886 年的报告中表明海防状况堪忧，建议拨款 12700 万美元整饬海防，为要塞配备先进武器和设施。1888 年，国会设立了一个永久性的陆军军械和要塞委员会，负责试验武器并为要塞修建计划提出建议；1890 年开始，国会为这项计划拨款。

不管是无意还是有意，美国海军在沉默几十年后走上了捷径。

在战争威胁较小和对外扩张思想不强烈的时候，美国人选择了保守。此时，欧洲列强则在不断发展海军，积累了宝贵的技术和经验。借助于此，美国人节约了大笔开支，直接建造被欧洲列强实践证明是先进有效的海军舰船和装备。到 19 世纪末，美国海军已经跃居世界第 5 位。海军受到国人的尊重，应募加入海军的美国人增加。1891 年，国会拨款建立各州的海军后备队，由城市青年、船舶驾驶员、退役海军官兵组成，是海军预备役的核心。舰船及武器技术的复杂性增加，水兵技能大大提高。海军成为世界和美国瞩目的力量。

海军装备的生产制造，把政府、军队、
工业界乃至整个社会紧密地联系在一起。发
展海军的一个重要的问题是国家应该通过什
么途径来获得战争的工具。应该依靠政府兵工厂，还是私人企业？前
者容易产生腐败，效率也会很低，民众不会答应；后者会让私有企业
有垄断价格的机会。

海军的发展还是全社会整体运动的结果。

国会规定成立一个由 6 位陆、海军军官组成的枪炮铸造委员会来
研究这个问题，该委员会在对欧洲武器制造业进行考察之后，提议建
立一个混合体制，即政府与私有企业签订合同，让私有企业提供基本
的钢材和锻件，然后由政府的工厂制造出成品。这样就在军队与社会
之间形成了一个互利关系，军事发展不仅让企业能够赚到钱，而且为
社会提供了就业机会，因为军工生产需要大量工人。这种互利关系还
挽救了国家经济，如 1893 开始的经济危机期间，国会批准了 1895～
1896 年的战列舰建造计划。在许多企业濒临倒闭的时候，军事合同
保障了贝思利汉姆公司和卡耐基公司以及受他们扶持的制造厂的生
存。武装力量的现代化成为一根纽带，将国家安全、公共福利和私人
利益连在了一起，使社会更加支持面向大海的军事发展。

对于美国来说，19 世纪的最后 20 年是一个过渡时期。对于美国
海军来说，它是关键的转折时期。这 20 年把美国海军的历史截然分
开，之前的 100 年，美国海军的舰只是木制的，是用风力推动的，基
本上执行近海防御，执行袭击海上商船和单舰作战的战略；这 20 年
之后，美国诞生了一支新的海军，开始用钢建造蒸汽动力军舰，并且
执行远洋舰队的战略。

3. 马汉的荣耀

在海军复兴时代，军事教育体系得到改进。谢尔曼和卢斯两位将
军致力于建立陆海军学校、刊物和学会，倡导军队的专业化和团队精

神。国民对海军的重视，使海军教育成果显著，海军学术的优秀代表也获得了荣耀。1873 年美国海军学会创立，1879 年学会开始出版期刊《美国海军字会会刊》；1884 年，海军军事学院在罗德岛州的纽波特建立，卢斯任第一任院长。

海军军事学院是一个创举，不仅在美国，而且在世界范围内也是崭新的。当时绝大多数国家只有陆军学院或军事学院，如柏林的陆军军事学院、英国的军事参谋学校、法国的高等军事学院，最相近的是建立在格林威治的皇家海军学院，但那里只教技术课程。学院提出的任务是应用现代科学方法来研究和进行海军战争，并将其从感性认识提高到科学水平，规定学院的学习课程有战术、战略，国际法、海军史和政策。这所学院将成为新海军的主要喉舌、成为美国海军第二个（和第三个）世纪的思想熔炉。艾尔弗雷德·塞耶·马汉是学院教授海军史的讲师，是海军教育和理论研究的杰出代表。

> 艾尔弗雷德·塞耶·马汉的学说不仅震撼了美国，也震撼了世界。

与他的父亲丹尼斯·哈特·马汉不同，父亲是陆军学者，因不得志而抑郁自杀；艾尔弗雷德·塞耶·马汉是海军学者，风光无限。1883 年，他发表了一篇研究南北战争中的海军的优秀论文；1890 年，在遭到几家出版商拒绝之后，他的著作《海上力量对历史的影响（1660～1783）》出版，为他赢得了世界上第一流海军历史学家的声誉；同年，又发表了一篇影响深远的文章《美国展望世界》。

在作品中，马汉提出了"海权论"，认为国家的强大、繁荣和商业贸易与帝国主义和大海军主义息息相关。他从大量的史实中得出一条规律性的道理：所有帝国的兴衰，决定性的因素在于是否控制了海洋。他以英国为例：正因为英国控制了海洋，它才能成为殖民帝国，从海洋贸易中获得利润，把那些试图动摇它的海洋霸权的大陆强国打败。马汉认为：海洋对于濒海国家是极端重要的，控制海洋是国家强盛和繁荣的主要因素，为此必须拥有优势的海上实力，控制全球海上交通线。为此，获得制海权必须有六个要素，即国家地理位置、自然条件、领土范围、人口数量、民族性格、政府政策。制海权在战争中具有至关重要的意义，为了夺取和保持制海权必须有正确的作战指导——舰队和要塞、基地是一个统一整体，舰队是海洋上的野战军，要塞、基地是舰队的根据地；集中兵力就是海军战略的基本常识，海军战略的要素是集中、中央位置、内线、海上交通线；要积极实施进攻作战，被迫防御时要积极防御。袭扰商船作为基本战略是毫无意义的，只靠袭击商船不能打赢一场战争。海军的目标应该是通过一场决战打垮敌人的舰队，夺取制海权。一支集中使用的战列舰队是国家进攻力量的长臂，有了它，国家就可以扩大其对外影响。

马汉为美国绘制了全球海洋战略蓝图。他断定美国具备成为世界性海上强国的条件，因为美国的地理位置得天独厚。美国必须摒弃"大陆主义"政策，鼓励在世界贸易方面采取更富于进取性的竞争。这要求美国拥有一支强大的商船队，建立一支强大的海军，占据海外殖民地。商船队是"海军发展的摇篮"，殖民地可提供原料、市场和海军基地。美国应该在加勒比海地区建立优势以控制该地区和中美洲地峡，控制中美洲未来的运河，只要控制了这条运河，就可吸引大量的国际贸易，还将迫使欧洲列强不得不屈从于门罗主义；在太平洋上以合作方式同其他列强去争夺霸权，攫取夏威夷，作为通往亚洲的跳板；在大西洋和欧洲采取政治回避，依赖英国的力量去控制。

作为一个"天定命运"论的狂热鼓吹者，马汉认为：殖民地是传播西方文明的立足点，这就需要一支强大的海军来保护商船队和殖民地。美国海军把马汉的著作奉若圣经，把书中提出的建造更好、更多战舰的要求当做绝对的真理。马汉的著作对海洋问题的历史和海军的战略作了光辉的论述，马汉为扩大海军提出理论依据，在这方面他大功告成了。海权论适应了当时美国资本主义发展的需要，在国内得到广泛支持，美国海军的复兴就是在这种海权学说的热潮中开始的。

马汉还得到了世界军事强国的赞誉。由于海权论反映了一些海军建设和海战的共同规律，马汉鼓吹的武装侵略的信条也颇得列强之心，为他在国际上赢得了相当多的荣耀。他的著作风靡英国，英国女王维多利亚专门接见了他，剑桥大学和牛津大学都授予他荣誉学位，英国的国务活动家们和海军将领们都把他当作名流看待，海军大臣设宴相邀，他成为受到皇家海军俱乐部所接纳的第一位外国人。德国皇帝凯泽·威廉二世在给友人的信中说："我现在除了马汉的著作之外，什么书也不读。我要一心一意地学习它。"他尽力将马汉的著作倒背如流，并下令发至每艘舰艇。日本对马汉的著作非常重视，一出版就译成日文，日本天皇、政府首脑以及高级军官人手一册，并把它作为日本军事学校和海军学校的教科书。马汉的学说影响了世界海军的发展。

海权论代表了美国海军的呼声。

早在 19 世纪 70 年代末和 80 年代，波特、舒菲尔特、卢斯以及许多军官都表明过类似的观点；特雷西等一些具有扩张主义思想的文官也有这样的看法，而马汉则将这些大海军主义理论汇集成册。但美国人从不迷信天才，他们清晰地看到了马汉理论的弱点。马汉以英国为样板，忽视了一个大陆国家与岛国的不同；他的理论无视技术的发展。

而幸运的是整个国家来为他修正，在以后的海军发展中，美国制订了合适的战略，并充分利用了先进技术，发展了潜艇、自行鱼雷、浮雷、飞机等先进武器。1888 年，马萨诸塞州以国民警卫队为榜样，建立了第一支海上民兵部队。到 1898 年，15 个州拥有海上民兵共计4215 人。在缺乏海上后备力量的情况下，海上民兵作为二线力量，对海岸防御还是有用的。很多专业海军人士谨慎地注视着这些新的组织，他们期望拥有一支国家的海军后备队。联邦各州和国家军队开始了合作，联邦开始为海上民兵拨款、出借装备、教授专业知识。海军部还建立了一个海上民兵办公室，但与国民警卫队一样，海上民兵在国家防御中的任务——这一根本问题一直未能确立。

改革者们在专业化方面还取得了另一项成就——建立了早期的情报组织。1882 年，海军部建立了海军情报办公室（ONI），它的作用与欧洲式的总参谋部相差无几，为合理的计划提供了最基本的依据。海军情报办公室通过设在华盛顿的总参谋部和美国派驻各主要国家大使馆的武官搜集外国军事情报，制订战备动员计划，分发海图、地图和特别军事报告。海军情报办公室的建立，使美国海军在和平时期就做好战备工作，使美军向着专业化的首要目标迈出了重要的步伐。

4. 厄普顿的热情

陆军同海军一样，推动着军事教育事业，战功卓著、才华横溢的谢尔曼是中坚力量。他主张军事教育应致力于战争的科学和实践，认为西点军校仅仅是军事教育的开始，只是一座包括有许多高等院校的金字塔的基础，这些院校教授专门知识，金字塔的顶点，应该建立一所"军事学院"。谢尔曼支持恢复卡尔霍恩炮兵学院，促进了一所应用工程学校的发展，在李文沃斯堡建立步—骑兵学校。该校开始是为初级军官设立的训练学校，主要教授小分队战术，后来成为一所真正的参谋学院。与此同时，军官们还为野战炮兵和骑兵的合成建立了许多其他学校，创建了通信兵、医务兵等特种兵和一所陆军军医学校。1878 年，谢尔曼发起成立了研究学会，探索专门知识。学会发行一份双月刊，以促进对军事科学的讨论和著书立说。该学会又派生出步兵、骑兵、炮兵和军医等分会，每个分会都有自己的期刊。厄普顿是陆军教育的杰出代表。

厄普顿是一颗在内战中升起的明星，1861 年毕业于西点军校，不到 25 岁就晋为名誉少将。然而，美国人进行战争的方式使他不安。他专心致志地献身于军事事业，讲求工作效率，他与陆军中的改革派一脉相承。他认为进攻线上无谓牺牲的人太多了，如果行

厄普顿的学说统治陆军的思想，直到进入 20 世纪。

动巧妙一些，完全可以避免大量的伤亡。1867 年，他出版了《步兵战术》，使战术适用于有线膛的后膛枪时代。书中强调简化操练，实行特殊训练，重视散兵线而非密集进攻队形，强调充分发挥士兵的主动精神。陆军部立即将该书作为陆军和民兵的教材。厄普顿战术思想的精华，一直沿用到 20 世纪的世界大战。

厄普顿的研究范围从战术扩大到军事政策。他寻求迅速动员大规模军队的途径。厄普顿认为陆军最大的问题在于军事政策。在研究国外军事制度的基础上，他写了 2 本著作，即《欧亚各国陆军》和《美国军事政策》。《美国军事政策》是美国军事史上最重要的著作之一，它吹响了大幅度政策转变的号角。由于书稿在陆军军官中流传，所以这本书在发行之前就有很大影响。

他崇拜德国军事，德军设有一个总参谋部，不受文官政府干预，行动比较自由，负责和平时期的战备工作，搜集外军情报，制订作战计划，还管理着一个教育系统，确保军官有能力进行集体领导。德国正规军人数较多而精干，按骨干框架原则组成，便于随时扩军。德国实行征兵制，建有预备役，由国家统一指挥。德国在 6 周内打败了奥地利、3 个半月战胜法国的根源就在于此。

他认为，美国的军事政策存在致命的弱点，根本问题是文官控制过多，而他们大都不懂军事，只凭个人经验办事，内战的浪费现象和战争延续过久就是由于这种不好的制度所造成的。国民意识对军队不利，总是对常备军心怀戒备。民兵部队不可靠，还由州和联邦双重领导。历次战争的胜利掩盖了这一个隐患，即"给人们造成一种错觉，认为我们的军事政策完全正确，任何对它的偏离都十分危险"。在后来的年月里，凡对美军史有兴趣的人都把厄普顿的书奉为经典，包括许多持不同观点者。

厄普顿提议实行重大改革。

他恳请废弃两重性军事机构的传统，主张发展德国式职业化的军事机构以取代之。

建议美国应取消现行的总参谋部，建立德国式总参谋部，增加那些服务于总统和国防部长的军事专家的权力。军事计划的核心应该是建立一支规模较大的正规陆军，按便于战时扩充的原则进行编制，战时扩编主要依靠由正规军控制和领导的"国民志愿部队"。虽然他十分推崇征兵制，认为这是"真正民主的原则"，但他鉴于美国公众决不肯接受在和平时期实行征兵制，只能迂回地鼓吹。民兵将作为一种最后的后备力量，仅仅用于执法、镇压暴乱和抵御入侵。

厄普顿的观点代表了一代军官，找出了陆军改革的学术依据，并用实例加以证明。厄普顿认为，美军历史是一部不断失败的记录，几乎每场战争从一开始就浪费巨额资金和损伤无数生命。只是由于美国国力雄厚，士兵英勇和对手孱弱，才在一定程度上弥补了制度缺陷。正规军在重大危机时一向数量不足。作为权宜之计，国家使用平民士兵弥补正规军数量不足的传统的民兵制应该彻底废除，因为民兵不仅无纪律，而且没有受过训练，服役期短，受联邦和州政府双重领导。他一再阐明美军战备工作应由正规军承担，正规军必须成为战时部队的核心。战时征兵制的必要性已为历史所证明，战争爆发时，该地区公民应立即向训练过他们的营报到，陆军以战时体制编组投入战斗，正规军军官负责指挥。这样，既可避免战争初期的浪费和危险，还可使军队和人民保持健康的关系。

虽然他的学说包含大量的先进思想，但就其本质来看，他的著作脱离了现实。出于对强大军队的向往，他论述了一种他认为美

> 厄普顿的思想与美国传统格格不入，结局很悲惨。

国必须修改政策的观点，试图要整个社会来适应他的要求，而社会显然不愿改变。由于戒备心理和财政考虑，他所提出的建立一支大型的、可扩充的陆军计划就根本不能被美国传统接受，无论在政治上，还是在经济上或是战略上都是行不通的。

民众普遍认为：陆军既然已能圆满地完成赋予它的使命，就不应再花费更多的财力去改变它。文官控军是美国人不可动摇的传统，历史证明虽有缺陷，但优点是明显的。而且，他的思想本身就存在缺

陷。他过分吹捧正规军，贬低民兵和志愿兵，而正规军并非常胜不败，民兵和志愿兵也并非完全不可靠。他试图用德国式的标准改革美国陆军，却忽视了不同的国家特色、思维习惯、地理位置和历史发展情况，美国不可能完全照搬。他还偏激地认为在军事改革上，通过迂回和不断变化的渠道来体现民主，来表达千百万人的意志，还不如由明智、强有力的首领所领导的君主国那样富有艺术性或效率。

他的学说在军官中盛行，但在思想和经济方面，陆军没能赢得人民的重视。埃默里·厄普顿的军事改革思想是国家不能接受的，因为国家继续沿着事实上根本没有军事政策的方向跛足前进。在 19 世纪末大部分时间里，美国不存在同外国开战的可能性。虽然战争准备不足不可取，但是却能符合当时的形势。

1878 年，国会设立博恩赛德委员会，主席由安布罗斯·博恩赛德担任，研究陆军的改革问题。博恩赛德过去曾是将军，现为参议员。委员会听取了各位将军的证词，包括麦克莱伦和谢尔曼这样个性迥异的人。除了一个人之外，其他所有的将军都极力推崇可扩充的陆军计划和厄普顿的其他建议。但国会否决了与这些建议有关的议案，因为美国当时的社会状况还没有达到如此支持这样强大陆军的程度。还有一点是让包括他在内的美国陆军寒心的，就是当时整个美国社会已经把目光转向大海。而且，正像他所反对的那样，通过迂回和不断变化的渠道来体现民主，来表达千百万人的意志，恰恰是美国的优良传统。

一个和马汉一样热衷于军队发展、才华横溢的学者，境遇与马汉迥然不同。就连影响广泛的名著《美国军事政策》在他生前也没有发表，而是在 1904 年由他的朋友亨利·A. 杜邦整理出版的。事业上的失败和剧烈的头痛，厄普顿精神崩溃了。1884 年 3 月 15 日他提出辞职，在百无聊赖和痛苦之中厄普顿自杀身亡。厄普顿的遭遇，使陆军军官们意识到在短期内改变陆军政策是不可能的，一些人变得悲观失望，而另一些人则在寻求切实可行的改革办法。

虽然厄普顿以精准的眼光、雄辩的文
字、清晰的思路，表达了一种职业化的思　**民众的选择不是盲目的。**
想，但是美国人天生的主见，使这种思想还不能得到发挥。在没有体
会到需求的情况下，美国人是不愿意迷信任何卓越的思想的，因而也
不会为之采取行动。另外，他们还清晰地看到了这位精英理论的缺
陷，坚定地保留了自身传统中最珍贵的东西。

但美国人也并非目光短浅，1862 年美国开始在普通大学进行军
事训练，这是有限度的战争动员在军事上的又一进展。1866 年 7 月
28 日国会通过的法案规定，和平时期的陆军必须进行整编，并授权
总统向男生超过 160 名的学校派驻 20 名军官讲授军事课。1870 年，
国会批准将多余的小型武器和弹药分发给各大学作训练用，同时，军
事教官的人数也在逐渐增加，从 1876 年的 30 名增至 1893 年的 100
名，其中还产生了一位将在第一次世界大战中威名显赫的军官——约
翰·J. 潘兴中尉。大学军训计划为西班牙战争输送军官起到了积极
作用。出于显示自己存在之必要，陆军部和国会军事委员会开始对出
国作战感兴趣。1885 年，陆军部也像海军成立海军情报办公室
（ONI）一样，成立了军事情报处（MID）。

两位优秀学者的截然不同命运，明显地反映了海军的复兴和陆军
的持续郁闷，说明了美国人对海洋和陆地不同的认识。1897 年，德
国总参谋部出版了一份世界军队概况，把葡萄牙和黑山认定为陆军强
国，却把美国陆军排除在外。因为与欧洲各国军队相比，美国 28000
名官兵的军队在实战意义上根本不值一提。而他们对美国海军却另眼
看待了，美国人一旦充分认识了海洋所蕴涵的利益，就马上努力建设
海军，以便能够拥有"人类与生俱来的权力——海洋"，美国人明白
自己需要海军，于是海军复兴了。到 1898 年，美国海军已拥有 4 艘
一级战列舰（另外 5 艘正在建造），2 艘二级战列舰，2 艘重装甲巡
洋舰，以及 10 多艘装甲巡洋舰。

海军正在以欧洲为标准快速前进。而陆军则在终结了印第安人的

反抗之后，再次用自己的功劳扼杀了自己，似乎变得可有可无。民众不认为陆军在利益拓展中有什么意义，反而继续认为陆军是自由的威胁。纵然和马汉同样优秀，陆军学者厄普顿也难逃失败的命运。历史是那样巧合，像艾尔弗雷德·塞耶·马汉的父亲丹尼斯·哈特·马汉一样，厄普顿也在郁闷中自杀了。生活在美国，纵然是精英，也是无奈的，因为一切抉择必须由民众来决定。

幸运的是，美国人从不单纯地接受事实，而是试图去改变现实。至少，专家们已经开始认为美国传统的陆海军已不能适应新的形势，潜在的对手十分强大，生产现代化武器周期太长，战争形式也已变得极其复杂，临时动员起来的平民根本无法把握战斗。在确定军队结构和规模时，不应把目光仅仅局限于对付印第安人和海盗上，而应放眼欧洲先进国家。军官们也认为，战争准备应是准备"科学地"进行战争的能力。在批评声中，美国海军赶上了世界其他国家，军队和人民的情绪，也同时发生了变化和跃进，海军完全做好了战争准备，这也为陆军保留了发展的希望。

（三）安全线推进

内战显示了美国的战争潜力，称霸北美大陆，世界上没有哪个国家敢于进攻美国。但是，美国安全吗？这种太平无事的状态，使美国人开始觉察到新的威胁。因为对于任何一个国家来说，在任何时候，都不可能没有威胁。之所以认为没有威胁，是因为国民没有看到那实际存在的威胁。而不能预见到威胁，当威胁变成一种侵犯的现实时，反应就滞后了。就像与美国同样是陆地和海岸线都很丰富的中国，沉迷于康乾盛世的余温，眼睛注视着内陆，不能预见到更远和更长期的威胁，在19世纪40年代以后就措手不及了。当美国人同样在19世纪下半叶享受了内战后的和平之后，不断延伸的贸易触角、与欧洲列强的交流、技术革新所改变的时空概念，使他们远见地意识到，没有威胁就没有安全，安全线不是固定的地理疆界，而是一条不断变化的意识线。这条线推进还是回缩，都将对国家的发展产生历史性的影响，欣喜还是懊悔，都将是不可逆转的事实。

1. 没有边疆的烦恼

自从美国真正结束了内战，消除了边界上的不安定因素，彻底终结了印第安战争，成为横跨大西洋与太平洋海岸的大国，美国本土就没有需要保卫和战斗的边疆了。

他们坚信，美国历史就是扩张主义的历史，理论上，边疆为国内的不满情绪、原材料和制成品的市场提供了一个"安全阀"；边疆的消失与国家遭受生产过剩、经济衰退和劳工暴乱绝不仅仅是巧合。虽然经受了经济萧条，美国经济依然增长迅速，正像 1898 年印第安纳州议员艾伯特·贝弗里奇说的：美国工厂制造的商品超过了美国人的需求，美国土地上生产出来的农产品也超过了国内的消费需求。19 世纪末历史学家亨利·亚当斯预言：无限的工业发展具有爆炸性、毁灭性的力量，这以美国和欧洲的"发电机"和其他机器为代表。

> 此时，有些人认为，边疆的消失，预示着美国将面临一场新的危机。

然而其他人则充满了憧憬，对模范国家的自我形象充满信心，认为他们的价值和制度会进一步完善，美国在世界的影响力会不断提高。没有边疆的国家生产出的过剩商品自然要求向新市场推销。于是有人鼓噪：命运已经为我们制订了政策，世界贸易必须而且应该是我们的。

但是，商业扩展需要一支强大的海军，也需要调整美国的军事战略，在这个问题上，出现了争论。如 1893 年康涅狄格州议员奥维尔·普拉特所说："孤立主义政策在我们国家的初期发挥了恰到好处的作用，但现在形势不同了。"1901 年，国务院的经济顾问把海外商业扩张描述为"经济与种族发展的自然法则"。但并不是所有人都同意上述观点，有些人更趋向于对加拿大和欧洲的传统贸易，认为夺取殖民地和拓展海外市场可能使美国卷入远方的战争。

贸易拓展问题已经使美国人面临抉择，传教士们也不甘寂寞。

在 17 世纪清教徒迁徙至北美大陆时，就为如何在罪恶的世界里"行善"而感到忧虑；现在，本土没有所谓的边疆了，一种强有力的责任感以及向别人施善的心理同样在鼓动着美国的传教士。他们认为：美利坚民族以及白人、新教徒、盎格鲁－撒克逊人比其他民族更文明。他们喜欢代议制政府、分权制与法治，他们创造工业奇迹和社会效益。从为生存而进行的斗争中，美国人证明了他们的适应性与优越性，应该促进其他民族的发展。这是一种民族的责任和重担，他们承担着为世界带来和平、进步价值观以及有秩序的自由的责任。

那些传教士就是这样认为的，多数美国人也是这样认为的。1885 年，一位传教士露骨地说："基督教国家正为解放人类而征服世界。"1898 年，前国务卿理查德·奥尼尔说：这个国家的使命是"不放弃任何合适的机会推进文明的进步"。有人更加膨胀地认为盎格鲁－撒克逊人应该成为"世界的主要组织者"。

这些宗教和政治的传教士，在美国以外的广大地区频繁活动，不注意尊重其他民族的习惯和信仰，经常造成冲突事件，而美国政府面临着如何管理这些人和地区，面临如何保护这些传教士的问题。政治问题也受失去边疆的影响。失去了边疆的危机，使国民的目光就集中到内部问题上来。对外冒险为摆脱内部混乱提供了一种感情宣泄方式。

寻找新的边疆成为美国人的主要任务。

1893 年，美国历史学家弗雷德里克·杰克逊·特纳写道：三个世纪以来，"美国人生活中的主导性的事实是扩张。……美国的影响范围可达至邻近的国家和偏远的岛屿"。这表明美国可以进一步扩张。特纳的话引起了全美国社会的共鸣。

为了开拓市场、传播政治文明和宗教，美国人将毫无疑问地寻找新的边疆。19世纪末，扩张主义者像当初他们的祖先来到北美殖民地一样，为了更大的自由与利益，并为保证安全，开始了扩张之路。为缓和工业生产过剩的局面，恢复市场繁荣，维持国内安定，决策者们开始寻找新的边疆，主要是为了扩展商业而非扩展领土，他们把扩张主义者的能量引向对海外市场进行侵略性搜寻。

然而，美国并不具备通向海外市场的自由通道，欧洲各国控制着亚洲和非洲的大部分市场，如果美国参加帝国主义争夺，列强们就会剥夺它在亚欧两洲进行出口贸易的机会，因此，美国必须在其他对手动手之前，先得到某些理想地区。在寻求国外市场时，有两个不可避免的情况。一是美国必须获得更多的基地来作为贸易和海军中转站以保护国家利益、鼓励发展贸易。二是国家必须加强海岸防御和海军力量，扩大国家安全的范围。美国正在变成世界经济政治体系中的一员，为捍卫其在美洲大陆的统治权及其海外利益，也必然成为世界军事体系中的一员，商业战中的一次争夺就有可能会导致一场全面战争的爆发。

2. 强硬思潮

19世纪末，随着美国国力增强，经济拓展，美国人称霸世界的野心已经难以抑制。美国的思想家们开始重新宣扬"种族优越论"、"天定命运论"等扩张主义邪说，为美国海外扩展进行思想准备。

拓展贸易需要一支强大的海军、加煤站以及殖民地，贸易拓展开始塑造美国的战略，美国开始真正向强硬转变。1896年，全国制造商协会宣称："中美洲与南美洲的贸易区是美国产品的天然市场。"宗教人士约

在寻找新边疆的热情中，美国社会发生了转折性的变化，强硬思潮开始占据社会的主导地位。

西亚·斯特朗宣传：美国应按照神的委托，将政治自由、新教以及文明价值观扩散至全球，美国将向墨西哥、中南美洲、大洋中的岛屿、非洲和更遥远的地方进军。

扩张主义者认为，美国的扩张可以超越任何空间界限，只要符合美国利益，世界上任何地方他们都可以占领，使之成为美国领土的一部分。1898年9月，前文提到的贝弗里奇对国会说："距离和海洋无可争议，我们祖辈购买的和占领的全部领土都是毗邻，是不争的事实。1819年的佛罗里达与纽约的距离比今天波多黎各与芝加哥的更远，1845年的得克萨斯与华盛顿的距离比1898年夏威夷与波士顿的更远，1847年的加利福尼亚比如今的菲律宾更难进入，直布罗陀与伦敦的距离比哈瓦那与华盛顿更远，墨尔本与利物浦的距离比马尼拉与旧金山更远。海洋无法将我们和责任与期望之地分离。"

"天定命运"死灰复燃。

在一个罪恶的世界里，美国人认为他们永远代表着一心向善的变革力量，宣称白人在道义上有传播文明的义务。1884年，史学家约翰·费斯克出版了《人类的命运》一书，鼓吹"命运"注定美国人应当统治世界。1893年7月，美国历史学家弗雷德里克·特纳发表了《边疆地区在美国历史中的意义》，宣称美国的活力将继续为它的活动要求一个更加广阔的领域，继续扩张是美国历史发展的"天定命运"。1895年，布鲁克斯·亚当斯出版了《文明和衰退的规律》，认为伟大文明都是用征服手段建立的，19世纪90年代，世界帝国的中心已经移到美国，美国要不失时机地加强对外扩张，必须加强对西半球的控制，夺取在亚洲的经济势力。1901年，约翰·伯哲士发表了《内战与宪法》一书，鼓吹只有盎格鲁－撒克逊人才是优秀种族，应当领导世界。

社会达尔文主义者给"天定命运"论罩上了"科学的面纱"，他们宣传，国家的行为也和生物界一样，只有适者生存。达尔文的进化论在美国迅速受到广大群众的欢迎。1885年，女牧师约西亚·斯特朗出版了《我们的国家：它的可能前途和它的目前危机》一书，明确地表达了她的社会达尔文主义，该书影响广泛，先后发行了170万册。她宣称：盎格鲁－撒克逊种族是优秀种族，有最崇高的文明，接受了上帝的明显的托付，"天定命运"要这个民族去统治世界。美国的进步和伟大是自然选择的结果，美国是具有向四面八方扩张传统的种族。1901年，国务院经济顾问把海外商业扩张描述为"经济与种族发展的自然法则"。参议员贝弗里奇也野心勃勃地主张以武力夺取菲律宾，侵略中国。他说："一出菲律宾就是中国的无限市场"，"统治了太平洋，也就统治了全世界，美国在夺取菲律宾之后，现在是，将来永远是统治太平洋的国家"。

既然适者生存，强国显然可以把其势力向弱国扩张。既然达尔文把生存形容为"斗争"，那么，一个国家就必须准备打仗。一家报纸露骨地宣称："征服大陆使美国人民在国内足足忙了一个世纪，大陆已经征服，我们期待征服新的世界。"

马汉认为：在一个达尔文式的、为生存而进行竞争的世界里，国家权力有赖于海军霸权、对海上航线的控制以及国内资源与国外市场的大力开发；在一个持续竞争的世界里，到处都是一个国家组织起来反对另一个国家，向外看是必要的，随之而来的将会是民族自豪与荣耀；有制海权的民族才是历史上最伟大的民族。加勒比海地区正处在太平洋、大西洋两洋的战略关键地位，美国要称霸世界，必须首先取得对加勒比海沿岸的制海权，然后把实力转移到太平洋上。美国应该在加勒比和太平洋地区夺取殖民地，通过修建运河控制它，将二者连接起来；应利用菲律宾为基地来争夺太平洋和远东地区的霸权，夺取中国市场。

> 美国军事为新的扩展做好了思想准备。

海军部次长西奥多·罗斯福是一个大海军主义者，他认为：美国的舰队，"应该能够从这个大洋开到那个大洋，又从那个大洋开回这个大洋，直至完全有权在两个大洋上自由活动，来去自如"。1897

年，他在纽波特海军学院发表演讲，鼓吹建立强大的海军和不惜战争。他说："一个真正自豪、勇敢的伟大民族，将敢于承担一切战争的灾难，而不愿以国家荣誉为代价去购买那种卑鄙的繁荣。……如果我们拥有一支令人畏惧的海军，那么，为了坚持门罗主义而被拖入一场战争的机会实在是很少的。如果我们没有这样一支海军，战争可以在任何时候降临到我们头上。没有以武力为后盾的外交是全然无用的；外交家是军人的仆从而不是军人的主人。……我们要求一支强大的海军，部分是因为我们认为拥有这样一支海军是和平的最可靠的保证，部分是因为我们感到如果一个国家在必要时不愿孤注一掷，以战争作为对一切事情的最高裁判，不愿大量的流血、流泪，耗费财富，而情愿丧失荣誉和声望，那么这个国家的生活就毫无价值。"

西奥多·罗斯福极力主张将扩张主义思潮变成为美国的对外政策和外交战略，美国要实现强国梦就必须依靠实力。一位国会议员声称，根本不存在和善的大国。一些民间和军队有影响力的人开始美化战争，说战争可以刺激国内生产、增加就业，可以拓展贸易、传播文明。一位海军军官甚至在杂志《北美评论》上发表散文，颂扬战争的好处。

一些事件，已直接刺激了美国人，要求美国必须作出选择。

早在海军复兴之前，美国人就开始在一些不利事件面前显得很窝囊，受到了刺激。1872年，海军同萨摩亚签署了一项在帕果帕果建立美国海军基地的条约，1879年华盛顿批准该条约后不久，英国和德国的军舰开始入侵，各方都很快发出了战争叫嚣，美国明显地后悔了，后来经过协商解决了，英、德势力继续存在于萨摩亚。1873年10月，在发生革命战争的古巴，一艘悬挂美国旗的商船"弗吉尼斯"号，载运军火和一些叛乱分子时被扣留。西班牙人没收了该船，并且枪决了包括美国人和英国人在内的53名乘客和船员。美国马上气势汹汹地发出战争威胁，但却虎头蛇尾，因为美国的舰队根本无法与西班牙海军作战，最后还是和平解决了。1879 年，智利发动了对秘鲁和玻利维亚的战争，并在海上取得了一连串的胜利。为了保护在秘鲁的经济利益，美国派了一个海军使团，试图说服智利停止战斗。但智利凭着海军实力优势，强硬地拒绝了美国的来意。智利人直率地告诉美国的海军将军并且通过他告诉美国的政府，如果他要管闲事，他们就将把他和他的舰队送到海底去。没有办法，美国人只能咽下这口恶气。在 1891 年，智利处于革命中。美国设在瓦尔帕莱索的公使馆成了被推翻的政府的避难所，智利人仇恨美国人。美舰"巴尔的摩"号的水兵在上岸度假时，在酒吧间与当地人发生争吵，引起反美骚动，2 名美国人被杀，18 名美国人受伤。两国再次感到战争危险。智利公开扬言，一旦战争爆发，他们将对美国西海岸防御薄弱的城市下手。美国再一次咽下这口恶气。这些事件逐渐促使美国人明白，软弱的国家享受不到和平。

战争看来是美国人不可避免的。总有一些事件会触犯美国，战争几乎在任何地方都可能发生，美国人的利益、尊严和责任感，都预示着战争的到来。美国民众的情绪已经发生了变化。和平时期成长的一代人对内战的记忆减弱，面对一系列战争恐慌，国家利益已经超出了美国大陆的边界，海军的复兴，使战争在美国民众心中又一次成为可以接受的现象，在理由充分、利益明显和拥有较大胜利把握的情况下，更是如此。

战争可能发生在夏威夷，因为美国公众舆论赞成吞并这些岛屿，而这可能招致日本的抗议；也可能发生在中美或南美，这可能是由于诸如委内瑞拉边境纠纷之类的多少带有人为的原因，也因为西班牙在美洲还有一个殖民地，而门罗主义早就愤恨这类事情。1897 年 7 月，雷金纳德·R. 贝尔纳普海军上将在海军军事学院发表演说时告诫大家，美国同西班牙、日本或英国都有可能发生战争，而且发生战争的可能性一样大。在可能的战争面前，美国人充满信心、坚强、而且神经过敏。

在强硬思潮的作用下，美国从19世纪80年代开始，加紧了武装力量的现代化进程。

一支用蒸汽机及钢铁装备起来的"新式海军"的军舰陆续下水，海岸防御设施得到改善，军工生产使军队、政府及工业界之间的关系得到了发展。1886年，国会制订了一项明智的法令——任何新的美国军舰都必须由美国的钢铁制成。这不仅使国内工业迸发了活力，给平民生活带来好处，还逐渐奠定了美国生产现代化武器的基础，成为日后作为民族兵工厂的良好开端。

1889年，海军部长特雷西曾创建了一种"机动支队"，它完全由新的军舰组成，并且将作为一个单位予以保持。机动支队的组建，显示了美国海军的崭新状态，它开始朝着一支协调一致的战斗舰队的目标前进。1893年，海军部长希拉里·A.赫伯特在年度报告中说："我们必须使海军保持高度的战斗力，以便增强我们政府认为应当采取的任何政策的分量和力量。"美国人逐渐具备了打赢一场有限战争的能力，于是它的目标越来越高。

3. 纯净的美洲

禁止其他列强的力量进入美洲，保持美洲的纯净，是门罗主义的主旨。

内战后，陆军曾为确保法国从墨西哥撤军而在得克萨斯进行过一次行动。法国皇帝拿破仑三世乘美国内战之机，立奥地利的马克西米连大公为墨西哥皇帝，并派出军队给以扶持。为保卫门罗主义，内战结束后，政府派斯科菲尔德将军赴巴黎，要求法国撤军；同时，在得克萨斯动员了52000人的部队来声援这一要求。迫于多重压力，拿破仑三世的军队于1867年撤出了墨西哥。

随着国家利益的拓展，美国要求美洲更加美国化。1870年，格兰特及其支持者曾试图说服国会吞并海地的圣多明各，理由是该地对于加勒比地区的战略重要性及其经济价值，但为了避免外交纠纷和较大的财政开销而被否决。虽然美国人不愿意直接增加领土，但却热衷于得到在更广大地区的商业支配权。美英曾经磋商开凿横跨尼加拉瓜的运河，但未成行。1881 年，国务卿詹姆斯·布莱恩计划召集一个美洲国家参加的会议，以促使西半球的和平与贸易，但受到怀疑而中止。美国一直拒绝列强在美洲的影响，1895 年，在委内瑞拉与英属圭亚那之间的边界争端中，英国威胁要进行干涉，美国马上做出反应。国务卿受克利夫兰总统之命，向英国发出了一份外交照会，声称"美国实际上统治着这个大陆"。最后，该事件也和平解决了。

加勒比岛国古巴是美国的后院，距离佛罗里达仅 90 英里，美国人迫切希望它服从于自己的意志。但是，古巴是西班牙的殖民

> 最先开火的不一定是想要发动战争的人。

地，美国已经 3 次向西班牙提出购买古巴，但每次都遭到拒绝。为达目的，美国必须与西班牙开战。

古巴革命为美国人提供了这个机会。1868～1878 年，为获得独立并减轻甘蔗种植园的剥削性劳动，古巴人民进行了 10 年的不懈斗争。1895 年，古巴再次爆发了反抗运动。西班牙派出了被美国媒体称作"屠夫"的韦勒将军前往镇压，韦勒残忍地迫害古巴人民。美国人的机会来了，他们广造声势，谴责西班牙人"无视道义、压迫、强取豪夺且道德败坏"。《纽约日报》、《纽约世界》等大型刊物竞相煽动公众支持古巴反对西班牙，1896～1897 年每天都有关于西班牙暴行的报道，长期维系着公众对西班牙道德上的谴责情绪，而把古巴人描绘成自由主义英雄。

美国还在物资上大力支持古巴革命者，很多人主张武力干涉。美西矛盾逐渐激化，美国逐渐成为正义维护者和受害者。1898 年初，一份来自西班牙驻美国公使的信被美国人截获并公之于众，信中称美国总统麦金利是懦弱而伪善的政客，美国人怒不可遏，《纽约日报》称之为"历史上对美国最恶劣的攻击"。1898 年 2 月 15 日，被派遣至哈瓦那港保护美国公民的美国军舰"缅因"号被离奇地炸沉了，

262 人死亡。"缅因"号事件和其他诱发事件，在美国民众中产生了一股好战的狂热，人们要求进行干涉。美国找到了战争借口，1898 年 4 月底，国会授权使用武力对抗西班牙并承认古巴独立。

美西战争的帷幕就这样在美国的预谋下逐渐拉开了。

西班牙在军事上和心理上都没有为战争做好准备。它拥有一支庞大的陆军，15 万驻扎在古巴，8000 人在波多黎各，2 万人在菲律宾，还有 15 万驻在国内。但这些数字并不能说明其战斗力，古巴和菲律宾革命者顽强的反抗和热带疫病削弱了他们的力量。而海军也不足以控制海洋，不能运输本土部队到殖民地。它的海军规模不大，舰船年久失修，船员缺少训练。美国的每艘战列舰都能单枪匹马地击溃这个分舰队。许多西班牙军政要人都预测到失败的结局。

而美国胃口很大，它的目标不仅仅是古巴，还有波多黎各、菲律宾，并想通过打败这个日暮帝国来提高声望，确立自身的国际地位。美国早就为这场战争制订了战略计划。海军部次长西奥多·罗斯福早就认为同西班牙的战争不可避免，一年之前，他就在开始为这场未来战争作种种准备，他的计划包括加勒比地区和菲律宾，用大西洋舰队封锁古巴，用亚洲舰队封锁马尼拉，并伺机占领之。

美西战争从 1898 年 4 月 22 日开始到 8 月 13 日停战，历时 4 个月，分为古巴和菲律宾两大战场，古巴是这场战争的主战场。古巴战场包括两个战役。一是圣地亚哥湾海战，二是夺取圣地亚哥。美军付出了相当大的代价，取得了胜利。

7 月末 8 月初，美军还顺手牵羊，夺取了战略要地波多黎各。8 月 13 日，菲律宾战事也以美军的胜利而告终。1898 年 12 月 10 日美西《巴黎和约》把波多黎各割让给美国，承认古巴独立。古巴虽然名义上获得独立，但美国利用《普拉特修正案》将它实际上变成了自己的保护国，把"古巴不得同外国缔结侵犯其独立的条约，美国有权在古巴设立海军基地"等内容强行附在古巴宪法后面。这样，古巴作为名义上"独立"而实际上为美国殖民地的地位，就在法律上被确定下来了，这是美国推行新殖民主义的一个典型范例。1903
年，美国借古巴关塔那摩和翁达湾为海军基地，同时又和古巴缔结
《美古永久条约》，规定进入美国的古巴商品降低关税 20%，而进入
古巴的美国产品降低关税 20%～40%。加勒比海成了美国的内湖，
美洲更加纯净了。

4. 必须得到的亚洲

美国与亚洲的利益联系由来已久。在独立战争结束时，美国商船
就开始到中国的广东做生意了，他们向中国人提供海獭皮。为此，在
太平洋开辟了夏威夷岛作为中转站。1819 年初，美国军舰偶尔零星地
出现在东方海域，保护美国商船免遭海盗袭击。1844 年，借中英鸦片
战争中国战败之机，与中国签订了《望厦条约》，使中国对美国商人开
放了五个通商口岸，打开了通往远东国际政治的大门。1854 年，马修
·佩里上校与日本签订了《神奈川条约》，打开了日本的国门。

内战结束后，国务卿威廉·西沃德谈
到："在世界拥有发号施令权"的美国注定
要对"太平洋及其沿岸的岛屿、大陆"行使
商业控制权。1867 年，他以 720 万美元从俄
国人手中买到阿拉斯加，在夏威夷附近的中
途岛获得了一个加煤站。

> 为了保护美国在亚洲的利益，同时也为了防止来自太平洋的军事威胁，美国需要控制亚洲的一些关键点，完善其战略布局。

美国的经济利益很快扩展到太平洋。1870 年代，随着美国对夏
威夷群岛蔗糖需求量的增加，美国需要影响夏威夷君主国政局了。
1875 年，他们签订了一个条约，夏威夷蔗糖进入美国免税；1877 年，
美国获得了在珍珠港建立海军基地的专有权。从夏威夷出发，为了更
加靠近东亚市场，1878 年，美国在萨摩亚群岛获得了一个与英、德
两国共用的港口，作为海军基地和加煤站。1892 年，夏威夷发生动
乱，这些列岛要求并入美国。这一要求暂时没有被接受。

但是，许多美国海军军官认为美国迟早必须控制这些岛屿。正如麦金利总统说："我们需要夏威夷，正像我们需要加利福尼亚一样。"当时的亚洲，在南亚和东南亚，英国在印度、缅甸、马来西亚扩张；法国在柬埔寨、越南、老挝扩张；西班牙在菲律宾扩张；荷兰在新加坡与东印度群岛扩张；列强瓜分中国；日本通过干涉1894年朝鲜农民起义控制了朝鲜。美国在太平洋和拉丁美洲的掠夺导致美国与欧洲列强之间的冲突加剧。

菲律宾成为美国必须占有的地区。

菲律宾位于亚洲东南部的菲律宾群岛上，面积29.9万平方公里，自1565年起遭西班牙统治长达300多年。菲律宾战略位置重要，向西可深入东南亚和南亚，向北可直达中国、朝鲜和日本，向南可抵大洋洲，在太平洋上与夏威夷呈掎角之势，是美国在亚洲扩张的中转站，也是阻止来自东南亚以西入侵的咽喉要道，还可以牵制日本等其他国家向东、南发展。令美国人高兴的是，现在统治菲律宾的西班牙正值没落，是个软柿子。

美国在古巴的军事行动可以与在菲律宾的军事行动一起进行，而且相得益彰，美国人决定夺取菲律宾。美西走向战争之时，以海军部次长西奥多·罗斯福为代表，美国计划不仅要干涉古巴，还要占有菲律宾。一旦美国与西班牙开战，美国的亚洲分舰队必须立即进入菲律宾海域，击毁以菲律宾为基地的西班牙舰队并占领该地。战争爆发前夕，罗斯福命令亚洲舰队司令乔治·杜威把舰队集结于香港待命，随时准备歼灭驻菲的西班牙舰队，然后配合陆军和菲律宾军队攻占菲律宾。

通过先后对西班牙和菲律宾作战，美国如愿以偿。

就在美西宣战后2天，4月27日，杜威将军率舰队驶离香港，向菲律宾进发。5月1日，驶至马尼拉港外，美西双方展开激烈海战。西班牙海军和岸防部队无法抗衡美国海军，很快战败。马尼拉湾战役决定了西班牙在菲律宾的结局，西班牙曾派出增援舰队，但美国早已做好了进攻西班牙本土的准备，因而被迫撤回。7 月底，W.
麦里特率领美国远征军第 8 军从美国赶来，与菲律宾起义军一起包围
了马尼拉地区。

西班牙败局已定，8 月 13 日，美西根据私下协议，进行了象征
性的战斗，然后西班牙军队就投降了。

战前，为加强攻击部队，杜威曾虚假答应菲律宾起义军首领，承
认菲律宾独立。但与西班牙的私下协议中，要求西班牙不准菲军入
城。这就把菲律宾转让给了美国人。战争刚一结束，杜威就以武力逼
起义军撤至郊区，独占了马尼拉市。马尼拉之战结束了美西战争，也
结束了西班牙的殖民统治，却开始了美国人的殖民统治。

《巴黎和约》不仅使西班牙失去了古巴和波多黎各，还把菲律宾
和关岛割让给美国。真正得到菲律宾，美国又继续了 3 年的战争。
《巴黎和约》表明，美国明显地违背了对菲律宾起义军的诺言，菲律
宾人民仍生活在殖民枷锁的奴役下，只不过换了新主人——美国而
已。菲律宾人民拿起武器，举行起义，继续反抗殖民者。美、菲冲突
于 1899 年 2 月 4 日晚爆发，2 月 5 日，菲律宾正式向美国宣战，开始
了英勇的抗美卫国战争。但实力悬殊，加之美国方法得当，最终，美
国在付出 3 亿美元、出动 12 万多名侵略军的情况下，才在 1902 年基
本上镇压了菲律宾人民的抵抗运动，建立起美帝国主义的殖民统治。

美国"在'解放'菲律宾的借口下扼杀了菲律宾"。正如菲律宾
反抗运动领袖阿吉纳多所说：被压迫民族的卫士，自身已经转变成一
个压迫民族，将美国的生活方式与制度强加给远方民族而不顾及他们
的意愿。

菲律宾战争标志着美国国际角色的重要转变。在世纪之交的几年
内，美国要把自己建设成一个世界强国，并继而成为帝国。美国争夺
太平洋及远东地区霸权具有重要意义，在拓展了利益线的同时，把美
国的安全线向西推进了 6000 海里，美国获得了更多的利益，得到了
更大的安全。

在美西战争之后，美国的海外殖民体系就基本形成了。

美国在立国后不久就把加勒比海上的古巴看作唾手可摘的苹果。内战后，美国加紧推行向太平洋和加勒比海的扩张政策。在林肯和约翰逊政府中历任国务卿的威廉·西沃德仍妄图建立包括加拿大、海地，古巴、中美、墨西哥、冰岛、格陵兰和一些太平洋岛屿在内的庞大的美国帝国。

在美西战争之前，美国在太平洋已经占领了一系列岛屿，如豪兰岛（1857 年）、贝克岛（1857 年）、贾维斯岛（1857 年）、金门礁（1858 年）、约翰斯顿（1858 年），等等。

1867 年，美国购得阿拉斯加，同年占领了中途岛。1878 年和 1897 年，美国分别在萨摩亚的帕果帕果和夏威夷的珍珠港建立了海军基地。1899 年，美国与德国瓜分了萨摩亚群岛，得到东萨摩亚的土土伊拉岛及位于其上的帕果帕果港。1889 年，美国国务卿詹姆斯·布莱因在华盛顿召集了第一次"泛美会议"，企图用双边商务条约把美国经济势力进一步扩展到拉丁美洲国家。1893 年，在美国驻火奴鲁鲁公使约翰·史蒂文斯支持下，美国人在夏威夷策划了一次所谓"革命"，推翻了这个独立国家的女王莉卢奥卡拉尼。由于国内有些政治家出于对本国政治经济利益的考虑，当时不赞成吞并夏威夷，因此，此事暂停。1898 年美国正式吞并了夏威夷。1899 年，美国吞并位于关岛和夏威夷之间的威克岛；美国继而又提出了"门户开放"政策，跻身于同列强对中国的争夺，这使美国在太平洋上获得了重要的战略基地。

通过美西战争，美国进一步将帝国扩大到亚洲。这样，美国可以从夏威夷出发，北路经中途岛，直指日本和朝鲜，中路经威克岛、关岛和菲律宾群岛，指向中国和东南亚；南路经萨摩亚，指向新西兰和澳大利亚，形成了美国争夺远东和太平洋霸权的态势。

1900 年，美国国会通过的法令规定，波多黎各岛和关岛的总督等的任命须经美参议院同意。1903 年，美国先策划巴拿马脱离哥伦比亚独立，然后从巴拿马共和国手中夺得运河开挖权并"永久租借"该运河区；1922 年哥伦比亚被迫承认巴拿马独立，美国占领合法化。1917 年，美国又从丹麦手中获得维尔京群岛。

威廉·西沃德设想的美国海外殖民体系基本形成了。

5. 陆海军建设差异很大

陆海军建设的差异，反映在陆海军不同的作战效果上。美国最初的战略原则是以海战为主，辅以少量的陆军行动。海军负责摧毁西班牙海军分舰队和商船队，并且炮轰或封锁西班牙的城市和殖民地；虽然大多数人认识到应该派陆军支援古巴，但是却不指望会派遣大规模的远征军去入侵西班牙或占领它的殖民地，陆军的主要任务是海岸防御。国会批准的 5000 万美元战争拨款，有 60% 分给了海军。

19 世纪 90 年代中期开始，海军就开始制订对西班牙的作战计划。在卢斯的建议下，海军军事学院开始研究与西班牙交战的战略内涵。1896 年，威廉·金布尔海军上尉

战争爆发后，由于海军在战前得到加强，战备充分，所以比较从容。

完成了一份题为《与西班牙的战争》的文件。文件主张：战争应使古巴获得独立，美国不必获得大片的领土，制海权将决定战争的结局。美军的主要作战目标应当是在古巴本岛及其周围的西班牙军队，进攻菲律宾和波多黎各应是第二位的。要做进攻西班牙本土的打算，但只有在对其殖民地攻击未能奏效时才实施。只在加勒比地区进行有限的地面作战，陆军在那里援助古巴的起义者，条件允许时可以进攻哈瓦那并夺取波多黎各。只有海军在大西洋取得控制权，才能派出远征军。后来，海军还制订了几个具体计划，但金布尔计划的基本特征仍然原封未动。

得到战争拨款后，海军很快准备就绪了。海军部命令保留那些即将服役期满的人员，储备弹药和燃料，"俄勒冈"号战列舰自太平洋

海岸赶赴加勒比海。霍勒斯·埃班少将奉命准备动员一支由海上民兵操纵的"快艇舰队"（后来改成"海军辅助部队"），战争期间这支海上民兵部队提供了 4000 名官兵。海军还购买或租用了军舰、适用的商船或游艇。2 月底，海军部次长西奥多·罗斯福向亚洲和欧洲分舰队司令发出了准备作战的命令。3 月，组建了一个包括马汉在内的三人"海军战争委员会"，为海军出谋划策。出于公众对海岸防卫的关注和西班牙海军实力的估计，海军决策者把亚洲和欧洲舰队分成 5 部分，分别负责封锁、搜索作战、防卫等任务。

在美国海军面前，西班牙舰队不能匹敌。在圣地亚哥湾海战中，西班牙舰队没有战列舰，只有 4 艘装甲巡洋舰和一些小型舰船，圣地亚哥港西班牙能航行的舰只只有 4 艘装甲巡洋舰和 2 艘驱逐舰，大口径火炮只有 16 门，一次齐射总量仅有 6014 磅；而美国舰队由施莱和桑普森的舰队组成，桑普森舰队包括 2 艘战列舰和几艘装甲巡洋舰，施莱的舰队包括 2 艘战列舰、1 艘装甲巡洋舰和 1 艘有装甲防护的巡洋舰，共计有大小舰船 24 艘。总共有 60 多门 6 英寸大炮，一次齐射可发射 18847 磅炮弹。在不到 4 小时的战斗中，西班牙舰队全军覆没，324 人死亡，1800 人被俘，6 艘军舰沉没。美国仅有 2 艘军舰受轻伤，死伤各 1 人。在菲律宾战场的马尼拉港，美西军舰数量之比为 6：7，但美方在总吨位、航速和火炮特别是训练水平上占有优势，而西班牙军舰多是木壳战舰。美舰队一次齐射可发射 3700 磅炮弹，而西班牙舰队一次齐射仅 1273 磅。结果，西班牙舰队全军覆灭，伤亡 381 人。美国舰队仅伤亡 7 人。

但海军也有不尽如人意之处。将舰队分兵五路，遭到很多专业人士的质疑，几乎所有的海军将领都反对将大西洋舰队分开使用，而希望集中兵力执行封锁任务，并通过一场决战击败西班牙舰队。一名海军军官抱怨：分散是民主的象征，是吓得浑身发抖的外行人的标准做法，他们的战略知识源于对西班牙舰队进行突然袭击的恐怖感。当然，分兵有分兵的道理，只是分到什么程度是合理的。海军的辉煌，证明了马汉的预言——海战是决定一切的，但是有一个副作用，就是进一步削弱了陆军的地位。

首先因为陆军部内部多头负责，其次因为陆军缺少进行临战准备的资金和合理程序。受国内压力影响，2000 万美元的资金大

与海军相比，陆军初期动员混乱不堪。

部分用于加强海岸防御工事，只有一小部分用于医疗、军需和通信部门，造成战前准备不足。国会规定的繁文缛节又窒息了他们的活动。为了满足紧急要求，陆军打算作一次一劳永逸的改革，建议组建一支104000 人的陆军，可以扩编，且无须调动各州人力，国民警卫队只负责海岸防卫并作为后备资源。而出于对正规陆军的成见，该提案未获通过，政府屈从于"任何兵员法规都必须充分利用警卫队"的意见。未清楚需求数量之前，人力动员就已经开始了，规模远超陆军部预料，但是训练极差。同以往战争一样，人力动员总是先于后勤方面的动员，重人力、轻物资的现象给各军需供应局带来了种种困难。由于各局都是按对规模不大的和平时期的陆军提供保障而安排的，国民警卫队的动员暂时超过了陆军的供给能力。作战部队的军官和文职政策制订者们都没有与负责动员计划的主要人物互相磋商，协调、生产和运输都陷入一片慌乱。当然，通过陆军部的努力，后来极为成功地克服了后勤方面的困难。

在作战方面，陆军没有预先准备成熟的作战计划，内部职责不清，加之缺乏陆海协同意识，作战中遭遇了严重的挫折。在古巴战场，陆军的战略计划包括了两个发展阶段，第一阶段是向古巴人提供补给并对西班牙人进行小规模的袭击以骚扰他们，第二阶段战略的重点是古巴北海岸，但都由于一些突发原因而取消了，转而仓促执行其他任务——奔赴圣地亚哥。派往古巴的第五军指挥官谢夫特在组建一支大规模部队方面毫无经验，1898 年 6 月 7 日，毫无组织、混乱不堪的第五军奉命登上运输船，却因错误的威胁信息而取消了行动。6 月 22 日，陆军终于抵达了登陆地点——代基里和西波内，但部队状

态极差。虽然登陆未遇太多抵抗就成功了，但如果没有古巴人和海军的援助，登陆本来可能会成为一场灾难。对于远征军的目标，陆海军指挥官谢夫特和桑普森的认识截然相反，海军司令把它看成是一个旨在占领海港入口处炮台的有限作战行动，而谢夫特认为命令上列出了两项归他指挥的任务——消灭西班牙的守备部队和援助海军对付塞维拉。谢夫特选择了进行一次大规模地面战役，并把圣地亚哥作为他的目标。因此，登陆之后，就根本不顾及海军，而是沿着西波内至圣地亚哥的一条路斜着插入内地。在最惨烈的 7 月 1 日，虽然敌人的阵地处在桑普森海军大炮的射程之内，但谢夫特并没有请这位海军将领给予火力支援。5000 名美国人被 600 名西班牙人阻击了一天，损失了1385 人，才在西班牙人撤退的情况下占领阵地。谢夫特因此产生了撤退的想法，后来由于西班牙舰队的覆灭，才使他重新鼓起勇气继续围困圣地亚哥。谢夫特敦促海军进攻海港入口处的堡垒并驶入海港，从后方攻击西班牙守军；而桑普森则说，只要陆军能攻占这些堡垒，海军便会欣然同意这个计划。二人相持不下，幸好守军因绝望而投降了。

　　在菲律宾，《巴黎和约》签订之后，美军陷入了另一场战争。驻菲律宾陆军指挥官奥蒂斯对起义军领袖阿吉纳多的支持者、他们对美国人的仇恨情绪以及菲律宾人的作战技能都估计不足，向华盛顿发出了对局势的乐观估计，使美国必要的部队集结放慢了速度。同在西班牙战争期间的做法截然相反，麦金莱希望派往菲律宾的部队保持在"实际军事需要"的规模之内。实际上，后来奥蒂斯连续三次要求政府派兵，此时，在西班牙战争期间已逐步完善的陆军部规程使之能够迅速地运送齐装满员的志愿兵部队，1900 年 2 月，志愿兵部队已全部抵达菲律宾。美国陆军在正面战场毫无疑问地击溃了菲律宾人。但是，战争并没有结束，而是进入了一个崭新的阶段，美国人陷入了菲律宾人游击战的苦恼中，奥蒂斯已经无法应付了。1900 年 5 月，阿瑟·麦克阿瑟接替奥蒂斯，他制订了合适的战略，采取更为强硬的政策来对付游击队，进行更加艰巨的努力来保护平民免受暴乱分子的恐怖主义威胁，继续亲善行动，还雇佣当地人实施军事行动。这个战略很奏效，美军在 1901 年基本平定了起义者。

在古巴，军中流行黄热病造成人员大批死亡，其数量为战场上阵亡人数的 10 倍。第 5 军和志愿军营地中发生的是一场医疗灾难，死亡数统计可以说明灾难的严重性。1898 年武装部队死亡 5462 人，其中仅 379 人系作战死亡。在围城期间，官兵们居住环境恶劣、污秽不堪、缺乏食品，很容易患病。疟疾、痢疾和伤寒在这些部队中恣意横行，黄热病也威胁着美国军队。到 1898 年 7 月底，几乎有 1/4 的人患病，死者甚多，致使谢夫特害怕影响士气，下令暂停在葬礼上鸣枪吹号。在征得部下将领和医务人员的同意后，谢夫特写信警告陆军部，说"他正指挥着一支患病的队伍"，该军必须立即调回国内，否则将会垮掉。

> 战争期间美军还低估了另一个强敌—— 疾病。

勉强回到美国的人，脸色苍白，双眼凹陷，步履蹒跚，憔悴不堪，许多人都差一点就死亡了。阿尔杰建立了一个接收营，但由于没有足够的运输工具，缺少设备、医药用品和人力，在最初几周中，数百人病死在祖国土地上。灾难的根本原因是国家对陆军的长期忽视，陆军医疗知识贫乏，仓促动员起来的人又太多。

美西战争和美菲战争确认了美国人关于安全的概念。即安全状态永远都是暂时的，长远的安全需要战略预见与规划；安全的距离是动态的，会随着空间观念的改变和利益的拓展而延长；安全的意义在于利益有效获得和占有，当然包括生存利益。因此美国人发现潜在的安全威胁，即采取措施加以制止，从此养成了一个习惯，即一切可能的威胁就被美国人当成现实的威胁来处理，时至今日，在朝鲜、伊朗核问题上明显地插着同样的标签。为了安全，美国人必须推进安全线，这是一条经济线、政治线、文明线、军事线。美国对美洲的清理和对亚洲开发的成功，使世界上新的力量平衡得到了确认。

战争中也暴露了很多问题，美国军政界痛感海陆军的软弱状态与对外扩张野心极不相称。他们只能打败衰落中的西班牙，但还不是英法德这些强国的对手。军事机构的缺陷，陆军部对国外作战一直没有思想准备，长期以来军事预算不足，陆军部长和陆军司令之间职权混乱，指挥机关效率低下；美国战略后备役问题仍未能解决；海军在集中兵力、加强技术设备的研制、建立远洋作战使用的加煤站和海军基地等方面存在着不足；陆海军不能很好地协同作战等。

战争实践也体现了陆军在海外的价值。如杜威赢得马尼拉湾胜利后，西班牙军队仍然占据着马尼拉和菲律宾的其他地区。杜威说：海军力量"无法伸展到岸上更远的地方。为了夺取陆地，必须有手持步枪的人"。杜威的困境提醒了政府，他们制订了向菲律宾派遣志愿军的计划。鉴于未能科学地进行战争、缺乏军种间的合作等广泛存在的问题，以及新的国际责任，志在扩张的美国马上着手进行改革，加紧扩军备战，建立一支强大的陆海军。

（四）帝国的力量

美西战争的胜利使海军的威信达到了自 1812 年以来的最高峰，陆军也证明了存在的必要。美国在加勒比海和太平洋获得新的领地的事实，在以后的 40 多年中，对于美国的内政外交和军事，都带来了深远的影响。扩张延长了美国的安全距离，但有些人开始担心，靠现在的军事力量如何保卫这些岛屿？甚至罗斯福也意识到，菲律宾是美国的"阿喀琉斯之踵"。毫无疑问，美国已经走进了帝国时代，而帝国时代需要帝国的力量。美国拥有这样一支军事力量吗？指挥系统的混乱，在现代战争中有效地组织和动员大规模军队方面经验欠缺，缺乏海外驻军的经验和资源。帝国主义推动了帝国力量的建设，美国军事在为一个更高的目标完善自己。

1. "文明国家"的责任

这是进入帝国时代之后，美国人观念的重要
转变，根源仍然是基于盎格鲁－撒克逊人的
优越感。1901 年，总统麦金莱突然在布法罗
遇刺身亡，根据宪法，西奥多·罗斯福接任，成为美国第 26 任总统；
他于 1904 年再度参加竞选，第二次连任总统直至 1909 年 3 月。

"文明的"美利坚逐渐成为战斗的民族。

　　西奥多·罗斯福在总统任期内，对国内的主要贡献是建立资源保
护政策，保护了森林、矿产、石油等资源；建立公平交易法案，推动
劳资和解。对外奉行门罗主义，实行扩张政策，建设强大军队，干涉
美洲事务。

　　在胜利后的膨胀心理和利益的作用下，美国人表现出集体的控制
欲和强势心理，罗斯福是那个时代美国人的代表。他认为，美国应该
成为强者的国家，军事准备和战斗表现是对种族优越性和国家力量的
检验，所有伟大强悍的种族都是善于战斗的种族；强大的民族有义务
把精力、力量、勇气以及道德责任培养成为文明的价值观。这意味着
美国要开发自然资源、建设强大海军、随时准备战斗。

　　西奥多·罗斯福把国家分成两类，即文明国家和不文明国家；前
者有责任监管后者，传播先进的价值观与制度；为承担"白人的责
任"，文明国家有时要对不文明国家发动战争，这些战争是无可指责
的，因为胜利者赋予了被征服者文化从而使他们成为优秀种族。

　　这个推论即：文明国家应该坚持对世界
采取适当的警察政策；美国的目标是确保邻
国稳定、有秩序和繁荣；美国不会干涉一个
还清债务并且秩序良好的国家，而"长期做错事"的国家需要美国
这个"国际警察力量"。这意味着，欧洲人不能干涉美洲，而美国可
以对外干涉，起码对美洲国家。干涉要达到的标准是"美国人对被

门罗主义新释：罗斯福发展了门罗主义，产生了一个推论。

干涉地的稳定表示满意"。

西奥多·罗斯福曾调停日俄战争，在此过程中，他敏锐地察觉新崛起的日本对美国构成的潜在威胁，认识到巴拿马运河对美国不仅具有经济价值，而且能够使美国海军舰队在太平洋和大西洋之间的调动更加快捷，具有重要的军事战略意义。因此，他在任内竭力推动巴拿马运河工程，并且视其为自己最伟大的成就。

1901年，巴拿马还是哥伦比亚的一个省，哥伦比亚拒绝了美国关于在巴拿马开凿运河的条件，于是美国理所当然地让巴拿马发生了一场革命，并进行了干涉，控制了巴拿马这个新国家。之后，美国确立了修建和掌管一条经过巴拿马的运河的权力，享有在运河区10英里宽的区域内行使主权的权力。1906年，美军在洪都拉斯和尼加拉瓜实施了干涉。国务卿菲兰德·诺克斯解释说：由于门罗主义，美国对中美洲的秩序负起了责任；巴拿马运河的存在使得在邻近地区保护和平相当重要。随着美国利益涌入中美洲与加勒比地区，门罗宣言又成了美国支配加勒比水域的声明。1902年，英、德两国舰队封锁了委内瑞拉港口，索取欠款。美国威胁要把杜威的舰队开到委内瑞拉港口，从而主导解决了这件事。同年，美国在古巴关塔那摩取得了一个海军基地，享有在古巴主权受到威胁时进行干涉的权力。罗斯福的继任者威廉·霍华德·塔夫脱、伍德罗·威尔逊都执行了干涉政策，甚至20世纪晚期的罗纳德·里根、乔治·布什、比尔·克林顿也分别干涉了格林纳达与尼加拉瓜、巴拿马、海地。

对和平的最大"贡献"。

罗斯福信奉均势，认为两个文明国家之间的战争是愚蠢的。1900年，美国人口超过7500万，超过了英、法、德等国。罗斯福说：像美国这样强大、先进的国家，别无选择，只能在世界上扮演重要角色，维护秩序与和平。他认为，对世界和平威胁最大的是英、法、德之间的关系，这些国家正在为争夺亚洲和非洲而展开军备竞赛，建立自己的联盟，战争气氛浓烈。

为此，罗斯福制订了两项基本政策。一是建立与英国的良好关系，作为美国政策的基石；二是阻止欧洲列强之间爆发全面的战争。这两项政策明确地表明和平的背后是美国的利益。1911年，罗斯福写道：没有什么事情比德国要颠覆英国并在欧洲建立霸权的企图更糟糕了，如果这样，德国人的子弹将要打到美洲了。因此，他极力组织欧洲国家对此进行对抗。

在亚洲制衡日本和俄国，是美国人需要的。日俄战争爆发时，罗斯福高兴地说："日本正在玩我们的游戏"；但他担心日本玩得太好，担心会关闭亚洲市场，他就倾向于俄国；后来适时调停结束了战争。为此，挥着战争大棒的罗斯福获得了诺贝尔和平奖。还得到日本的承诺——认可美国在菲律宾的控制，不再进一步侵略中国。当日本的威胁逐渐增大时，他庆幸于美国海军的良好状态。为了显示"太平洋和大西洋一样都是美国的内海"，1907年，美国海军组织了"大白色舰队"，进行了一次"善意的"世界巡航，在亚洲的第一站就是日本的横滨。

这支舰队因舰体颜色而获"大白色舰队"（Great White Fleet）之名，是一支令人敬畏的海上力量。此次所要进行航行，是由罗斯福本人亲自策划的规模空前的环球航行，其目的之一是为了到世界的各个角落去彰显美国强大的实力——其中特别针对了远东的"暴发户"——日本。目的之二是在美国国会和公众的面前展示自己的海军，以引起他们对海军的关心和支持。目的之三是安定西海岸民众因美日危机而引起的恐慌，顺带检验舰队在战时增援菲律宾的能力。

代表着美国海军力量的大西洋舰队下属的16艘战列舰组成"大白色舰队"，由海军现役唯一一位参加过内战的罗比·埃文斯少将指挥。美国海军的战列舰几乎全部集中在这里。它们身上体现了前无畏舰的最高的技术水平，其性能就算与英国皇家海军的同类舰只相比也毫不逊色。从19世纪的最后十年开始，美国海军在各项技术上已基本与世界最先进的水平保持同步。

1907年12月16日至1909年2月6日，大白色舰队历时14个月，6次跨越赤道，航行46000海里，经中南美、澳洲、亚洲、非洲和欧洲，最后返回汉普顿水道。途中受到各国总统以下各级官员及民间的最高规格的欢迎和接待，达到了预期目的，被罗斯福总统激动地称为"此生对和平的最大贡献"。

"大白色舰队"的出访，是一次"胡萝卜加大棒"的美国式的外交活动。舰队所经之地，到处都受到热情的欢迎和接待。舰队仿佛带来了新大陆年轻、骄傲、强大而又自信的清新气息，同时也俨然成了美国的缩影。对南美各国来说，"大白色舰队"无疑是美国对使它们远离欧洲列强的"门罗主义"的再次强调和保证；澳大利亚和新西兰则开始认真地把美国当成使它们免遭日本侵略的主要保障；欧洲旧大陆上的老牌列强，自然也不会放过拉拢美国这一国际政治格局中新兴力量的机会；而在日本，其舆论界和民间团体中一度流行的那种沸沸扬扬的反美情绪减弱了。此外，大白色舰队的出访对美国海军日后的建设也有着不小的影响。它成功地唤起了本国民众及政客们对海军的热情和支持，特别是西岸的议员们，他们曾对海军建设漠不关心、对造舰拨款指手画脚，又因为自己轻率和傲慢的排日举动将西部置于日本人的敌意和恐吓之下，现在彻底改变了态度。

美国海军自身还利用这次远航机会测试了一些新的技术和设备，比如在当时刚刚兴起的无线电通信。整个舰队以"俄亥俄"号为通信中枢，在各主要战舰上一共装设了 24 套无线电收发机，并为各舰规定了各自的无线电呼号。在航行途中，舰队除了与本土进行通信，还和各个国家的无线电爱好者进行了广泛的联络，加深了美国海军对无线电技术的了解，积累了使用经验。环球航行之后，舰队改为深灰色。

2. 帝国军队的使命

美国使自己越来越成为世界的制衡力量。

对这一力量的要求是能够影响国际事务、负起世界的责任、保证美国的安全，保护美国的利益，美国军队就必须为美国的这种国际地位保驾护航，这就是美国军队的真正使命。

20 世纪初，大国间的竞争加剧了战争爆发的可能性，帝国主义在全球的争夺使任何主要国家都有卷进的危险；亚洲、非洲和拉丁美洲的小规模冲突比比皆是，它们孕育着更大规模战争的火种。

保卫美国是美国军事政策的基石，决策者们并不十分担心来自陆上的入侵，因为美洲没有人能威胁美国。美国的主要威胁都是来自海上，如来自大不列颠、德国和日本那样的海上强国，也许还伴随着有限的地面作战。保卫美国主要依赖于采取迅速的军事行动的能力，它需要一支不依赖动员和正式宣战就能行动的军事力量。因此，美国政府最终认定，采取超国境的军事行动需要有更多、更有效的正规部队。

使用武力和面对一个比西班牙更难对付的国家时，美国相对来说更为准备不足。新的领地使防卫计划迫使美国着手扩建海军，并建设准备充分的地面部队，催生了加速军事变革的 20 年。1900 年，罗斯福说："我相信，我们确实打算建立一支精良的海军，但我不知道我们是否打算建立起一支可观的小规模陆军，如果我们不能做到这一切，很可能就在几年以后……我们将不得不接受痛苦的教训。"他对海军是有远见的，但对陆军却仍然不知可否，而 20 年后，美国就将卷入一场空前的世界大战，且派常备军参战。

不管罗斯福设想的军队规模有多大，他的话还是使美国政策发生根本性改变，帝国时代的美国和孤立主义的美国不同，它主要依靠常备作战舰队来保护美国免受外国侵害，同时减少了对以军事力量为后盾的海岸炮兵和防御工事的依赖，增加了对在美国本土以外执行军事任务的海军和正规陆军的依赖性。这个转变过程中，民众和政界对军队能力和政治中立增强了信心，在保持文官控制的同时接受了军人职业化；对民兵改革和军械、内燃机、飞机和电子通信设备等新技术的应用也产生了兴趣。

1907～1910 年的"大白色舰队"环球航行，给出了一个信号，即：美国作为一个

美国发出了强烈的信号。

世界海军强国的时代到来了，这 16 艘战舰表明美国将把它的作战舰队作为自己的第一道防线和强权外交的主要军事工具。

从 1899~1916 年，美国海军年支出从 0.64 亿美元增加到 1.53 亿美元，海军人员实力从 16354 人增加到 60376 人，陆战队人员实力从 3142 人增加到 10601 人，战列舰和配备 5 英寸以上主炮的巡洋舰从 36 艘增加到 77 艘；每年保持了 2 艘战列舰的造舰速度；1916 年后，以每年 1~2 艘的速度更新旧的战列舰，在保持数量稳定的基础上，能力逐步提高。战列舰的发展跟上了技术进步。装甲板的强度、重型舰炮的装配、炸药的破坏力以及轮机的功率的改进，战列舰变得越来越大、杀伤力越来越强，当然价格也越来越昂贵。美国战列舰从 20 世纪初的 1 万~1.5 万吨级增加到 1914 年的 3.1 万吨级，舰只有了越洋活动的能力，标准的战舰都配备了 10 或 12 门 12 或 14 英寸的大炮，射程从 6000 码提高到 2 万码。当 1906 年英国的"无畏"号下水，其速度、装甲和火力等方面都引起了海军界的震撼。美国马上加快了步伐，1914 年，美国舰队宣称拥有 14 艘"无畏"号之后级别的战列舰。

海军的顺利发展得益于民众的支持，19 世纪 90 年代支持"新海军"的政治联盟已得到联邦政府和公众的认同，1908 年，一个由国际主义的共和党和民主党参众两院议员与大海军主义有经济利害关系的工业家、海军军官和几个公共利益团体以及"海军联盟"组成了大联盟，海军战略更加深入人心。

> "自己的短处和错误，最好在和平时期就让它全部暴露出来，免得到战争爆发时措手不及。"罗斯福是这样认为的。

行动从海军部开始，来自一线军官的专业性建议实现了制度化。这些军官既是海军的热情建设者，也是舰队现代化诸方面的批评者。1898 年前后，这类建议都是来自海军军事学院、海军情报局和航海局的军官们。1900 年，海军部长约翰·D. 朗创建了一个高级军官组成的综合委员会，搜集专业性意见，并逐渐成了协调作战计划与建设规划的中央机构。在美菲战争英雄乔治·杜威海军上将的领导下，该委员会作为推动舰队现代化和扩充的力量做出了卓越的贡献。

当然，民众仍然抓紧钱袋，国会批准的造舰数量永远少于委员会建议的数量，1910年还因委员会提出的造舰数量大大超过政府认为需要的数量而在公众中引起了轩然大波。1907年，改革者们促使海军废弃了在辽阔海域部署分舰队的传统，把大多数战列舰集中在大西洋海域。因为他们确认海上强国意味着要有一支常备不懈、能随时与敌人进行海上决战的作战舰队。

很多问题相继暴露出来。在作战组织机构方面也有所进展。1915年，为了避免文职领导在战争中施加过多外行的影响，海军部设置了海军作战部长一职，其直属参谋班子作为提高舰队效能的中心环节，以官僚制度的政策咨询取代了依靠个人施加影响的体制。改革者们要求战时一线指挥官得到更多权力，因为他们发现舰队的很多实质性问题，如装甲板位置过低、炮塔防护薄弱、弹药储存不安全等技术问题，缺少海员和辅助舰只等问题。

作战舰队支援方面的问题，特别是基地问题，暴露出政策对海军计划的限制。按既定的战争计划来衡量，海军在美国本土的基地太多，而在海外的基地太少。由于国务院认为修建基地会导致外交失败，国会则认为这是无谓的开销，再加上陆海军之间的争执，导致海军在海外寻找基地失败。1909年，海军同意在夏威夷瓦胡岛珍珠港修建太平洋主要基地，却并没有立即使国会慷慨解囊。在加勒比海也只建了一个孤立的关塔那摩基地，其他则效果不好。鉴于缺少海外基地，海军设计了一个替代战术：在海上作战的初期，建立起临时或前进基地，同时要保卫这个基地。1900年，综合委员会要求陆战队重新整编并为前进基地的作战进行训练。有限的演习及海军和陆战队军官所作的理论研究都表明，这样一支部队必不可少。

潜艇和飞机的发明，表明未来的海战也许会发生在大海的上空和水下，而不仅仅是海面的战列舰队之间的决斗。由于技术问

一些军官开始研究技术进步引起的作战方式的变化。

题，尽管第一艘潜艇在 18 世纪末期以试验的形式出现，还在 1864 年首次成功地攻击了 1 艘军舰，但直到 1900 年海军才将其第 1 艘潜艇编入现役。潜艇是一种相对便宜而有效的近海防卫武器，到 1914 年，海军已经拥有 34 艘潜艇，其中 12 艘是现代化的柴油动力潜艇，美国成为世界第四潜艇大国。1903 年，莱特兄弟试飞成功后，海军对飞机产生了关注，航空支持者们想到了飞机可用于侦察和舰炮射击观察。1910 年，一名文职试飞员成功地从一艘军舰上起飞了 1 架柯蒂斯的飞机后，国会拨给海军 25000 美元供它研制首批 3 架试验飞机。但因飞机昂贵而发展缓慢，到第一次世界大战前夕，海军只有 8 架飞机和 13 名飞行军官。但是，世界大战使它的身价大增，1915 年，国会拨款 100 万美元用于创建和维持 1 支由 50 架飞机和 3 艘飞艇组成的部队。

尽管发现了很多问题，也取得了一些进展，但在参战之前，美国海军还存在一系列的现实问题。现有舰队与战时需求很不平衡，还需要征用商船和战时建船的方法来提供数量足够的巡洋舰、驱逐舰、潜艇和辅助舰船；军种和联邦政府对海军政策没有更合适的见解，海军保持了战列舰的发展方向；海军虽然增强了与任何大国舰队作战的能力，但前提是舰队决战要在靠近美国本土海军基地的赤道以北海区；海军还没有力量在西太平洋进行大规模作战，它在加勒比海的统治，也会在战时受到威胁。在海军发现缺点并进行改革时，陆军也在进行改革了。

3. 为海外准备一支陆军

与海军一样，陆军同样要负起世界的责任。

作为先进的工业大国，不管它自己是否愿意，它的财富和军事能力已将它推入国际性的政治活动中。因为在罗斯福看来，财富和力量意味着责任。两次世界大战都将表明，美国人民感到自己有一种责任，他们在世界大动荡面前不能袖手旁观。鲁特也认识到，美国在整个国际政治活动中已负有越来越多的责任。1910 年代参谋长伍德也认为：美国这样一个既有财富又有力量的国家，在列强之间发生任何大规模冲突时，决不能无动于衷、不负责任地退避三舍。关于力量和责任的关系构成了西奥多·罗斯福总统对外政策的大部分内容，促使美国实行比过去任何时候都要积极的对外政策。美国在国际政治中的新作用，要求拥有一支更大更好的陆军，加上一支比较现成的后备部队，以适应它可能遇到的正在变化的情况。陆军不仅要介入大国间的冲突，还要像乔治·杜威将军所说的，海战胜利后，需要手持步枪的人保卫港口、深入陆地。

陆军部长鲁特在谈到陆军的任务时说："拥有一支军队的真正目的是准备打仗。"伍德作为陆军参谋长比大多数正规军人更加坚决地遵循一项原则，即军队的宗旨是准备打仗，既要准备制止某些战争，也要准备进行那些不可避免的战争。

陆军要为打仗而存在。

1898 年陆军的胜利是丑陋的，正如西奥多·罗斯福对攻克圣地亚哥的评价"与一场军事灾难相差无几"一样。对公众、新闻界和多数陆军军官来说，战争虽胜犹败，因为它将美国地面部队政策的全部缺陷暴露无遗，表现出了正规军和民兵制度上固有的弱点。陆军这两种主体力量的缺陷表明，他们并没有完成从边境保安队和罢工警察向军队的转变，陆军部也没有进行改组以适应战争节奏加快、专业化加强的趋势，以及未对平民志愿兵进行更有效的战争动员。

大多数陆军部官员和批评者认为，进行某些改革势在必行。鲁特认为单靠美国现有的一点正规陆军根本不可能进行一场战争，他建议要筹建一支能在战时有效地补充正规军的后备部队，在平时必须尽可能地对战时陆军的增援、装备和作战等事项作出充分的计划。而在现有的体制里，没有相应的责任人，即使有，也绝无把握落实之。为此，就必须摆脱陆军部和陆军那种群龙无首的现象，摆脱陆军部长和陆军司令平分秋色、机关各部局主官各行其是的局面。计划制订、指挥管理和建设后备队，这是建立一支较好的陆军的关键所在。

当真理没有被民众认为是真理之前，真理还不能发挥真理的作用。

勇于开拓的美国人很谨慎地推行自己的理念。不同于马汉和厄普顿，陆军部长鲁特没有强行地进行改革，而是进行逐步的渗透。传统势力是如此强大，而陆军部长鲁特的改革思想又是那样具有颠覆性。他设想彻底取消陆军司令这一模糊的职位，而代之以总参谋长一职，从而结束高级指挥机构的混乱状态。总参谋长是陆军部长的参谋长，就像过去斯科菲尔德曾非正式地做过的那样；作为总统的文职代理人，陆军部长就可以获得宪法所规定的权限，而且能得到专业性建议；参谋长可以授权陆军部长任命。

鲁特认为：头衔意味着权限，陆军司令意味着指挥权，而参谋长则意味着协助拥有指挥权的上级官长。参谋长领导总参谋部，负责计划工作，制订战争计划，确保物资供应；它既非"执行"机构，亦非"行政"机构，而是一个制订计划并监督计划实施的机构；作战军官和机关参谋军官应该进行定期轮换。

这一方案很可能会伤害陆军司令和旧参谋机关的特权地位，必然招致这些机关的反对，因此鲁特推行总参谋部方案相当谨慎。尽管公众舆论一直要求陆军部进行改革，但司令迈尔斯可能把这一方案看成是对他显赫地位的一种攻击，建立总参谋部的方案也有被民主党的反帝国主义分子加以利用的危险，成为他们攻击欧洲式军国主义的把柄。因此他先提出建立一个陆军军事学院，在 1901 年 11 月 27 日设立陆军大学委员会，任务是促进陆军教育和研究军事政策，去掉了总参谋部式的计划制订工作。委员会分别研究了军队的规模、编制和装备，探讨了改进陆军后备队的问题，并在进一步发展建立常设总参谋部这一思想方面起到了作用。

1910 年上任的陆军总参谋长伦纳德·伍德是一个比鲁特更加激进的改革派，他想树立总参谋部的法定地位，却不可避免地侵害

> 为了实现改革理想，改革者们利用一切机会转变现实。

到一些与之职能交叉的传统部门，如陆军副官署。陆军参谋部成了斗争的风暴中心，但伍德没有退缩，反而软硬兼施，去实现理想。例如，1911 年，他利用一次应对危机的集结，做了一个试验，在和平时期将整整一个师集结起来。当时墨西哥革命刚刚发生，这就为试验提供了一个合适的借口。集结一支不到 13000 人的部队，用了近 90 天，而且素质很差。这些缺点正好符合伍德的意图，他在《麦克卢尔报》上撰文说：这个师"确定无疑地表明，我们训练的军队无法应付任何突发事件"，为海外作战作准备。

20 世纪的头几年里，许多给军事杂志撰稿的年轻军官都流露出了灰暗的情绪。《陆海军杂志》的一篇社论说："我们受到一种武断而不负责任的舆论的支配，这种舆论以一种貌似善意实则有害的脱离实际的乐观主义态度来对待兵役，认为服兵役毫无意义，这就使我们几乎不可能维持作为一支有战斗力的军队所必需的充满活力的纪律。"在一次以"如何能有效地利用民主政体为军事服务"为题而举行的散文有奖竞赛中，利文沃思堡军校系统中的一位优秀教官，《美国战役》一书的作者马修·F. 斯蒂尔上尉的看法是"无可回答"。陆军部 1912 年的年度报告《美国地面部队的体制》、1915 年弗里德里克·L. 惠德考伯的《美国军事上的无备状态》等，也表达了希望改革的言论。不管是悲观还是乐观，改革者很好地利用了他们的喉舌。

1899 年陆军部长阿尔杰辞职，鲁特上任，陆军从此由自由放任和允许浪费的时代进入了科学和效率的时代。以鲁特为首的改

> 改革阻力很大，但改革者的耐心与执著取得了成效。

革者在指挥系统改革方面起了重大作用，开始了美国军事史上的管理革命。他们认为，美国要想在世界上扮演大国角色，就要把美军重新

建成一支可以应付现代战争需要的军队，必须对部队的组织、管理、训练作根本的改革。他提出了有关军队机构改革、军队组织和功能效率的思想，提出改革统帅机构，完善选拔和晋升军官的步骤，建立严格的训练制度，建立预备役制度。

1903年，美国制订了《参谋部条例》，规定参谋部的职能是："为国防和战时动员军事力量制订计划，对一切有关陆军效率及陆军对军事行动的准备状态的问题调查并提出报告，对陆军部长、将军和其他高级指挥官提交职业的援助和帮助以及协同各军种军官，监督参谋长及执行总统签署的其他法令。"参谋长代替了原来的陆军司令，建立起总统—陆军部长—参谋长的指挥系统，而解决了长期以来陆军指挥体制混乱问题。参谋长由总统任命，任期4年，是文职领导和军队之间的桥梁，对各部、局实行具体领导，有效地进行指挥，更好地适应现代化战争的要求。这样，就在确保文官控军的基础上，加强了军队的集中统一领导。

同年，为了协调陆海军行动，成立了"陆海军联合委员会"。这是美国第一个不同军种之间的计划机构，是后来参谋长联席会议的前身。任务是为保卫美国及其属地和西半球而提出总的原则，提出建立基地、兵力分配等建议，协同陆海军行动，制订战争计划。

1903年国会通过了《迪克法》，修订了1792年《民兵法》，把民兵分为两个等级即国民警卫队（是军事预备队）和预备民兵。把国民警卫队提高到了军事预备队的地位，为后来扩军和参战提供了受过训练的人力保证。卫生、军事教育方面也实行了许多改革。

长期以来，美国正规军的规模很小，与现代战争所需兵力相去甚远，如何动员大规模军队参加同欧洲列强争夺海外殖民地斗争，是仍未解决的问题。

改革者们继续努力，1910年上任的陆军参谋长伦纳德·伍德以社会达尔文主义为理论基础，强调美国备战的必要性。认为20世纪，美国将与欧洲列强和日本在海外争夺殖民地，冲突和战争不可避免，只有胜利者才能生存下去；未来的战争是"总体战"，人力和工业等各行各业都是战争的准备和动员的内容；战备仅靠增加陆海军的数量是不行的，公民的责任感相当重要；民兵是有效的，但要置于联邦的统一管理下。

伍德提出扩大正规军的数量，以包围殖民地并应付大规模战争；把民兵组成联邦志愿军作为二线后备力量；解决在大规模、持久战争中后备兵源问题；培养一支后备军官队伍；实行征兵制，普遍服役是民主原则，每个公民都有服役的义务，大规模战争必须实行征兵制。他提高了总参谋部的效能，让总参谋部集中更多精力进行有关计划和政策方面的工作。

以鲁特、伍德为代表的建军思想，反映了美国为了向海外扩张而大规模扩军备战的要求，适应了资本发展的要求。因此，他们的提议虽然受到国会中反战集团的反对，却仍能获得通过。美国在第一次世界大战中，不仅动员数百万大军远渡重洋投入欧洲战场，还进行了经济总动员，成为"协约国的兵工厂"。

4. 不可置身事外

1914年6月28日，奥匈帝国皇储弗朗兹·斐迪南大公在波斯尼亚首府萨拉热窝被塞尔维亚青年普林西比刺杀身亡，点燃了第一次世界大战的导火线。1914年7月23日，奥匈帝国对塞尔维亚宣战。一场以欧洲为主要战场的帝国主义大厮杀就这样开始了，这是人类历史上第一次世界规模的战争，战争双方为两大集团——同盟国（德、奥、匈、意）和协约国（英、法、俄）。1914年8月4日，美国总统伍德罗·威尔逊宣布美国保持中立。但是战争没有像人们预期的那样很快结束，而是进入了僵持阶段。

美国与协约国之间的贸易比与同盟国之间的贸易重要得多，使美国支持协约国。美国人深信他们和英国的命运是息息相关的，

防止帝国利益受损是美国人的本能。

这种认识超越了自由贸易的理想主义信仰，这导致其对德国违背国际法的行为反应更加强烈。结果，1914 至 1916 年间，美国与同盟国之间的贸易额从 1.69 亿美元减少到了可怜的 100 万美元；同期与协约国的贸易额从 8.25 亿美元增加到了 30 多亿美元。美国政府放松了私人对交战各国贷款的限制。1915 年 3 月，摩根集团向法国政府提供了 5000 万美元的贷款，1915 年秋，英、法政府共计从美国银行获得了 5 亿美元的无抵押贷款。到 1917 年，美国提供给协约国 20 亿美元贷款及大批军用物资，而德国仅得到 2000 万美元，贸易盈利和回收贷款，使美国的切身经济利益同协约国紧紧连在一起。德国在经济上同美国竞争由来已久，如果德国战胜，将因战胜协约国而排挤美国在世界各地的经济利益。因此，无论是从财政上还是从感情上，美国都开始倾向于放弃中立政策。

为了切断对方获得外界物资补给，协约国和同盟国都企图通过海上封锁对方。德国的水面舰艇无法同英国抗衡，英国皇家海军很快夺取了制海权。德国为了打破英国对海洋的控制，发动了潜艇战。根据 19 世纪国际法，交战国军舰发动攻击之前有义务对游客和商船发出警告，但潜艇不同于水面舰艇，一旦露出水面实施警告，就会暴露目标，无法实现打击的突然性，还会遭到武装商船的攻击。1915 年 2 月 4 日，德国宣布对不列颠群岛实施潜艇封锁，甚至会击沉中立国的船只。威尔逊总统警告：如果美国船只和人员遭到攻击，德国应该承担严重责任。

1915 年 3 月，德国潜艇击沉一艘英国邮船，一名美国人丧生；1915 年 5 月 7 日，德国潜艇击沉一艘英国豪华邮轮"卢西塔尼亚"号，128 名美国人死于此难。尽管德国之前在美国报纸上发出过警告，指出在交战区域旅行是很危险的，但是贸易驱使美国人冒险。

大战是美国人发财的天赐良机，美国可以以中立国身份同双方大做军火交易，获取超额利润。仅 1916 年，美国 48 家大公司因军火交易而盈利 9.65 亿美元。1914～1917 年，美国仅爆炸物的输出总值就从 630 万美元增至 8.03 亿美元，其他出口产品也大幅度提高。1916
年美国的贸易顺差已达到 30 多亿美元。

潜艇战影响美国人的经济收入，造成美国人生命财产损失，美国
更加倾向于协约国。美国对德国的行径强烈抗议。1917 年 3 月 12 日
至 21 日，德国潜艇又击沉了 5 艘美国船只。德国的潜艇战改变了战
争，它们击沉了英国的邮轮和美国的很多船只，导致美国卷入战争。

除了商业利益，美国还在为要负起世界
和平的责任而思考，也就是为自己将来的霸
权地位做准备。在军事上，美国一直重视德
国，对其军事力量另眼相看，害怕德国获胜
后会成为美国最强大的敌人。

> "世界责任"、"民主与自由"
> 也使美国不可避免地要卷入战
> 争。

大战的爆发给美国夺取世界霸权带来了良机。虽然美国一直在两
大军事集团之间采取"中立"立场，超然于战争之外；但实际上美
国在积极准备，以待时机成熟，双方两败俱伤时参战，夺取世界霸
权。一位自由主义纽约官员约翰·霍姆斯说："我们虽然远隔硝烟弥
漫的战场 3000 英里，没有派一支军队，也没有派一艘军舰参战，但
现在的美国人谁还想着娱乐、改善住房条件、提高最低工资水平的事
情啊！"尽管很多人致力于采取协调的方式结束战争，但是有很多人
迫不及待地希望卷入这场伟大的冒险。西奥多·罗斯福说：战争就如
同一场足球赛，精力充沛的美国人可以借此来检验他们的理想主义和
英雄气概。

由于和英国千丝万缕的联系，大多数美国人支持协约国。在他们
心中，盎格鲁－撒克逊人对世界负有特殊的责任来促使世界文明和保
障世界公正；相比之下，有 800 万奥地利裔和德裔美国人支持同盟
国。伍德罗·威尔逊总统不论是出于现实还是出于理想考虑都同情协
约国。他想使美国置身事外，但他不反对以武力实现外交目标。他写
道："当一些人拿起武器来解放其他人时，战争便是庄严而神圣的。"
更为现实的考虑是，如果德国胜利，远东将出现德日联盟，那么上帝

将肯定不再眷顾美国了。

民意强烈地呼吁美国干预战争，正如威尔逊总统所说："我无法使美国置身战争之外，他们（民众）谈起我来仿佛就像上帝一样，任何一个德国小军官的挑衅行为都能随时将我们拖入战争。"

维持贸易的需要与维持世界和平的渴望，最终导致美国卷入这场战争。1917 年 4 月 2 日，怀着美国人思想中一种救世主式的一贯性，威尔逊总统总结道："领导这个伟大的、爱好和平的民族参加战争，参加所有战争中最恐怖的和最具灾难性的战争，是一件可怕的事情，文明本身似乎处于成败的关头。我们应当为永远珍藏于我们心中的事业而战。为了民主，为了那些想要参与自己政府决策的人们的权利，为了那些小国的权利和自由，为了自由的民族齐心协力地把和平和安全带给所有国家并使世界最终获得自由的普遍的权利。"威尔逊总统在他的战争咨文中说："立即采取步骤，不仅要使全国进入更彻底的防御状态，而且要发挥国家的全部力量，利用国家的一切资源，迫使德意志帝国政府答应条件并终止战争。"参议院以 82 票赞同、6 票反对，众议院以 373 票赞同、50 票反对，最终同意美国参战。

对大战的反应就是战备，美国的准备在参战之前就开始了。

1915 年根据总统要求，海军部提出了建立"世界第一"海军的计划，陆军部长提出了扩充正规军到 14.2 万，建立一支 40 万人的志愿后备军的计划，但未获国会批准。直到 1916 年 6 至 8 月，美国面临战争威胁增大，国会才通过了几个重要法案。一是《国防法》，在 5 年内，正规军增至 20 万人，国民警卫队增至 42.5 万人。成立国防会议，主要任务是发展国家工业潜力，把整个经济转到战争轨道上，拨款 2000 万美元用于生产硝酸盐。二是《扩军法》，增加正规军编制，1917 年秋天起由英、法军官进行训练。三是《海军拨款法》，把"世界第一"海军计划缩短在三年之内完成，加强军舰装备。早在 1917 年 5 月 18 日，国会通过了《选征兵役法》，授权总统将正规陆军和国民警卫队扩充到战时最大实力，并动员全部国民警卫队转入联邦服役。正规陆军、国民警卫队和应征人员的服役期一律以突发事件延续时间多长为限。

同时，美国还做了大量其他战备工作。1914 年 12 月，成立了"国家安全同盟"，主要是研究加强民兵的问题。1915 年，国会批准成立"海军作战部"，负责海军的具体作战指挥。同年 1 月 28 日，为警戒美国漫长的海岸线，在战时配合海军行动，成立了海岸警卫队，由海关缉私快艇队和救生队合并组成。1916 年，政府成立了运输局和国防委员会，统一协调陆海军的防务，处理内政、交通、工农业、商业、军需和劳工等各项重大事宜，为国民经济转入战时体制作准备。1915 至 1916 年，国会颁布了一系列增税法令，增加政府财政收入。国会还拨款试制新型武器，如 1916 年拨款 1200 万美元研制新型机枪，两年间把陆军航空队的拨款从 30 万美元增至 700 万美元。虽然准备并不充分，但是美国有了将全国一切力量和资源都用来打败德国的决心，战争机器已经启动，并在世界大战中成熟。

在强调"文明国家"的责任时，美国已经明确无误地显示了其要成为帝国的决心，甚至还隐含着成为世界霸主的长远打算。于是，国民认识到军队的重要性，军队马上明确了自己的使命、找到了自己在这个国家中的位置，并朝着这个使命的要求努力前进。"无敌的"海军建成了，陆军也闯到了海外，不再限于守土安民，并且在和平时期就抓紧建设。人类第一次世界大战爆发后，"责任感"、强者心态和牟取战争利益，使美国人激动起来，"派我们的部队到欧洲去"，他们准备到大洋彼岸那个他们祖先曾经远离的大陆上去，重新获取利益。

参战之前，美国还借战争之机，在世界各地特别是亚洲和拉丁美洲排挤英德的势力，向加勒比地区和南美洲扩充势力。1915 年控制了拉美市场并占领了海地，1916 年占领了多米尼加，干涉墨西哥，控制了中美洲。

19 世纪后半叶至 20 世纪初期，世界科学技术迅猛发展，发明、创造层出不穷。内燃机和电动机是两个划时代的发明，内燃机为汽车和飞机工业的发展创造了条件。电气工业则促进了新技术的产生，电气照明、电话、无线电通信技术等相继问世。新兴的化学工业、光学工业也诞生了。冶金业、交通业也开始了技术革新。科学技术引起军事技术的变革。飞机、汽车、潜水艇、自动化武器、炸药、坦克等先进武器相继问世，无线电通信手段广泛应用于军事。在把科技成果应用于军事方面，美国走在世界的前列。新式武器装备的使用，极大地提高了美军的战斗力。经过十几年的努力，美国军队的装备有了明显的改进，在当时堪称世界一流。

小　　结

警觉地依靠和需求牵引，是民意在军事发展中的突出体现。

对于一个能有效实施暴力的群体，民众一直是心怀警戒的，就像戒备别国的敌人一样，因为内部的敌人更可怕。所以，就在内战之后，那些维护联邦统一的功臣，成了弱势群体，不能主宰自己的命运，因为他们的命运牢牢把握在民众手中。当民众的利益观突破了疆界的时候，他们意识到没有军队保护的利益是不安全的；在技术进步改变时空观的情况下，他们意识到没有军队保护的国家也是不安全的。因此，海军和陆军的建设差异，体现了美国人的海洋认识。

国力增强，帝国思潮涌现，安全线也发生了变化。

于是，美国人将安全线推进到大西洋和太平洋中，同时使美洲更纯净。当这一过程对手持步枪的人提出需求时，他们开始重视陆军，并进一步发展海军，美国军队逐渐成长为一支帝国的力量、帝国需要的力量。

没有危机感的民族是危险的。美国人的帝国理想、贸易追求都系在安全线上。因此，在美国，安全的概念与众不同。从人身安全、领土安全、利益安全，扩展到尊严安全、理想安全上。安全的概念，成为美利坚帝国的理论起点。美国在肌肉充盈、筋强骨健之时，思想也走上了帝国之路。这是一个扭扭捏捏的过程，原因是这需要国内思想的碰撞和交融，最后成为民族的共同取向。

　　一个多世纪前在反对帝国统治的斗争中诞生的国家，现在已变成了一个帝国主义大国，加入到国际政治斗争的大旋涡之中。19世纪 80 年代，欧洲人通常谈到的 6 个大国包括法国、德国、英国、俄国、奥匈帝国和意大利，现在他们又加上第 7 个——美国。曾有一幅德国漫画表达了世人新的看法，漫画中山姆大叔伸手去拥抱地球，并说；"我还不能完完全全地抱拢——但已为时不远了。"画这幅漫画的德国人马上就会发现，1917 年之后的美国人，将改变德国在大战中的处境。

美国俨然成为世界上颇有分量的国家。

七　转折

——美国与第一次世界大战

（1917～1934）

在美国人拥抱地球的渴望最为强烈的时候，

他们迎来了第一次世界大战。为了获得利益，

美国人必须参战。在一场联盟战争中，美军将以何种身份参战？

将发挥怎样的作用？对于美国人的期待，

美国军队能完成他们的使命吗？在一场空前的、

美国人未曾染指的大战中，美军将决定民族的命运，

同时也在决定自己的命运。

当大战产生了一种美国人所不期望的结局时，

美国人还会继续在国际事务中谋求主导权吗？

还会在世界军备竞赛中竞逐吗？

（一）始于混乱，终于秩序

　　美国参战了，但不是在 1914 年，而是在 1917 年 4 月 6 日。后来知道这距离战争结束只有一年半的时间。然而，是战争本来就接近尾声，还是美国参战缩短了进程，这是个一直有争议的话题。但有一个事实是：美国是拖拖拉拉走进战争的。在这个拖拖拉拉的过程中，美国人在开始陷入混乱，后来走向有序。这种现象似乎在以往美国的战争中常见，但以往每次混乱之后的改进很小，而这次却带来了转折性的变化，一种大战中应有的有序性被作为一种制度和素质保存下来。

1. 拖延的探险

　　欧洲是美国人祖先的家园，现在成为美国人决定去探险的新世界。就如同他们的祖先当年来到新大陆时的犹豫一样，美国人到欧洲探险也是拖延的。

　　开始，美国人判断协约国会获胜，所以与协约国贸易量很大，也提供了大量的贷款。然而，这些收益只有协约国最后获胜才能完全成为现实。战争的发展并没有如美国所愿。1917 年俄国爆发了革命，退出了战争。协约国在前线连吃败仗。东线，同盟国没有了俄国的牵制，可以腾出更多的兵力到南线和西线。南线，意大利被同盟国压缩在山区，没有作为，一直被动；西线，从东线撤下来的同盟国军队马上可以增援，英法军队压力越来越大。在海上德国潜艇战使英国损失惨重，几乎喘不过气来。在这种情况下，美军才被迫参战。

　　原因之一是，美国从战争中获利丰厚，他们希望战争尽可能长地延续，以便能够做更多的战争生意，发更大的战争财。

原因之二是，美国人对新的大战缺乏思想准备。

美国人虽然提前经过了内战的大屠杀洗礼，也经过了美西、美菲等近期战争，但是第一次世界大战是他们没有遇到过的，甚至是大部分人没有预料到的。这是一场现代化战争，战争技术的提高和手段的改进，使成千上万人惨遭屠戮。战争经常进入胶着状态，双方挖掘战壕、扯起铁丝网。数千、数万名士兵生命换回的只是推进几十码，甚至原地不动。速射步枪、新型炸弹、燃烧弹、曳光子弹增强了战争的破坏性。新式火炮可以超视距射击，机枪可以有效压制正面进攻。飞机用于战争，进行侦察、战斗和轰炸；坦克也出现在战场上；卡车用于运送士兵和物资装备；无线电和电话成为战场前后方联系的主要工具；1915年之后，双方都采用了毒气进攻。参战国家无一不是倾全国之力而战。这是不折不扣的工业化大战争，美国人思想上还没有准备好。

原因之三是，大战爆发后，美国虽然做了很多准备，但大都是基础性的。

人们指责美国的方针是一种长期不备战的方针，这种指责对第一次世界大战来说是再合适不过的了。当4月6日国会对总统的战争咨文作出反应时，军队对即将到来的战争的准备程度，比以往任何一次战争发生之初都差。因为这是美国史无前例的冒险，以往的敌人（如远涉重洋的英国军队、墨西哥、西班牙）从来没有像今天这样庞大和强悍；美国也从没有派遣目前要求的大规模军队远赴欧洲直接与列强对话，如何组织是个问题；大战需要全国性总动员，美国还一直没有做好准备。

到1917年参战时，军事力量仍不能适应战争的需要，战争准备工作远未完成。陆军动员的大批军队绝大部分缺乏训练，以致不得不到了欧洲后再集训投入战场；海军只有6.7万人，舰艇有2/3尚不具备在国外作战的条件。尽管美国工业生产能力居世界之首，但缺乏转产军用品的能力。武器装备缺乏，参战初期要大量依赖协约国的供应。

还有一些美国人，包括一些军政要人都不愿意参战。如海军上将本森曾指出："可不要受英国人民的蒙蔽啊，火中取栗不是我们干的。"1917 年春天，当一位参议员听取了陆军部一名官员的汇报时，看到了一份向驻法美军提供的巨额物资清单，惊讶地问："天哪！你们不是要向法国派出军队吧？"连海军部长也不愿意对海军实行总动员。

以上原因，使美国一直拖延参战时间，直到非参战不可的时候。

2. 有效的折中

美国现有部队的规模与大战的要求有天壤之别。按照第一次世界大战的标准，美国地面部队的规模实在是微不足道。1917 年 4 月，美国正规陆军的人数为 133111 人，加上 185000 人的国民警卫队作为补充；还有 17000 名官兵加入了其他的联邦预备役部队，这类部队是根据 1916 年国防法建立的。而 1914 年第一次马恩河战役，协约国和同盟国共投入兵力 200 万人，双方各伤亡约 25 万人，仅伤亡的数量就相当于美军总兵力的 1.25 倍。扩军势在必行。

陆军部参谋部赞成陆军扩军，并且认为大量扩充兵员的公平而有效的办法是实行征兵制。总参谋部首先考虑的是完全停止募兵

> 征兵制似乎公平而有效，但必须考虑美国国情。

工作，实行完全的征兵制，但征兵制会唤起人们对内战时期的回忆，那时曾出现过逃避、暴力反抗和公众的不满。威尔逊总统和陆军部长牛顿·贝克深知，强制征兵并不适合美国民众意识，国会、特别是众议院不愿以征兵为代价介入大战。他们提出了"选征兵役制"。参谋部负责起草《选征兵役法》，1917 年 5 月 18 日，该法案通过。

"选征兵役制"实际上是一种折中办法，为了既能不引起民众反感，又能迅速有效地扩军，政策制订者在草拟该项法律时制订出了一项兵员政策及其行政体制。威尔逊政府竭力对草案进行解释并授权地

方文官而不是联邦军事当局来贯彻执行招兵，这就在一定程度上冲淡了民众对军事强权的戒备心理。"选征兵役制"规定：每一适征人员须本着一个美国公民或美国居民的责任进行登记，由本地公民组成的地方征兵委员会，在全国几千个地点办理征兵事宜。虽然是选征性质，也规定了一些特殊人群（如工作与工业动员密切相关或有一定家庭困难者）可予免征，但是根据普遍义务兵役的原则，年龄在 21 岁至 30 岁之间的男性公民或已宣布愿成为美国公民的友邦侨民，必须应征服役。1917 年 8 月 31 日，年龄限制又放宽为 18 岁至 35 岁之间。同时，为了保证国会同意选征兵役制，参谋部保留了由来已久的志愿兵制，正规军和国民警卫队仍继续招募兵员。

"选征兵役制"避免了原来在全民征兵中发生过的一切严重错误。

实行选征兵役制能够更好地保证重要的地方行业仍然不会缺人，而选征来的人员可能都是好兵；也不会再出现找替身或出钱免除兵役的现象，不会再给奖励金了，陆军也用不着再派出宪兵队挨户敲门检查有无合格人员（该做法曾引起人们的反感）。在全国范围内，陆军部通过宪兵总署对征兵实施管理。1918 年在征兵系统工作的近 20 万人中，只有 4000 人是陆军军官和士兵，而且他们大部分是在华盛顿工作，主要征兵力量都在民间。地区及地方委员会的成员不是由联邦政府指定，而是由各州官员委派，并充分利用地方社会的最大力量——"朋友和邻居"。

这样，就形成了一个受地方职业需求、个人困难和社会态度来左右的征兵体制。民间征兵组织分散了民众对政府的抵制和对立行动，政府还围绕征兵掀起了一股爱国主义和强调志愿兵役制公民意识的宣传热潮。这些起到了很好的作用，自从 1917 年《选征兵役法》通过后，美国再也没有遇到过像以往几次战争中那种由于对人员需求而出现的危机。

内战时期的征兵制为联邦陆军直接提供的士兵只占全部兵员的 6%，而第一次世界大战期间，选征兵役制为陆军提供了 67% 的士兵。征兵制起到了刺激募兵工作的作用，当正规陆军和国民警卫队都接近满额时，募兵工作就减缓了速度。陆军部于 1917 年 11 月宣布，12 月 15 日以后不再招募年龄在 21 岁至 30 岁之间的人员，这类人员当时已进行了征兵登记。1918 年 8 月 8 日，陆军的募兵工作全都停止；同年 9 月，海军和海军陆战队的募兵工作也告结束；征兵制成为大战最后阶段征召人员的唯一手段。

实践证明，征兵制"选征"的那些人正是陆军所需要的，而且也正是社会最能提供的人，应征者中有 90% 的人未婚，70% 的人是农民或体力劳动者。1917 年的征兵制对美国男性人口来说并不是一个不堪承受的压力，6 月，有 1000 万处于征兵年龄范围内的男子进行了登记，1917 年有 300 万人被征召入伍。此外，还招到了 70 万名志愿者，以陆军部估算的兵员需求和综合限额分配体制来衡量，这 70 万名志愿者中约有 50 万人可以被算作潜在应征者。

征兵工作逐渐呈现出踊跃的态势，1918 年初，由于陆军处于装备缺乏、人员调整的状态，1 月份征兵数量只有 23000 人。随着征兵工作的展开，到 5 月份，征兵数量已经

> 即使采用选征兵役制，联邦还是小心地体察着民意，谨慎地进行征兵工作。

跃升到 373000 人。直到战争结束，每月平均数量为 275000 人。但这使陆军部产生另一个担忧，他们担心这种征兵会造成人力储备减少；军事工业委员会也担心，征兵会使经济生产失去熟练工人，而雇用战时女工也只能部分补偿他们的缺失。于是，分类征集的办法被提出来。即将登记入伍者分为五类依次征集，根据每一类别的人数，而不是根据登记入伍的总人数，来调整当地征兵配额。分类法本身不会带来更多的兵员，但也不会在短期内出现兵员紧张，起码在 1919 年之前不会使政府被迫再次扩大征兵的年龄范围。1918 年 5 月实行这一方法后，应征者按照国家标准统一分类，使得筛选工作更容易管理，从而减轻了地方委员会的负担。

征兵的规模虽然由陆军部来定，但取决于前线的需求。

在 1917 年 10 月之前，陆军部在派往法国的各种军事使团的协助下，绞尽脑汁地制订着动员计划。10 月份，将起草好的计划转给了美国远征军司令部。远征军司令部已经在 5 月份到达了法国前线，此时，该司令部也已经起草了动员计划。

近距离地接触战争，使远征军司令部能够制订详细的战略计划，并据此做出合理的动员计划。在对西部战场的损失情况进行了调查，并分析了协约国部队和后勤的部署情况后，他计划将部队集结在凡尔登和摩塞尔河之间的洛林地区，攻克梅斯城要塞和铁路终端站以及萨尔的煤田和铁矿，将德军防线拦腰截断，迫使德国接受协约国的和平条件。

为保证这一计划的实施，远征军司令潘兴希望在 1918 年 12 月之前得到 20 个作战师和 10 个训练替换师，连同支援部队，远征军总共需要 110 万人。虽然到 1918 年 11 月战争已经结束，但是这个 "30 个师方案" 主宰了陆军的计划，并左右了征兵工作的实施。由于采用征兵制和有效的措施，扩军取得了成功，陆军兵力 1917 年 12 月达到了 118.9 万人，1918 年 1 月达到了 363.4 万人。同时，海军兵力也发展到了 59.6 万人，海军陆战队达到了 10.4 万人。

3. 从分散到集中

20 世纪的工业化战争产生了一个新领域——经济动员和管理。

从分散到集中，美国实现有效的经济动员和管理用了一年的时间。战争需要保障，工业化战争对武器装备及其他物资的依赖，使保障在某种程度上起到了左右战争胜负的作用。而这种大量而复杂的保障需要国家实行集中的战时经济动员和管理，正如汽车公司经理霍华德·柯芬所说："20 世纪的战争意味着士兵们的鲜血里要有三成到五成是在参战国工厂、车间、矿井和田地里劳动的人们所流的汗。"经过 3 年苦斗，协约国早已深得其中奥妙，但美国除少数企业家及军官外，美国政府对此未给予多大关注。正如欧洲列强所认识的，这次大战在经济上的压力是如此之大，只有实行前所未有的工业动员，才能满足这种要求。

美国的军事思想始终以人员为重点，但第一次世界大战期间由于忽视经济动员而出现了严重的困难，并导致应征入伍一度被迫停止，以等待供应物资。最后，美国远征军不得不大量使用欧洲的武器装备进行作战。

战时对武器装备和物资的需求相对于和平时期是一个膨胀。和平时期，国内生产可以保证人民生活需要并进行对外贸易；1914 年之后，大量经济活动围绕欧洲的战争需要展开，美国的军用品和兵器公司的订单已全部为协约国所包揽。因此，1917 年 4 月 6 日之后，为了组建美国自己的部队，就必须扩大和调整经济。军事训练和作战使武器装备不断消耗，前线生活物资浪费和损毁远远超出了正常消费量。美国总共有 480 万人从军，约占人口总数的 1/25。作为平民，这些人的消费量将与他们在国民生产总值中的人均占有量大致相当。但是作为军人，他们实际却耗费了价值约 320 亿美元的物资，消耗了全部国民生产总值的大约 1/4。无论是在民用物资还是在特殊军用设备方面，军队都是最大的买主。陆军越是扩大，它的物资需要越是巨大和复杂。战时动员的短期效应给美国经济带来了不寻常的紧张状态。

联邦政府和民众都不信任任何形式的权力集中，无论是集中于政府方面抑或企业方面。从陆军部长贝克、海军部长约瑟夫斯·

传统的力量是巨大的，集中控制有效，但不符合美国传统。

丹尼尔斯到威尔逊总统本人，从来自小城镇和农村的两党激进分子组成的国会统治联盟到政府，形成了一个与大公司和拥有实权的政府官僚相敌对的营垒；军方对于那种与企业盘根错节的集中化关系更有成见。

　　陆海军负责物资采购的单位虽然意识到必须加快执行采购速度，但他们不愿改变和平时期的方式和相互关系。海军现存的体制尚能满足扩军的需要，但陆军扩编太大，就显得困难了。单靠陆军的后勤供应官是无法办到的，于是陆军只得求助于企业界首脑，与之一起来处理这次战争的经济问题，也不得不让地方上的经济筹划人获得足以与职业军事首脑相匹敌的权势。这使得经济动员分散凌乱、浪费严重、效率更低。在战争过程中，陆军拨出 140 亿美元用于采购，结果在一年多的时间中，8 个互不协调的机构纷纷订货，丝毫不考虑孰轻孰重以及企业的供应能力。陆军强调自身得到装备物资，而丝毫不考虑企业原料问题。陆军部未能井井有条地与工业方面有效合作，浪费、哄抬物价和低效率成了陆军在战争期间采购的特点。

　　1917 年 6 月，国会成立了军事工业委员会，调整经济以及在协约国、国内市场和军队用户间调拨紧缺原料和物资，但威尔逊政府和陆军部无视该委员会，拒绝授予相应权力。原因是威尔逊和贝克既不愿放弃自己手中的权力，也不信任由一些暂时为政府服务的企业家掌管的军事工业委员会。参谋部和后勤单位也不想让平民来影响军事订货和签订合同的程序。为了加快保障速度，他们自己修改了程序，采取了简单的程序，使企业界占了大便宜。企业成立了 80 多个"商品委员会"来控制价格和利润，不再害怕利益的冲突和反垄断法，抑制了生产能力。枪械问题尤其严重，使远征军不得不使用协约国的步枪、机枪、迫击炮、大炮和坦克，虽然这些装备大多是在美国生产的，因为欧洲军队向美国公司订货在前。政府还宣称要制造 1 万架军用飞机，但是生产未能满足需要，美国飞行员一直是驾驶法国和英国飞机的。传统的散漫式动员慢慢吞吞地进行了一年，由于经济动员和管理不利，到 1917 年 12 月，美国远征军人数尚不足 20 万，只能提供 4 个师。虽然美国能提供更多的部队，但很难说能及时做到这一点以阻止德国人的胜利。

1917 年 8 月，为增加生产、鼓励国内节衣缩食，国会通过了《（利弗）食品生产与食品和燃料管理法》，两个行政部门分别负

经济动员和管理在不得不集中的时候才集中实施。

责食品和燃料的生产、价格和分配。同时，海上运输委员会和紧急船运公司扩大了美国的贸易运输业，并负责船只的分配。1917 年 12 月，至关重要的铁路交通陷于混乱，政府暂时接管了全国的铁路，12 月底紧急成立了"铁路管理局"，统一管理全国的铁路运输，从而使全国的铁路形成一个有效的系统，满足了战时需要。

为处理协约国的订货，国会成立了战争贸易委员会，但是工作阻力仍很大。面对德国潜艇的威胁和协约国部队的需要，美国建立了一支应急商船队，拥有的船舶总吨位比战前翻了一番。到 1918 年，联邦政府已购买和租赁了 700 艘船只。政府还在短时间内建造了 1000 艘散装货船。但应急商船队并非是在一夜出现的，直到 1918 年，军事计划者们仍被船只短缺和货物优先权问题折磨得焦头烂额。虽然集约化的程度不断扩大，美国经济仍不能迅速对军事需求作出反应，到 1918 年冬季，民用物资和军需品的匮乏已使举国上下苦不堪言。

集中进行经济动员和管理是被迫进行的。持续的低效率，使威尔逊政府处境窘迫，国会也不能再忍受了，开始转变，并对总统发出一系列调查威胁，政府被迫开始强化对战时动员的指导。低效率的源头是政府不愿对经济进行集中调整，也不愿强行改组陆军部以使之与军事工业委员会合作。但国会和公众此时的态度已经转变，并开始施压。政府开始部分地清除了一些诸如工业界自我改组、官商勾结以及投机等欺骗活动。1918 年 3 月，德国发功的攻势打破了美国的拖延态度。为组建一支比 1917 年规模更大的远征军，政府授权新任军事工业委员会主席伯纳德·巴鲁克和新任陆军部参谋长佩顿·马奇将军加强行政管理。国会在 1918 年 5 月通过了《监工法》，为巴鲁克和马奇的改革提供了制度支持，他们开始对行政机构进行改组。

关键的改组是在陆军部内，马奇把参谋部所属的后勤计划人员和陆军各局的管理人员合并起来，强化了工作的一体性。负责采购、存储和运输的工作岗位也配备了合适的人员。军事工业委员会也获得了实权，放手行动。他们确定供应的优先等级、制订采购和航运计划、规定价格、缓和劳工和农场主在工资和利润方面的矛盾，使工业始终成为经济调整中的主导。企业不再担心国有化和反垄断法成为现实，开始生产急需的军用品。为了动员人力，1918 年 5 月颁布了《工作或打仗》命令，规定 45 岁以下男子必须工作，从而保证了国民经济有充裕的劳动力。美国把庞大的工业变成巨大的兵工厂，许多工厂转产军用产品。全国分成 21 个军事工业区，共计生产了 350 万支枪，4000 门大炮，2 万架飞机，舰船 875 艘 294.1 万吨，卡车 3.5 万辆。1918 年还决定筹建 16 座大型枪炮工厂，并预计在 1919 年生产出 1.9 万辆坦克。

有效的动员，使美国迅速建立了世界第一的海军。第一次世界大战期间，海军和海战都不同以往，加上德国潜艇疯狂肆虐，美国放弃了 1916 年的海军计划，全力建造鱼雷艇、驱逐舰、潜艇和猎潜艇。1917 年，批准建造 27 艘驱逐舰、400 艘猎潜艇。造舰周期也大大加快，原来造一艘驱逐舰需一年，现在只需 70 天、甚至 45 天。到战争结束时，美国海军已拥有 2000 多艘舰艇，人员 50 多万，居世界第一位。

航空兵的发展也很快。在 1917 年 4 月，美国航空兵组织是航空处，只有 131 名军官（都是飞行员和飞行学员），1037 名士兵，不到 250 架飞机（只有一架按照欧洲标准可以称为作战飞机），5 个气球。没有轰炸机、战斗机和其他任何一种在欧洲空战中适合作战的作战飞机。只有一个较完善的作战中队，美国所有 12 个航空工厂的年产量不超过 400 架。航空处和整个国家都不知道航空兵在大战中应该做什么。但战争结束时，美国工厂共生产了 11000 多架飞机，当然，这个产量和飞机的质量仍然是落后于欧洲国家的。

4. 临阵磨枪

　　训练问题同经济动员和管理失误所带来的装备问题一样，是美国在第一次世界大战中遇到的主要问题。征兵为美国征集到一支历史上最大的"公民"军队，这支军队是不能直接参战的。美国并没有足够的经过训练的士兵去有力地补充西部战线，总参谋部的陆军大学处原打算利用现有的全部兵力将新兵训练成战士，只有在训练出150万人之后，美国军队才能开赴战场。但等不到150万美国人训练就绪，盟军就有土崩瓦解的危险。因此，美国不得已才把第一师先期运往法国，此后，边训边运、边运边训。参加第一次世界大战的20万名美国军官中，每6个人中只有1人战前在陆军或国民警卫队中服过役。对付像德军这样一个在平时训练严格又在战争中锻炼有素的敌人，光是把人招齐并武装起来是不够的，而必须在将部队投入战斗之前完成系统的、彻底的训练。

　　大多数军官对伦纳德·伍德说的他能在6个月内训练出士兵的论点仍然表示怀疑，他们认为用1年、最好是2年时间训练出可以参战的士兵比较合适。但是战争不等人，陆军部最后认定，步兵在美国只需训练4个月，就可以派到法国去。

关于训练，争论焦点是训练时间问题。

　　在美国远征军内，军官业务能力千差万别，上级下达的作战计划不能有丝毫的灵活，也不需要什么技巧，因此必须要有一个更好的训练体制来对后备军官进行培训。按照厄普顿学说，参谋部最初准备正规陆军分散到新征召的陆军中去充当骨干。但是正规陆军的数量太少，以致最多只能给每个计划中的陆军师配备981名正规陆军的士兵，事实上都达不到这个数量；而且，无论是正规军的军官还是士兵，一旦分散到应征入伍的人员之中，就会湮没，这个计划宣告失败。

第二个问题是如何产生军官。

此时，法国要求至少迅速派出一支象征性的部队到欧洲，于是陆军部采用了厄普顿批评过的温菲尔德·斯科特的做法，采取短期训练营方式。为了培养足够且合格的军官，陆军部发挥了伦纳德·伍德的普拉茨堡思想。1916 年国防法授权建立普拉茨堡式的训练营地，据此，1917 年 5 月 15 日至 8 月 11 日，陆军部开办了 16 个军官训练营地。训练营地吸收了 3 万名文职人员和 7957 名后备队军官，训练结束时，有 27341 人受到委任，进入现役。此后，又建立了一些大体相同的军官训练营地。后来由于赴欧速度加快，又开办了 8 所军官训练学校，4 个月的课程压缩到 3 个月，每月毕业一期军官。整个战争期间，总共有 80568 人毕业于各军官训练学校，成为委任军官。

训练军官还打破了常规，凡是带兵的人单凭政治条件不能获得军官资格。中少尉一级都是从训练营和训练学校中出来的，连长之中只有 1% 的人军龄满 1 年。他们训练时间少、程度低，存在隐患。获得陆军较高军衔的都是职业军官，西点军校毕业生占绝对高的比例。西奥多·罗斯福和伦纳德·伍德这样的传奇型政治军官也没有被允许到法国去，也没有晋升军衔。

第三个问题是训练内容。 士兵在本土接受 4 个月的基本训练，就开赴法国了。但他们的训练内容是以内战时期为参照的，都是关于纪律、军队生活、战术和兵器的基本训练。而第一次世界大战的面貌与内战完全不同，要求也更高。像炮手这种专业士兵，就必须接着进行本兵种或本军种有关技术的深入训练。就这一点来说，德国人的判断是有根据的。德国人认为在法军和英军垮台之前，美国军队上不了前线。到了 1917 年底，美国参战 9 个月之后，没有一个美国师接管西线的一段地区。步兵战士必须学习堑壕战的技术和战术，学习如何使用堑壕战的专用武器，如机枪、手榴弹和迫击炮等，学习如何使用铁锹和铁丝网。对于欧洲的战场，在美国本土的训练只是一个开始。

在把远征军训练成具有适应欧战技能的
军队之前，潘兴将军不打算派任何部队去打
仗，因此他还要在法国继续训练部队，但时

**国内训练的不足，还要到前线
去补充。**

间依旧不够。潘兴明白，要想按他所希望的训练方法去训练美国陆
军，需要很多时间，他准备花费时间，并打算在 1918 年后期将部队
投入战斗。

从一开始，他就面临着国内和协约国的压力。法国人要求美军立
即参战，对训练颇不耐烦。美国陆军参谋长马奇这样评价潘兴的训
练："潘兴方针的实际效果是这样的：作为美军大部队的师经过了 4
到 6 个月的训练，士气极为高涨，渴望着一到法国就立即投入战斗。
但在法国他们却一次又一次地重复着他们早在美国就受过的训练和操
演，从而磨掉了他们热情的锋芒。"但潘兴顶住了国内和协约国的压
力，进行了有计划的训练。

对驻法第一师的训练是一个模板。1917 年 7 月 5 日第 1 师的第
一批分队到达被选作训练区的贡德古尔后，他先花了一个多月的时
间，对他们的基本战术水平进行检查。8 月下旬，法军教官向他们讲
授堑壕战和武器知识。10 月 21 日，他才把该师派到一个没有战事的
地区，配属给法军第 18 师，让士兵体验一下前线的生活。11 月底，
第 1 师返回贡德古尔，将在前线学到的东西贯彻到此后的训练中去。
1918 年 1 月 18 日，第 1 师到达法国半年之后，潘兴才认为该师已做
好了自己单独接受任务的准备，可以派到战线上一个没有战事的地区
去了。其后的各师也都照此办理。

在训练内容上，潘兴也有所突破。英法军官已经对堑壕战了如指
掌，这可能也是他们不能取得战事进展的原因。潘兴认为，为了赢得
战争，美国陆军必须发动进攻，将德国人赶出堑壕，因此美国士兵必
须摆脱英法两军对堑壕战的固定看法，而要学会适于越过堑壕进行旷
野运动战的进攻战术。他重视士兵对步枪和刺刀的使用，这是美国正
规步兵的固有标志。当士兵们的训练基本就绪时，潘兴还希望他们学

会军人礼仪和举止,直到补入正规陆军的军人、国民警卫队员以及应征入伍人员个个在衣着举止上都像正规军人为止。如果他们能做到这样,潘兴就相信他们会像正规军人那样作战。但这种训练依旧是临阵磨枪,处在德军1918年攻势的危机之下的潘兴,除了将他没有完全训练好的军队投入战斗之外,已经别无选择。

(二)欧洲人眼中的美军

对于欧洲人来讲,美国在很长的一段时间内一直是一个没有军队的国家,直到第一次世界大战爆发前,美国才加强了海军力量,而陆军则微不足道。的确,美国在以往的战争中,表现出了巨大的战争潜力,但也表现出了一贯的杂乱无章的状态。在这场已经进化了的世界大战中,美国人还能迅速而有效地把战争潜力变成战斗力吗?美国的来自平民的军事力量到底值不值得信任?怀着一种矛盾的心情,协约国军队与美国军队开始了合作。

1. 既需要又不信任

大战的双方都在争取美国,不仅是因为美国强大的工业生产能力,还因为美国可以提供人数众多的部队。随着同盟国无限制的攻击行径的延伸,美国越来越倾向于协约国。

> 协约国强烈地需要美军,危机首先出现在海上。

日德兰海战后,英国海军取得了制海权,但自身也损失惨重。德国人则为了切断协约国的海上生命线,于1917年2月,重新发动了无限制潜艇战。事实证明,德国的潜艇部队是对协约国战争活动的巨大威胁,因为协约国要依赖从美国和拉丁美洲进口的物资。到4月初,已经有将近100万吨英国商船被击沉;预计到4月底,被击沉的商船总数将达到 200 万吨。

1917 年 4 月 9 日，威尔逊总统派西姆斯海军少将前往伦敦了解情况，与英国海军大臣海军上将约翰·杰利科勋爵进行会谈。杰利科告诉西姆斯：“如果损失如此继续下去，我们就不可能继续进行战争。”西姆斯发现“德国人正在取得胜利。”杰利科继续说：“他们将要赢得战争；除非我们能够阻止这种损失而且是立即加以阻止。”

但是，英国人对此束手无策，他们已经把所有的军舰都用于对付德国潜艇，但还是没有减轻损失。英国人近乎绝望。杰利科说：“就我们现在看到的，绝对没有（办法），一切的一切加在一起都表明，协约国确实处于灾难之中。”英国官方的海军文学家亨利·纽博尔特爵士写道：“冯·霍尔泽多夫海军上将关于德国将取得胜利的预言显然正临近于实现，只有改变我们的防御体系，才能扭转局势。”如何改变防御体系，靠英国当前的状态已不可能，只能依靠美国。美国马上做出反应，同意美国海军前往增援。

在听到杰利科诉苦后，西姆斯花了几天时间作了些调查。他发现英国在西部通道和北海一带没有派舰船护航，任由商船冒险航行。于是，他提出以护航来作为美国海军参战的主要方式，但遭到英国人的怀疑。

英国人质疑美国海军增援的方式。

原来，英国海军内部对护航问题颇有争议。有人认为，护航舰只是一种防御力量，而对付潜艇必须使用进攻力量，或者派驱逐舰进行搜索歼灭，或者用武装商船，或者用水雷及其他办法封锁德国潜艇基地的出口。他们认为，庞大的护航编队弊端很多，因为护航要求各船速度一致，听从统一调度。而商船往往杂乱无章，速度不一，夜间还时而发生自相碰撞。这样，掉队的船只会成为德国潜艇的狩猎物；护航队的驱逐舰顾此失彼，无法掩护所有的船只，护航的目的就难以达到。海军大臣杰利科一直认为轮船是不可能组成运输船团的。他还得到商船主的支持，因为他们相信他们无法使成群的船只安全地航行，特别是在夜间无照明或有雾的情况下。英国海军以一种历史的优越感和身经百战的经验之谈，怀疑美国海军关于护航的想法。

好在西姆斯用实践证明了护航的可行性。他说服海军部进行一次护航试验。5月，试验性的护航队分别在直布罗陀和汉普顿锚地集结，驶向英国港口。结果除一艘迷航的船损失外，其余安全抵达。这才使英国海军部相信护航的办法确实有效。

英国虽然需要美国海军参战，但是英国仍然认为自己的海军是对德作战的主力，因为他们还有300多艘驱逐舰，主力活动在地中海、斯卡帕湾和英吉利海峡，无力抽更多的舰船参与护航。而负责主要护航任务的美国海军，在大多数情况下，只是皇家海军的小伙伴。

法国前线即将崩溃的防线，使协约国迫切希望美国生力军的增援。

战事的进展，使欧洲大陆上的力量对比发生变化。东线的俄罗斯和南线的意大利渐成颓势，西部战线具有决定性意义，是对交战各国政治、军事决心和能力的最终考验。1917年4月美军参战时，协约国再次向德军的铁丝网、机枪、大炮、堡垒和训练有素的步兵发动了攻势，即尼维尔攻势。这一攻势到夏末才结束，是一次不折不扣的败仗，它又给英国和法国增加了上百万人的伤亡。法军54个师发生兵变，拒绝再参加任何进攻，只是由于采取了有效的非常保安措施，才避免了更严重的灾难。到了1917年6月，部署在苏瓦桑至巴黎一线的法军已没有一个师是可靠的了。

凡尔登战役的英雄亨利·菲利普·贝当将军奉命指挥法军，法军深沟高垒，等待良机，他走遍营地和战壕，向部队保证再也不搞尼维尔攻势了，法国将等待坦克和美军的到来，企图以此恢复部队的希望和信心。由道格拉斯·黑格将军率领的英国远征军也转入防御状态，陷于司令部内部以及军—政之间的矛盾冲突之中，首相戴维·劳埃德·乔治拒绝增兵。俄国革命继续深入，俄国军队完全土崩瓦解了。由于自身的实力已经消耗殆尽，英法准备争夺美国这一最后的力量。

在英法外交官和军界人士的敦促下，美国勉强决定美军集中在西部战线作战。1917 年 5 月，法国霞飞元帅到达美国，就法国的危急情况进行解释。他强调："我们所需要的第一是人，第二是人，第三还是人。"他对西部战场形势的坦率描述震撼了美国官员，法军总参谋部请求美国立刻派出军队，至少先派出一个师，以表示将有更多部队到来之诚意。英国人因其军队现时被迫承受西线战争的几乎全部压力，也支持法国的要求，协约国代表团的其他成员也为他坚决要求美国出兵而摇旗呐喊。美国远征军第一师就是在这种背景下来到法国的。

在美国远征军慢吞吞运向欧洲并陆续执行潘兴将军的训练计划，不肯参战时，1918 年 1 月，又有坏消息传到美国。德军已开始将 40 个师以上的兵力转移到西线，对他们重新进行训练和装备，准备发动大规模攻势。德国人在西线已有大约 200 个师的兵力，开战以来第一次在数量上占有明显优势，此前的西线德国部队已经让协约国军队损失惨重，现在则更加强大了。不仅如此，德国人还完善了新的战术。他们将组成快速机动的步兵战斗群，通过使用短促、密集的火力，避开坚固的支撑点，锲入敌方防线，破坏敌军指挥和供应系统。这种战术曾在俄国和意大利进行过试验，都获得了战场上的胜利，证明可以瓦解敌军部队。德军最高统帅部判断 1918 年后美国会影响战争进程，因此他们认为取得胜利的唯一希望是在 1918 年发动一场陆战。德军的这一计划被协约国获悉，他们呼吁美国作出更大的努力。

这是欧洲军队对美军的疑问。这种态度不无根据，美军在参战前的确没有展现出可

这样的军队能行吗？

以战斗的状态。远征军第一师开赴法国时，装备很差。总参谋部曾警告说："新的机枪分队需要彻底组织，同时需要训练军官和士兵。"当该师在纽约上船时，榴弹炮、迫击炮和 37 毫米炮的炮手们还没有得到武器，有的甚至没有听说过有这种武器。在欧洲作战的美国军队，所用武器有一大部分是协约国提供的。来到法国后，美军士兵戴的还是那种为了遮挡西部阳光而设计的宽边战帽，法国军人对这些

"戴着牛仔帽的人"没有信心，认为他们与当前的战场格格不入。官兵作风太差，以至潘兴将军不得不付出很大努力在纪律、训练、军容风纪和服装上进行管理。官兵在执行任务中相互迁就，而且漫不经心，特别是在后方各部队中更是如此。

法国和英国的军官发现，美国人更像武士而不像军人。美国人有对武器装备恣意挥霍浪费的老传统，后勤方面无组织无纪律。美军部队报废汽车、卡车和畜力运输车的速度令协约国吃惊。而美国远征军却认为自己从未得到过足够的运输工具。

协约国认为美军没有能力独立作战，必须依附于英法军队，因此一次次提出要将美军部队混编在英法部队中。只是由于潘兴将军据理力争，并采取了很多权宜之计，如暂时将4个黑人团编入法国陆军，才保持了远征军的独立。

德国也认为美国军队能力有限。1917年德军策划无限制潜艇战时，就预料到这一行动可能促使美军参战。但他们认为取胜的希望大于美国介入的危险。经过对美国军事威胁的仔细分析，德国人断定美国至少在2年内不会对地面行动产生有效影响。德军埃里克·鲁登道夫将军曾这样描述他的判断："它能做些什么？它不可能到这里来！……我对美国根本不在乎。"

美军在个别战斗中的表现也部分地证明了欧洲人的看法。1918年9月26日，美国第1集团军发动了美国远征军最持久的一场进攻。战役的第一阶段不很成功。突击部队中仅有4个师进行了激烈战斗，还有4个师没有与炮兵密切协同。虽然右翼完成了大部分任务，但是左翼和中路攻击部队很快就被困在密林和深谷之中，或是在开阔的丘陵地带受到德军机关枪和密集炮火的猛烈射击。经过4天的苦战，美军未能攻到德军防御的主阵地。此时，德军将6个增援师紧急调入防线，10月1日，潘兴被迫承认原计划失败，并动用了美军预备队。就在美军利用战役间歇调动炮兵、加强补给时，法国人不耐烦了，克列孟梭总理和一些官员要求美国远征军临阵换将。

2. 远征军的地位

纵然美国海军正在逐步建成无敌的海军，仍然被英国海军看做小伙伴，那么临时拼凑的美国远征军就更不值一提。协约国需要人，但似乎仅仅是"人"，因为第一次世界大战漫长的消耗战需要以消耗人为代价。在他们眼中，只要有人，就可以把他们编入英法军队，来重复此前 3 年的战争模式——消耗，并展望美国远征军带来的人数优势会改变战局。正如法国霞飞元帅敦促美国出兵时所说的"我们需要的第一是人，第二是人，第三还是人"，在欧洲军队眼中，美国人来欧洲是用来供协约国消耗的，就像子弹和食品一样。

> 远征军的处境不像救世主那样美妙。

如果当时美国士兵明确知道这一点，他们一定感到伤心且胆寒，征兵时那些宣传语言就显得具有欺骗性了。英法军队认为美国远征军是为补充协约国军队损失而来欧洲的。就像美国在北美作战时，志愿兵补充正规军、民兵补充志愿兵一样，是在无奈之下将二线、三线部队临时拉到前线应急用的。当然，美国政府和陆军部并不希望这样。

单从军事上讲，英法两国采取这样的立场是不无道理的。论作战经验和技能，他们的士兵打现代战争要比美国人强得多，他们可以派出精通业务的军官和十分熟悉大部队调度的参谋人员来指导美军。从装备上讲，美军不整齐的现状要求英法提供飞机、火炮、坦克和各种轻武器。在英法军队看来，美国的新兵学会打仗的最好办法就是到那些有经验的师里去服役。以混编的形式将美军结合到盟军中去，就能加快结束战争，减少人员和财产的损失。他们判断潘兴肯定不会拒绝。

在协约国鄙夷的目光和德军的攻势之下，远征军一直面临丧失独立的威胁。

1918 年，面对德国人即将发动的强大攻势，协约国首脑迫切希望美国远征军尽快参战，而且多多益善。虽然他们害怕自己没有美军支援就无法阻挡德军，但他们担心美国是否有能力装备和运送一支独立的野战军队，怀疑美军指挥官和参谋人员是否有能力组织和指挥这样一支部队去抗击身经百战的德国人。

从 1917 年 12 月到 1918 年 1 月，协约国眼睁睁地看着 37 个师还在美国本土处于组建和训练阶段；同时，美国远征军的派遣计划拖延，使他们颇感不快。于是，协约国与美国远征军谈判，要求把美国部队从 1000 人的营到 26000 人的师分别编入法国和英国现有军队编制中。这一政策可防止美军部队组成一支独立的野战军队而使之全部成为支援部队。

在提出混编要求时，协约国手中握有很大本钱，因为英国拥有航运力量，法国拥有各种装备。这两个条件是彼此联系的，运送一个携带全部编制装备（包括大炮、卡车和辎重）的美军师，所需运输量为只运送人员和他们随身武器装备所需运输量的 4 倍。由于时间有限，运力不足，加之美军初期经济动员和管理混乱，协约国即敦促美国陆军部要么混编，要么改变运输计划，要么同时调整。

争论实际上集中在混编问题上。

这种争论大致经历了两个阶段。第一阶段源于英国的一项建议，英国提出由英国船只将 10 个师中的全部步兵营运往法国，与英军混编，一起训练。因为运输的原因，这个提议美国人是不能拒绝的。但是，潘兴将军采取了权宜之计。美英达成协议，用英国船只运送 6 个整师去欧洲，当这些美国部队与英国军队共同训练时，美国货船将运去他们的装备，而后，这几个师将于夏天重归美国远征军序列。这个计划后来做了修改，在 1918 年的一段时间内，10 个美军师将在美国第 2 军司令部的指挥下与英国远征军并肩作战。但这也是为了加快运输速度的没有办法的办法。

第二阶段争论是在德国 1918 年 3 月攻势下产生的，协约国再次要求混编。由于战事紧迫，美国远征军尚未准备好，潘兴只得答应推迟组建他的野战部队，但表示除了在紧急情况下协约国司令们可以动用美军部队外，他不接受任何条件。后来，仍然以权宜之计解决了这场争论。潘兴不得不将他没有全部训练完的军队投入战斗。因为，潘兴要么有能力在德国攻势得逞之前，在法国建设并指挥独立自主的美国野战军参战，要么美军只得混编到业已虚弱的英法军队中去。

自从美国远征军到达法国起，两个盟国一直设法将美国人拉进自己兵力薄弱的部队，其固执和无耻程度都惊人。每当潘兴以为他终于得到了英法两国确切的担保，支持他建立一支独立的美军时，这两个盟国总会举出一个新的紧急情况作为借口，而将他们的担保赖掉。远征军从未摆脱协约国关于混编的威胁。

在 1917 年 5 月 26 日任命潘兴为司令官的命令中明确规定："潘兴应坚持他所领导的美国陆军拥有与法军和英军完全平等的地

救世主和小伙伴之间的差距太大，美国人不能接受。

位，而不应长期地将其部队混编于法英两军的编成之内。""在对抗德意志帝国政府的军事行动中，你受命与其他国家合作抗击德军。但在合作过程中必须牢记一条原则，即美军是联军中的一个独立的且有自己特色的组成部分，必须保持美军的身份。这是基本原则，只有在特殊情况下，在你判断认为可行时，才可略作变通。""至于你军或你军某部何时准备行动，由你自行决定；你也有全权决定以何种方式进行协同。但是，在你认为美军尚未强大到足以作为一支独立的军队而承担作战时，你显然只能以法国政府可能任命你指挥的那一部分军队来进行协同。"

对于混编的要求，约翰·潘兴的强硬态度甚至超过了向他下达命令的文职官员。当总统和陆军部受协约国及自己的顾问的影响

依据这一独立原则，潘兴捍卫了美国远征军独立的地位。

发生动摇时，潘兴总是挺身而出。他赞同保持一支独立的军队的设

想，认为这对于实现总统的战争目的至关重要。而且，他怀疑协约国的指挥程序、作战思想、训练和领导能力是否适用于美军；而协约国那种关于美国军官不能胜任的指责是美军职业军官们决不会接受的。

关于协约国以运输来促进混编时，潘兴当即表示，这一计划会使这些步兵营为了有效作战而不得不与英国远征军混编，因此是不可接受的。当陆军部背着潘兴同意混编时，潘兴争取法国人的支持，要求更改运输计划，运送整师美国部队，加速了远征军的扩大速度。为换取更多的英国船只，潘兴同意再向欧洲增派 10 个师的战斗部队，但要求由英美船只共同运送，取得了根本性的进展，从 1918 年 5 月到 7 月，每月平均有 27 万美军抵达欧洲。这一努力使美国远征军的数量超过了 100 万，并拥有足够的支援部队，使独立的远征军初具规模。在以权宜之计解决争论时，潘兴及时把美国远征军以独立的身份投入战争，最终避免了被混编的命运。

潘兴的反应代表全美国人的自强心理。

━━━ ···

美国急于拥抱世界，那它就必须在战后有足够的资本来支持它的发言权。于是美国在战争中努力积累自己的功绩，扩大自身的影响。

美国在战争中一直这样做。在参战之前，赚取巨额利润的同时，也在以为协约国提供物质支持的方式来逐步确立自身的地位，其救世主心态可见一斑。参战后，一支独立的远征军所代表的军队和国家地位，以及所蕴涵的意义，显然有助于巩固和提高自身的国际地位。如果美国官兵混编于协约国军队，那么他们所建立的功勋也必将淹没于协约国军队之中，而不论美国军人在战争中发挥了多大的作用。因为他们的表现将由他们的协约国统帅来评价，国家在战争中的表现将与军队的表现一起被忽视，甚至抹杀。如果美国付出这么大的代价，却没有美国军队在战场上出现，那么在和谈之时美国能起到多大作用？

其次，近一个半世纪，美国人建立起来的信心不允许自己处于从属地位。这种民族自尊心理所当然地拒绝了协约国的"好意"。其实，如果美国人同意混编，如果美国政府默认美国官兵无力单独与德军作战这样一种看法，他们的军队是否能以应有的热情和决心去战斗就是个很大的疑问了；而且英法军队厌战情绪会直接传染到美军官兵。因此，虽然潘兴偶尔采取权宜之计，但总体来说是强硬的，还经常令协约国首脑难堪。

潘兴的态度导致协约国总想越过他与美国政府直接谈判，或者干脆要求撤换他。但潘兴的态度是全美国人的态度，协约国也不可能如愿。在维持一支独立的美军这样一个基本目标上，美国人是不会妥协的，美军始终以一支独立的军队，在美军自己的编成内作战。在这一原则下所取得的成就是历史性的。

与以往不同，美国远征军所进行的是一场联盟战争，而且他们在这场战争中又是一个在局势恶化的情况下参战已晚的军事新手，他们处于盟友和国内人的双重目光之下。因此，他们必须获得足够的权力来决定自己的行动，回应这两种目光。

> 远征军坚决的态度源于美国政府和陆军部授予的权力。

内战中身兼美国陆军总司令和波托马克野战军司令二职的尤利西斯·格兰特所拥有的权力，也未必比华盛顿方面委任的美国远征军司令潘兴所享有的权力更全面。1917 年 5 月 26 日，陆军部长贝克签署了授权潘兴指挥美国远征军的命令。贝克认为内战所获取的教训之一是，文官政府必须将其对军事指挥官的干预减到最低的程度。他对潘兴说，他对担任美国远征军司令的潘兴只准备下两个命令，"一个命令是去，另一个命令是回来"，中间过程是潘兴自己的事。贝克这句话并非言过其实，潘兴得到了美国的法律、条令、制度和习俗所能给予一位战时在战场指挥陆军的司令官的一切权力和职责，并享有相当于部局长们平时和战时的权力和职责，总而言之……，他拥有为根据本指示精神积极进行战争直至取得最终胜利所需的一切权力。

事实上，华盛顿和潘兴的驻法司令部相隔遥远，就必然要加大驻外司令官的权力。当潘兴赴法时，政府和陆军部内的具体情况又进一步确保潘兴的地位接近于一位有自主权的殖民总督。威尔逊总统并不关心如何对军事部门实施精心领导，也不注意采用何种战略。他认为他要管的是战争在民事和外交方面需做的工作以及为实现和平而进行准备。

短促的战争期间，民主党内持不同政见的参议员曾企图扩大国会对战争的监督权，想建立一个新的战争指导委员会，但遭到了失败。陆军部长贝克精明强干，对军队的行政管理和指挥工作的具体业务都颇有所知。但他对指挥远征军的决策性问题，采取故意放弃权力的方针。他认为：陆军部长的主要职责是建立一支可以由潘兴带领打仗的军队，然后交给潘兴去打就是了。

战争期间，陆军部还进一步理顺了领导关系。

1918 年 3 月 4 日，佩顿·C. 马奇担任代理陆军参谋长，5 月 25 日就任参谋长。他把各部局长置于他的领导之下，使陆军部长贝克摆脱了不属于他的杂项事务，使陆军部长及其助理部长们可以腾出手来更多地致力于国会和地方动员部门的工作。1918 年 8 月，他建立了总参谋部的四大处，即作战处，军事情报处，采购、贮存与运输处和战争计划处，提高了参谋部的工作效率。

参谋部逐渐走向真正意义上的参谋部。总参谋部在华盛顿的人员总数上升到 1072 人。贝克也支持参谋长的理念，以命令形式宣布：参谋长的权限并不仅限于陆军部，而且包括潘兴及其所辖部队在内的整个陆军。"参谋长在一切与军队有关的事务方面是陆军部长的直接顾问，他受陆军部长委托，负责陆军工作的规划、发展和实施。根据法律（1917 年 5 月 12 日法）的规定，总参谋长应有高于陆军一切军官的军衔和地位，并凭借这一地位，根据陆军部长的授权，以陆军部长的名义发布命令，以确保陆军部的方针政策通过各兵种、各部局以及军队的其他部门加以实施，确保陆军工作迅速有效地进行。"

征兵预算问题，就是以远征军的预算为
主的。潘兴被任命为远征军司令时，被要求
为归他指挥的一支美国陆军的到达进行准

**陆军部长和参谋长尊重远征军
司令的意见。**

备，同时搜集有关情报，以便陆军部据此估算远征军规模。考察研究
之后，潘兴于 1917 年 7 月提出了一个总编制设计方案，建议派往法
国的美军人数，要求在 1918 年 12 月 31 日以前向法国派出由 20 个师
加上保障部队组成的 100 多万人。后来，由于协约国军队在战场消耗
严重，潘兴强调说在法国放上 100 万人"不应该理解为这就是应该
派出的或法国战场所需要的最大兵力"，又提出在 1918 年 12 月以前
向法国部署由 30 个师及其辅助部队组成的 1372339 人。1918 年初，
又对远征军规模的估算进行了修正，认为到 1919 年 5 月需派出一支
由 66 个作战师共计 300 万人组成的部队。之后，又提出 1918 年 4 月
要达到 80 个师，7 月 100 个师的估算。

虽然陆军部对此数字有所怀疑，但还是答应潘兴在 1919 年 6 月
以前建立 98 个师，其中 80 个师配置在法国境内，并努力在 1918 年
12 月 31 日之前交给潘兴 52 个师 235 万人。80 个师的计划尚未实现
时，战争结束，但是停战到来之时，美国正在顺利实现这一指标。已
组建 62 个步兵师，其中 43 个师在法国，加上保障部队，总数将近
200 万人。

根据合理的计划来建设陆军，这一标准被确立并被坚持下来。对
于潘兴的训练计划，陆军部也觉得太过分了，他们认为美军本来可以
大大提前开赴前线的。但碍于潘兴负有重大的责任，因此不愿贸然对
潘兴进行干涉。

由于政府和陆军部给予远征军足够的权
力，潘兴的才华和敬业精神又折服了绝大多
数人，这就使他在和总参谋长之间的关系上

**潘兴的卓越才华也限制了一些
制度的进步。**

出现争执。从法律上说，潘兴是马奇的部属，听从马奇指挥，但马奇

对美国远征军指挥工作的干预微乎其微。潘兴的军衔一直高于马奇，在法国时是马奇的上司，后来马奇回国任参谋长。潘兴又很出色，就使得潘兴不愿意在指挥问题上受马奇控制。双方都坚信，只有自己才是战时陆军的主要统帅，这就是矛盾的焦点。

由于第一次参加联盟战争的特殊性，而使潘兴获得了权力倾斜，陆军部最后是按潘兴的意志而不是按马奇的意志办事。有时贝克部长不得不在参谋长和远征军司令之间充当仲裁人，却唯独没有在实际上确定统率远征军的最高指挥官究竟是参谋长还是远征军司令，而把这一问题一直留给了下一场战争。

3. 左右胜负的力量

美军到底在第一次世界大战中发挥了怎样的作用，它的分量有多重，是战后协约国和美国一直争论的焦点。协约国的理由是他们参战的时间是战争全程，800 万士兵战死；而美国在最后一年半参战，50280 人阵亡。这的确是个悬殊的数字，但不应成为判断问题的绝对根据。因为美国参战时，协约国岌岌可危，正是因为美国参战才扭转了战局，这是铁的事实。之前的消耗战中，协约国的确有效地消耗了同盟国的实力，但在战争后期，美军的确是左右胜负的力量。

为了解救协约国，美国建立了历史上最大的海外部队。

以往墨西哥、菲律宾和古巴远征军的规模与之相比是天壤之别。俄罗斯退出战争后，德国在东线与南线都已无虞，得以集中兵力进攻西线的英法军队。1918 年 1 月，德军已开始将 40 个师以上的兵力转移到西线，德国人在西线已有大约 200 个师的兵力，开战以来第一次在数量上占有明显优势。当德军在西线战场处于人数劣势之时，已经与英法军队僵持不下，其战斗力之强可见一斑，现在拥有人数优势的德军更加具有摧毁力。以消耗为主要特点的第一次工业化战争中，失去人数优势，意味着劣势；而面对德军的英法军队失去人数

优势，则意味着失败。正是美国远征军的到来，才改变了战场上的力
量对比。

潘兴及其参谋部以及美国远征军取得的成就是开创性的，他们在
远隔重洋的欧洲建立了人数庞大的军队。到战争结束时，共有 130 万
美国军人在前线的 29 个作战师中服役。这些部队使协约国在数量上
占绝对优势，足以逼迫德国军队束手就擒。

由于国内民生凋敝、政局动荡、武装力
量损耗严重，德国决定在 1918 年发动强大
攻势，以在美国对西线战事施加影响之前迫
使协约国签订城下之盟。从 1918 年 3 月 21 日至 7 月中旬，德军分别

**美国远征军在协约国生死攸关
之时，扭转了战局。**

发动了 5 次大规模进攻，给协约国造成了战术上的重大失败。但随着
美军逐渐深入战事，协约国军队重整旗鼓，最后在与美军的联合打击
下，挫败了德军的进攻，为最后胜利奠定了基础。

德军首次进攻就打垮了索姆河谷地区的 2 个英国集团军。经过一
周的激战，德军在英军的防线上锲入了一块长 10 英里、宽 60 英里的
突出部，但协约国军队也牵制了德军。为消耗协约国的预备队，德军
于 4 月 9 日又在弗兰德发动了一次更为猛烈的攻势。几百名与英军一
起训练的美军士兵也参加了战斗。经过一周的恶战，德军的第二次进
攻又被击退了，双方的伤亡人数都已达 25 万以上。在德军攻势开始
之际，美国远征军不得不参战了，潘兴将军为协约国的事业奉献出了
他所有的一切——美国远征军中已达到一定程度战斗准备的 4 个师。
5 月下旬，第一师发动了美军参战以来的首次大规模独立进攻，收复
了康提尼村。他们的作战技能和勇敢精神给德军和协约国军队都留下
了深刻的印象。

在美国远征军再次集结兵力之前，德军又对协约国位于诺因和兰
斯之间的薄弱防线发动了大规模的进攻。一周之内，德军的 2 个军
17 个师便把英法军队 15 个疲惫不堪的师从埃纳河逐走，接着又赶过
了马恩河。此时，德军的前锋直指距巴黎只有 40 英里的夏托—蒂埃

里，打开了通往巴黎的康庄大道。巴黎恐慌，部分法国政府官员和市民已开始疏散，协约国最高司令部紧急调动仅有的预备队来阻止德军进攻。仅有的预备队就包括美军第 2 师和第 3 师。在 3 周之内，这 2 个师帮助协约国军队坚守着马恩河防线。第 2 师还发动过一次局部反击，收复了贝莱奥森林和瓦格斯；第 3 师击破了德军在 7 月 15 日的第 5 次进攻，阻止了德军在本防区内向马恩河南岸突破。美国师在自己的防区内进行了英勇顽强的搏斗，德军开始对美国远征军刮目相看了。

远征军在贝莱奥森林战斗中的表现尤为抢眼。

当时法军刚刚被迫撤退，使巴黎暴露在德军的大炮射程之内。这时，潘兴将军率领的远征军奉命前来阻止德军的前进。6 月 1 日，美军的两个师（相当于 4 个英、法军师）乘火车和卡车火速赶到战区，与德军展开激战，从久经沙场的德军那里接受炮火的洗礼。这是美军的第一次独立作战。以后 72 小时，德军开初吃惊，继而目瞪口呆，他们被硬生生地阻止渡过马恩河。

美军中表现最出色的要数第 2 师的第 4 海军陆战旅，他们在贝莱奥森林一战中打出了美军的气势。在那儿，法国部队正从有利的陡坡阵地上溃退下来。6 月 3 日傍晚，退却中的法军在这个防区外几英里的地方遇见了海军陆战队。一位法国少校去见美军劳埃德·威廉斯上尉，告诉他发生的情况，并敦促他退却。威廉斯反驳道，"退却，他妈的！我们刚到这里！"他的话如燎原之火迅速地传遍部队，激励了美军的斗志。

6 月 6 日拂晓，海军陆战队开始进攻。开始，士兵们排成四行，每人相距 15 英尺，每行相距 60 英尺，大踏步前进。德国枪手看了简直不能相信，然后连续的机枪扫射把他们打倒了。然而，海军陆战队不愿认输。他们反复向前进，为夺取这个地区一码一码地战斗着。贝莱奥森林是很适合狙击行动的，而这是许多美国人的普通技能。经过三周的战斗，海军陆战队以重大的伤亡代价把敌人赶出了森林。德军很少碰到这种战士，他们怀着勉强的钦佩称他们为"魔犬"。美国第二师共计伤亡 9777 人，其中 5183 人是海军陆战队员。

为了表彰美国海军陆战队的英勇事迹，法国政府命名这片已被打成秃山的森林为"海军陆战队森林"，现在这片森林又重新长起，并在名义上归美国政府所有，成为纪念一战中在欧洲大陆阵亡美军将士的一处胜地。

从军事标准来看，贝莱奥森林之战的成果是不大的，但它的心理影响是深远的。随着夏托—蒂埃里胜利之后，协约国目睹德国在美国的打击之下垮掉了。

7 月 18 日协约国的埃纳—马恩河反攻开始后，美国远征军首次以主力部队的身份参战。美军编成内作战的 8 个师发动了多次进攻，将德军赶回沿埃纳河和维斯尔河一线的防御阵地。同时，英军也发动了一系列惩罚性进攻，并一直延续到 9 月初。这一系列进攻使处于守势的德军师全线崩溃了。

> 为加强对各师的控制，潘兴成立了军司令部，命令马恩河突出部几个精锐师统一行动，准备参加法国最高司令部计划在 7 月中旬发动的反攻。

8、9 月间，英军进攻时，反攻形势已初见端倪。潘兴宣布美国第 1 集团军即将投入战斗，同时把第 1 集团军所属的 5 个法军师和 15 个美军师集结在埃纳—马恩河战场西南的圣·米耶尔突出部附近。潘兴打算一举削掉这个突出部，如果发展顺利，还要对梅斯当面的德军主要防御阵地发动猛攻。但此时英法计划了另一个行动，潘兴便重新部署了，准备在 9 月底发动默兹—阿尔贡攻势。美军达到收复阵地的预定目标，美国远征军航空兵也以其热情和技巧支援了地面作战行动。后勤和辎重的行进速度像往常一样拖延了连续进攻的时机，德国人重新修筑了防御阵地。潘兴对此了如指掌，但他仍决定调动部队的最大能动性。他调集部队，准备进行默兹—阿尔贡攻势作战——美军历史上最大规模的行动。参谋班子的计划和后勤管理的技术水平帮了大忙，60 万美军和 4000 门大炮调往新的前线，战线之后储备了 4 万吨弹药和大量其他补给品。各师、军、第1集团军的参谋班子起草了复杂的作战计划，开创了现代化战争的先河。

这次进攻预计在8英里宽的地带展开，突破德军主要防线（5个师），总共只进行2天时间。9月26日，美国第1集团军发动了这场进攻。这次进攻时间之长，为远征军最久的一次，到11月11日停战协定签订才结束。第一阶段到10月1日，美军进展不畅，引起了协约国对美军的怀疑和不满。但潘兴决心不能放弃美军的独立性，也不能放弃远征军艰苦作战赢得的左右战争进程的影响力。10月4日，他又发动了一系列进攻。战斗异常激烈，一位炮兵下士回忆："我们把所有的炮弹都打到了德国人的头上。……他们拼死抵抗，我军第1师的步兵已伤亡半数，……我们不分日夜遭到炮击。"于是美国集中压倒优势的炮兵，并在前线投入了更多的师。阵地一个个被攻破，德军的主要堡垒崩溃了。在其他战线，其他美军师配合齐头并进的法国军队推进。美军炮兵、紧密空中支援、毒气和坦克与步兵协同作战方面，表现得相当出色。

此后，美国第1集团军突破了克里姆比尔迪斯泰隆防线，从11月1日起直到停战前的一系列进攻中，第1集团军连战连捷。在默兹—阿尔贡战役开始阶段，美军第2集团军在靠近梅斯的地区开辟了另一个战场。在战争最后阶段的关键战役中，美国远征军取得了重大胜利，起到了左右战争胜负的作用。

在战术上，美国远征军也突破了协约国的常规战术，带来了新效果。

在默兹—阿尔贡战役的另一方向上，英国远征军给予北路德国集团军群以沉重打击，迫使德军退向莱茵河。在同一时间里，轴心国在意大利、巴尔干和巴勒斯坦的薄弱防线也都土崩瓦解了。德国政府面对全球范围的惨败和奥地利、土耳其的倒戈背盟，不得不接受了停战条件。1918年11月11日，战争结束。

经过对协约国战术技术的分析，潘兴强调美国远征军不应采用欧洲式的"堑壕战"战术，而应发挥野战、机动的优势。协约国军队突出小部队袭击，主要依靠手榴弹，迫击炮和自动武器。而潘兴要求部队实行大集团进攻，强调使用步枪火力和炮火支援。潘兴善于在战争中学习，推崇现代武器的威力，也深知疏开队形的优势。他计划用美国远征军以攻势来突破德军防线。在 1918 年 10 月的攻势中，美军在战术方面进行了革新。主要是发动了几次夜间进攻，进攻前不作炮火准备，对德军发动突然袭击，使美军突破德军防线，几次迫使德军仓皇撤退。

战争初期，协约国告诉美国政府：夺取西部战场制空权，美国必须提供 5000 名飞行员和同等数量的飞机。尽管要求很高，美国还是几乎完成了任务。战争末期，名义上

> 在技术人员和高效装备相结合上，美国远征军航空部队堪称榜样。

由陆军通信兵指挥的陆军航空兵已有 12000 名飞行员和 183000 名担任空勤和地勤任务的官兵，有 58000 人驻在法国，45 个作战中队在对德作战，担负作战飞行任务的飞行员有 1500 名。到 1918 年春天，美国远征军所属的航空部队才真正参战，其编内的飞机有 740 架，其中有 1/3 是美国制造，其余飞机都是欧洲制造的。

远征军航空兵处于初建阶段，但战果优异。航空兵没有经验丰富的高级军官，也没有训练基地。但产生了几位意志坚强的军官，他们主管远征军航空兵部队的发展工作。本杰明·弗洛伊斯准将担负着美国远征军航空兵部队的后勤管理任务，威廉·米切尔准将负责空中作战指挥，并成为颇有名气的指挥官和美国远征军航空部队的主要发言人。

在陆军几个老飞行员和一些曾在英国皇家飞行队或拉斐特飞行分队飞行过的美国驾驶员的带领下，美国远征军航空兵加入了夺取西部战线制空权的战斗。主要任务是侦察并拍摄敌军部队的部署和调动情况，同时要求驱逐机部队来驱赶敌方进攻者。空中的作战行动也有进攻性的，如打击敌空军基地，攻击敌军部队和仓库，轰炸敌方火车和

汽车运输线，但航空兵把主要任务集中于侦察和保卫制空权上。远征军航空兵有 20 个驱逐机中队，18 个侦察机中队和 7 个轰炸机中队。他们击毁了德军 781 架飞机和 73 个气球，己方损失数量为 235 人和 289 架飞机。

1918 年 6 月后，美军航空兵在战火中逐渐引起人们的关注。6 月底，美国空中部队和一部分法国空中部队组成第一防空旅，驻扎在提埃里堡附近，由威廉·米切尔负责。德军飞机无论在数量和质量上都优于美军，美军必须编成中队以上的编队才能应付。第一航空旅初期一直处于防御状态。他们主要执行给地面部队提供情报的任务，期间损失了大量的侦察机和驱逐机。在最重要的一次空中进攻战役中，美国驱逐机配合英国轰炸机和驱逐机攻击了德军在弗恩塔敦诺斯的补给基地，迫使德国飞机保护基地，削弱了德国飞机的进攻力量。这次行动虽然遭受很大损失，却锻炼了美军飞行员，他们知道了如何进行空战。

8 月，法国前线的所有美国航空部队都置于第一集团军航空队的管辖之下，由威廉·米切尔任指挥官。随着部队增加，米切尔把他们与几个法国大队一起编成 3 个联队——驱逐机、侦察机和轰炸机联队，下辖 49 个中队，美军占其中的一半。在协约国准备进攻圣·米耶尔突出部之前的几个星期，航空队为袭击做好了准备。他们限制了德军的侦察，获得了大量情报。米切尔集中了可以集中地最大空中兵力，美军第一次在空中兵力上占有优势。米切尔利用这些飞机发动攻势，大约 1/3 的飞机——约 500 架侦察机和驱逐机——用于支援地面部队，其余突入德军防线后方轰炸交通要道和重要战略地域和设施，并扫射德军部队。德航空兵被迫防御，作战大都在他们防线后进行。

9 月 26 日，协约国准备发起默兹—阿尔贡战役。此役，米切尔手中的力量比上一次要少一些，有 800 多架飞机，其中约 600 架是美国的。米切尔仍然计划集中兵力给敌以沉重打击，而不是把兵力分散到各师和军中去。他打算不断地攻击德军后方，迫使其防御。最大最成功的一次袭击发生于 10 月 9 日，200 架协约国轰炸机分成两个梯队，由 50 架三座飞机护送，轰炸了德军准备反冲击的集结点，投下了 30 多吨炸弹，造成很大破坏。后来，驱逐机遂行了掩护轰炸机、侦察机和气球的任务。从 9 月 26 日到 10 月 1 日，他们击落了敌人100 架飞机和 21 个气球。米切尔的第一驱逐机大队活动在战线上空与敌机和气球周旋，取得了一定的空中优势。侦察机中队和步兵及炮兵配合作战在圣·米耶尔战役更为成功。侦察机中队更好地进行了自卫，采用积极的战术，突击了敌人机关枪阵地和坚固支撑点。侦察机最大的成功在于观测敌人炮兵位置和报告侦察结果。

海军航空兵也十分英勇，出现很多为人乐道的事迹。1918 年 10月 8 日，海军陆战队飞行员、上尉拉尔夫·塔尔和他的两个炮手单机与 12 架德机作战，击落其中 2 架，然后以 50 米高度越过德军战壕安全返回。19 岁的上尉戴维·S. 英戈尔斯几周内先后击落 5 架德国飞机，是第一次世界大战中的王牌飞行员。

在欧洲人印象中，美国绝大部分的贡献是在欧洲大陆的地面战斗方面，远征军的鲜血染红了大地，获取了无上的殊荣。而在星条旗指引下作战的水兵看来几乎没有什么功绩。但这是不公平的，美国海军如果有机会的话，将会参加任何正在进行的战斗，可 1916 年日德兰之战后，在海上再也没有发生大规模的战斗。但海军的贡献仍然是巨大的，如果没有美国舰队，步兵如何能够运到法国？远征军和协约国军队如何获得补给？协约国后来的胜利也就不能奢望了。

> 远征军能够跨洋作战，首先要归功于海军的努力。

美国海军的最主要贡献就是护航。护航是西姆斯将军提出来的，后经试验被英国接纳，美英海军共同实施，护航打破了潜艇的威胁。护航军舰以驱逐舰为主，能够击沉或赶走敌人潜艇。

1917 年 5 月份，2 支试验性的船队以微小的代价成功地横越了大西洋。到 1917 年秋季，沉船率逐渐降低，而敌人潜艇的损失则开始上升。从 1917 年 5 月份第一批 6 艘驱逐舰抵达爱尔兰起，护航舰队到年底时数量已增至 36 艘，1918 年上升为 68 艘。护航中装载军队的运输船优先，装货物的其次。运兵船所用的是快速邮船，得到大批美国海军护航舰的严密保护，开往法国时只损失了 3 艘船，回程中则未受任何损失。而商船仍不断地被击沉，但部队显然更加重要，残酷的战争迫使人们必须作出选择。

为了寻求更多的船只，美国建立了一支应急商船队，使拥有的船舶总吨位比战前翻了一番。到 1918 年，联邦政府已拥有 1700 艘船只。虽然，在协约国总计 1500 万吨商船之中，美国政府 300 万吨的船队只占了很小一部分，然而在运送美国远征军以及各种军需品时，美国船队是至关重要的。

海军的任务要求扩大舰队规模，提高作战能力。

船队的急剧膨胀，要求海军拥有更大规模的护航舰队，这要求海军对其造舰政策作重大改动。1917 年 7 月，海军部终止了 1916 年的拨款和造船计划，全力建造反潜战舰。海军在船舶建造和采购计划的管理方面取得了十分出色的成绩。增加了 51 艘 1200 吨级的新型四层甲板快速驱逐舰，整个驱逐舰队的力量得到了增强。驱逐舰的建造时间也由一年降低为平均 70 天。海军轻型巡洋舰和改装的游艇也被用来执行护航任务。

最具有美国特色的是"木板舰队"，由 400 艘木制猎潜艇组成。它们以新英格兰渔船为蓝本，携带着声纳探测设备，由一些毫无海事经验的战时水手操纵，巡逻在从北海到亚得里亚海的广大海域，搜索潜伏在航道上的潜艇。这说明了美国人经济实用的军事观念。

战争结束时，海军反潜部队已拥有近 800 艘舰只。众多舰船需要人员操纵，海军官兵大量增加。下级军官来自海军学院短训班、商船队以及按照普拉菠堡模式建立的海军军官候补学校，海军军官从 4400 人扩充到 23000 人，士兵人数从 56000 人增加到 50 万人。海军不需征兵制就招到足够的人员，志愿人员构成了海军士兵的主体。

海军航空兵也得到了锻炼和检验。在反潜战中，海军航空兵主要提供飞机执行侦察任务。美国参战时，海军部就制订一项建造 700 架飞机的计划。6 个月后，又计划扩充到 1700 架，海军航空兵部队最终拥有 2000 架飞机，37000 名官兵，其中 19000 人被派往欧洲。最初，海军航空兵的目标是执行护航及相应侦察任务，到 1917 年 11 月，海军部却将轰炸任务排在首位。由于各种客观原因，美国于 1918 年秋季才将北海轰炸机大队投入战斗。该大队有 1 个夜间飞行联队和 1 个昼间飞行联队，共对欧洲大陆的目标实施了 5691 架次的轰炸飞行。此外，反潜飞行达 22000 架次。海军航空兵的参战行动，证明飞机对于战时的各种作战活动都是十分有效的，这为和平时期的海军保留了一批飞行员，以备随时按计划扩编。

虽然，在击沉的 132 艘德国潜艇中，美国护航舰队和飞机只击沉了 6 艘，但靠着严密护航，运送了历史上最大数量的部队，保证美国陆军、军需品和原料运抵协约国，海军胜利完成了它在战时的任务。

此外，美国海军还取得了其他进展，如在布雷、反潜战和海军航空兵方面，最大限度地运用了当时的技术，为今后的发展指明了方向。在一场它未曾预见和设想过的海上战争中表现得十分出色。同时，美国海军的另一项战略成果是，没有被英国的战略和政策所左右，在改变造舰计划、参加护航时，并没有放弃其保持一支"第一流海军"的既定方针。

海军的任务不仅限于护航。有些水兵登上了开往欧洲的 8 艘战列舰，去增援英国舰队，有些水兵则在法国操纵着重型铁炮。美英海军还联合尝试了封锁德国海军基地，主要是向那些比利时的基地发动直接进攻。海军部的决策者们选择在苏格兰和挪威之间建立一道北海水雷屏障，到战争结束时已布设了 7 万颗水雷。水雷炸沉炸伤了几艘德国潜艇，可能限制了德国潜艇的活动和打击了德国艇员的士气。但此时潜艇已不是主要威胁了。

战争结束时，美国人有些失落，因为协约国在战争中的生命财产损失多倍于美国，所以他们部分地忘却了美军的作用。而德国人也认为打败他们的是国内的反革命运动和英国军队。而且，本国人对于美国参战的范围和复杂性并不赏识。但毋庸置疑，如果美国没有参战，英法即使得到其全国和所有殖民地的支持，也会在 1917～1918 年的冬季被击败。在法国作战的美国人，都知道自己亲身经历了国家军事史上的一个极其重要的转折点。他们远渡重洋开赴欧洲，与盟国一起，对阵一支以其专业和技术著称的现代国家军队，打了一场人数众多的工业化战争，领略到了未来战争的风貌。

（三）无法回头

在凡尔赛，美国没有对条约实施多大的影响，英法仍然占据着主导地位。美国人感到了被忽视，自尊使第一次世界大战后的美国试图重新走上孤立主义的老路上来。但是，在过去的几十年中，美国已经闯到海外，获得了历史性的利益，这些利益不可能随着孤立主义而被放弃。美国还在一场最尖锐的国际争端中投入了兵力，对战争的结局产生了至关重要的影响（虽然英法不这样认为），这种影响既说明了美国所具有的一种能力，也说明了美国人的一种趋向。在这种背景下，美国人能退回到孤立主义上来吗？实践证明，没有回头路可以走，既然已经插手全球事务，就再也不能缩回到美洲了。

1. 总统的徒劳

大战吞噬了无数生命，人们渴望和平。在战争的最后几天，德国水兵当着他们军官的面，聚会要求和平，并且欢呼伍德罗·威尔逊的名字。当时，在世人眼中，威尔逊总统是和平的象征。对欧洲人民来说，经过 4 年的大屠杀，总统关于永久和平的观点看来几乎是救世的福音。

威尔逊总统是一个和平主义者，他不很
重视军事，甚至在法国谈判期间都没有去过
美国远征军战斗过的战场。战争一结束，他
就开始了他的和平计划，希望他的计划能够
使世界获得永久的和平。然而，他的理想与当时国际、国内的现实是
格格不入的，因而在国内外都遭到了挫折。甚至在推行他的和平计划
时，他也像参加世界大战一样，使用了军事威胁手段。这也说明了他
对于现实的无奈。

对于这样的呼声，威尔逊总统
产生了错误的判断，作出了不
合时宜的努力。

1918 年 1 月，威尔逊曾宣布了他的和平纲领。除国界问题外，
其余分别是：实行公开外交、所有国家海上航行自由、放弃经济壁
垒、裁减军备以及建立国际联盟。威尔逊强调说：和平观点与它字面
上包含的意思完全相同。但其他国家并不这样看。法国总统克列孟梭
说："即使万能的上帝也只提出了十诫。"英国首相劳合·乔治疑虑
重重地推测威尔逊的意图。于是，"巴黎的海军之战"开始了，实际
上是以和平之名进行的无法停歇的海军军备竞赛。

航行自由是美国一直坚持的观点，而英国以前一直是海上霸主，
它的传统是在战争中对海上所有船只拥有阻止和搜索的合法权力。
1812 年战争就是由此而引起的。此后，虽然英国有所收敛，但现在
纲领中明确提出的航行自由，意味着让英国放弃它的海上霸权和国际
地位。英国人反应很强烈，正如温斯顿·丘吉尔警告他的国人说：
"世界上任何事情，任何你能想到或向往的或者其他人可能告诉你的
事情，无论多么貌似有理的论点，无论多么引人的呼吁，都不能使我
们放弃我国生命赖以维持的海上优势。"放弃交战国的权利，把它委
托给一个尚未成立的国际机构，就等于否定英国在欧洲大陆以外的战
略地位，而且威胁到整个大英帝国的交通体系，英国人本能地拒绝
了。

为了让英国人接受自己的和平纲领，威尔逊总统开始向英国施
压。威尔逊威胁说："如果需要，美国能够而且决心超过英国的海上

力量或者地面力量，或者在这两个方面都超过英国。"为了使这种威胁具有可信性，威尔逊总统向国会提出，1919 年造舰法案应与 1916 年的造舰法案相同。对于物质上和精神上已被战争拖得精疲力竭的英国人来说，这是一个难以应付的挑战。他公开传达给英国的信息是：支持国际联盟，否则就在造船方面超过你。

但几乎所有人都没意识到，威尔逊是在虚张声势，只是为了确保英国支持成立国际联盟。1919 年 4 月 9 日，双方勉强地达成了一项协议：英国支持国际联盟，美国放弃 1916 年造舰法案。但有关和约的海军条款，战胜国之间还存在着其他分歧。此时，威尔逊深信，他正朝着建立全球永久和平时代的深切愿望前进，实现理想的主要工具就是国际联盟。

在国内推行和平计划的难度一点也不比在国际上容易。

为了缔结和约和建立国际联盟，总统曾不得不向协约国作出妥协。劳合·乔治在航行自由的问题上取得了胜利，至少英国和美国对航行自由保持了各自的看法，但这危害了美国人的海外经济利益。因此，一些人忠告威尔逊，要准备并同意向国会作出让步。但他没有向国会作出让步，他认为永久和平似乎正在来临。但国会完全没有如他所料，没有通过《凡尔赛和约》。无奈之下，威尔逊转向全国，在各地发表演说，试图让全国人民支持他，但仍然得到了相反的结果。威尔逊积劳成疾，1919 年 9 月神经崩溃，一直未恢复健康。

美国领导人一人之力无法扭转全民的帝国之心。

威尔逊总统为理想而付出的努力就这样结束了。巴黎和会于 1919 年 6 月 28 日结束，《凡尔赛和约》使德奥等战败国的殖民地全部被英法日等国瓜分，美国则一无所获。美国拒绝签署《凡尔赛和约》，拒绝参加本国总统一手推动建立的国际联盟。美国作为一支左右战争胜负的力量，因遇到英法日等国的反对，没有在国际联盟中取得支配地位，自尊心受挫。美国表面上奉行"孤立主义"的外交政策，但利益摆在面前，各国之间的竞争也摆在面前，列强争夺殖民地的斗争日趋激烈，各国都在扩充海军军备，以便争夺海上优势。在这种情况下，现实的美国人也不可能超脱。威尔逊总统的和平努力越来越表现得徒劳了。结果正如当年威尔逊演说时预言的："可以绝对肯定地预言，在下一代人生活期间，将会爆发另外一场世界战争；如果世界各国不能采取协调一致的办法加以制止的话。"

2. 国际大势和条约海军

威尔逊总统的可悲结局，既预示着国际大势已经不可逆转地走向强权的竞争时代，也预示着美国人在这样的竞争中，决不放弃自己的地位，不放弃自己的经济利益，决心加入这场危险的竞争中。

1918 年 11 月 21 日，英国和美国的海军一起见证了德国海军投降，德国的大部分舰只被扣留。对于如何处理这些舰艇，美英同意将其击沉，而法意希望获得一大部分军舰。法意的意图不言而喻，美英的意图是谁也别想利用这个机会增强实力。但结局是，德国海军军官自己凿沉了扣留在斯卡帕湾的 66 艘军舰。德国军官的做法表明了他们的被伤害的自尊和一种深深的怨恨。美国拒绝通过国际联盟或其他约束力较小的合作安全条约与第一次世界大战的盟国一齐尽国际义务，使得英法在寻求维持欧洲力量均衡上更加不易了。正如很多人预言的，第一次世界大战的结局埋下了第二次世界大战的种子。对于美国来说，它无法逃避第一次世界大战，也同样无法避免卷入第二次世界大战。

> 争夺未来的战斗，在大战结束之际就开始了。

战后的国际主流，仍然是争夺霸权，国际大势驱使着列强进行军备竞赛，主要是海军。美国 1919 年通过了近年内建造 75 艘各类军舰的计划。英国首相乔治声称：英国将用最后一分钱来使它的海军优于美国或任何一个国家，"大不列颠将以它的全部才智保持一支优于美国或任何其他强国的海军"。1919 年，英国拥有主力舰 43 艘 102.3

万吨，1921~1922年，英国决定再造8艘主力舰。日本1921~1922年的海军拨款占国家全部军事预算的1/3。美国仅有22艘（包括巡洋舰）47万吨。世界大战对美国的海上商船队一直是一支兴奋剂，到1918年，商船大量增加。既然与英国的贸易竞争一定会继续下去，专家们就强烈地要求尽最大努力建立一支能战斗的海军。

美国陆海军联合委员会的决策者们在对1919年混乱的国际政治局势进行一番调查后，发现德俄等战败国退出了世界霸权的角逐，日本却在东方崛起，英法两国虽然元气大伤，但仍颇具实力。这些国家不仅是美国安全的最大威胁，而且是美国夺取世界霸权的最大障碍。

战略方面首当其冲的问题是日本帝国不断增长的国际野心和战略力量。1915年，日本加入协约国，大战期间，日本已成为太平洋地区的主宰力量，将其军事力量扩张到亚洲大陆，将军事势力伸展到中太平洋，占领了德国在太平洋的属地，其势力向东一直扩展到国际日期变更线。在岛屿上设置大量基地，如在加罗林群岛、马里亚纳群岛（美国属地关岛除外）和马绍尔群岛都建立了基地，使自己处于一个十分有利的位置，致使美国海军很难驰援菲律宾，也很难阻止日本再次入侵中国，或攻击荷属东印度群岛，法属印度支那和英属马来亚。日本严重威胁到美国的利益，成了美国最危险的敌人。

如何寻求海军力量优势是美国面临的最大问题。

但是海军建设耗资巨大，非到迫不得已，美国人不愿意在和平时期花太多的钱用于军事。于是，他们想出了一个两全其美的办法，使美国既达到一流海军强国的水平，又避免耗资太多。美国以和平的名义，发起了国际裁军运动，以此为幌子来提高海军的相对优势。

时值英法等参战各国经济还未恢复，中国人民掀起了反日运动，日本在政治经济上受到打击，同时其强势发展在国际上受到孤立。美国利用这个机会向列强提出裁减军备的呼吁，发起召开了华盛顿会议。名为讨论裁军及亚太和远东地区的问题，实则想拆散英日同盟，限制日本扩张，限制国际军备竞赛，为美国的扩张铺平道路。之所以选择裁军会议，一是因为美国裁军而后扩军的经验丰富，其强大的工业生产能力可以很快地转入军事生产；二是可以在减少开支的情况下，使主要竞争对手英、日、法三国的军事实力尤其海上实力削弱；三是通过发起这一运动可以使美国重获对世界事务的领导地位。

1921 年 11 月 12 日，华盛顿会议开幕，出席国家有美、英、日、法、意五大强国，还有与会议议程相关的中国、荷兰、葡萄牙和比利时。议题是中国问题，实则是美日关于远东问题和列强海上霸权问题。

华盛顿会议获得了预期效果。

会议形成了三个主要文件。一是美、英、日、法签订的《四国条约》，规定相互尊重各自在太平洋的属地。该条约实际上拆散了英日同盟，英日同盟首先是海军同盟，美国一直把这一同盟视为潜在威胁。二是《五国海军协定》，规定美、英、日、法、意五国主力舰之比是 5∶5∶3∶1.75∶1.75，禁止在西太平洋区域包括菲律宾、关岛、阿留申群岛和新加坡修建海军基地，以维持西太平洋现状。该协定使英国实际上放弃了 200 多年的海上霸权，和美国平起平坐；该条约是现代史上第一个裁军协议，结束了列强在主力舰上的竞赛，在远东和太平洋保持了均势；但使日本获得巨大的战略好处，使它在二战中一举摧毁了美英在远东和太平洋的海军力量。条约还规定各国可拥有一定比例的航空母舰，但未对辅助舰艇做规定，美国实则通过发展巡洋舰、驱逐舰等所谓辅助舰艇使海军总吨位在 1923 年超过英国而居世界首位。三是《九国公约》，与会九国签署，承认中国独立、主权和领土完整；中国实行"门户开放"政策，使各国机会均等，使日本不能独吞中国。除以上成就外，华盛顿会议还使美国获得了国际事务的领导权。

美国召开华盛顿会议的初衷，就预示着海军军备竞赛不可能停止。会后，各国都拆毁了一些老舰只，但在"辅助舰只"的名义下，加紧建造巡洋舰、潜水艇等舰只。英国 1924 年开始建造 5 艘万吨级的重巡洋舰，1925 年又通过新计划，建造 7 艘 8000 吨、9 艘万吨级巡洋舰。日本开始建造 4 艘重巡洋舰。这样，英国的重巡洋舰是美国的 3 倍，日本比美国多 3.1 万吨。美国自然不甘落后，1921 年海军军费达 2.45 亿美元，占国家预算的 1/3。1924 年，国会通过了扩大海军的法案，决定建造 8 艘万吨级巡洋舰；1927 年，国会又决定把海军预算提高到战前的 4 倍，短期内要建造 71 艘各类舰只。同时，其他国家也在扩充海军军备。

为了缓解这一轮的军备竞赛，1927 年 6 月 20 日～8 月 4 日，在美国召集下，美、英、日在日内瓦重开海军裁军会议，谈判限制辅助舰只数额分配的问题，但未获成功，海军竞赛有增无减。1929 年 2 月，美国再一次通过扩建巡洋舰的法案，规定在今后 3 年内建造 15 艘万吨级的巡洋舰，其他国家也不甘示弱。1930 年 1 月 21 日，在英国召集下，召开了伦敦会议，美、英、日三国达成了《伦敦条约》。条约对各类舰艇做了数量比例上的规定，但其效果和华盛顿会议一样。各国海军军备竞赛仍在暗中进行，稍后，国际形势紧张，各国又开始了新一轮海军竞赛。

在一系列竞赛和裁军会议过程中，美国实现了三大战略目标。一是重获国际事务主导地位；二是拆散了英日同盟，使日本退居次要地位，保持了对日本的优势地位；三是结束了英国对海洋长达 200 多年的统治，美国与英国平起平坐；四是建成了有史以来最强大的海军，为夺取世界霸权奠定了基础。

3. 不同以往的民军

在第一次世界大战中，美国的平民军队展示了威力。像以往一样，战后美国陆军又大规模退役了。这表明，美国将再一次依靠其军事潜力，而不是常备军来保证其安全。但大战又一次提醒了美国人，最好在战前的和平岁月里做好战争准备，否则，将在战争中手忙脚乱，并付出很大代价。所以，讲求实效的美国人在对军队规模稍作调整的同时，开始了结构上的调整，使这支民军焕发了新生。

美国陆军的规模没有太大的变化。根据批准战时陆军规模的法律，几乎所有在陆军服役的人都有权立即退役，退役规模远远超过了内战结束时。到 1919 年 6 月 30 日，共有 260 万士兵和 12.8 万名军官退役。1920 年 1 月 1 日，只有 13 万人（主要是正规陆军）在德国科布伦茨服役，作为美国占领德国的象征，执行和平时期正规军的职责。直到 1936 年，陆军规模才超过 15 万，1938 年达到 18.5 万多人。关于这样一支陆军，美国军政界一直在争论、探索。大战显示了美国无法避免派大规模陆军到海外作战，但是这支军队的转型如何符合美国的需求与传统呢？

战后军事政策的中心问题集中在兵力动员和美国陆军与联邦政府之间的关系上。1919 年，陆军部参谋部向国会呈送了一份计

军事制度的形式必须由政治基础来决定。

划，要求组建 50 万人的正规陆军，并提出一项普及军训的方案，可为正规军提供 50 万经过训练的预备役部队，在战时这些预备役部队将被编入现役部队。这是在紧急情况下获取战斗效益最快的途径，是厄普顿主义的产物。然而，在国会眼中，这一计划是德国式的、军国主义的，而且费用太高。一位国会议员说："人们早已对这该死的军队倒了胃口。"另一位则称之为"无法无天"。

经过一段探索后，人们接受了约翰·麦考利·帕尔默的主张。帕尔默认为："军事制度的形式必须由政治基础来决定，也要适当考虑国家的本质和传统，军事空谈家提出，以国家本质所不容许的形式建立人员充足、经济上节约的军队，这是行不通的。"他批评了陆军部参谋部的计划：只有建立在民军基础上的军事政策，才是"与美国制度的本质相一致的"。总参谋部的计划是违背这种制度的。总参谋部的计划打算把民军士兵完全吸收进正规军作为基干，恢复厄普顿的意见，即军事政策应由职业军人来制订。这种计划起源于德国的计

划，德国政府对其军事指挥官们自由放任，以致"它的政治目标的内容和方向取决于军事上可能取得的成功"。

应该承认民军是美国陆军的主体。帕尔默正视并承认了这个现实。在法国，帕尔默看到美国的民军士兵工作十分有效，完全驳斥了那种培养一个士兵需要至少一年或者最好两年的观念。他不迷信厄普顿。他发现，人们一方面建议缩减正规军组织，使之不能立即参战；但为什么又同时十分强调正规陆军，致使总参谋部坚持要建立一支远远超过国会可以接受的力量呢？帕尔默提出要建立规模较小的正规陆军，其编制不是缩减而是基本满员。这支正规陆军在不进行大规模动员的紧急军事状态下，能够迅速做好行动准备。同时提出在平时要用很大精力训练民军，因为在大战中，民军必定是国家的主要依靠对象。

民主国家需要一支尽可能民主的军队。

帕尔默说："一个自由的国家不可能在和平时期民主而在战时却专制，……一个持久的人民政府必须在其机构中包括一支人民的军队。"一个民主国家的军队不仅要依靠民军士兵，还要充分发挥民军军官的价值。因为美国的历史充分显示了民军军官的价值。在第一次世界大战前，他就曾说："如果在战争爆发后临时集中起来的美国民军，可以和华盛顿的大陆军以及格兰特和李的民军相媲美，如果平时有组织、有训练，他们何所不能？"他认为，靠强制手段召集平民士兵组成一支人数众多的军队，是符合美国的传统和文官治军的一贯做法的。

帕尔默的主张顺应了民意。

1920年国防法基本接受了帕尔默的主张，是战时经验教训和传统相结合的产物。国会接受了他关于美国无须有一支大型正规军的观点，同时也拒绝了他所推荐的替代物——一支通过普及军训建立起来的平民预备役部队。1920年的国防法建立了一支以志愿参加者和多种预备部队为基础的多层结构体系。1920年国防法创建了一支"美国陆军"，一支由多种成分组成的军队。在战时以正规军人和临时士兵为骨架进行动员和扩编，但不实行义务兵役制。

总的来说，这项法案吸取了 1916 年立法的优点，在战时动员方面，实际上比 1917 年实行的法案具有更为合理的基础。该法废除了美国原来的本土师，把它们改成了军事管理部门，平时既是战斗编组也是管理性的组织。全国分成 9 个军防区，属 3 个集团军司令部管辖。每个区包括 1 个正规陆军师、2 个国民警卫队师和 3 个一类后备队师。正规师及其附属的训练团负责训练军防区的民军部队。可扩编的陆军计划已撤销，不搞架子师。法律批准陆军部设立 4 个作战兵种，即步兵、骑兵、海岸炮兵和野战炮兵，作战兵种司令部的职责包括研究本兵种的战术条令，对总参谋部负责。由于认识到美国战斗部队的一个致命弱点是下级军官的质量和数量问题，法律把预备役军官的任命制度化了，即把和平时期军训和任命新尉官制度化了，保证了军官队伍的延续。尉官任命主要是通过大学的后备军官训练团来进行，对于没有参加训练团的人则通过暑假军训系统来实施。当 1940 年美国再度动员时，陆军部能够召集 8 万名预备役军官加入现役，就得益于后备军官训练团。

兵力动员一直是军事政策制订者们关心的问题，但大战中一度混乱的装备物资保障表明，工业动员计划与兵员政策具有同等重要的意义。1920 年"国防法"首次正式明确由陆军部助理部长担负监督采购所有军事物资的责任，为战时需要进行物资动员和工业组织动员做好充分准备。

1920 年国防法奠定了重要的基础，正如潘兴所说："新的法律完全保证了我们传统的民军在平时就是有组织的，而不是像过去那样在实际发生危机之后才临时组织起来。"

总参谋部在战争中发挥了显著的作用。在 1920 年国防法中，进一步完善了总参谋部，使其有了足够的编制，陆军部总参谋部由参谋长、4 名助理和 88 名军衔不低于上校的军官组成。国会确定

1920 年国防法还进一步明确了总参谋部的职能。

总参谋部的主要职责是制订总计划，"制订国家计划和为保卫国家使用军事力量（单独使用和与海军一起使用）；为在紧急状况下动员国家的人力和物资资源制订计划；对所有影响美国陆军战斗力的问题以及军事行动的准备情况进行调查和报告；为陆军部长和参谋长提供专业方面的帮助"。

因为对总参谋部和陆军部助理部长在动员中的界限规定不清，1921 年，一个叫做"哈博德"的小组提出：总参谋部仅制订军事方面动员的计划，而助理部长制订战时商业和工业方面动员的计划。该小组建议，今后总参谋部应该积极协调作战行动，而并非战时仅在国内搞建设，海外作战指挥权也不是战区司令官独揽。这就明确了总参谋部在战时的地位，以及其与战区司令的关系。

总参谋部还建立了"战争计划小组"，专门制订战争计划。后来在 40 年代，总参谋部发展成为全球作战行动指挥中心。在潘兴任总参谋长时，根据哈博德报告的建议，陆军部总参谋部应成为常设机构，主要分成 5 个部门：人事部、军事情报部、作战与训练部、供给部、战争计划部。每个部的部长兼任助理参谋长。其中，作战与训练部和战争计划部将共同担负为战争制订战略计划的主要责任。

陆军与海军的配合效果显著，促使"陆海军联合委员会"复兴。

该委员会 1903 年最初成立于美西战争和美菲战争期间，后来又被人们淡忘了。改组后的陆海军联合委员会准备作战协调计划和未来可能同各列强进行战争的彩色计划（每种颜色代表一个敌人）。

陆军部还一直致力于制订一系列动员计划、应急战备计划，各种计划越来越接近实际。随着计划的逐步细致，陆军部还陆续增加了一些部门。1921 年，陆军部长助理办公室成立了计划处，负责工业动员计划问题。它的任务是协调与供应有关的特别参谋部门的工作，包括军需兵、工兵、通信兵、军械局、化学兵、军医署和航空兵团。供应部门和总参谋部一起决定应购买哪些物资，计划处和供应部门一起决定如何和从何处采购军事物资。

1922 年，陆军部和海军部还建立了跨军种的工业计划机构——陆海军军火局。1924 年，为了针对工业动员的问题对军官进行培养，建立了陆军工业学院。1930 年以后，还建立了平时的野战集团军司令部，集团军司令官的作用不同于军防区司令官，前者是战术指挥官，在军事行动中可以迅速指挥所属各军，后者主要负责行政管理。

总之，陆军正在向着下一次世界大战要求的那样发展。美国将继续依靠一支民军来进行防御，并大规模开赴海外，执行帝国赋予的全球使命。

在一个争夺霸权成为主流的年代，要实现永久性的和平是不可能的，一切努力将是徒劳的。最实际的想法就是加强本国军事实力，准备下一场战争。在民族野心的驱动下，借助于国际大势，美国采取经济的方法，实现了海军的扩充，为争夺全球霸权奠定了基础。同时，陆军在相对弱势的地位上，总结战争经验，积极准备将来可能的战争。

（四）追逐战争前沿

在大战中，美国陆军见识了堑壕战、毒气战，发明了步兵机动和突击作战，第一次使用了坦克，陆军航空兵第一次参战，实施了空中侦察、轰炸和空中格斗；美国海军执行了护航任务，第一次从事反潜战和运输战，海军航空兵参与了海上侦察和反潜作

> "空中力量就是出路"，这是威廉·米切尔对航空兵的看法。

战。陆军和海军航空兵逐渐成为独立的兵种。新式武器装备的出现和使用，改变了战争的面貌，预示着将来的战争必将因此而继续改变。在战后竞争的年代里，在新技术的促进下，新式武器装备层出不穷。发展新式武器装备，探讨其运用方法，就成了战后列强竞相追逐的战争前沿。

1. 空中力量提供的出路

在当时，这个看法虽然有些言过其实，但表明美国人已经注意到航空兵在战争中的巨大潜力。虽然空中力量未必就是出路，但空中力量的确有助于为战争提供出路。飞机在第一次世界大战中得到了广泛的应用，战争后期，已从侦察发展到空战和远程轰炸。虽然由于火力和速度的局限，飞机的作战性能还不尽如人意，但表现出具有无尽的潜力，有可能改变整个战争的面貌。许多空军领导者经历过第一次世界大战，他们深信航空力量将是未来占优势的武器。威廉·米切尔少将就是最热情的空中力量鼓吹者。

优秀的理论和超前的理论。

威廉·米切尔被誉为美国空军创始人，1916 年学会开飞机，1917 年转入航空兵部队，第一次世界大战末期成为美国航空兵部队最高指挥官。1921 ～ 1925 年任航空兵部队副司令。

米切尔认真研究了航空兵，得出了很多真知灼见。他强烈建议建立一支独立、统一的空军。他提出空中力量与其他兵种的协同作战和统一指挥问题，认为空军应配合地面部队的行动，除了攻击敌方的要害地区外，还要攻击敌人地面部队；他力促建立陆海和空中力量的统一领导，指出："美国海岸防御受到了一个把防卫责任分给陆海和空中力量的不完善体制的限制。这一体制本身应得到改进，最好是创立一个统一的国防部而把所有这些军兵种联合起来。"这一设想在 1947 年得以实现。

他提出美国应该从世界角度来探讨空中力量的作用。他认为，为了用空军保卫本土，应开辟航线至亚洲和欧洲。如他建议在阿拉斯加建立基地，远程轰炸机可威胁到日本在太平洋北部和中部的海军，可以威胁日本本土，遏止其袭击菲律宾、关岛和夏威夷。他任陆军航空兵司令时，就开辟了通过大西洋和太平洋的航线。他还提出了一些战略设想，1918年他曾提出在敌后使用空降兵的计划，因战争结束未能实现。他为了证明空中力量对海军舰艇的作用，使用飞机击沉了军舰。他认为，单单保卫海岸是不够的，要防御敌人飞机，必须有足够的预警时间，在敌机到达前用截击机进行拦截攻击。他预见日本总有一天会向美国开战，日本将用舰载飞机在黎明时分向珍珠港、斯科菲尔德军营及美国有关航空设施发动突然袭击。1941年的珍珠港事件与他的预言不谋而合。

但也有很多理论过于超前，脱离了军队发展实际，甚至是偏激的。他夸大了空军的作用，认为传统战争已经到了绝境，空军将在未来战争中起重大的，甚至是决定性的作用，这就抹杀了其他军种的作用。例如他认为陆军"完全无济于事，他们纯粹是成千上万被引上屠宰场的人"。他也不赞成研制航空母舰及舰载或陆基的航空武器。

他和杜黑一样提出了战略轰炸理论，指出："空中力量可以直接攻击敌对国家的要害，彻底摧毁它们或使其瘫痪"，空军作战的"真正的作战目标是敌国重要的中心区"，要"对生产、人口中心区轰炸，使中心区瘫痪，生产不能进行，摧毁敌方人民的意志"，这"将迅速决定胜负"。必须摧毁"成为敌国战争能力的一切基础，包括工厂、农田、燃料、石油和城市等。"他甚至认为攻击敌方中枢地带以及用少量炸弹就能使敌方经济瘫痪。这一理论在第二次世界大战中证明是不适用的，德军对英国的轰炸就没有促使英国速败。1921年7月成功地进行的飞机击沉战列舰的试验，使他单纯地相信空军会战胜海军，他还据此得出结论，保卫海防和近海水域应主要依靠空中力量，其他兵种均已过时。所以应重点发展空军，用空军消灭敌人的海军。

超前的理论超过了当时飞机的能力，是无法实现的。当然，他的一些超前理论，在后来被陆续采纳了，如1947年美国成立空军，战略轰炸的思想已成为当今美国空中战略的基础，他的活动增进了民众对空军的认识。

美国空军之父成为囚徒。

不管米切尔的理论是合理的还是偏激的，他都注定要成为悲情式的人物。因为实践证明，在美国脱离实际的发展只能以失败而告终；至于那些超前但有价值的理论，则只会起到牵引作用。

米切尔关于空中力量的运用和发展问题，面临两个难题。其一是当时的飞机不具备完成他所要求的大部分任务的能力，其二是最为棘手的空中力量与陆海军关系问题。飞机使陆军和海军传统的定义和职能受到挑战，发展飞机需要消耗那些用来本来是可以供给地面部队和水面舰队的人力和资金，又在各军种内部造成了激烈的内部权力斗争。

但米切尔不畏其难，利用各种公开和私下场合向驳斥他的理论挑战，他声称，只有组织上实行自理，才能保证飞机得到充分的利用。但国会和行政部门一致认为（其中态度最激烈的是参谋部），关于空军的主要问题是飞行部队未能给自己找到一种单独的任务。

空中力量与海军关系上也引发了一系列矛盾。1920 年，米切尔公然无视组织纪律，向海军挑战，要求海军允许陆军航空兵参加他们的试验。试验成功本来是好事，但是他的热情伤害了海军，使海军名誉扫地。他说舰艇不堪一击，但海军自然不能同意他的观点，陆军内部也不支持他。虽然海军赞同对航空事业进行鼓吹宣传——舰队航空兵理应受到更多的重视，但他们对于米切尔提倡的组织独立和轰炸在未来的地位，并不热情。

在陆军部内，米切尔的叛逆行为影响很大。潘兴将军便指派梅森·帕特里克少将接替了他，但他并未停止宣传鼓吹活动。1923 年，参谋部的一项关于空中力量的研究报告认为，将空战与地面作战分割开来，或建立独立的空军，都是不合适的。第二年，国会的一个特别调查委员会对航空政策进行了审查，也得出同样的结论。米切尔对此却不以为然，反而公开表明自己的不同态度，帕特里克于是将米切尔发配到野战部队，使他失去了准将资格。但米切尔继续指责政府对航空兵漠不关心的态度近乎"叛国"。

对于米切尔的固执和激进，卡尔文·柯立芝总统于1925年下令授权莫罗委员会进行审查，莫罗委员会也拒绝空军独立，但极力主张加强对航空发展的关注。委员会的调查结果是米切尔不服从上级并暗中煽动部分公众对航空部队的反应，恰好与军事法庭对于米切尔的定罪相一致，判处米切尔有罪，停职5年。米切尔不愿受到停职处罚，便于1926年离开了陆军。

作为一个以标新立异闻名于世的民族，美国人不可能对飞机这样一个新生而极具潜力的东西视而不见。1919年，陆海军联合委员会的分会——航空联合委员会发表了关于空战的第一篇学术报告，强调了空战对于地面和海上战役的重要性。认为在未来，陆军将发展各种专用于支援地面战争各方面需求的空中部队。海军的航空分析家们已经确信，未来舰队作战必须取得制空权，陆基海军航空兵对于海战中的运输、侦察、攻击敌方海军基地等方面将是至关重要的。1920年，陆军进行整编时，航空兵上升到与陆军其他战斗兵种平等的地位，即陆军航空兵。1921年，海军建立了航空局。而且，委员会并未因为米切尔的权威和雄辩而接受他那些过于超前的理论，反而驳斥了他的一些观点。

航空力量的发展从未停止。

鼓吹空中力量的人除了米切尔之外，还有很多更实际的人，他们的宣传和有克制的建议，使空中力量的概念越来越广泛地被民众接受，国会和军队也逐渐认识到空中力量的作用，空中力量的地位和实力逐步提升。帕特里克接替米切尔时已经年过60，但仍然学习飞行，足见其热情。帕特里克和航空兵中的其他稳健派强烈要求加速陆军航空兵的发展，但官方拒绝建立一支脱离地面部队控制的独立空军，帕特里克勉强接受了流行的观点——空中部队要为地面作战服务。海军在对公众宣传方面，有一个三人小组，由三位"老顽童"——威廉·富拉姆上将、布雷德利·菲斯克上将和威廉·西姆斯上将——组成。他们积极活动，和陆军一样，建立起组织严密的专业化飞行军官骨干队伍。他们坚信，国家防务要求创造性地使用飞机。

大战后，政府停止建造飞机，航空业几近解体。1925年，美国只有34架飞机可以使用。但有识之士的呼吁和国外空中力量的发展，使美国人开始重视这个问题。

认识到重要性，就以法律的形式予以确定，这是美国人的行为方式。

1925年，国会指派"莫罗委员会"对空中力量进行研究，指出：美国空中力量的状况极为落后，甚至远远落后于日本，防空火力少得可怜，"美国现在面临着来自海外各个方面的空中攻击束手无策"。委员会提出重视空中力量的建设，建立分属陆军和海军的空中力量，以适应现代化陆战和海战的需要，并提出了加强航空工业的具体建议。国会认可了委员会的报告，1926年通过了《航空队法》。依照该法，陆军航空兵改为陆军航空队，使之具有向参谋长负责的同等地位；陆军航空队编制为1514名军官、16000名士兵和1800架飞机，并制订了一项5年扩展计划优化这些飞机使之现代化；陆军部增加一位负责航空事务的助理部长，海军部也设立一个相应的职务。执行飞行任务不再低人一等，雄心勃勃的军官们都渴望得到飞行员证书。飞行员们还获得了验证各自作战理论的试验机会。

沾海军的光，海军航空兵的发展略快于陆军。

1925年开始，海军航空兵也成为海军作战主力。根据法律，此后只有海军航空兵才能对航空母舰、海军航空站、飞行中队和航空训练基地等实施指挥。海军学院毕业生在完成最初的航海训练任务之后，将接受强制性的飞行训练。

空中力量在航空母舰上找到了自己的位置。当时，许多人提出了海空作战的理论，一般认为航空母舰的首要任务是为舰队提供空中保护，而更多的人则认为它是一种进攻手段。海军作战部长谢尔曼认为航空母舰的主要任务是进攻敌人的飞机和舰队，夺取交战海域上的制空权。西姆斯海军上将则认为航空母舰将取代战列舰的传统任务，有航空母舰的舰队将能在海战中歼灭敌人的舰队。此后，美国开始着力发展航空母舰，海军航空兵随之得到大发展。二战前，美国共拥有7艘航空母舰，海军拥有飞机1700架，海军航空兵已经成为世界第一。

陆军航空队的发展一度受到忽视，受中日战争和西班牙内战中空中力量的刺激，1934年，美国在"贝克报告"的基础上加强陆军航空队。1935年，陆军航空兵司令部成立，同陆军航空兵队一起，致力于研制轰炸机。30年代的单翼飞机取代了20年代的双翼飞机；1935年，高性能的B-17远程轰炸机问世，为米切尔的战略轰炸理论提供了实施的基础。但这一时期忽视了战斗机和防空武器的研制，导致在下一场大战中美军付出了惨重代价。到1939年，陆军拥有飞机2400架，人员近2万，陆军航空队取得了长足的发展，他们在陆军的战略计划和组织体制中，赢得了重要的、近乎独立的地位，已经成为世界上屈指可数的强大空中力量。

2. 作战计划促进海军的成长

一系列条约阶段性地阻止了美国海军与列强海军不断增大的差距，美国人经济的思维方式，拖延了建立足以赢得下一场战争的海军的速度。但是值得称道的是，美国陆海军联合委员会制订了彩色计划和后来的彩虹计划。这些计划充分考虑了美国所面临的战略威胁，提出了战略设想，并按照这些设想对海军建设提出了要求。海军就是在这些计划中逐渐成长起来的。

彩色计划中的橙色计划是准备一旦与日本作战时实施的行动计划；后来的彩虹计划则用于同时对付太平洋和大西洋的突然事变。计划使决策者感到，在日本大举袭击之下，要保住菲律宾和其他岛屿显然是没有把握的。因为美军需要横渡太平洋作战，而敌军必然很快占领重要岛屿上的前进基地。在失去基地的情况下，美国海军

> 作战计划的最大成果是催生了航空母舰的诞生。

将往返于 5000 海里的公海，劣势不言而喻。为了弥补这个劣势，要求海军在武器装备上作一些根本性的改变和加强，以改变力量平衡和战法，增加航空母舰和海军航空兵便是弥补的一个途径。

美国最先拥有了浮动的航空兵基地。当一些人还迷信于日德兰海战中巨炮的威力时，以海军上将西姆斯为首的革新派早已经考虑空中力量对舰艇进行打击的问题了，他们设想战列舰的传统任务将被航空母舰所替代。早在快速航空母舰特遣部队出现之前 20 年，当西姆斯还担任军事学院院长时，他就在图上作业中把航空母舰的兵力计算在内了。他断言：在未来战争中，拥有航空母舰的舰队将以自己的飞机轰炸和飞机投放鱼雷把敌方舰队一扫而光。1919 年，海军将运煤船"木星"号改装成世界上第一艘航空母舰，取名"兰利"号。这艘航空母舰质量很差，航速很低，大小与第二次世界大战时服役的护航航空母舰相仿，被称为帆布篷顶大马车，直到 1922 年才编入舰队。

海军在试验中成长。

对于美国人来说，事实最具有说服力。为了验证空中力量对舰艇打击的设想，海军开始了一年一度的舰队作战试验。令人震惊的试验发生在 1921 年，飞机攻击的目标是日德兰海战中幸存下来的德国老式 22500 吨无畏级战舰，改建后泊在弗吉尼亚角海面。两天的密集轰炸没能炸沉它，最后，7 架双发动机的轰炸机编队临空进行轰炸，每架飞机各携带大批特制的 2000 磅炸弹，军舰终于被炸沉。但试验结果还不具备太强的说服力，因为 3 天才炸沉军舰，而且飞机知道静止的军舰的位置，军舰本身没有空中掩护。

但试验也表明了飞机炸沉战舰的可能性，于是，海军三年后又作了一次试验，目标是《华盛顿条约》中准备丢弃的战列舰"华盛顿"号。试验采用了轰炸、舰体内部、水下模拟炸弹和水雷爆炸的威力，仍然没有炸沉。但是试验说明，战列舰必须有空中掩护，因此海军必须有航空母舰。按照华盛顿会议准备报废的 33000 吨级的战斗巡洋舰"列克星敦"号和"萨拉托加"号被改装成航空母舰，于 1927 年编入现役，同年还批准 14500 吨的"漫游者"号航空母舰，这是海军第一艘专门设计建造的航空母舰。

海军航空兵找到了自己的最佳位置。1921 年 8 月 10 日，美国建立了内战以来的第一个航空局。使用航空母舰之前，海军航空兵就在装备上、战术上和部署程序上进行了各种试验。为了帮助飞机降落，上尉 A. M. 普赖德把一道道缆绳两端系上重物，横拦在跑道上，使降落的飞机次第减速。1911 年，尤金·伊利把这种方法在"宾夕法尼亚"号上进行了试验，以后的航空母舰上用的基本上就是这种办法。海军官兵还研究出了如何在舰上装载更多的飞机的方法，美国航空母舰上装载的飞机一般都比其他国家多。他们发现在飞行甲板上测定角度和速度比机上飞行员更为准确，于是专门设置了一个名叫降落信号官的职务来专司其事。此外，对于起飞和降落的间隔、飞机颜色等也有细致的考虑。为了节省人员和开支，技术高超的飞行员既能驾驶战斗机，也能驾驶侦察轰炸机和俯冲轰炸机。

航空母舰的攻击性在试验中得到验证。当时，海军的关键领导人物仍然认为，航空母舰的首要任务是为战舰提供空中保护，坚持航空母舰必须从属于舰队战斗序列。但改革者早就认识到它的攻击价值。为了说服那些保守的人，在 1929 年，巴拿马海面举行对抗演习时，在舰队司令威廉·V. 普拉特海军上将允许下，约瑟夫·M. 里夫斯海军少将对航空母舰进攻战术作了一次试验。里夫斯率领航空母舰"萨拉托加"号和一艘巡洋舰，脱离了主要的进攻兵力，用 66 架飞机对巴拿马运河区进行"突然袭击"，获得了全胜。这一试验直接促使快速航空母舰特遣部队的组建。1932 年，从航空母舰"列克星敦"号和"萨拉托加"号上起飞的飞机，在哈里·E. 亚内尔海军少将指挥下，在一个薄雾笼罩的星期天早晨，对珍珠港进行了十分成功的"突然袭击"演习。美国人一再证明了航空母舰的攻击价值，并不断地日趋熟练。当然，日本人也对美国海军的试验印象深刻。同时，海军还进行了飞船试验，飞船在反潜作战方面的作用引人注目。

从舰到陆的力量是美军执行海外任务必备的力量。

海军陆战队就是这一力量。自从 1915 年英国登陆达达尼尔海峡遭到惨重失败后，军事专家们就认为任何登陆作战都是无谓的冒险，是注定要失败的。但是，美国军队的使命要求海军必须具备这一能力。当海军从理论和实践上发展航空母舰战术时，海军陆战队就开始发展两栖作战进攻战术了。

1921 年，厄尔·H. 埃利斯上校曾提出建议，一旦与日本开战，海军陆战队必须夺取日本在太平洋的前进基地，并为此进行了一系列演习。登陆作战演习先后曾在加勒比海和夏威夷举行过。1933 年，舰队陆战队（舰上分遣队）开始组建起来。这是第一次舰队配属相当规模的两栖作战部队。在此后的 8 年中，海军开展了两栖作战学说研究，把过去仅作为海军警察使用的陆战队，转变成一支有效的打击力量，主要任务是占领敌方的滩头阵地。海上火力支援和空中掩护的技术问题也逐渐得到解决。特制的登陆输送车、输送船也完成了设计。经过反复试验，造出了大批多种类的登陆输送船。未来，无论在太平洋战役，还是在诺曼底登陆中，海军陆战队的发展在第二次世界大战中发挥了重大的作用。

1938 年以后，美国海军建设是完全指向战争前沿的。

在海军军备限制完全被取消后，对于日本已经入侵中国的情况，国会出台了《1938 年国防法》，主要包括耗资 11 亿美元的 10 年计划，总吨位超过了条约限制的 20％，建造所有类型舰只。国会还批准海军航空兵飞机数量增至 3000 架，比现有飞机数量几乎翻了一番。但到 1939 年，除战列舰多于日本之外，航空母舰、巡洋舰、驱逐舰、潜艇等其余舰只，均少于日本。1938 年，富兰克林·罗斯福总统决定建立永久性大西洋分舰队。同年，一项关于海军基地体系的报告称，海军不能在远离本土基地的海域作战，建议建立 26 个基地，但没有回应；1939 年，海军报告：现有基地体系不能在西半球之外支援海上作战。当时，人力资源同军舰与基地一样短缺。

美国人意识到，国家已经受到新的战争威胁。1938年秋季的航空会议上，富兰克林·罗斯福总统提出了拨款5亿美元来使军用飞机的数量增加10000架；还将在未来创造出一个年产24000架飞机的航空工业。1939年4月，国会通过了罗斯福关于提供3亿美元、使航空兵飞机总数达到5500架、其中3251架为新型飞机的要求，同时批准航空兵飞行员的实力增加3000人。

3. 陆军因战争而重获新生

美国的军事史一再证明，军事总是在战争来临时复兴，这一特点体现最明显的是陆军。平时，它就像是国会的弃儿，而战争临近时，人们才想起这些在大地上浴血奋战的勇士们。

不仅陆军航空队的发展落后于海军，只是在30年代中期感觉战争威胁时，才加强了建设。至于其他陆军武器装备，就更

讲求经济的美国人对陆军最抠门。

加可怜。国会认为，上一场战争中购买的武器应该完全发挥作用直至报废为止。这些武器的确用到了30年代，到了该报废的时候，但还没有更新的迹象。5毫米口径的机关枪仍然被作为反坦克和防空武器，30年代，改进型的法国75毫米炮还是主要武器。当军械部的一个工人研制出加伦德式半自动步枪时，陆军还不太愿意淘汰改进型1903年旧式步枪。道格拉斯·麦克阿瑟当参谋长时，陆军的人力、装备和经费问题最多。1934年的报告表明，当时服役的只有12辆第一次世界大战以前的坦克，可以得到的装备甚至不够有限的部队使用（现有部队已经很少），而且明显地陈旧不堪。1939年，用于研究发展和改进武器的费用也只有500万美元，只占陆军预算的1.2%。

陆军在困难时期保留了最宝贵的东西——部队。

1934 年，参谋部确定了现代化的先后顺序：坦克和炮兵机械化，野战部队摩托化，飞机，通信设备，新式半自动步枪。其后又有调整，但不管怎样，手头资金使陆军只能发展武器样品，而没有足够的财力来按欧洲标准给野战部队换装。有些武器样品达到了一流水平，如 60 毫米和 81 毫米迫击炮，105 毫米榴弹炮和 M1 型加伦德式步枪。由于第一次世界大战时的武器弹药过剩，陆军很难从国会赢得用于现代化的资金，这使得财政陷入困境。

陆军选择了保存人员力量的做法。在财力不济的情况下，这一做法是明智的，连麦克阿瑟也力争保留训练有素的士兵而不是购买新武器。这是无奈但比较实用的方法，例如，假设最可能的对手是墨西哥，那么 2 个师的骑兵和马拉大炮要比部署在欧洲的全部坦克都有用；假设日本来进攻运河区或菲律宾，那么海岸炮兵就比坦克或骑兵更重要。为应付未来的各种情况，正规陆军和国民警卫队都保持了种类齐全但装备落后的部队。当然，这种迫不得已的明智做法，再加上使用上的争议，也限制了第二次世界大战中最重要的陆战武器——坦克的发展。

德国和日本的躁动，使国会对陆军重新提起兴趣。

1936～1937 年，正规陆军增加到 16.5 万人。1938 年 1 月 28 日，罗斯福在咨文中对罗马—柏林—东京轴心国的活动表示担忧："从国家安全角度来看，我们的国防力量不足，需要加强。"虽然拨款大部分给了海军，但陆军还是得到了 1700 万美元，并为储存弹药拨款 200 万美元。德国吞并奥地利后，总统在 1938 年年底成倍地增加了预算。在部长助理约翰逊的支持下，总参谋部试图说明要建立一支力量均衡的军队，既要有一支完整的空中力量，也要有均衡的能够作战的地面部队。

罗斯福终于同意支持建立一支力量均衡的陆军，把一些经费改用于购买陆军装备，但不同意增加陆军人员。1939 年初，总参谋部的近期目标是采购足以装备 73 万人初期掩护部队的物资，并迅速增加人员，以使 5 个步兵师达到平时满员兵力。1939 年夏通过的补充拨款法案中，取消了 12 个月中士兵平均人数 16.5 万人的限额，允许增加到 21 万人。1939 年，陆军本身动员和工业动员方面都明显前进了一步。

由于第一次世界大战期间和战后总参谋部的加强，和陆军部讲求实际的精神，使陆军能够按照目标发展。例如，1939 年 4 月中旬，总参谋长让战争计划部初步研究"一旦欧洲发生战争和总统采取备战政策对应采取的步骤"的问题时，战争计划部在当月底就拿出了初步研究报告。到 5 月 5 日，战争计划部根据初步研究拿出了优先供应项目计划。几乎在同时，作战计划也有了更新。陆海军联合委员会起草了一系列可能与敌对国家发生冲突的战争计划，以"彩虹计划"取代原来的"彩色计划"。提出了各不相同的目标，从保卫西半球到派美国远征军到敌对国国土上作战等。"彩虹 5 号"成为下一次战争中美国战略的基础。

在第一次世界大战之后的 20 年中，美国仍然表现出对海军的重视和对陆军的忽视，这是美国人追逐利益的要求。当战争气息已经扑面而来时，美国人仍然不紧不慢地走着自己的路。但是，可以看到，美国第一次世界大战后的和平时期的军队建设已经发生转折，海军在用一种既限制别人，又发展自己的方式，保证自己的强势地位；陆军在裁军和扩军的经验中，注重强化内在建设，自信地走向下一场战争。一切已经证明，美国人正在以特有的方式追逐战争前沿。

第一次将全世界卷入战火的大战，使美国军队经受了考验，证明了自身的价值，得到了锻炼。

小　结

当列强对于美国军事的特点还很不理解时，美国海军闯入了交战海洋，美国远征军闯到了欧洲大陆，形成了一股左右战争胜负的力量。在美国拖拖拉拉地走向战争的背后，有一条牵在美国人手里的利益线，这条线越长，盈利就越多。当这条线的安全受到威胁，需要美国人去保护时，并且当美国人确定到了主导世界的转折机会时，美国人立即参战了。为了确立战后的国际地位，在变幻难测、甚至岌岌可危的战局中，美军在联盟战争中，镇定地保持了自身独立地位，在战斗中证明了自身的价值，收获了信心。正如潘兴将军所说："事实是我们的官兵肯定比那些疲惫不堪的欧洲人优秀得多。盟军的高级军官对我们训练不足的参谋人员和高级军官时有贬词，我方人员对之忍耐已久……现在我已用相当强硬的语言告诉盟军，我们对此种屈尊受辱地位已不能继续容忍。因此我希望不再听到此种胡言乱语。"

战后，欧洲列强忽视、或者有意忘却了美国人在战争中的作用，美国人没有退缩，反而以一种和平的姿态来发展军事力量。

因为，国际和国家已经形成的既定环境，是大势所趋，美国一旦踏上了全球竞争的舞台，便没有回头路可走。至于和平的呼吁和期望，只是加强军备的一种方式。美国在国际大势和本国需求的双重作用下，实现了历史性的转折，开始争夺全球事务的主导权，为适应全球范围的下一场战争而准备一支军事力量。其实这种转折，在参加第一次世界大战的那一刻起，就已经告诉世人了。

在这种趋势明确无误的时候，人们还在指责美国的方针是一种长期不备战的方针。但是，应该看到，第一次世界大战后的美国并非不备战，而是以自己独特的方式备战。因为，历史让我们看到，美国人当时建造出世界第一艘航空母舰，发展了海军；吸取了战争经验，强化了陆军的内在素质，保证可以适应下一场大战；美国空中力量世界一流；在军队和武器装备数量总体上落后于潜在对手的情况下，积累和扩充了生产潜力。美国之所以敢于以这种独特的方式备战，源于美军历史上反复裁军和扩军的经验所带来的自信，源于这种迅速扩军的能力，而其他国家似乎这方面的经验很少。至于有些国家在下一场战争中忽视美军，它马上就吃到了苦果。

　　文官、国会仍然握有对军队裁扩生杀的
大权，民众仍然是军队的衣食父母，军队的
一切发展，都要国会的批准，文职人员是军
队的最高领导。国会代表民众的呼声，掌握
军队的方向。当商船遭袭、商业利益受损

转折归转折，美军在走向世界时，仍然没有抛弃它赖以持续强大、赖以保留根基的核心要素。

时，军队就必须出击；当大萧条出现时，军队就必须克制；当经济的
全球竞争需要一支能战斗的海军时，海军就必须壮大。在一些危急时
刻，诸如战争迫近或者已经爆发之时，文官仍然时常掣肘，国会仍然
时常刁难，而美国军人在呼吁之外，只能接受。

　　这个传统是一种对国家权力的尊重，对国家利益的尊重，对民众
的尊重，对自身生存和发展基础的尊重，对军队本身初衷的尊重。正
因为这样，一支略显松散，但足以使世人敬畏的美军，才没有向很多
军事强国一样走向军事独裁或者军国主义之路，才能够持续地保持它
的战斗力和战争潜力。

　　停火没有结束大战，《凡尔赛条约》也没有结束大战。正如1904
年俄日战争开始时，俄国海军的一位将军评论说：战争并不常常是从
打枪打炮开始的，冲突在战争爆发前很久就已开始；当然，也不常常
在停止打枪打炮时结束。何况交战各国在战后马上变换了朋友和敌人
的角色，也借此恢复了军事实力。在怀有不满而又充满力气的人来
说，冲突不大可能避免了。处于历史性转折的美军，无论是在军事制
度、军事实力和潜力，还是在军事思想上，都将迎接有史以来最大的
挑战。

八　为了我的地球
——美国与第二次世界大战
（1934～1945）

在第一次世界大战中，美国人所付出的努力被列强忽视了，

美国人想主宰世界的野心也功败垂成。

美国人是否会放弃拥抱地球的愿望？帝国之路是否有头可回？

历史给出答案。美国巧妙地维持着本国战略所需要的力量，

保持着同列强之间的竞争力。

当又一次世界大战即将爆发的时候，

美国已经做好了自己有史以来最大的战争准备。

第二次世界大战的爆发，

再一次给美国人提供了拥抱地球的机会，

美国人也再一次义无反顾地投入了这次冒险。

（一）全球战争

相比于第一次世界大战，第二次世界大战更称得上是全球战争。无论是从参战国家、战场范围、投入兵力、物资消耗和波及范围等方面来讲，第二次世界大战都是史无前例的。第一次世界大战参战国家为 36 个，实际上只有 20 个国家直接参战，其余为名义上参战；参战地域仅限于欧洲（主要是西欧）和大西洋；共有 8 亿人卷入战争，占世界总人口（17.16 亿）的 50%，双方动员的人数是 6620 万。第二次世界大战有 61 个国家参战；交战地域包括欧亚非三洲和大西洋及太平洋；20 亿人口被卷入战争，占世界总人口（21.7 亿）的92%，双方动员的人数是 1.1 亿。

对于美国来说，这场世界大战更具有全球色彩。因为美国在战前就已经制订了战争计划，并为战争在全球范围内做了准备。在战争爆发后，美国站在俯视全球的高度，谨慎地、按部就班地逐步加入战团。当突然袭击打破了美国人的计划时，美国以一种独有的反应速度，投入了战争，并在战争中实施其全球战略，部署了几乎遍布全球的力量，在全球战争的高度实施了战争管理。

1. 全球关注

第一次世界大战后，加入全球军备竞赛的美国，对国际社会保持高度的关注。进入 1930 年代，全球范围的大萧条导致欧洲金融体系近乎崩溃，大多数欧洲国家无力继续偿还美国的贷款，德国也延期支付战争赔款。新的大战又一次走近了，罗斯福政府不得不在实施新政的同时，关注国际社会危机。

在战争威胁面前，美国首先想到的是自己后院的稳定。

美国政府一反常态，改变了早期对中南美的干涉政策，对于那些向美国允诺保持社会稳定、不危害当地美国利益的独裁者，采取支持态度；1934年从海地和尼加拉瓜撤军，还参加了一些泛美会议，在会议上，罗斯福与各国首脑共同保证，在西半球，任何国家都不得干涉他国的内政外交。在古巴，当地的革命威胁着美国将近10亿美元的投资。但美国没有直接出兵，而是派遣了一个特别外交使团与革命政府达成妥协；而当叛军推翻革命政府之后，美国又转而支持叛军政府，并同意废除《普拉特修正案》。1938年，墨西哥政府宣布把一些美国石油公司收归国有，美国政府拒绝了商人们要求武装干涉的请求，与墨西哥政府达成协议。

可想而知，若不是1930年代的战争恐慌，使美国担心有一天整个西半球必须保持稳定团结、共同对付外敌入侵，美国对这些事件的态度必然会完全不同。可见，当时美国保持后院稳定的心理多么迫切，从根本上反映了美国对下一场全球战争的关注。

美国人对欧洲日益恶化的局势十分警觉。

1934年，希特勒撕毁了1919年《凡尔赛条约》，宣布德国重整军备。同时，意大利法西斯独裁者墨索里尼建立了强大的军事力量，并于1934年入侵东非国家埃塞俄比亚。这在美国激起了参战还是反参战的辩论，金融家和企业主要求进行干涉，许多非洲裔美国人看到美国对埃塞俄比亚遭到侵略置之不理深感失望和愤怒，而也有许多平民要求美国置身事外，还组成了诸如"未来退伍军人"和"未来金星母亲"等反参战团体。

1936年，墨索里尼与希特勒结成柏林－罗马轴心。同年，西班牙军事独裁者佛朗哥挑起内战，苏德卷入战争。美国人的态度对此出现两极分化，大多数天主教和反共分子（佛朗哥得到了天主教会的支持，目的是推翻共和政府）站在佛朗哥一边；很多人，包括原来很对反战分子，则认为值得为共和事业献身，还组织了3000人的

"林肯纵队"参战。1938 年 5 月，德国吞并了奥地利；9 月，占领捷克斯洛伐克苏台德地区；6 个月后，占领捷克斯洛伐克全境，并残酷地迫害犹太人。

罗斯福不是孤立主义者，但在美国人还没有到全心向战的时候，他也想让美国避免战争（后来证明这只是一种矛盾的幻想）。他宣布：美国"继续保持中立"，同时补充："但是我不能要求每个美国人在思想上都保持中立。"不过，为了贸易利益，同时也因为政治倾向，美国国会取消了中立法案中的禁运条款，开始允许以现款自运的方式向英法出售军火。1939 年 8 月，德国犹太移民物理学家爱因斯坦联合其他科学家向罗斯福发出警告——德国正在研制原子弹，为了先发制人，美国于 1941 年开始投资研制原子弹。

1939 年 8 月，苏德签订《互不侵犯条约》；同年 9 月，波兰沦陷，英国派遣军队协助保护法国。9 月 8 日，罗斯福宣布美国进入紧急状态。1940 年 4 月 9 日，德军突袭挪威和丹麦；几周之后，突袭比利时和卢森堡；之后进攻法国，6 月法国投降，英军由敦刻尔克撤回本土。此时，美国国内虽然有一些反参战团体还在鼓吹"美国第一"，但是政府已经谨慎地继续向前迈步了。美国政府与英国达成协议，把 50 艘陈旧的驱逐舰运往英国；作为回报，美国获得了在英国属地建立海、空军基地的权利，范围从纽芬兰、百慕大到英属圭亚那。1940 年 7 月，总统签署了投资 40 亿美元扩建海军的命令；9 月，国会又通过了《义务兵役法》，规定 100 多万美国人必须在军队服役 1 年，这是美国历史上第一次和平年代的征兵法。

2. 全球战略

与第一次世界大战中途参战的情况相似，美国也是在第二次世界大战爆发 2 年后，在 1941 年 12 月珍珠港事件之后才参战的。美国获得了在战争中不断发展壮大的难得的历史机遇，决心取代英国获取国际事务的领导权。于是，在参战之前以及参战过程中，美国基于全球的视野，一直在制订和调整其全球战略。战争后期，美国之所以成功地获得了国际事务的领导权，主要原因之一就是其利用政治、经济和军事上举足轻重的地位，制订并实施了合适的全球战略。

由于预见到卷入世界大战是不可避免的，美国军事界的全球战争战略由来已久。

在 1904 年日俄开战后不久，美军即着手制订了一个被称为"彩色计划"的战争计划，其中红色为英国、黑色为德国、橙色为日本、绿色为墨西哥。这个计划只概述发生

战争时的原则。1914 年，巴拿马运河通航，改变了从大西洋到太平洋的航道距离，大西洋的美国部队进入太平洋比绕道南美大陆大约可以缩短 1 万英里，到菲律宾的距离不到以前的一半，这对美国的战略具有划时代的影响。美国又着手彻底研究该计划的各种原则。

第一次世界大战，"黑色"（德国）战败；"红色"（英国）精疲力竭；"绿色"（墨西哥）对美国的依赖增大，对美国的安全不构成威胁；唯独"橙色"（日本）的国力相对提高，地位得到加强。日本接收了原德属马绍尔、马里亚纳及加罗林等南方群岛等地的托管权，成为赤道以北的西太平洋上的统治国，美国则统治东北太平洋的夏威夷和阿留申，保留着日本统治领以西的关岛和菲律宾等孤立的据点。日本成为美国舰队西进路上的重大障碍，也威胁着美国在太平洋上的安全线，实际上使菲律宾的防御成为不可能，这必然引起美国的严重关注，美国战略把战略重心转向日本。一个半世纪以来所采取的集中舰队于大西洋的做法宣告结束，大部分舰队于 1919 年移到了太平洋方面。美国于 1924 年 9 月制订了《橙色对日作战计划》。

日本在 1931 年占领中国的东北后，与国际联盟分道扬镳，进而又表示要退出华盛顿和伦敦裁军协定。1935 年 4 月，美国提出橙色计划修改案："只有用旷日持久的消耗战才能打垮日本，菲律宾将早期丧失，美国将采取渐进作战的形式，以马绍尔和加罗林群岛为起点，逐次攻占日本的托管地，确保通向太平洋的交通线。"修改后的

"橙色计划"预测到日本将以进攻菲律宾及关岛而揭开战幕。美国太平洋舰队将确保海上交通线，运兵并与日舰队决战。

第二次世界大战爆发前夕，1938 年 11 月，联合计划委员会受命，以德意日结盟、欧洲其他列强保持中立为前提，研究并估计在门罗主义遭到破坏、日本进攻菲律宾的情况下所应采取的战略。从1939 年夏季开始，美国认识到有可能爆发对敌国联盟的战争，为应付多种意外，重新制订一套作战方案——《彩虹计划》。《彩虹 1 号计划》设想美国独自进行战争，战略重点在于保护西半球上美国的重要利益和有可能受到威胁的那部分地区（南纬 10°以北的美洲），尤其是巴西的东部，以确保"门罗主义"的原则不受侵害。在太平洋，在阿拉斯加—夏威夷—巴拿马一线维持战略防御直至可以对日本进行反攻。《彩虹 1 号计划》于 1939 年 5、6 月间由陆海军联合委员会制订，7 月得到批准。1940 年 6 月，在该计划的基础上又制订了《彩虹 4 号计划》。

《彩虹 4 号计划》是在 1940 年 5 月德军入侵西欧并打到英吉利海峡的情况下制订

战争临近，计划越来越清晰。

的。为适应新事态的发展，联合计划委员会推迟了制订彩虹 2 号、3 号（太平洋攻势作战）及 5 号（大西洋攻势作战）计划，制订了《彩虹 4 号计划》。设想德、意在南美向门罗主义挑战，同时日本在远东侵犯美国权益的形势下，美国单独击败对美洲大陆、合众国及阿留申群岛、中途岛以东的美国领土和海域的侵略。强调在轴心国的挑战面前，美国将依靠自己的力量保卫美国领土和整个美洲大陆。如果在南美洲出现受轴心国袭击的可能，或者发生由轴心国支持的颠覆，美国将出兵干预。在太平洋，美国将采取战略防御，不直接卷进中经线 180°以西的军事冲突。1940 年 4 月，调到夏威夷进行年度演习的美国太平洋舰队，长期停驻珍珠港，不返回美国西海岸。目的是迫使日本放弃乘荷兰失败及英法处于困境而南进的打算。

1940 年 11 月，海军作战部部长斯塔克上将提出了 4 种可供美国选择的方案。一是美国主要军事力量是否应当用于西半球的防御和两洋的安全保障；二是是否应当在援助远东的英荷军队的前提下，准备对日本展开全面进攻，而在大西洋采取单纯的守势；三是是否应当计划给英国和远东以最大限度的军事援助；四是是否应当竭力以英国为同盟国，在大西洋采取强大的攻势，在太平洋采取守势。斯塔克和陆军参谋长马歇尔向陆海军部长和总统建议采用第4条方案。这一建议表明，希特勒被认为是美国最大的、目前最危险的敌人。因为只有德国才有能力保证轴心国胜利的人力、工业实力和军事实力。一旦德国被摧毁，意大利和日本将难以支撑。因此，同盟国战略的核心就是"德国第一"。美国应在大西洋采取攻势，在太平洋采取守势，在欧洲战事解决之前，努力避免同日本开战，即"先欧后亚"。

根据以上原则，1941年4月7日，陆海军联合委员会制订了《彩虹5号计划》。计划在太平洋和大西洋两个方向都采取更积极的态势，但仍以大西洋为重点。重点计划部署横渡大西洋以在东大西洋、非洲和欧洲击败德国和意大利的军事行动。在解决德国之前，对日本采取牵制性消耗战，仅限于在中太平洋地区发动有限攻势。具体是夏威夷基地的舰队在太平洋采取守势；海军将不增援菲律宾，应考虑到有对日本城市实行轰炸的可能性，应准备继续护航大西洋上的船舶（从美国到英本土），继续巡逻从缅因州到弗吉尼亚角沿岸一带；陆军在作好充分准备之前，不得采取攻势；继续为英国供应物资，不惜一切保持这个基本精神。这就是美国参战前制订的战略。

在《彩虹5号计划》中，计划人员预见到美国将要进行一场进攻性战争，包括旨在确保控制所有关键性海上咽喉要地、摧毁敌方海上贸易的海军行动，旨在破坏敌方空军和军事工业的战略轰炸，旨在消除敌方政治控制而对抵抗运动进行支持，以及旨在消灭轴心国地面部队的地面作战。1941年6月，战局发生巨变，德国入侵苏联。对此，丘吉尔非常激动，而罗斯福则心情复杂。虽然苏联牵制了德军大部兵力，使德国陷入泥潭，但是同盟国的军事分析家们却怀疑苏联人能否挺下去。而且，苏军疲于应付德国，使它不再具有牵制日本向东南亚扩张的能力。而事实上，日本的军事计划人员已在努力工作，制订战略计划，将美国的属地统统列为其进占目标。

但日本毕竟还没有发动进攻，战略上最迫切的问题是穿过德国潜艇出没的大西洋，将租借物资运抵英国。为了增加保险，罗斯福打着维护海上中立的幌子，援助英国。1941 年，总统扩大了海军在大西洋的活动范围，罗斯福从太平洋舰队抽调舰艇，扩充美国海军巡逻队；海军开始为在冰岛以东海域航行的商船护航，并向英国海军通报所发现的德国潜艇；海军陆战队的一个旅进驻冰岛，保护以冰岛为基地的侦察活动。

相对于最迫切的问题，美国在 1941 年 11 月所关心的主要战略问题仍是日本。罗斯福警告了日本，不得进攻马来亚和荷属东印度群岛。而在 1941 年夏，日本已经占领了法属印度支那南部的军事要地。美国加强了对日本的制裁，冻结了日本的资产，对日本实行石油禁运。双方虽加紧谈判，但前景黯淡，美日开始走向战争。华盛顿的美国战略家最担心的是菲律宾，部署在那里的亚洲舰队装备极差，道格拉斯·麦克阿瑟统领下的美菲军队规模和装备堪忧。但在 1941 年 6 月，罗斯福动员了菲律宾的武装部队，并命令军事将领们增援麦克阿瑟的军队和亚洲舰队。虽然“德国第一”是既定的战略核心，但是美国陆、海军仍在 1941 年 11 月实施了增援菲律宾的计划，B－17 轰炸机，更多的潜艇、炮兵与高炮部队以及弹药开始运往菲律宾。鉴于日本在太平洋中部处于优势，赤道以南的夏威夷—澳大利亚—马来亚航线就十分重要。英美都认为，任何旨在保卫盟国在太平洋地区利益的战略，都将要求控制这条航线。

珍珠港事件，使美国人不得不在太平洋和大西洋两个战场同时作战。在 1943 年之前，美国的战争重心不在欧洲，而是在太平洋。

在战争过程中，美国人不断地调整战略。

1943 年之后，才实行"德国第一"的战略，战争重点转移到欧洲。美军在欧洲的战略包括几个大型计划，计划的地区包括北非（作为欧洲战场的附战场）、法国、意大利和德国。1942 年，美国决定在 1943 年就实施在法国登陆的"围歼（后改成霸王）"计划，并在此之前实施牵制性的"大锤"计划。1942 年 6 月，为了实施进攻北非的"火炬"计划，决定放弃"大锤"计划，推迟"围歼"计划。1943 年 1 月，"火炬"计划获得成功，美国决定加强大西洋作战，向苏联提供更多的援助。7 月，按照"哈斯基"计划占领西西里岛，并加速"围歼"计划的准备工作。8 月，美国决定于 9 月实施入侵意大利的"雪崩"计划，迫使意大利投降，使之成为向法国南部（"铁砧"计划）的跳板，促进"铁砧"计划和北部（"围歼"计划已改为"霸王"计划）行动的协同。1943 年 11 月，德黑兰会议确定了对德作战计划，决定 1944 年 5 月开辟"第二战场"，实施"霸王"计划，同时在法国南部实施"铁砧"计划，苏联也同时发起攻势，以牵制德军。从战前到参加战争全程，美国在第二次世界大战中，制订和实施了史无前例的全球战略，来打赢这场全球战争，为实现其全球霸主的梦想奠定了坚实的基础。

3. 全球协调

美国人敢于冒险，但追求万无一失。在国际形势扑朔迷离的时候，在敌友尚不分明的时候，在不能确信民主国家能够支撑多久的时候，美国人做了最坏的打算，他们制订了单独对付轴心国的计划。即《彩虹 4 号计划》。计划设想在德、意入侵南美，同时日本在远东侵犯美国权益的情况下，美国单独击败对美洲大陆、合众国及太平洋阿留申群岛、中途岛以东的美国利益点和海域的侵略。计划强调在轴心国的侵犯面前，美国单独保卫美国领土和整个美洲大陆。虽然做了最坏打算，美国却绝不会忽视联盟作战给美国带来的好处。在参战前，美国就开始积极进行全球协调，到战争结束前，美国进行了广泛而频繁的国际协调，以十几次重要国际会议为主要标志。

1941年1月29日~3月27日，面对德国在欧洲侵略扩张连续得手，并威逼英吉利海峡的紧急局势，美英两国军队高级参谋人员举行了一次重要会谈。由于当时美国名义上还是中立，所以举行此次会议和签订协定都是处于秘密状态下进行的。双方经过反复讨论协商后，签订了《ABC—1参谋协定》。协定规定：一旦美国参加对轴心国的战争，美英两国将采用封锁、轰炸等办法首先击败法西斯德国，然后再对付日本。即"德国第一"的原则。美国为将来可能的参战行动与英国先期联系，为结成了反轴心国同盟奠定了基础。

1941年8月9日至13日，美英首脑在纽芬兰阿金夏湾的军舰上召开了大西洋会议，这是第二次世界大战爆发后两国首脑第一次会晤。为了协调英美对法西斯的战略，双方签署了一份战争目的和战后和平目标的文件——《美国总统和英国首相的联合宣言》，即著名的大西洋宪章，1941年8月14日公布于世，得到广泛响应。

1941年11月24日，在华盛顿，又召开了第二次世界大战前期的一次重要国际会议——五国外长华盛顿会议。中国、美国、英国、澳大利亚和荷兰五国外交部长出席，各方讨论了远东国际局势，首次披露该五国将形成联合对日的国际战线。

1941年12月份，在欧洲战场苏德莫斯科战役以德军兵败而告终，在远东战场美国、日本开始交战。为协调美、英两国在反法西斯战争中的战略和加强彼此的合作，美英于1941年12月22日至1942年1月14日在华盛顿举行首脑会议。会议没有严格程序，除正式的全体会议外，还有各种专门会议及个别会晤，讨论了广泛的政治、军事和经济问题。会议主要讨论了两国在新的一年里的战略协同问题，把德国列为主要敌人，把欧洲和大西洋地区作为主要战场，还就欧洲新战场的开辟和北非战略重要性进行商讨和决策。为加强美英两国军事合作和统一指挥，决定成立联合参谋长委员会和东南亚盟军司令部；双方还讨论了加强两国战时经济合作，并决定成立联合军需品分配委员会、联合原料委员会和联合船舶调度委员会。这次会议奠定了美、英战时全面合作的基础。

1942 年 1 月，苏、美、英、中、澳等 26 个国家在华盛顿举行的联合会议，签订了《联合国家宣言》。宣言赞同《大西洋宪章》，并规定签字国政府各自保证用自己的全部经济、军事力量来对轴心国及其附从者作战，援助反轴心国集团，不与敌人缔结单独停战协定或和约。这次会议，促使国际反轴心国同盟的形成，为争取战争的最后胜利创造了有利条件。

1942 年 4 月 1 日美国总统罗斯福批准了陆军总参谋部制订的进攻欧洲大陆计划（西欧作战计划），计划美、英军队于 1943 年对西欧发动大规模的进攻战役（围歼计划），并于 1942 年 8 ~ 9 月以部分兵力进攻法国北部（大锤计划）。为征求英国的意见，罗斯福委托马歇尔、霍普金斯前往伦敦，与丘吉尔及英国军方人士会谈。1942 年 4 月 8 ~ 14 日，美英伦敦军事会议召开，主要商讨美方制订的横渡海峡进攻欧陆计划。经多次磋商后，英国勉强同意该作战计划。

1942 年 6 月 19 ~ 25 日召开了美英第二次华盛顿会议，讨论了开辟第二战场和研制原子弹问题。通过了关于美英两国在法属北非共同实施登陆战役的决定，推迟了在欧洲开辟第二战场的计划。

1942 年 7 月 18 ~ 25 日美英伦敦军事会议，制订关于 1942 年联合作战计划。会议通过了两国在北非共同进行登陆战役的决定，放弃了当年在欧陆开辟第二战场的承诺。

1942 年底，苏军在斯大林格勒前线发起反攻，美英军队在北非战场取得优势，日军在太平洋战场已经失去优势，整个反法西斯战争呈现出根本转折的趋势。为协调彼此的欧洲和太平洋战略，并就下一步的军事行动作出安排，1943 年 1 月 14 ~ 23 日，美英两国举行了卡萨布兰卡会议，会议的主要议题是盟国下一步的作战计划。会议首次提出要德意日无条件投降的原则；确定了 1943 年作战方针，重申了"德国第一"的基本战略思想；决定在 1943 年 7 月间发动代号为"哈斯基"的西西里岛战役，迫使意大利退出战争而使德国不得不在意大利和巴尔干战场投入大量兵力；加强对德国的轰炸和反潜艇战；继续在不列颠群岛集结美国部队，把在法国登陆的军事行动推迟到 1943 年 8、9 月进行；美军继续保持在太平洋战场的攻势；决定中美英 3 国于 1943 年 11 月对驻缅甸日军发动总攻势，以重新打通滇缅路。

1943 年 5 月 12~25 日，第三次英美华盛顿会议召开，双方对在南意大利和太平洋采取军事行动的计划达成了协议。1943 年 7 月 1 日在意大利的西西里岛登陆，彻底击败意大利，迫其退出战争；决定进攻西北欧的行动于 1944 年 5 月 1 日实行；英美联合参谋长委员会指定美国参谋长联席会议负责进行太平洋战争，并原则上接受了美方的"打败日本的战略计划"，计划中规定的办法包括轰炸和入侵日本，不让日本取得荷属东印度的石油，持续不断地轰炸日本的城市，一有可能就打进日本本土。

1943 年 7 月 25 日墨索里尼倒台，意大利即将投降，为了适应形势，调整战略，8 月 14~24 日，以罗斯福、丘吉尔为首，在加拿大魁北克省举行了第一次魁北克会议，联合参谋长委员会成员与会，中国、加拿大政府代表参加了有关会议。会议批准了霸王计划，并给予优先地位，实施日期推迟至 1944 年 5 月 1 日；决定对德进行联合战略轰炸，并拟订了在法国南部的辅助行动"铁砧计划"；霸王行动指挥官为美国将领，地中海战区指挥官为英国将领；意大利方面，首先迫使其退出战争，进而向北部的德军施压；会议讨论了远东问题，作出在解决德国后一年内击败日本的决议；批准了美军夺取吉尔伯特和马绍尔群岛以向日本推进的作战计划；重申了打通滇缅公路，确认了已经成立的东南亚盟军司令部；签署了有关原子弹生产的《魁北克协议》，英、美还就制造原子弹订立了秘密协定；拟订了英、美、苏、中四大国关于创立常设的联合国组织的宣言草案。会后，各项决定通知了苏联政府。

1943 年，战争出现了根本性转折。苏军进入反攻阶段；美英盟军登陆西西里岛，并于 9 月初迫使意大利投降；日军在太平洋战场上开始逐步退缩，完全丧失了作战的主动权。为协同作战，早日消灭德日军队，并就战后世界和平问题交换意见，美、英、苏三国首脑于 1943 年 11 月 28 日～12 月 1 日，在伊朗首都德黑兰举行了德黑兰会议。会议研究并制订对德国作战计划，决定美英军队于 1944 年 5 月发动"霸王"战役，届时苏联将发动一次大规模攻势，予以配合，德国战败后，苏联将参加对日作战；探讨了战后对德国的处置问题和波兰问题；原则达成协议，战后建立维护世界和平的国际组织。会议发表了《苏美英三国德黑兰宣言》《苏美英三国关于伊朗的宣言》和《苏美英三国德黑兰总协定》。德黑兰会议解决了盟国之间围绕第二战场问题的长期争论，决定了对德国的最后战略，对于加快胜利进程，起到了积极的作用。

德黑兰会议前，中美英三国首脑还举行了一次会议。由于美国坚持邀请中国领导人参加最高级会议一事受到苏联及英国的反对，所以中、美、英三国首脑于 1943 年 11 月 22～26 日曾先期举行了开罗会议，主要讨论对日作战和处置战败后的日本等问题，还就战后远东问题进行了谈判，就发表《开罗宣言》达成协议。会议对于加速打败日本和战后处理亚洲问题起了积极作用。德黑兰会议后，1943 年 12 月 3～6 日，罗斯福、丘吉尔在返国途经开罗时，举行了第二次开罗会议，联合参谋长委员会成员与会，12 月 4 日土耳其总统伊诺努到达参加了有关会谈。会议同意取消在孟加拉湾进行两栖作战，确认登陆法国开辟第二战场为 1944 年的主要战役，同意任命艾森豪威尔为"霸王"行动的盟军最高统帅。

1944 年夏，德国已处于盟军和苏军夹击之下，为适应形势，调整战略，罗斯福、丘吉尔于 9 月 11～16 日举行第二次魁北克会议，联合参谋长委员会成员以及英国外交大臣艾登、美国财政部长摩根索等与会。会议有两个主要议题——军事问题与战后问题。会议决定西线兵分两路进军德国，结束意大利战事后向的里雅斯特和维也纳发动进攻，赶在苏军之前占领奥地利和巴尔干部分地区，英军两个旅进驻雅典以阻止希腊游击队解放该市；讨论并通过了对日军事行动的协议，规定击败德国后一年半内击败日本，加强对日的空中和海上军事行动，以打击日本的武装力量，美军从菲律宾和太平洋群岛驱逐日军，英军继续进行缅甸战役。会议还决定德国西南为美占领区，西北为英占领区，奥地利则作为一单独"实体"。

为就有关结束对德、日战争的一些问题交换意见，并为雅尔塔会议做准备，美英领导人于1945年2月2日在马耳他举行会议，英国外交大臣和美国国务卿以及美英军方高级将领也出席了会议。会议审批了联合参谋长委员会的报告，讨论了盟军向莱茵河推进和横渡莱茵河的具体计划，研究了在东南亚和太平洋的战役行动以及地中海局势等一系列重要问题。双方同意一俟德国无条件投降，即集中力量对付日本。美英领导人还就雅尔塔会议进行了讨论，申明和协调了双方的立场。

1945年初，纳粹德国的崩溃已成定局，第二次世界大战临近尾声。为了最后摧毁法西斯德国与日本，加强和协调盟国的军事合作，商讨和解决战后处理德国问题、处理战后欧洲事务，斯大林、罗斯福和丘吉尔于1945年2月4日～11日，在苏联克里米亚半岛的雅尔塔进行第二次会晤。会议决定德国必须无条件投降，由苏、美、英、法4国分区占领和管制；苏联在德国投降及欧洲战争结束后两三个月内参加对日作战；1945年12月25日在美国旧金山召开联合国会议，并确定安理会大国一致原则；对波兰疆界、南斯拉夫新政府组成等问题达成了协议。会后，发表了《苏美英三国克里米亚（雅尔塔）会议公报》。雅尔塔会议是继德黑兰会议之后的又一次重要会议，对加速战争的胜利和战后和平合作起了积极作用。

美国以一系列主动积极的国际会议以及其他沟通方式，有效促进了全球协调，在适当的时间、区域，以适当的方式和力量投入，成功应对了全球战争，实施了它的全球战略，达到了既有效又经济的战争效果，实现了极有效益的全球战争管理。

4. 全球战争管理

1942年春，美英双方同意在全球范围划分双方的战略分工：美国主要负责太平洋战区，欧洲—地中海—大西洋战区双方共同负责，英国负责中东和印度洋战区；中国战区由蒋介石指挥（后划为中印缅战区，由史迪威指挥）。此外，在远东战场还建立了美英荷澳四国联合司令部。根据这一分工，美军在亚太有尼米兹的太平洋舰队和麦克阿瑟的陆军；在大西洋再次肩负起护航任务；在北非、地中海和欧洲，美军与英军一起参加了北非战役、意大利战役和解放法国及摧毁德国的一系列战役。为了与盟国协调作战，并使自己分布在全球的各作战力量能够彼此协调，以实现其全球战略，美军建立了全球战争管理机构。

第一次世界大战后，海军和陆军部长商定重建联合委员会，并赋予它新的活力。成员为两个军种的军职领导人及其副职，陆海军的作战计划局局长。同时，批准成立了一个由两个军种参谋部计划局成员组成的工作班子（联合计划委员会）。新的联合委员会可以提出自己的建议。尽管该委员会为第二次世界大战的联合作战提供了某些指导，但它并没有得到比其前身更多的法定权力或职责，本身在战争中也没有发挥作用。

战争促使建立了参谋长联席会议。

珍珠港事件后不久，为对英、美军行动实施战略指挥，美英首脑在华盛顿会议上建立了盟军参谋长委员会，作为盟军最高军事机构。英国的参谋长委员会则早就对英国部队实施了有效的行政协调、战术协调和战略指挥。它设有计划和情报人员，协调进行中的作战行动，向战时内阁和首相提供军事咨询。1924 年，英国首相规定了它的职责——"各军种参谋长除执行就陆、海、空等问题提出建议的顾问职能外，……三军参谋长每个人都有个人和集体对整个防务政策提出建议的责任，三人在委员会中组合成一个战时参谋部的总参谋长"。

为了同英国人打交道，适应与盟国的联合作战和美军军种间的协同作战，美国于 1924 年改组了自己的军事机构，这弥补了美国指挥机构的不足之处。这一机构就是参谋长联席会议，在战争结束后也一直沿用下来。参谋长联席会议由各军种的高级指挥官组成，当时包括陆军参谋长马歇尔和海军作战部长金，罗斯福很快又任命了一位私人参谋长——威廉·利希海军上将，他担任事实上的参谋长联席会议主席。为了平衡陆、海军在参谋长联席会议中的人员比例，马歇尔极力主张阿诺德将军也加入参谋长联席会议。阿诺德是陆军分管航空兵的副参谋长，也是美国陆军航空兵的最高指挥官。当时，还没有空军这一独立军种，陆海军均有自己的航空兵，但航空兵已具有相当的独立性。他们完全控制了新飞机的研制和发展，人员的管理和训练，以及作战、战略和计划等。鉴于空中力量地位的提升和英国皇家空军已经具有独立地位，阿诺德顺理成章地成为参谋长联席会议的成员。

当时，参谋长联席会议既没有经过法律批准，也未经总统正式命名，却担负起了罗斯福总统认为是保持适应战争需要的灵活性的角色。这个新的美国军事机构稳步发展成为对陆、海军进行协调和实施战略指导的主要机构。它与英军参谋长联席会议相结合，计划并对这两个国家实施了广泛的战略指导。到战争结束时，美军仍然需要一个正式组织来实施联合指挥。于是，1947 年通过了《国家安全法》，正式建立了参谋长联席会议，为一系列立法和变革的实施奠定了基础，并催生了今天的美国国防组织。美国参谋长联席会议在与英国人会晤时，就成为美英联合参谋部的一部分。美英联合参谋部建立了盟军参谋体系，研究归它指导的计划和军事行动。

为切实实现战争管理和战略设想，联合参谋部同意进一步一体化，美国和英国将其在各战区的野战部队组成联盟部队（各盟国参加的）和联合部队（某一国各军种组成的）。

在地中海—欧洲战场，1942 年 6 月，德怀特·艾森豪威尔被任命为欧洲战区美军司令；8 月，又被任命为盟国北非远征军总司令，统辖 10 万美、英联军。5 月 13 日，全部肃清了北非地区的 25 万德、意法西斯军队后，又统率盟军于 7 月发动了西西里战役。

1943 年 12 月，艾森豪威尔被任命为欧洲盟军远征军总司令，统辖盟军的陆海军。1942 年 10～11 月，为实施火炬计划，美英组成盟国北非远征军，由美国艾森豪威尔和克拉克将军任正副总司令，调动了 13 个师、650 多艘战斗舰艇和运输船只及 1700 架飞机，编成三个特混舰队，成功实施了登陆。这一成功，提供了组建指挥系统的样板。即整个战役在任何一个阶段，都只有一个指挥系统，从而紧密地把海战和陆战结合在一起。这成了以后英、美在欧洲联合作战的模式。

地中海–欧洲以及大西洋战场为了实现连续而互不干扰的指挥系统，大西洋以西经40°为界划分成两个区域，40°线以西为美国部分，金海军总司令负责全部舰船的活动，有完全的指挥控制权。在他以下逐级负责的是美国大西洋舰队司令罗亚尔·E. 英格索尔海军上将、海军西特遣舰队司令肯特·休伊特海军少将。过了西经40°线，休伊特转而向英国的安德鲁·肯宁汉海军上将负责，再通过他对盟国陆海军总司令德怀特·艾森豪威尔上将负责，这是第二个指挥系统。部队上陆后，由第三个指挥系统接管。休伊特与陆军一起接受乔治·S. 巴顿将军的指挥，通过他仍向艾森豪威尔负责。这个指挥体制打破了各军种间的传统指挥方式，克服了军种间的竞争，各军种不再保卫自己的特权并且能够充分合作。

在亚洲，盟国的战略是由盟国的两位主要指挥官英国人路易斯·

蒙巴顿勋爵和中国的蒋介石主宰；1942 年 1 月，美国人约瑟夫·沃伦·史迪威出任中缅印战区美军司令并根据中美两国协议兼任中国战区最高司令蒋介石的参谋长，还有援华租借物资督导官、盟国驻华联合军事委员会的美方代表。他负责协调在缅甸的中英军队，保障滇缅公路畅通，并指挥属于他的中国军队，帮助提高中国军队的战斗力，保证美国对中国政府的援助的效用，以把战争打下去。1943 年 10 月，出任东南亚盟军最高副司令。另一个在亚洲的美国人，克莱尔·陈纳德将军任中国空军参谋长、美国驻中国空军司令。

在太平洋，与美军并肩作战的主要力量是澳大利亚部队和新西兰部队。联合参谋部同意由两位美军司令官作为该地区的指挥官，麦克阿瑟负责西南太平洋地区，尼米兹负责南太平洋、中太平洋和北太平洋。麦克阿瑟的部队由陆海军组成，地面部队由美国陆军和澳大利亚的步兵师以及炮兵和后勤部队组成，最终组建了 2 个美国野战集团军（第 6 集团军和第 8 集团军），负责陆战。麦克阿瑟的岸基空中力量包括乔治·肯尼中将的美国第 5 航空队和澳大利亚皇家空军的部队，负责提供从遮断轰炸到战场近距离支援等空中支援。麦克阿瑟的海上力量是为两栖作战而进行了特混编组的美国第 7 舰队。同时，金海军上将允诺让麦克阿瑟控制海军的快速航空母舰特混舰队。尼米兹负责在太平洋战区内进行重大海上战役指挥。他的海军由哈尔西海军上将的第 3 舰队和斯普鲁恩斯海军上将的第 5 舰队组成。尼米兹的司令部中还包括美国陆军航空兵第 7 航空队，海军和海军陆战队的陆基飞机。他的地面部队包括 4 个海军陆战师，1 个独立海军陆战旅和 4 个陆军步兵师，他们组成 2 个两栖作战军，由海军陆战队的将军指挥。各个战场的美军编成，说明某一军种司令可以担任某一方面或战区的最高指挥官，统辖多个军兵种。与建设全球战争管理机构同时，各战区还成功建立了能支援持续作战的后勤系统。

无论从波及范围，还是复杂程度，这场世界大战比上一场更加具有深刻的全球色彩，是一场更加彻底的全球战争。为了应对这场全球战争，美国人关注战争的进展，并站在全球的高度来考察战争。他们以国家在全球的利益、地位、作用和期望为基础，制订了自身投入这场战争的全球战略，而就是这个战略，主宰着这场战争决定性力量的行为方式，进而决定着战争的进程与战后利益的归属。战略既定，为了追求理想的战争效益，美国人进行了全球协调，团结了全球大部分可以团结的力量，并为战后国际秩序奠定了基础。在世界上多个地区、投入多种力量，并与多个国家协作进行联盟战争，美国人建立了适合于联盟战争的战争管理系统。美国在战争中所表现出的各个方面，会证明他们在全球战争中收获了多少有益的东西。

（二）珍珠港的影响

珍珠港事件是美国参战的直接原因。然而，珍珠港事件对美国的影响不仅仅是导致美国参战那样简单。它促使美国人及时反省，马上采取措施，进入战争状态；改变了美国民众对于这场战争的整体态度，将更多的民众推向了支持战争的一方；促使美国人在战后深刻反思，对美国在以后制订国家安全战略和采取军事上，产生了深远的影响。

1. 犹豫不决的苦果

当战争威胁来临之时，轻视任何一个对手都是一种侥幸心理的表现。

日本在第一次世界大战之后，以战胜国的身份，攫取了原来德国在亚洲的很多利益。1931 年，日军强占中国的东三省；1937 年，又发动"七七事变"，开始了全面侵华战争。日本人的胃口不仅如此，他们企图将势力延伸过太平洋。1940～1941 年，利用欧洲战局的恶化，日本占领了法属中南半岛。美国在太平洋上的一系列军事存在自然是阻碍日军计划的绊脚石。因此，对于日本人来说，对美国开战势在必行。

1940 年，海军情报部完成了一项对世界 7 支主要海军兵力的分析报告。报告的结果包括美日海军对比，美国海军不到 112 万吨，另有 43 万吨正准备建造；海军情报部估计日本海军不到 86 万吨，另有 40 万吨正准备建造；假设估计正确，建成后，美日海军比例是 5：3。这个比例是美国人一直所希望的。这样一个态度，被日本人很好地利用了。日本的《大阪日报》在一篇社论中说："（美国）坚持这个比例的事实清楚地表明，它将在海外同日本作战的意图。日本海军的基本战略是建立在不威胁、不侵犯的基础上的……美国挑衅性地扩建海军是否有助于促进太平洋地区的和平，是值得怀疑的。"其他许多报纸也表达了同样的观点，日本人强词夺理，鼓吹美国的挑衅性和侵略性。民众被引导认为美国正在建设一支强大的、完全是为了在日本内海进攻日本的侵略性海军。这一情况引起了美国驻日武官的关切，但是美国政府的重心似乎并不在此。

在海军实力对比上，远没有美国人估计的那样乐观。自 1938 年 5 月以来，日本封锁了它的造舰消息。外部看到的是日本只有 10 艘战列舰，而美国却有 15 艘，并有 6 艘在建。事实上，日本人处于有利地位，不仅它在建造更多的军舰（其中就包括超级战列舰"大和"号和"武藏"号），而且利用表面上这种弱势对比来赢得国民支持，迷惑美国。

在美国人心中，太平洋岛国日本虽然是亚洲强国，并经常活跃在国际舞台上，但它与英国或德国的军队还不能相提并论，对美国的威胁也不足以让美国提起 100% 精神来重视。由于种族的偏见，美国人大大低估了日本人的实力，也忽视了很多警报信息，他们认为以日本人的能力根本无力进攻远在夏威夷的目标。包括罗斯福在内，很多专家都认为日本会攻击菲律宾和泰国。美英的既定战略"德国第一"，就充分体现了他们对日本人的低估。而狂妄的日本人也自信地认为，美国出于对东西两线作战的顾虑，可能会等到德国威胁消除之后才来对付日本。

为了阻止日本这只虱子咬到美国人的皮肤，美国希望中国可以单独对付日本，牵制日本人的兵力。但是，美国人忽略了一件事，即中国刚刚结束军阀混战时代，元气大伤；当时国民政府的重点也不是日本人，这就使美国人的如意算盘落空了。虽然美国在1941年5月，把《租借法案》的适用范围扩大到中国国民党，但是还是没有实现自己的目标。

当战争实际上已经开始之时，犹豫埋藏着灾难。

诚然，到1941年11月，美国所关心的主要战略问题仍是威慑日本，但仅仅是威慑。但是在整个国家都陷入战争狂热和自欺欺人的自大狂潮中的时候，威慑会带来什么样的结果呢？

对于日本人咄咄逼人的攻势，美国人采取了一系列措施。罗斯福确信他已警告了日本，不得进攻马来亚和荷属东印度（今印度尼西亚）。但是日本人充耳不闻，1941年夏，日本不顾美国接二连三的警告，占领了法属印度支那南部的军事要地。美国开始加强了对日本的制裁，罗斯福冻结了日本的资产，对日本实行石油禁运。美国的战略分析家认为：罗斯福的所作所为，正是在挑起一场自己希望避免的战争。此时，谈判只是掩人耳目，美日两国的确开始走向战争。美国的军事计划人员相信日本会进行袭击，并考虑了珍珠港遭到海军袭击的可能性。此时的日本人，已经走在了美国计划人员的前头。他们制订了作战计划，准备在开战的同时，发起旨在占领香港、菲律宾和马来西亚的一系列战役，袭击珍珠港是这一系列战役的重要组成部分。

美国对日本的长期纵容，增强了日本人的自信。他们认为同盟国将深陷欧洲战争而无暇他顾；而一向声称反对帝国主义的美国没有去直接拯救中国，也将放弃菲律宾，因此不会进行一场总体战来恢复在亚洲的殖民地。他们的战略计划是：以一场迅速的有限战争，征服从印度到国际日期变更线之间的地区，然后转入战略防御，与同盟国进行和谈。

1940 年 4 月 2 日，美国舰队在夏威夷附近海域开始举行太平洋演习。一周后，欧洲局势发生激变，德国入侵丹麦和挪威。亚洲局势也开始恶化，日军在中国发动更大范围的攻势作战。太平洋舰队原计划 5 月 9 日返回西海岸，但 5 月 7 日，他们接到命令：在接到进一步通知前，舰队将留在珍珠港。斯塔克海军上将后来告诉舰队司令说："这是为了取得威慑的效果，我们认为，你们留在那里可能会对日本人进入东印度群岛起遏制作用。"

美国进行了不足以威慑的威慑。

欧洲局势进一步恶化。1940 年 5 月 21 日，德国军队进抵英吉利海峡。美国人深深地感到了恐惧，发现自己有可能独立面临轴心国的进攻。华盛顿作出决定，战略中心是保卫美洲，海军舰队主要部分以加勒比为基地，在太平洋留下一支牵制力量，不参与超出 180°子午线以外的太平洋事务。同时开始扩大海军规模。

日本再次以弱者的身份发出呼吁。要求美国调整海军政策，建设一支防御性的海军。美国人对此也比较乐观，认为美国的舰队真的让"'疯狗'（日本）在远东保持安静"了。但是几个月后，美国人发现这只"疯狗"远远没有安静。驻日武官芒罗在给海军同僚的信中说："日本已经难于控制了，我们希望你们能给他们的活动安上'别动器'……如果日本人最终相信你们不会参战，他们就将和德国佬携手。"

美国战略家对日本人发动进攻的忧虑与日俱增，他们最担心的是菲律宾，道格拉斯·麦克阿瑟的美菲联军和亚洲舰队力量还不够强大。1941 年 6 月，政府动员了菲律宾的武装部队，命令美军将领们增援菲律宾。美国陆军、海军于 1941 年 11 月实施了增援菲律宾的计划，增援力量包括 B－17 轰炸机、潜艇、炮兵与高炮部队以及其他消耗品。但美国在太平洋需要保卫的地方太多，夏威夷—澳大利亚—马来亚航线上许多地方都是防御目标。分配到太平洋上的这些军事力量能顶得住吗？

2. 惨遭痛打，羞辱之极

由于日本南下进攻行动直接威胁到美国在太平洋的利益和特权，美国政府采取了一些经济制裁措施。如冻结日本在美国的资产、实行全面石油禁运等，这样，日美矛盾就日益尖锐起来。美国为了保卫其在亚洲及太平洋地区的既得利益，以珍珠港为主要基地和活动中心，组建了一支上百艘的庞大舰队。

珍珠港位于夏威夷群岛的瓦胡岛南部，是太平洋上的交通总枢纽，素有"太平洋心脏"之称。这里是美国在太平洋地区的最大海军基地，它与关岛、马尼拉湾呈锥子形，指向西太平洋，成为日本南进行动的主要障碍。

早在1941年初，当日美矛盾重重的时候，日本海军就提出了奇袭珍珠港的设想。8月，日本联合舰队司令官山本五十六大将具体制订了代号为"Z"的奇袭珍珠港的作战计划，并于10月得到日本大本营的正式批准。这个计划的中心环节就是从空中进行奇袭，猛烈攻击美太平洋舰队的主力。为了实现这一目的，规定以6艘航空母舰为骨干，组成一支由300多架飞机、30多艘战舰编成的突击舰队。该舰队在开战前秘密接近夏威夷群岛，在到达瓦胡岛以北200海里处时展开，航空母舰上的飞机分两批，对停泊在珍珠港内的美舰及岛上飞机实施攻击。

日本为了保证这次奇袭行动的成功，进行了充分而周密的准备。在军事上，反复进行图上作业和沙盘演练，还在佐伯湾以战列舰为目标进行了2次攻击预演；加强保密措施，严格限制作战计划、命令等文件的传阅范围，控制参战官兵的书信往来；以假乱真，突击舰队保持无线电静默，其他在日本内海的舰船和飞机却频繁进行无线电联络，还组织大批水兵到东京游览；指令日本驻夏威夷总领事要利用武官、领事、日侨及各种侦察工具，从地面、空中、海上、水下对瓦胡

岛特别是珍珠港基地进行侦察活动；在中国东北边境地区集结关东军
70多万人，搞了一次准备北进的军事演习。在政治外交上，日本近
卫首相亲自给美国总统罗斯福写信建议举行和谈，并任命与罗斯福素
有交情的海军上将野村为日本驻美大使；东条英机上台后也玩弄和谈
骗局，表示要消除双方的敌意，阻止欧战蔓延远东。这些措施为日军
奇袭珍珠港创造了有利条件，使美军完全处于被动挨打的境地。

　　1941年11月18日，日本海军南云忠一中将率领的特遣舰队由6
艘航空母舰、2艘战列舰、3艘巡洋舰、11艘舰队驱逐舰、3艘潜艇
和7艘油船组成，担负偷袭珍珠港的任务，在千岛群岛南端秘密集
结。11月20日，由27艘潜艇组成的先遣队伪装成日常巡逻编队，
分别由佐伯湾和横须贺出发。11月26日，特遣舰队从千岛群岛单冠
湾出发，实行无线电静默，取道北太平洋驶向瓦胡岛。夏威夷时间
1941年12月7日凌晨6时，在瓦胡岛以北230海里处，日本海军第
一攻击波183架飞机起飞，于7时55分开始攻击。7时15分，第二
攻击波171架飞机起飞，于9时再次进行攻击。美军猝不及防，遭到
日机炸弹、鱼雷和航炮攻击，损失惨重。据统计，被击沉和重创战列
舰8艘、轻巡洋舰6艘、舰队驱逐舰1艘，其他舰船4艘；损毁飞机
约270架，伤亡人员3500余名。而日军仅损失29架飞机和5艘袖珍
潜艇。美国太平洋舰队大部分舰船被消灭，日军取得太平洋制海权。

　　日本奇袭珍珠港，宣告了太平洋战争的爆发。12月8日，美、
英对日宣战，接着又有20多个国家对日宣战。12月11日，德、意
对美宣战。这样，第二次世界大战进一步扩大了。

　　在偷袭珍珠港的同时，日本还出动大批军队向东南亚和西太平洋
岛屿大举进攻。日军21个师团的陆军，向马来亚、新加坡，印尼、
菲律宾、缅甸、香港等地发起进攻。美国对日军了解甚少，认为日军
不过是欧洲军队的一个拙劣的翻版。但日军的表现大大出乎美国人的
意料，日本在军舰和飞机的数量与质量上享有巨大的优势，21个师
团的士兵也身经百战，战略和战术上的技巧得当，使日本的攻势看上

去所向披靡。像一滴墨水在水中迅速扩散一样，日本在东亚、太平洋的扩张速度和规模令世人吃惊。在袭击珍珠港以后的几周之内，日军入侵菲律宾，占领关岛、威克岛、泰国、香港，进逼新加坡和东印度群岛。

在1942年5月12日之前，日军取得一系列辉煌战果。美军在日军亚洲式闪击战的打击下节节败退，日军以最小的代价几乎完全按照规定的时间，实现了其计划中的所有目标。日军先后占领了马来亚、菲律宾、新加坡、缅甸、印度尼西亚以及西南太平洋等岛屿，朝着实现"大东亚共荣圈"迈进。1941年12月10日，日军在菲律宾吕宋岛登陆，此后，开始全面进攻菲律宾。12月15日，日军推进到新加坡城下，英守军司令白西华中将率英军10万人，向日军投降。12月25日，美国麦克阿瑟将军下令美军撤出马尼拉，将部队集中于巴丹半岛的预防阵地，待命抗击。1942年2月26～28日，日军与盟军舰队在爪哇海发生海战，盟军作战舰队近乎瓦解，残部向澳大利亚撤退。3月8日，驻荷属东印度群岛盟军全线向日军投降。3月10日，驻菲律宾美军司令麦克阿瑟将军奉命赴澳大利亚组织西南太平洋美军司令部，菲律宾一线指挥陷入混乱，守军失去支援。5月6日，接替麦克阿瑟将军的温赖特少将广播投降书，率驻菲律宾哥黎希律岛15000余名官兵向日军投降。5月10日，日军占领缅甸腾冲，达成全面入侵缅甸的目的。5月12日，美军残余部队在菲律宾棉兰老岛投降，日军宣布全面占领菲律宾。开战后头5个月，美、英、法、荷四国在这一地区的殖民地、岛屿和军事基地，几乎全部落入日军之手，日军锋头直逼澳大利亚。

这一系列失败令美军非常痛苦，由于失去制海权，美国人只能眼睁睁看着盟国领地一个个沦陷、盟军一批批被消灭和压缩，而无法增援，无能为力。温赖特在发给华盛顿的电报中写道："我怀着深深的歉意和为我部忠勇将士的自豪感，前去会晤日军指挥官。再见了，总统先生。"1942年5月，盟军在缅甸溃败后，约瑟夫·史迪威将军的一段话，真切道出了美军在珍珠港被偷袭后的惨状。他说："我们惨遭痛打，……羞耻之极。"随着菲律宾陷落，日本和盟国开始争夺日本所设想的防御圈东缘那些尚未被征服的最后一批前哨阵地。

3. 牢记珍珠港

珍珠港事件是美军在第二次世界大战中最大的灾难，正如罗斯福所说：1941 年 12 月 7 日是"永远难忘的国耻日"。珍珠港给日军带来的胜利如此辉煌，美国举国哗然，全国一致的呼声是"牢记珍珠港"，投入对日战争。德国和意大利随即向美国宣战。

英国一直迫切地想要美国参战，但出于各方面原因，美国人一直认为时机尚未成熟，而英国人几乎一直在前线独自苦撑。**英国得到了最大的礼物。** 珍珠港事件使英国人的愿望实现了。美国人再次团结起来，1941 年 12 月 8 日，美国国会在只有一票反对的情况下，通过对日宣战，得到了十分热烈的拥护。这种全国性的复仇热情从未减弱过，直到 4 年后日本投降。英国也于 12 月 8 日对日宣战，中国也对德日意宣战；12 月 11 日，德意对美宣战，罗马尼亚、保加利亚、匈牙利等仆从国也对美宣战；随后 20 多个反轴心国国家对日宣战，第二次世界大战进一步扩大。

凭借战前的诸多准备，美国马上将国家的全部力量投入战争。首先进行了国民经济**美国迅速转入战时状态。** 总动员，使国家的一切都服务于战争。其次，广泛挖掘财力，增加资金战争投入。第一，1941 年国会通过了"加税法案"，据此，美国政府采取降低个人所得税起征点，扩大纳税人数，提高税率和征收超额利润税，共征得税收 1396 亿美元，相当于国防总开支的 45%；第二，增发公债，战争期间，美国政府发行的公债增加了近 5 倍，1945 年达到 2780 亿美元；第三，增发货币，1938 年美国的货币流通量只有 65 亿美元，1945 年增加到 267 亿美元，增加了 3.1 倍。从 1940 年

7月到1945年8月，美国直接和间接的国防开支为1044亿美元，占政府预算开支的90%；其中，军火生产和采购开支占60%以上，达到1845亿美元。

加强国内财物保障的同时，美国迅速扩充军队，建成一支历史上最庞大的军队。珍珠港事件发生时，美国陆军只有1643477人，分成4个军37个师，其中只有17个师做好了战争准备；空军有第一线飞机1157架；海军有347艘舰艇，其中航空母舰8艘，战列舰17艘，共33.7万人，海军陆战队6.6万人，海岸警卫队2.5万人。1942年，陆海空军总兵力增至3858791人；1943年增至9044745人；1945年增至12123455人。陆军方面，1942年3月以前，由于动员初始及船只和海洋安全问题，每月派往海外仅有5万人；随着各类条件的改善，到1944年为每月25万人；1942年8月以前，海外驻军达52万人，2600架飞机，其中60%的人员及1300架飞机驻太平洋地区及中印缅战区，其余分布在西大西洋及拉美地区；1943年末派驻欧洲战区17个师140万人，太平洋地区13个师91.3万人；1944年派驻欧洲战场200万人以上，包括34个师和103个航空队；1945年4月末，已派驻欧洲300万人，太平洋地区120万人。同时，改变了陆军部队编制，使之更适于第二次世界大战的战场。

海军方面，珍珠港事件前，共有现役舰船4500艘，战列舰17艘，航空母舰8艘，重巡洋舰18艘，轻巡洋舰19艘，驱逐舰和鱼雷艇200艘，潜艇106艘，到1945年，海军已有航空母舰27艘，护航航空母舰110艘，巡洋舰48艘，驱逐舰352艘，护航驱逐舰498艘，潜艇203艘，各类舰只总计5万余艘，达500万吨，为世界之最。为指挥这支遍布世界的庞大部队，美国建立了全球战争指挥系统。

珍珠港事件后，为了使海军恢复元气和信心，罗斯福总统改组了高级指挥机构。任命大西洋舰队司令、海军上将欧内斯特·J.金为美国舰队总司令兼海军作战部长，切斯特·尼米兹前往珍珠港，指挥太平洋舰队和太平洋上一切海军行动。当时，海陆战场的主动权在日军手中，美国海军只在一个秘而不宣的方面有优势——通过无线电截收、破译和无线电通信分析技术来获取日军计划和部署。尼米兹能够对抗日军的力量只有 4 艘航空母舰及其护航舰只。就是利用这支舰队，尼米兹袭击了日本在中太平洋的岛屿，还派遣 2 艘航空母舰将 1 个中队的陆军航空兵的 B－25 中程轰炸机运至靠近日本的海域，于 4 月 18 日对东京实施了一次威慑性轰炸。

这是珍珠港遭袭的教训。珍珠港事件前，美军就已经掌握了通过无线电截收、破译和无线电通信分析技术。确实，至少在遭袭两周前，美国人就已经知道，日本人一定会在近期发动攻击。英国远东联合局已经测算出日本将在 1941 年 12 月第一周的周末向马来亚或夏威夷发动进攻。他们把这一情报送交了美国，美国和英国的密码破译机关还相互交换了更多的情报。但是军方限制这些宝贵的电讯情报的分送范围，只发给少数几个人，就连罗斯福的情报协调员也不知道。而且他们没有花时间破译这些电报。那些有责任和权力采取行动的人只收到许多原始的电讯情报，没有人为他们解读这些原始情报，也没有人告诉他们这些情报的具体价值。当时的战略情报处驻伦敦情报站站长威廉·J. 弗里德曼在日本进攻前才破译出其外文密码。因此，这些情报没有有效发挥作用，没有避免或至少减轻珍珠港所受到的打击。难怪弗里德曼在听到珍珠港遭袭时绝望地喊道："但他们是知道的。他们是知道的。"

> **任何情报都不应被忽视。**

攻击珍珠港的日本飞机在距离珍珠港 230 海里以外就起飞了，也就是说，主要作战舰只在打击目标的 230 海里之外。在此之后的海战中，交战双方不必看到对方舰船就可以开始战斗了，那些必须能够看到对方舰船才能战斗的舰队不再具有竞争力了。

> **珍珠港事件改变了海战的形态。**

这还解决了一个争论已久的话题——没有飞机支援的战列舰和

没有战列舰支援的飞机这两者之间，究竟孰优孰劣，珍珠港提供了答案。珍珠港事件3天后，英国的两艘战舰"威尔士亲王"号战列舰和"却敌"号战列巡洋舰被德国空军击沉；同一天，英、日海军在马来亚近海发生海战，英国远东舰队因缺乏空中掩护，2艘战列舰在关岛以东海域被日机炸沉。这些战例再次证明了这个答案的正确性。此后，美军用巡洋舰而未用战列舰来取代珍珠港事件中沉没的舰只。

珍珠港告诉美国人，太平洋海战很大程度上是一场空中战斗，美军在太平洋海战中将发挥以航空母舰为核心的远距离机动打击力量。其后的珊瑚海海战和中途岛海战，则不断证明着海战形态的改变，战斗始于几百海里之外；海战中可以依赖的核心力量已经不是战列舰而是航空母舰。

4. 提前遏制

发现威胁即提前遏制，是日本人通过珍珠港送给美国人的礼物。

珍珠港事件是美国人对世界态度彻底改变的一个分水岭，对美国整整一代政治军事领导人产生了巨大的影响。珍珠港成了"毫无戒备"的同义词。"中立的"美国遭到了打击，美国人遭受了"无辜的"伤害，为了防止遭到类似"无辜的"伤害，美国人必须主动地保护自己的安全。经历这次肆无忌惮袭击的美国人都深深地感到愤怒和沮丧，他们得到教训——在敌人尚未偷袭之前就做好防御准备，遏制可能袭击的发生。

1941年12月7日珍珠港的硝烟从未散去，这一惨痛教训留在了美国人历史的记忆中，深深地影响着美国在今后的安全战略走向。从第二次世界大战，到朝鲜战争、越南战争，再到海湾战争、阿富汗战争、伊拉克战争；从制裁古巴、利比亚，到制裁伊朗，此后美国在所有的国际对抗中，其决策无不深受这一经验的影响。

珍珠港事件使美国彻底放弃了孤立主义的外交政策，转而站到"世界主义"的旗帜
美国人彻底放弃了孤立主义。

下，开始大规模地介入国际事务。珍珠港事件使第二次世界大战真正地全球化，赢得战争的胜利成为美国战时外交的首要目标。

美国马上组织了以美国为首的反轴心国同盟。1942 年元旦，美、英、苏、中等 20 多个同轴心国交战的国家代表汇集华盛顿，签署了《联合国家宣言》，表示联合一致"保证使用其全部军事和经济资源"，与轴心国斗争到底。美国开始开展全方位、高层次的外交活动，把自己的后院扩大到整个西半球。1942 年 1 月，在里约热内卢召开的第三次美洲国家外长会议，呼吁美洲各国与轴心国断交，成立咨询性质的泛美防务委员会，协调管理美洲的战略物资。到 1943 年 1 月，除阿根廷外，所有美洲国家都与轴心国宣战或断交。美国的租借范围也扩大到除巴拿马和阿根廷以外的所有美洲国家，还向这些国家派出了各种类型的军事顾问团。

为了进行全球协调，美国针对战争组织召开了一系列国际会议，签订了一系列关于战争的协议，成功建立了反轴心国同盟，有力推进了胜利进程。美国还竭力主张战后世界各国应该建立一个维持和平的新组织——联合国。到战争结束，美国在国际事务中已经在发挥主导作用，孤立主义退出美国政治舞台。

偷袭珍珠港，日本在战术上取得了巨大成功，但在战略上却是一大失策。在政治上，美国彻底放弃了孤立主义政策，正式加入反轴心国阵营，使战争的力量对比发生了根本的转变。美国太平洋舰队虽然遭到耻辱的严重损失，但是使美国得到了比它失去的多得多的东西，得到了参战借口（更多的是对于国内民意），得到了民众的广泛支持，美国利用战时迅速扩军的传统，迅速成为世界第一的军事力量；确立了提前遏制的安全战略传统；放弃孤立主义，开始迈向世界霸主宝座。

而且，珍珠港事件并未像日本人满意的那样使美国海军在太平洋

遭受致命打击。整个太平洋舰队基地原本可以彻底破坏，人员的损失原本可以远大于实际的数字，美国海军后来重返太平洋的时间原本可以推迟更久。但由于对航空母舰地位认识不足，日本人过早撤出战斗，再加上美国人的幸运，珍珠港岸上设施——船坞、船厂和油料库——却几乎完整无损；太平洋舰队的3艘航空母舰在日本人袭击珍珠港时，十分幸运地未在港内，丝毫未受打击，后来都成了反击日军的先遣部队；战列舰除"亚利桑那"号以外，其余沉没的战列舰都被打捞起来，除"俄克拉荷马"号以外，均被修复，之后重新参战。这为美国迅速恢复海军实力创造了前提。

（三）民军和民主

当欧洲列强和日本把自己武装到牙齿的时候，把本国兵源开发接近极限的时候，美国正规陆军仍不足19万人，这个数字还不到突尼斯战役中轴心国军队的2/3。海军则保持着一支自认为防御无虞的舰队，而凭借现有水手和军官则不足以与列强争雄。1939年，欧洲战争爆发之时，美国和第一次世界大战一样，需要大规模扩军才能满足战争需要。在人们的印象中，美国总是"在一次战争中学到的东西到下次战争又都忘记了"，但是，第二次世界大战中的美国并非如此，美国人没有忘记1917～1918年的动员经验，在1920～1930年代，根据这些经验做了充分研究和计划，使军队在1940年代能够再次取得它曾经取得的成功，避免了以前的错误。

珍珠港事件使美国正式参战，并迅速建立了一支以平民为主的参战部队。美国将凭借这支民军去赢得战争，赢得地球。当人们还在质疑民军的效能时，民军却在前线赢得了一系列胜利。并且，由于是平民为主的部队，仍然具有志愿的色彩，"志愿"的价值还不仅仅体现在战场上。

1. 谨慎的参战

回顾美国的参战过程，总体特点是"谨慎"。这种谨慎的态度，是美国人出于对本国安全利益、经济利益、国际地位等方面的深切考虑而必然表现出的一种态度。

参战这一点，不用英国人担心，也不用一些美国人过分反对。对于一个把安全线推进到西太平洋、利益线深入各大洲、有志于

> 战略家们都明白，美国必定参战。

成为全球主宰的国家来说，一场正在席卷欧洲和亚洲的大战，不可能使美国置身事外，这种参战的必然性，比美国参加第一次世界大战更加明显。但是，如何以最小的代价，获得最大的利益，仍然是善于发展经济的美国人的关注焦点。对于公众来说，在明确地看到安全受到多么具体的威胁和利益已经诱人到何种程度之前，他们一直是很矜持的；对于美国领导人来说，要在战争局势已经发展到非参战不可和民众已经确认参战的必要性二者的最佳结合点上，才能露出自己的意图、选择参战。

通向战争的曲折道路上，充满了假象、引导和等待。1930年代中期，欧洲局势日趋恶化，美国人对此惊恐万状，但他们发誓绝不会再次卷入欧洲战争。罗斯福总统做出了一定的努力，想唤起公众对轴心国侵略行径危险性的警觉，但国会却反映了公众的意见，在1935年后通过了一系列中立法案，限制官方和私人向任何交战国提供财政和经济援助。他们认为，美国实行的孤立主义政策，可防止美国卷入"外国的战争"并能保卫美国的自由和安全。1936年，当德、意结成柏林—罗马轴心时，罗斯福宣称："我们拒绝承担任何可能把我们引向战争的义务。"1938年5月，德国吞并奥地利，占领捷克斯洛伐克。大多数美国民众对德国铁蹄下的受害者表示同情，还有人听到上万人被屠杀的传言，震惊失色。当时的媒体都极力避免集中报道这类

证据确凿但令人不快的事情，因为他们不想插手。陆、海军计划人员在 1938 年重新审议其作战计划时发现除了在西半球进行防御，其余任何一种战略都得不到政治上的支持。而这个所谓的西半球，是指赤道以北、国际日期变更线以东的太平洋、格陵兰以西的大西洋以及加勒比海邻近的西半球地区。他们得出的结论认为，即使美国现在就进行动员，要独自保卫西半球安全也是困难重重的。1939 年，欧洲战场扩大至波兰和法国，战争状态已毫无疑问，但美国的防务政策并没有发生任何重大改变，政府认为公众不会支持大规模动员，也认为盟国即使没有苏联的帮助，也会通过武力和外交途径制止德国的侵略，因此政府只采取了一些旨在提高正规陆海军战备程度的计划。罗斯福宣布："美国继续保持中立。"同时补充："但是我不能要求每一个美国人都在思想上也保持中立。"

虽然美国民众还是不愿意冒战争的风险，但实际上，罗斯福已经在积极参与战争了。1939 年，他要求国会取消中立法案中的禁运条款，并要求允许以现款自运的方式出售武器给英法。还私下里开始了研制原子弹的计划。1940 年法国投降后，多数美国人的忧患意识仍然局限在美洲，如"美洲第一"协会的成立。罗斯福政府的政策相当谨慎，但是同意了旧军舰换基地的提议；7 月，总统签署了投入 40 亿美元增加海军战舰的数量；9 月，又通过了《义务兵役法》。1940 年秋天，欧洲几乎陷入绝境，而美国人仍然表现得犹豫不决。

美国利益受到确实的打击时，民众才会转而支持战争。

1941 年 3 月，国会通过了《租借法案》，引起德国的疯狂报复，德国潜艇每月在大西洋上击沉的美国船舶吨位达 50 万吨。6 月，罗斯福宣布国家进入紧急状态，关闭德国驻美领事馆。9 月，罗斯福命令为大西洋航线上所有美国船只实行护航。英国海军也请求帮助，罗斯福打着维护海上中立的幌子，给予了援助。1941 年，美国海军扩大了在大西洋的活动范围，到 12 月，美、德海军实际上已经不宣而战了。此外，罗斯福从太平洋舰队抽调舰艇，以扩充美国海军巡逻队，美国海军开始为在冰岛以东海域航行的商船护航以支援英国，并向英国海军通报所发现的德国潜艇。

当事态发展到严重的程度时，美国人的转变是很快的。1941 年 11 月，国会通过《租借法案》的适用对象扩大至苏联，大多数人迅速接受了苏联人由敌人变成朋友的事实。在总统的同意下，美国计划人员开始与英国人会谈，讨论美国人参战后的各种问题。实际上，早在 1 月份，美国陆、海军的主要计划人员与其英国同行会晤，在美国尚未参战的情况下，就制订了联盟战略的大致轮廓。12 月 7 日，日本人成功的袭击，击碎了美国太平洋舰队的主力，同时也击碎了日本自己和德国的世界帝国之梦，美国人民毫不犹豫地选择了战争。

美国的领导者们知道战争不可避免，但是开始战争的方式应该是完美的，就是由民众自己来决定。这样做的好处是：民众会全力支持自己的选择，那么进行战争的过程将是大为顺利的。与英、法不同，因为英、法是被迫防守的。与日本不同，日本主动选择战争，是利用岛国狭隘心态和自我膨胀意识，并经过长期的军国主义宣传教育，在独裁政府的主导下实现的，所谓的圣战和共荣能够轻易蒙蔽本来就贪婪的岛国生物。与德国不同，德国人选择战争，是希特勒等人利用人们对第一次世界大战的耻辱感和对别国的仇恨，长期引导的结果。德国和日本的独裁政府，可以在战时使用一切可以实现其战争计划的东西。而美国是一个什么事都要国会通过才能实施的国度，通过国会，民众具有相当大的决定权。

> 之所以谨慎，就是要让民众自愿地选择战争。

珍珠港事件之前，美国一直是战争的旁观者。参战这样的大事，必须由民众自愿地决定，才能通过。只有民众全心拥护，政府才可以在战时极大地调动人力和物力投入战争，也才有可能成为民主兵工厂，才有可能在短期内动员并培养出战斗力强大的民军。这就是领导者们谨慎处置参战问题的真正原因。

2. 民主"的"兵工厂

全球战争也是全民战争，在一场"国民生产总值的战争"中，美国的武器、物资供应以及运输工具在数量上大大超过了敌人，使美国完全适合进行这样一场战争。

为了避免邻人之火殃及自家，美国开始成为民主兵工厂（也有称之为民主国家兵工厂）。

1940 年 11 月，英国政府的财政已经不足以支付来自美国的战争物资，而英国人能够继续战斗对于美国人来说至关重要。因为美国人对参与战争的态度是宁可花钱也不愿意死人，正如罗斯福在议会中表达的："假设我邻居的房子着火了，而我有一根长达四五百英尺的自来水管，如果他能得到我的自来水管，并且与他的消防龙头相接，我也许能帮他扑灭这场火。……我只想在大火扑灭后把自来水管要回来。"显然，这是避免邻居大火殃及自己的明智做法。

"民主兵工厂"的本意就是让美国避免卷入战争。1940 年 12 月 29 日，在"炉边谈话"节目中，罗斯福向全国人民表达了要用美国强大的工业生产能力来支援反轴心国的想法。"英国人民和他们的盟友正在为抗击这一邪恶的联盟而英勇战斗。我们将来的安全取决于这场战争的结局，这场战争的结局将决定着我们能否'避免卷入战争'……要想使美国尽量不卷入这场战争，我们现在就要尽一切所能支持那些正在保卫自己抗击轴心国侵略的国家……我国必须成为伟大的民主兵工厂，其紧迫性对我们来说并不亚于战争本身。我们必须以战时一样的决心、一样的紧迫感、一样的爱国主义精神和牺牲精神去完成我们的使命……否则在下一次战争中，受攻击的就轮到我们了……我们援助大不列颠的决心没有'瓶颈'，任何独裁者或独裁者的联合都不能通过威胁来削弱那种决心。"

1941 年 3 月 11 日，国会通过了《租借法案》。法案规定，凡武

器、军火、军用飞机、舰艇或船只等均属防御物资，生产防御物资的
机器、设备、工具、部件、装备等亦均归此列，一切防御物品的计
划、说明书、设计、原型或资料均属防御资料；如果总统认为有利于
国防，在能获取生产所需的资金的范围内，批准为任何国家的政府生
产和采购任何防御物品；只要总统认为该国的防御对美国的防御是必
不可少的，也可出售、交换、划拨、租借，或另行处置任何此类防御
物资和资料给此类政府。这种援助的期限和条件应是总统认为满意
的，而给予美国的利益可用实物或财产来支付，或者给予其他总统认
可的任何直接或间接的利益。还规定，为了加强国防，总统可授权
陆、海军部长购买或获得那些接受租借物资的国家所生产的防御物
资；可以随时颁布对实行该法案必要的和适当的规则和条例，可通过
专门的机构或官员行使法案授予总统的职权。根据该法案，美国在大
战中向盟国提供了大量战争物资，1941 年 3 月其主要对象是英国，4
月扩大到中国国民党，9 月扩大到苏联。同年 10 月 28 日，设立了租
借物资管理局，全权办理租借事项。自 1941 年 3 月至 1945 年战争结
束，共有 38 个国家接受了此案所提供的价值 491 亿美元的援助。

美国为什么能够成为民主兵工厂，是一
个值得讨论的话题。诚然，美国有成为同盟
国兵工厂的生产能力，但需要民众积极地参与和支持，才能释放这个
兵工厂的生产能力。这说明这个兵工厂必须是民主的。

兵工厂是民主的。

即使珍珠港事件使美国在表面上一度处于失败的边缘，但在人力
动员上，美国并没有无限制地利用国民的参战热情和自己手中的行政
权力，保持了人力资源使用上的冷静。同时在两洋作战，要求美国动
员的人数超过以往任何一次战争。但是，实行"民主兵工厂"的政
策就意味着美国武装力量不能无限制地征用国家的人力（就连那些
符合服役标准的人也不能一概而论），因为"兵工厂"要求工业和农
业都保留有一支积极性高、能力强的劳动大军。从 1941 年 12 月至
1946 年 12 月，共有 1630 万美国人从军，应征入伍的人数只占其男

性人口的 1/6。当时美国总人口是 1.35 亿，联邦政府的人力专家在
1942 年曾作出估计，认为要进行这场战争，需要动员 6000 万人来承
担军事和民用工作（实际上，1945 年仅劳动大军的人数就达到了
7300 万人），只要武装力量的人数不超过 1500 万人，保障国内生产
就不会有大的问题。1940 年扩大军火生产时，美国尚有 700 万失业
工人，当这些人加入军队或生产大军时，相当于只是又有 700 万新增
的劳动力加入了他们的军事斗争和生产行列。大规模战时工作引起了
国内劳动力组成的变化，大量退休人员、妇女和黑人出现在装配线
上，农业人口填充工业人口需求。

政府克制了行政强制性的程度。政府和国会都不愿强征战时工
人，罗斯福政府为获得足够的、拥有相当技能的工人而煞费苦心。政
府是靠工资刺激来吸引工人的，但是这个方法效率不高。于是政府认
为应当对人力进行更加直接的控制，于 1942 年初建立了两个机
构——战时人力委员会和国家战时劳工委员会，负责协调政府与工业
界的关系和政策（仅仅是协调而以）。这两个机构都制订了计划，以
便训练和吸引工人，把他们保留在合适的岗位上，但两个委员会都没
有把强制性措施引入劳工补充方面。

国会驳回了"不工作就去打仗"计划，拒绝批准宣布罢工和工
人对工作的自由选择为非法的法律，拒绝强制人们参与战争。这种拒
绝非常符合美国人的天性，他们对强制性的政府行为天生反感，而乐
于自己选择。事实证明，国会的这一做法是明智的，它避免了民众对
政府政令和号召的逆反心理，使民众自己选择，保持了参战和生产的
积极性；此外，还保持了尊重自由、崇尚自由的美国传统不被侵犯。
民间劳工管理人员也主动地维护自身民主权益，同时为国家大局着
想。他们抑制了军方动员更多人力的要求，使工资政策达成了某种一
致性，阻止了对劳动力的掠夺；在缺乏劳动力的部门（如金属加工
业）制订了训练计划，并保证了较好的工作条件。

政府和国会的克制是成功的。为了维护自由，他们在战时忍受一

些负面效应。如各军事工业单位以高薪争抢熟练工人，而工人在战争初期的流动又影响了关键性工业的生产；在动员民间劳动力方面，最富有强制性的因素是"选征兵役制度"中的职业缓征条款，战争期间共有 500 万工人因此而缓服兵役。这是保卫自由的代价，在美国人看来，利用战争保卫自由和保持战时自由都很重要，在战争中失去任何一种自由都是危险的。

在民主的兵工厂里生产，是一件很愉悦的事情。1941 年未对劳动大军实行动员的做法以及工资刺激政策，为民主兵工厂提供了足够的工人。美国的工人也受惠于第二次世界大战，战争期间，工人工资增加了 68%，而生活费用却只上涨了 36%；根据战争期间人口收入变化情况，1/8 的美国人进入中产阶级，他们重新燃起对未来的希望，学到了新的技能，有了积蓄，也为美国战后繁荣奠定了基础。

战时经济调整中，保持着民主。战争并没有打破人们对美国经济的根深蒂固的信念，美国的经济计划人员、劳工与消费者集团、农场主，政府知识分子行政人员联盟以及专家学者们都担心，公司和金融界巨头会利用战争来削弱联邦政府的力量，使之不能推动美国经济向充分就业、广泛分散财富的方向发展。事实证明，民众和政府抑制了这种可能。的确有些工商业巨头和他们的共和党盟友把战争视为一个大好时机，但是大多数工商界领导人不希望战时紧急状态成为扩大政府永久性控制权的借口。作为以市场为引导、以赢利为目的的公司认为，政府的永久性控制会破坏他们在战后进行经营的能力。陆、海军也倾向于支持工商界的观点，深信改组美国经济会约束美国的战争努力，限制工业尽快提供大量武器。

政府明智地制订了顺应工商业和军队的工业动员政策。这个政策在珍珠港事件之前就制订了。政策认为：战时生产要依靠赢利动机和公司领导者刺激工业的发展，政府尽量不干预，只有政治压力增大或者工商业不合作时，政府才出面调节；军方不能决定经济政策，因为这种做法在政治上无法接受，而且军方还会忽视战争之上更宏观的国家利益。因此，军事需求、国内需求、可获得的资源与经济结构之间的关系，都是由非军事部门决定的。

政府经受住了考验，找到了一个可刺激大工厂转入军火生产的方法。主要方法是解除军工企业的财政风险，以成本加固定利润的价格购买武器，奖励提前完成和超过数量指标的生产者；同时，采取有选择免税、提供原材料、帮助着手和训练工人等手段，鼓励军工生产。1940~1941年间，美国的军火产量翻了一番，第二次世界大战的工业动员没有出现第一次世界大战时的那种低效率和浪费；公司利润额也从战争中的64亿美元增加到108亿美元，保持了工商业界的合作；国民生产总值从1941年的910亿美元增加到1945年的1660亿美元。

战争需求的不断扩大，使政府采取了有限的集中控制，但仍然在民众的允许范围之内，避免民众疑虑。政府一直沿用它在30年代为应付经济危机而发明的管理办法，即在经济问题需要政府干预时，成立一个专门机构来处理这个问题。1942年1月，政府进一步决定成立"战时生产委员会"，但是效果不明显，人们要求专人进行集中控制的呼声越来越高。国会决定在1943年5月成立了"战争动员局"，负责人不是军人，而是前参议员和最高法院法官詹姆斯·贝尔纳斯。由于权力扩大、战略计划明确，战争动员局成为动员领域的协调中心。

政府还正确地认识到消费和通货膨胀是对公众士气和生产力的一大威胁，因而它采用适当的手段支付战争费用，稳定国内生活，有效地减少了国内消费，控制了通货膨胀。政府增加所得税、公司税、货物税，来筹集战争经费，抑制民用支出。发行战争公债、通过联邦储备银行和财政部调整信贷和货币供应等，也是很好的方式。战争期间，政府向美国公民和政府自身举借了1870亿美元的内债，国家的债务从1941年的490亿美元，增加到1945年的2600亿美元。货币和信贷控制增强了政府对物价的控制，抑制了消费和通货膨胀，保持了战时良好的国内环境。

技术优势是兵工厂生产有效武器的又一保证，美国政府成立了"科学研究与发展局"，专门解决关于技术的各种问题，促进

民主的兵工厂，激发了美国人的创造力。

技术创新。该局设法免除了 10000 名重要科学家与工程师的兵役。美国人认为，政府控制的实验室不能有效地利用科学人才，只会抹杀他们在技术上的创造性。因而他们设计了一个研究与发展的基本体制，通过政府有吸引力的合同，使大学和工业界的实验室转入关键性军事项目研究。该局根据各实验室的专长，确定实验室项目研究的种类，并安排军民双方在装备设计上进行密切合作。

战争期间，美国的研究人员利用自己和英国人的发明，制造出一大批新的军事装备，包括雷达、机载和步兵反坦克火箭、两栖车辆、轰炸导航系统、声纳设备、无线电近炸引信、战伤药物等；还发明了重要的电子侦测和密码破译技术，在电子战中占了上风，发挥了战略效能；最后研制出了原子弹。美国的研究与发展工作还兼顾了技术上的先进性与大规模生产和迅速部署的实际需要，这一点是德国人不能比拟的。

民主的兵工厂，营造了愉悦的战时生产和生活环境，在战时保持了民众的民主权利，保持、留下了良好的历史传统。在民主的兵工厂中，充满了自发和自愿的积极气氛，有效发挥了美国的生产潜力，在劳动热情、产量、质量和技术上，都创造了奇迹，为赢得战争的胜利，奠定了至关重要的基础。在战争结束时，美国共生产了 8.6 万辆坦克、12 万门火炮、1400 万件步兵武器、240 万辆汽车、18.4 万架飞机、1200 艘作战舰艇、近 9 万艘其他舰船；为其盟国提供了 3.7 万辆坦克、79.2 万辆卡车、4 万架飞机和 180 万支步枪。

"民主兵工厂"的方法颇为成功。美国的军事直接开支为 8500 亿美元，各项开支多于其他主要交战国；而在所有盟国和敌国中，美国因战争而死亡的军人数量只有 405399 人，是最少的；美国从军人

数在人口中所占的比例也小于其他主要交战国。到了 1945 年，无论是在绝对意义上还是在相对意义上，美国都是世界上最强大的国家。一个有能力成为民主兵工厂的国家，必定是民众拥护的，孕育于民众之中的民军，其战斗力将是惊人的。

3. 民军、民意

之所以称参加战争的美国军队是民军，主要是因为美国参战前正规军数量非常少，正规陆军只有 21.7 万人，驻扎在海外的一些殖民地和基地上；海军舰艇吨位只有 112 万吨，通常游弋在大西洋和太平洋上。靠这样一支军队是无法打赢第二次世界大战的，必须在战时临时动员起一支平民军队，经过快速的训练，来实现战争目标。在动员这支平民军队时，美国人的方式符合这支军队的特点，促进了他们在战场上奋力杀敌。

依靠战争潜力来打仗，一直是美国的军事传统之一。

如何迅速动员他们，迅速训练他们，使人人乐战，是一个关键问题。这就是为什么美国参战之路如此曲折，非要等到民众自觉地要求参战；也是国内生产动员为什么如此注重民众的情绪，以不伤害美国民众历来都视之为生命的民主权利。

为了既不影响民主兵工厂的生产，也不使人民生活失去秩序，美国的兵力动员前所未有地细致。在两洋作战，其动员人数超过美国以往的历次战争。从 1941 年 12 月至 1946 年 12 月，共有 1630 万美国人在军队服役。其中陆军为 1120 万人，海军为 410 万人，海军陆战队为 66.9 万人，从军妇女为 33.3 万人。战争结束时，大约有 1200 万美国人仍在服役。但就陆军来说，从参战前的 20.7 万增加到战后的 1120 万人，可见其扩充的规模和速度都是惊人的。

虽然军队扩充规模大。但过程却是非常谨慎的。政府进行人力动员的主要工具是"选征兵役制"，这个制度早在珍珠港事件以前就开始施行了。一年后，美国通过法律终止了武装部队的所有正式的志愿兵制度。1942 年 12 月颁布的《征兵法》要求所有 18～64 岁的男性公民进行登记。服役的上限年龄后来改为 44 岁，而后又降到 38 岁。选征兵役制度登记了 3600 万名男性公民，最后征召了 1000 万人。征兵过程中既体现了兵员丰富的一面，也体现了人性化的一面，因为由于健康原因而被淘汰的人中，有 640 万人在其他国家是不被免除兵役的，而实际上只有 51 万人绝对不适于服役。

　　法国陷落和不列颠海空战斗开始后，改善美国军事力量变得更加紧迫，但是美国领导者们考虑到了自身的传统，罗斯福、军方计划人员和国会只采取了一些最低限度的、肯定会深受公众欢迎的动员步骤。根据美国一贯强调的、民众早已接受的西半球防御的传统，国会在 1940 年 7 月和 9 月通过了一系列"两洋海军"法案，批准将海军作战舰队的吨位增加一倍。虽然这些新舰要到 1943 年后才能完全编入舰队，但 1940 年法案中授权建造的军舰包括 9 艘战列舰、11 艘"埃塞克斯"级航空母舰和 44 艘重巡洋舰和轻巡洋舰。同年，陆军航空兵也起草了一项扩编计划，要扩充到拥有 54 个大队和 4000 架作战飞机，此后又修改了计划，提高到 84 个大队和 7800 架飞机。这些计划也获得了政府的批准。

　　陆军地面部队的扩充计划是 1940 年最富有戏剧性、争论最激烈的问题。因为缺少训练新兵的正规军人和装备，陆军参谋部当

国会希望用有步骤的人力动员计划，唤醒公众对战争的认识。

时不赞成大规模动员。但是，总统和国会却从政府的角度，认为这样做是唤醒公众意识必不可少的前提。1940 年 6 月，国民警卫队开始待命服现役；9 月，国民警卫队员开始加入联邦军队，进行补充训练。到 1941 年 6 月，已经有将近 30 万国民警卫队员加入了陆军现役序列。同时，国会已于 1940 年 9 月通过了《选征兵役训练与服役法》，60 余万名应征者加入了陆军。这是美国历史上第一次和平时期的征兵。到 1941 年夏季，联邦陆军达到了 120 万人。虽然，由于兵

力猛增和物资短缺，削弱了这支陆军的战斗力，但却是以后大规模扩充陆军的铺路石。

在一系列动员工作中，陆军的动员工作很具有代表性，能够充分说明一支民军是怎样通过一种民主的方式建立起来的。

总统克制住了陆军部的急进，谨慎地向国会提出财政预算。1940 年初，欧洲战争尚未全面爆发之时，罗斯福同意向国会提交 8.53 亿美元的陆军预算。相比于 1930 年代中期的陆军预算，该预算已经超出了一倍多；但是，从战争的可能需要和总参谋部的估计来看，这个预算太少了。陆军参谋长马歇尔据理力争，反对国会削减预算的威胁，他说："如果欧洲在春末或夏初燃起熊熊烈火，我们必须在火星燃到西半球之前做好准备。"但众议院通过的预算比马歇尔认为太少的预算还要少 9.5%，参议院也准备审议该预算。

就在这时，德国人加紧了全面攻击。1940 年 4 月 9 日，德国人开始占领丹麦和挪威，总统马上借机批准增加拨款 800 万美元，用于采购急需设备，尤其是飞行探测器和报警器材；5 月 7 日，总参谋部的供应部预先向马歇尔提出报告，建议装备扩充到 116.6 万人的预防性动员部队。3 天后，德国人入侵荷兰、比利时、卢森堡和法国；此后事态越来越惊人。此时，国会加深了对西半球安全的担忧，因为法国陷落意味着法国舰队（也许将来还有英国舰队）可能被德国所控制，因而逐渐放宽了财政上的控制。

克制等出了好结果，国会迅速变脸，对于陆军的预算表现出很大的主动性。参议院拨款委员会敦促罗斯福总统对防务问题做出新的估计，罗斯福为此亲自出席国会的会议，要求补充拨款 7.32 亿美元。这一数字可以把正规陆军的人数提高到 25.5 万人，并为 75.5 万预防性动员部队购买装备。参议院还主动提出把正规陆军增加到和平时期 28 万人满额的议案，众议院迅速表示同意。该议案提交罗斯福之前，国会举行了听证会，听取陆军参谋长马歇尔的进一步要求。马歇尔提出建立 33.5 万人正规军的要求，而国会出乎意料地投票批准了 37.5

万人。同时，国会还把整个陆军部的拨款提高到近 30 亿美元，大量资金用于紧急订货和制造新的设备，以扩大军工生产的工业力量。

对于必然要实行的征兵制，陆军部的态度是等待合适的机会。这件事起源于制订战时工业生产计划。在 1940 年 5 月份，德国横扫西欧，法国陷落，英军退回本土。在这种情况下，根据 1916 年拨款法的批准，罗斯福为老的国防委员会设立了顾问委员会。顾问委员会请来了地方企业专家帮助制订生产计划，专家提出制订计划的前提是他必须知道陆军要发展到多大规模和以什么方式发展，否则他无法为陆军计划生产。陆军部的答复是，到 1941 年 10 月 1 日，作战陆军要达到 100 万人；到 1942 年 1 月 1 日，要达到 200 万人；到 1942 年 4 月 1 日，要达到 400 万人。

显然，要达到上述兵员数字，需要实行征兵制。陆军确信在尚未参战的时候实行征兵制是正确的。但是，尽管法国陷落，英国有可能崩溃，陆军部也向生产专家提出了兵员估计，总参谋部仍然认为只有宣战后实行征兵才能得到热烈的响应，担心此时提出实行征兵制，会激怒孤立主义者和反对战备的势力，从而会影响国会当前慷慨大方的态度，因此不愿意在 1940 年夏实行征兵制。不管事态如何严重，正规陆军要吸收大量义务兵将会困难重重。所以，在志愿兵限额满员之前，采取等待的方式可能会更有利一些。总统对于实行征兵制的态度，和陆军部一样顾虑重重。

令陆军部和总统惊讶的是，民意走在他们前面。1940 年是美国陆军历史上著名参谋长伦纳德·伍德创建普拉茨堡兵营 25 周年，5 月初，民间军事训练营地协会的领导人在纽约集会，准备庆祝活动，他们认为最合适的纪念方法是在民间发起一场新的要求备战的运动。为了实现这一想法，他们在 5 月末举行一次宴会。正当宴会举行时，法国正在迅速崩溃。来宾们（包括亨利·史汀生，小伊莱休·鲁特和退休陆军少将约翰·麦考利·帕尔默等人）在宴会上决定，应该提出制订征兵法的要求。帕尔默把这一建议带到了华盛顿，告诉了总参谋长马歇尔。马歇尔狡猾地表示他不能赞成。"民间军事训练营地协会"的领导人在陆军部和行政部门进行活动都碰了钉子，于是他们就直接找国会，鼓动内布拉斯加州民主党人、参议员爱德华·伯克在参议院提出"选征兵役制"的提案；鼓动纽约州共和党人、众议员詹姆斯·沃兹沃思在众议院也提出。出乎意料，国会立即支持伯克和沃兹沃思的提案。征兵制就这样未经过总统和陆军部的倡导就获得了通过。

实行征兵制必然涉及动员国民警卫队的问题，对此，陆军部仍然是谨慎的。在正规陆军不足的情况下，国民警卫队可以提供18个师经过部分训练的基干，尽管装备不足，但在当时，这个补充的作用是无法估计的。陆军部原来仅是计划很有限地动员国民警卫队，在伯克一沃兹沃思提案提出后，总参谋部才动员了国民警卫队。1940年8月27日，国会通过了联合决议，授权总统征召服一年现役的国民警卫队和其他后备队。9月16日，国会通过了伯克一沃兹沃思提案，实行一年的选征兵役制。在当时的情况下，这两个法案都提出了一个限制，即限制派遣根据法令动员的军队到欧洲和美国领地去。

陆军部和总统的自我克制是明智的。因为实行征兵制绝不是像结果显示的那样，在一开始就有可能获得通过。如果陆军自己提出征兵制建议，会招来民众军国主义的指责，很可能带来不利的反应。而由民间建议，国会提议，不仅反映了民众的呼声，还避免了可能的逆反心理。国会通过之后，陆军部和总统就可以顺理成章地进行下一步工作。

军队的动员工作具体体现了民军和民主的关系。

一方面，民军的动员必须以民主的方式进行。因为，只有以民主的方式，才能受到民众的响应，才能迅速建立起一支大规模的民军。这样动员起来的军队必然具有极大的主动性，有强烈的战斗意愿，保证了军队素质。另一方面，民军以一种潜在的方式保卫和强化了民主。军队和总统在形势极其严峻的情况下，依然谨慎地对待动员问题，尽量不侵犯民众的民主权利。因为他们知道，在美国，只有尊重民主，才能顺利地动员，并使动员起来的力量全心投入作战。民军和民主是在美国军事史上一起生长起来的，民军是民主的一个保障，民主是民军的生命力源泉。

在谨慎的动员有步骤地进行的时候，1941年，美军计划人员已经确信美国将要进行一场进攻性战争，战争中美军所要实施的行动应该包括旨在控制所有关键性海上咽喉要地、摧毁敌方海上贸易的海军行动、旨在破坏敌方空军和军事工业的战略轰炸、旨在消除敌方政治控制的对抵抗运动的支持和旨在消灭轴心国地面部队的地面战役。在1941年9月份制订的《胜利计划》中，陆军估计美国需要一支870万人的战时陆军，其中地面部队为670万人，可将213个师投入战场；陆军航空兵应为200万人，195个大队，这些部队中的3/4将用于海外。陆军航空兵明确了他们应当承担的所有任务，把从英国和中东起飞实施对德国战略轰炸列为重点。他们预计，要完成这些任务，需要64000架飞机、239个战斗飞行大队（半数为轰炸机）。研制飞机工作的首要任务是尽快研制出航程达4000英里的超远程轰炸机，B-29轰炸机就诞生于此。这支强大的民军将在战争中成为决定性力量。

民军源于民主，厚实的民主土壤，使一切变得非常流畅。无论是征集部队还是战争物资，甚至是征集智慧与创造力，进而催生出快捷的流程、生产出先进的武器，美国人做到了反应迅速、规模庞大。在高涨的民意推动下，在强大的民主兵工厂的保障下，美国迅速扩建了一支以平民为主的军队。民军的动员速度惊人。1941年，已经拥有陆海空三军180多万人；到1942年，达到了385万人；到了1945年战争结束时，已经达到了1200万人以上。

（四）无敌的民军

当人们还在争论成功训练一个优秀士兵需要几个月还是两年的时

候，战争已经开始了。每一批新征集上来的民军士兵，经过3、4个月的训练，就成为真正的战士；经过战争形态萌芽的触动，就成为引领战争形态的人。在战争中，他们几乎是无敌的。

1. 强势防御

在珍珠港事件之后，当海军在太平洋的实力在数量上还处于劣势的时候，海上战斗开始了。

美军在太平洋战场节节败退，在珍珠港事件后的第17天，日军进攻菲律宾、马来西亚、泰国、新加坡、关岛、香港、中途岛、威克岛、上海、吉尔伯特群岛、霍洛岛、巴尔米拉岛、缅甸和婆罗洲。英国的"威尔士亲王"号战列舰、"却敌"号和"加拉坦"号战列巡洋舰被击沉。美国在关岛的驻军和在威克岛的驻军宣布投降，日本已经在菲律宾取得了全面的海空优势。在执行"先欧后亚"战略的同时，美国必须有效阻遏日军的攻势，首先要应对太平洋上的危机。

1942年3月，美国决策机构通过了马歇尔和艾森豪威尔的战略计划，即：在集中兵力对付德国的同时，在太平洋实行战略防御，不急于发动攻势，全力坚守与美国关系最为密切的地区，为扭转战局创造条件。美国制订了"太平洋计划"，规定太平洋战争在一定时间内必须实行积极防御、持久消耗的战略。于是，美国放弃了菲律宾以及西太平洋地区，退守中太平洋和西南太平洋，迫使日本劳师远征，延长战线，分散兵力。美国要保卫南纬10°以北的美洲大陆战略要点及巴拿马运河区，保卫沿海交通线的安全，保卫阿拉斯加、阿留申、夏威夷及中太平洋群岛，确保本土到这些基地的海上交通，以上述各地连线为战略防御前沿。

美国被迫陷入两洋作战的境地，在东海岸留下一些反潜舰只后，美国调动了海军能够调动的其他所有力量，奔赴太平洋，两国海军在太平洋上的正式较量开始了。失去太平洋上的制海权是一系列溃败的根源，增援、补给和机动困难。因此，为扭转颓势，阻止日军在太平洋上咄咄逼人的攻势，美军必须迅速有效地阻遏日本海军在太平洋上的攻势，并在适当的时机夺取制海权。

当时盟军在太平洋上可以使用的海军力量有舰艇 218 艘，其中仅 3 艘航空母舰和 10 艘战列舰。而日本拥有 200 多艘战舰，包括 9 艘航空母舰和 12 艘战列舰，在太平洋上的海上力量就有 177 艘作战舰只，包括 7 艘航空母舰和 55 艘潜艇。

从防御到相持，美国海军在太平洋上只用了 4 个月，即从 1941 年 12 月到 1942 年 4 月。用金海军上将的话说，就是"防御为主，进攻为辅"。

> 在防御中，美国人也表现得相当强势。

1942 年 2 月 1 日，尼米兹命令航空母舰打击日本在吉尔伯特群岛和马绍尔群岛的前进基地。以"企业"号为旗舰的航空母舰特遣部队，由海军中将小威廉·F. 哈尔西率领，袭击了夸贾林岛和马绍尔群岛，炸沉运输船 1 艘，其他舰只 2 艘，炸毁小型船只 8 艘。以"列克星敦"号为核心建立的航空母舰特遣部队袭击了日本新占领的澳大利亚东北方的拉包尔基地。2 月 21 日，日本飞机企图还击，被击退。美国飞行员爱德华·H. 奥黑尔上尉一人就击落了 5 架敌机，堪称典范。

为提高国内士气，震慑日本国内，美国海军还实施了对日本本土的空袭。4 月 18 日，海军借用 16 架陆军的双引擎 B - 25 轰炸机突袭日本（当时海军没有这样远航程的轰炸机）。轰炸机从"大黄蜂"号航空母舰上起飞，直奔 668 海里以外的日本首都东京。轰炸任务完成后，返回中国。

在美国战争史中，这是唯一一次美国陆军航空队的轰炸机在美国海军航空母舰起飞执行的战斗任务。经由这次轰炸任务，证明日本本土无法有效防卫盟军的空中攻击，并且报复了 1941 年 12 月 7 日日本突袭珍珠港的耻辱。比起两年后美国陆军航空队用 B - 29 "超级空中堡垒"对日本发动的攻击，空袭东京只是一项象征性的任务。虽然如此，空袭东京任务的成功，对节节败退的美军而言可说是一剂强心针，还为快速航母的战术提供了有价值的试验。相对的，日本也因为这次空袭而转移更多资源进行绝对防卫圈的建设工作。同时这次空袭促使日军展开中途岛海战，成了太平洋战场上的转折点。

在一系列敌众我寡的战斗中，美国海军也表现得相当英勇。负责荷属东印度群岛一带防线的舰队，由美、英、荷、澳四国军舰组成，舰队司令是超龄服役的海军上将托马斯·C.哈特。舰队包括9艘巡洋舰、26艘驱逐舰和39艘潜艇，没有航空母舰及其他空中掩护，舰只也比较老化。拼凑起来的舰队在通信、语言、射击技术、战术等方面不能协调一致的情况下，孤军作战，主动出击，决心保卫资源丰富的荷属东印度群岛。从1942年1月24日开始，这支舰队的官兵抱着必死的决心，与拥有空中掩护、维修状况良好的日本海军连续作战，损失惨重，无数海军官兵与军舰长眠海底。例如美国"休斯敦"号1064名官兵中，只有368人生还，舰长艾伯特·H.克鲁斯与军舰同沉大海，国会追授他荣誉勋章。国会的评价是这样的："多次受到重创，仍能自救自助，重返战场。最后，在众寡悬殊的情况下与敌人战斗到底。"民众为之激奋，休斯敦市民引以为傲，纷纷募集资金建造新的"休斯敦"号。最后，在几周之内，这支勇敢的舰队全军覆没，但是它为美国海军赢得了时间，也表达了美国及其盟国的战斗决心。

2. 200英里以外的战斗

发现形态并引领形态，是美国海军在战斗中表现出的最大优点，后来也成为美军的显著特点。

虽然日本海军利用空中力量获得了一系列成功，它们袭击了珍珠港，消灭了四国联合舰队，帮助陆军横扫了西太平洋岛屿。但是它们似乎并未发现自己已经改变了海战的历史，也就未能引领这个由它们开始的战争形态的变化，甚至还在为自己的超级战列舰"大和"号而洋洋自得。

但是，美军看到了这一点，并开始引领这个变化。美国海军不仅依靠以航空母舰为核心的力量袭击了日本海军基地和本土，还在其后的海上对决中，充分发挥了航空母舰的优点，利用仅有的航空母舰，以少胜多，稳住了太平洋上的局势。

美国人看到，航空母舰的使用，将使海战注定在几百英里之外进行。1942 年 2 月底，四国联合舰队与日本海军在爪哇海域的一系列舰炮战斗，是第一次世界大战日德兰海战以来最大的一场水面舰炮战斗，也是大型海战中水面舰炮战斗的终结。这些战斗解答了一个争论不休的问题——没有飞机支援的战列舰和没有战列舰支援的飞机这两者之间，究竟孰优孰劣。很显然，后者优于前者。几天后，英国战列舰"威尔士亲王"号和"却敌"号被德国空军击沉，再次印证了这个答案。从此再无类似的舰炮大战，交战双方军舰也不一定要彼此见面了；海战的胜负将取决于海军所拥有的空中力量，交战双方不一定要接近到互相看到，而一般是相距几百海里，遥控飞机作战，飞机成了舰队伸向远方敌人的爪牙。此后，美国就用巡洋舰而未用战列舰来取代珍珠港事件中沉没的舰只，并加紧建造航空母舰，因为太平洋海战很大程度上是一场空中战斗。

美军意识到这一点的重要性，重视程度超过它的对手。此时美军的这种能力，已经远超对手。第二次世界大战中，无线电侦察和密码破译成了一些国家重要的情报来源，

> 既然不必相互看到就可以交战，那么不必接触就可获取敌军意图也应该是相当重要的。

并对战争产生了很大影响，各国密码战机构不断扩大。德国有著名的"恩尼格玛"密码机，英国有"超级"情报人员，日本有"紫红色"密码机。日军密码战机构——军令部第三部——1933 年有 20 多人，1937 年扩充到 60 人，1940 年达到 200 人，到第二次世界大战结束时，共有破译人员 800~850 人。战争期间，日本密码破译人员曾破译美国海军的一些低级密码，但没能破译美国的高级密码。

相比之下，美军密码战投入最多，发展最快，成效也最明显。美

国海军密码战机构——情报破译处——的架子是第一次世界大战期间建立的。1938 年 6 月，该处工作人员由 20 人增加到军官 60 名，士官、士兵近百名；1945 年 7 月增加到军官 543 名、士官和士兵 675 名，增加文职人员 330 名，共 1548 名；战争期间，整个海军情报破译工作人员最多时达 6000 名，其中太平洋舰队无线电分队最多达 1000 名。美国陆军破译机构从大战爆发时的 7 人，发展到战争结束时的万人以上。美国反间谍机关的密码分析人员花了几年时间研究密码，最终美国人竟然能够仿造出日本人的"紫红色"密码机。后来，日本的外交通信对美国情报机关就不再是什么秘密了。这为太平洋战场提供了强有力的支持，在很多关键时刻，起到了至关重要的作用，如中途岛海战和伏击山本五十六等行动前截获日军密码。太平洋海战之初，美国海军以弱敌强，密码战使其提前感知战场态势，帮了大忙。

珊瑚海海战充分显示了美国人在战争中认知迅速、反应迅速的优势。

这场海战是战争史上第一场航母大战，美国海军以寡敌众，尽显风骚。日本想在短时间内击溃美国，迫使其签订城下之盟。当前的意图是控制太平洋，限制美海军行动。日本在占领了新不列颠岛及其良港拉包尔后，就意图占领新几内亚东部的莱城和萨拉莫亚，首要目标是那里的重要海空基地——莫尔兹比港（此港离澳大利亚只有 300 英里左右的距离），以便日后进犯新喀里多尼亚、斐济和萨摩亚。而且，日本还企图占领图拉吉，利用它作为水上飞机基地，掩护莫尔兹比的侧翼，为向东南扩张打下基础。对美军来说，保卫莫尔兹比港至关重要，因为这不仅可以保障澳大利亚安全，而且也是将来反攻的跳板。令日军不幸的是，他们的意图被美国海军密码破译人员截获，美国海军太平洋舰队总司令尼米兹上将充分利用了这个信息。

1942 年 3 月 5 日，日军第四舰队和南海部队从拉包尔出发，次日在莱城和萨拉莱亚登陆，并决定于 5 月 10 日进攻莫尔兹比港。为保住莫尔兹比港，尼米兹派海军少将弗兰克·弗莱彻和奥布里·菲奇分别率航空母舰"约克城"号和"列克星敦"号进入珊瑚海；同时，"企业"号和"大黄蜂"号亦驶离珍珠港，前往同一目的地，但由于距离太远，没能在其后的战斗中发挥作用。

抗击日军的重任落在"约克城"号和"列克星敦"号两艘航空母舰身上，它们总共搭载了143架飞机。日本舰队主要舰艇包括11艘运兵船、7艘驱逐舰、2艘轻巡洋舰、6艘重巡洋舰和3艘航空母舰——"翔鹤"号、"瑞鹤"号和轻型航空母舰"翔凤"号，共搭载了147架飞机。在珊瑚海，5月4日，双方初步接触；5月8日，双方舰队进行了一场史无前例的航空母舰大战。在5月8日的战斗中，双方的兵力基本相当，日本方面有6艘驱逐舰、4艘重巡洋舰、2艘航空母舰和121架飞机，而美国方面有7艘驱逐舰、5艘重巡洋舰、2艘航空母舰和122架飞机。拂晓，在风雨中搜索的双方都发现了敌人。它们之间仍相距200英里。在以前的海战史上，要在这个距离进行战斗是不可想象的。在帆船时代，战斗通常是在咫尺之间——几百码距离上——进行。就算是"大和"号的18.1英寸火炮——迄今最大口径的舰炮——射程可达40英里，但甚至这些庞然大物，与双方海军统帅所能出动的飞机相比，显得原始、呆板、射程有限，毫无用武之地。

美日舰队展开海战史上的第一次航空母舰大战，飞机从各自的母舰上起飞攻击对方。飞机取代了舰炮，成为新的海上火力。在几乎是同时发动的攻击中。日本"瑞鹤"号借大雨的保护，丝毫未受损伤；"翔鹤"号的甲板中弹，无法再起落飞机。"约克城"号的甲板亦同样中弹，但仍然能起落飞机；"列克星敦"号两次被鱼雷击中、两次被炸弹击中。

在海战中，日军损失飞机97架、1.2万吨级小型航空母舰"翔凤"、几艘小型舰船和1074名人员；美军损失飞机77架、4.2万吨级航空母舰"列克星敦"号、1艘油船、1艘驱逐舰和543名人员。

从战术上看，日军胜利了，因为美军损失的总吨位超过他们。然

而，从战略上看，胜利却属于美国。日本自太平洋战争爆发后侵略锋
芒首次受挫，使日本入侵莫尔兹比港的计划被迫推迟，起到了振奋盟
军士气的积极作用。同时，日军航空母舰力量在关键时候遭到削弱，
难再补充新的航空母舰，甚至是轻型的航空母舰。要补充上百名训练
有素的飞机驾驶员，其难度更大。因此，在得到补充以前，这两艘航
空母舰基本上失去了战斗力。而"翔鹤"号需要 1 个月的时间进行
检修。因此，日本海军在几个星期中，失去的不是 1 艘航空母舰，而
是 3 艘航空母舰。而美军的维修和生产能力都远远强于日本。

中途岛海战同样是一场看不见对方舰船的战斗，而且成为了太平洋战场的转折点。

轰炸东京和珊瑚海海战，使日本人更加明确地认识到美国这个强大的对手不仅战争潜力雄厚，而且军队作战能力高超、反应迅速灵活。日本人明白，要打败美国，必须在美国工业能力完全发挥出来之前才能完成，日本海军必须在自身还比较强大时，寻机与美国太平洋舰队进行决战，歼灭之。于是日军大本营批准了日本联合舰队司令山本五十六进攻并占领中途岛和阿留申群岛的作战计划。

这次，日本海军拉开了决战的架势，集中了 11 艘战列舰、22 艘
巡洋舰、8 艘航空母舰、65 艘驱逐舰及 21 艘潜艇展开攻势。而美国
太平洋舰队司令尼米兹上将用来迎击日军的只有 3 艘航空母舰、8 艘
巡洋舰和 15 艘驱逐舰及 19 艘潜艇。

这场海战的发起者是日军，掌握主动的却是美军。显然，这场战
斗的力量对比更加悬殊。同时，也更有力地证明了美日两军战斗力巨
大差异。两场至关重要的海战相距不到 1 个月，美国太平洋舰队还来
不及做出太大的补充，"企业"号和"大黄蜂"号没能赶上珊瑚海海
战，它们连同修好的"约克城"号，在这场海战中成为主力，要对
付 8 艘日军航空母舰。但是美军仍然拥有日军所不知道的优势，他们
再次截获了日军电码，破译了电文，对日军作战计划、部署和参战实
力了如指掌。通过破译日方的无线电报，尼米兹获悉日方正策划在中

太平洋搞一个相当规模的军事行动。日方的无线电通信中不断提到以"AF"为代号的地方，美军军官猜测可能是指"中途岛"。为了弄清楚这个问题，约瑟夫·J. 罗彻福特（他在珍珠港负责破译电码）向尼米兹的助手、埃德温·T. 莱顿少校提出一项计划。让中途岛用明码电报向珍珠港发一则电文，故意说造蒸馏水的机器坏了。两天之后，一份日本电报报告说："AF"缺水。美军就确定了"AF"指的就是中途岛，于是加倍地加强中途岛的防御，并准备集结兵力于中太平洋。

先机制敌不是率先进攻，而是率先抓住最佳作战时机。尼米兹的舰队就制订了周密的作战计划，选择了最佳的作战时机。所有航空母舰和中途岛上的先进飞机都奉命打击日军航空母舰，岛上只留下 27 架老式 F2A 战斗机用来对付日军轰炸机。1942 年 6 月 4 日凌晨 4 时 30 分，日机从航空母舰上起飞轰炸中途岛，双方展开激烈的空战，美军守岛的 F2A 战斗机击落了来犯飞机的 1/3 自己只损失了 15 架。而前去攻击日军航空母舰的飞机却连连失利，损失惨重。这个关键时刻，美军战机的进攻时机显示了巨大的价值。日军准备轰炸中途岛的第二波飞机刚要出发时，发现了美军航空母舰，于是紧急卸载弹药，改挂鱼雷和穿甲弹，甲板上尽是炸弹、鱼雷和加油管，本来手忙脚乱。此时，轰炸中途岛的第一波飞机返航，要降落，使日军航空母舰乱上加乱。美军战机就在此时发动了进攻，在上午 10 时许，美航空母舰上起飞的轰炸机成功地利用日机慌乱而无法作战的时机，将日本"加贺"号、"赤城"号、"苍龙"号 3 艘航空母舰炸沉，另一艘大型航空母舰"飞龙"号也受到打击于次日沉没。短短几个小时内，损失巨大，山本五十六被迫发出撤退命令。中途岛海战，日军损失大型航空母舰 4 艘、重巡洋舰 1 艘、飞机 400 余架，伤亡 3500 余人，包括数百名训练有素的飞行员，这些都很难补充；而美军只损失航空母舰 1 艘、巡洋舰 1 艘、飞机 147 架、兵员 307 人，很快又会得到补充。

这是一次史无前例的海战。战斗非常短暂，令人震惊的巨大损伤完全发生在短短的 6 分钟之内。但这 6 分钟的成就是数周来密码战和周密计划的结果，美军官兵的大无畏精神同样值得称道。从此，海战进入了以海军航空兵为主的时代。这次海战，是日本海军开战以来遭到的第一次决定性的失败。日本的侵略势头在珊瑚海和中太平洋都受到了抑制。从此，日本面临着山本五十六曾经警告过的险恶形势，时针已经开始倒转，美国从"防御为主，进攻为辅"转为"进攻为主，防御为辅"了。中途岛海战是太平洋战争的转折点，战争潜力有限的日本受此次重创后，再也不能随心所欲地进攻了，而战争潜力巨大的美国逐步掌握了战争的主动权，反攻即将开始了。

3. 自信的欧洲战场

　　美国在第二次世界大战中虽然参战时间较晚，却是盟国一方的绝对主力。欧洲战事于 1939 年 9 月全面爆发，1941 年 12 月美国参战，1942 年末美国陆军登陆非洲，加入北非和欧洲的战团。时隔 3 年多，德国已经横扫欧洲和北非，只有苏联和英国在苦苦支撑，充当着绝地战士的角色。在亚洲，日本在成功袭击了珍珠港之后，横扫东南亚，西北太平洋已经被日本控制，向东南太平洋伸出魔爪。而此时的美国，却还在加紧生产战争物资、动员军队。基于这样的差距，日本乐观地认为有可能在一年之内击败美国。德国人用潜艇嚣张地在大西洋袭击美国的商船和军舰；英国人虽然渴望美国人参战，但是对他们的战斗力抱有怀疑态度。

　　然而，美国人非常自信，这源于他们知己知彼。虽然美国一直是一个旁观者，虽然国内有这样或者那样的困难，虽然欧洲的英国已经快要支持不住了，而德国人看来马上将成为欧洲的主宰，但局势的变化却一直没有脱离美国人的掌控能力。经过第一次世界大战的检验，美国人相信自己可以依靠临时招募的士兵，可以依靠强大的工业生产能力。

美军在欧洲战场可以用后发先至来形容。美国参战后，战争形势发生了天翻地覆的变化。太平洋战场的主动权在短短的 6 个月时间内，转移到美国人手上；大西洋海面以下的德国潜艇很快没有作为。在北非和欧洲，以美军为主的盟军从北非开始向德国推进，经过火炬计划、西西里岛战役、意大利本土战役、诺曼底战役、法国南部战役、进攻荷兰、阿登战役，直到进攻德国本土、德国投降，仿佛一气呵成；在太平洋，日本的溃败如狂风中的落叶，一切尽在美国人计划之内完成。失败的悲剧没再重演，胜利的号角一直吹到柏林，5 个月后骄傲地响彻东京。

（1）赢得"世界反潜第一"的称号。

美国和英国的船只要通过大西洋，把民主兵工厂生产出的产品和军队运送到欧洲，德国毫无例外地采取了潜艇攻击。

和上一次战争有一个相似之处，美国人必须再一次对付德国潜艇。

英国 80% 以上的粮食和战略物资要依赖海外进口，每天平均有 2500 艘船只航行于海上。德国海军司令邓尼茨在日记中写道："在与海上强国英国作战中，德国最重要的海上战略任务是击沉英国的商船，进行吨位战。只有采用这种方法，我们才能取得对英作战的决定性胜利。"1939 年 9 月 3 日，英国对德国正式宣战，当天英国邮轮"雅典娜"号被邓尼茨派出的一艘潜艇击沉，第二次世界大战的潜艇战与反潜战正式开始。到 1940 年 3 月 1 日为止，德国潜艇共击沉英国船只 199 艘，总吨位达到 70 余万吨。尽管英国于 1939 年 5 月便建立起护航制度，但收效甚微，这些潜艇被人们称为"海狼"，使英国人闻之色变。

1940 年 6 月，法国沦陷，英国失去了法国舰队的支持，而德国却获得了更加优良的海港和潜艇基地，潜艇数目也有增加，邓尼茨开始实施潜艇战新战术——"狼群战术"。仅在 6 月，德国潜艇便击沉英船 58 艘，总吨位达 28.4 万吨。为此，丘吉尔向罗斯福求援。9

月，英美达成协议，英国以出借在西印度群岛、百慕大以及纽芬兰的海空军基地为代价换回美国 50 艘旧驱逐舰，护航力量虽然略有加强，但是仍然难以改变大局，德国"狼群"仍然为所欲为。

1941 年 7 月起，美国开始直接加入反潜战的行列，盟国反潜战的形势开始改观。

7 月，美军登陆冰岛，接替英军守卫该岛，之后又担负起在冰岛以西护送运输船队的任务；罗斯福从太平洋舰队抽调舰艇，扩充英国海军巡逻队；美国海军开始为在冰岛以东海域航行的商船护航，并向英国海军通报所发现的德国潜艇；派遣 1 个旅的海军陆战队进驻冰岛，保护以冰岛为基地的侦察活动。9 月 11 日，罗斯福总统宣布了美国在大西洋的护航原则——美国将对大西洋的德国舰艇实行"见了就打"政策，实际上是对德国的不宣而战。

1941 年 12 月珍珠港事件之后，德国对美国宣战，邓尼茨开始对美国实行"全面无限制潜艇战"。从此，邓尼兹的潜艇不仅在英伦三岛和地中海袭击盟国船只，还借助新制造的可以远洋活动的大型潜艇和绰号为"奶牛"的巨型油料补给潜艇，攻击美国东海岸。12 月中旬开始，威廉斯堡、查尔斯顿、佛罗里达沿岸的船只大量遭袭。德国的海军潜艇还浮上水面，用舰桥上那门小口径高炮，轰击岸上的炼油厂、油库等大型目标。仅 12 月份的下半月，美、英盟国的海上损失急剧上升到 55 万吨。自南北战争以来，美国本土已有 80 年与炮火硝烟无缘，德国潜艇的袭击才使它的公民亲身感受到战争的存在。德国"狼群"继续南下，侵入加勒比海和南美海域，德国潜艇完全掌握了主动权，整个 1942 年，商船的月损失都保持在 60 万吨左右。

美国人清楚地看到，如果不击败德国潜艇，盟国就不能在欧洲战区实施大规模的作战行动。美国造船业几乎弥补了 1942 年的船舶损失，1943 年，美国新建船只总载重量增加了 2 倍，从 300 万吨增至 900 万吨。但是，这样的现实必须停止。因为到 1943 年，盟国由于商船队净损失巨大，它进行战争的能力已十分有限了。英国的进口量减少了一半，原材料、食品和消费品严重不足，英国的贫困已经令人震惊。而且，制造商船影响军舰的建造，也就影响到制海权。为了夺取制海权，1943 年 1 月，在同盟国召开的卡萨布兰卡会议上，盟国一致认为在没有解决德国潜艇的威胁之前，进攻欧洲是不可能的。会议决定采取有力的措施，美、英、加成立海、空军特别联合指挥部，共同对付德国潜艇；美、英增调远程飞机，建立覆盖整个北大西洋的空中保护伞，海空军密切协同，粉碎"狼群"战术；建立火力支援舰队，在远程飞机和护航舰配合下共同反潜；加强飞机、舰船上的反潜装备；加强了对德国潜艇制造业的战略轰炸。

为了指挥反潜作战，美国海军司令金海军上将建立了一支独立的部队——第 10 舰队，他从这里通过一系列部署有护航舰艇、巡逻飞机和护航运输船队的地区性司令部，来指导反潜行动。技术的进步帮了大忙，海军接收到更多的护航舰艇（特别是护航驱逐舰）和飞机，岸基远程飞机如"卡塔琳娜"式飞机、海军的 B-24 型飞机以及舰载搜索—攻击机，使美国海军能够对其所负责的整个海域进行全面的空域覆盖；护航舰艇和飞机上装载的雷达和声纳的性能得到改进，使德国潜艇袭击变得困难；盟军的高频测向设备可截获德国的无线电通信，并准确地测定德国潜艇的位置；盟国发明了一种可使德国"黑匣子"雷达探测仪失去作用的舰载雷达系统；研制和部署了精度更高、威力更大的反潜武器，如深水炸弹和航空火箭弹；在密码破译方面也高出德国一筹；美国和英国的专家组还对反潜战进行了数学分析，研究出最佳方法，发挥护航舰艇、飞机和反潜武器的最大效能。对参战人员的反潜强化训练也收效明显。

所有的决定，加上美国海军一系列优秀的计划，达到了效果。

在大西洋反潜作战英国岌岌可危的时刻，美国人的帮助，使制海权逐渐转移到盟军手里。德国潜艇的损失在增加，平均每击沉 1 艘盟国商船就要损失 1 艘潜艇。在 2 个月的时间内，德国就损失了 56 艘潜艇。在 1943 年 5 月一次不成功的袭击后，邓尼茨下令德国潜艇撤往安全海域，在此后的 1 年内，盟国有 62 支护航运输船队毫发无损地渡过了大西洋。到德意志第三帝国覆灭时，德国 863 艘巡逻潜艇中损失了 753 艘；41300 名水兵中损失了 28000 人，他们对盟国的威胁已经不能称之为威胁了。经过实战的洗礼，美国海军成长为"反潜世界第一"的海洋战队。

（2）"德国第一"——陆地战士在非洲和欧洲的荣誉。

1943 年前，美军的作战重点是在太平洋战区，1943 年后为实行"德国第一"的战略，特别是在德黑兰会议之后，重点转移到欧洲战场。为了控制地中海，以保证航运补给安全和开辟意大利战场，盟军必须首先清除北非的轴心国军队。

"火炬计划"是美国人主导欧洲战场的开始。

1942 年 7 月，英美首脑决定实施进攻北非的"火炬"行动计划，并任命艾森豪威尔将军为"火炬"行动的盟国远征军总司令。9 月下旬，美英两国参谋长联席会议在伦敦确定了实施"火炬"作战计划的细节，决定两国军队于 11 月 8 日在法属北非的阿尔及尔、奥兰和卡萨布兰卡实施登陆，占领沿海主要港口，然后由阿尔及尔登陆部队向东抢占突尼斯，再待机与北非的英军协同作战，消灭在北非的德意部队。

1942 年 11 月，"火炬"计划开始了。美国人艾森豪威尔是这次战役的总司令。"火炬"计划进行得很顺利，在法军守卫部队（已随法国维希政府投降德国）的配合下，无论是登陆还是陆地推进，都没有遇到太大阻碍。直到德军将一个集团军运入突尼斯，盟军才遇到强力阻击，虽然在初次与德军交锋中，美军在战术、武器、情报、侦察和空中支援等方面都无法与德军相比，但后勤保障和炮兵部队的表现堪称上乘。而且，初出茅庐的美军从挫折中汲取了经验教训，在军长——著名的乔治·巴顿中将——的率领下，坚持完成既定任务，通过"夺取战斗胜利和杀死德国兵"，提高了自己的声誉。

突尼斯战役于 1943 年 5 月胜利结束，德意"非洲"集团军群被奸。该集团军群在突尼斯损失 30 多万人，其中被俘约 24 万人，其中包括德军 12.5 万人。轴心国军队撤出北非，盟军攻占了地中海的整个北非沿岸，从而保障了地中海交通线的安全，并为进攻西西里岛和亚平宁半岛创造了有利条件。在这次战役中，美英军队在突尼斯获得了实施大规模进攻战役突破敌预有准备防御的经验。使用空军重兵支援陆军的进攻引起了人们的注意；但也暴露了指挥关系和空地协同的缺陷，这些经验很快被弥补，并在西西里岛战役中得到展现。

巴顿成为意大利战场的急先锋。为了在意大利本土牵制东线的德军，为空袭德国和东欧目标的盟军轰炸机提供空军基地；从政治上打击德国，从军事上削弱德国；保卫盟军在地中海战区修建的港口、机场、军需品仓库、基地，盟军把下一个目标定在了西西里岛。1943年 6 月，艾森豪威尔将军被任命为地中海战场盟军总司令，英国亚历山大将军担任进攻西西里岛的总指挥，主力是巴顿将军的美第七集团军和蒙哥马利的英第八集团军，总兵力达 47.8 万人，作战飞机 4000架。守卫西西里岛的意军有 23 万人，德军有 2 个坦克师，4 万人。

在进攻西西里岛之前，盟军首先对班泰雷利亚岛、西西里岛、撒丁岛和意大利南部的港口、机场、基地等重要目标进行了猛烈轰炸，并率先夺取了班泰雷利亚岛。7 月 10 日凌晨，进攻西西里岛的战斗正式开始，盟军达成了战术上的突然性，建立了滩头阵地，但是美军滩头阵地遭到德意装甲部队的反攻，美军步兵浴血奋战，不怕牺牲，特别是第 82 空降师尤其英勇，炮兵和海军的火力支援及时而猛烈，将德军击退。巴顿指挥的美军 7 月 22 日迅速攻占巴勒莫，8 月 5 日美军攻占卡塔尼亚城，对墨西拿海峡实施了地面—两栖包围，8 月 16日攻占墨西拿；而蒙哥马利则沿着西西里岛东海岸缓慢北上。德军于8 月 17 日经墨西拿海峡撤至意大利本土南部，意军则来不及撤退，全部投降。

7 月 21 日，蒙哥马利与美军会师，西西里岛战役结束。此役历时 38 天，德国和意大利军队损失了 16.5 万人，其中包括 13.2 万俘虏，盟军官兵伤亡和失踪者共 3.1 万人。尽管战役中暴露了美英将领争执、部队间协调不畅等问题，但应该看到西西里岛登陆与以前的迪厄普和北非登陆战役相比，盟军的两栖登陆作战水平有了长足的进步，盟军不仅取得了战役胜利，而且取得了非常宝贵的战略登陆的经验，为以后的诺曼底战役奠定了基础。西西里岛登陆战役还是大规模使用专门登陆工具的首批战役之一。盟军在西西里岛的胜利，为他们在意大利本土登陆创造了有利条件。

北非和西西里岛两场战役，加深了意大利法西斯政权的危机，意大利国王于 7 月 26 日宣布解散法西斯党，墨索里尼被软禁。9 月初，盟军向意大利南部进军，意大利投降。9 月 8 日，意大利政府宣布停战，退出战争。

意大利的停战使德军成为对抗盟军的主力，他们构筑了"古斯塔夫防线"，顽强地阻击盟军。1943 年底，意大利战局进入僵持状态，盟军必须寻找其他突破口。

在决定"第二战场"的德黑兰会议上，美国人的意志占据了主导地位，促成战争史上经典的"霸王行动"。

在德黑兰会议上，美国以马歇尔将军为代表的发言人和苏联代表说服了英国人，应该在分配英美军队时把进攻欧洲大陆摆在最优先的位置。仍然作为战略预备队驻扎在本土的美国陆军地面部队和航空部队将开赴欧洲北部，而将对地中海战区和太平洋战争的增援降到最低限度。对于美国人提出的紧随"霸王行动"之后的"铁砧计划"，美国人与英国人又开始争论不休。"铁砧计划"是在法国南部开辟战场，同诺曼底方向的盟军合力，像铁砧一样进行南北夹击。英国人要求美国将准备用于"铁砧计划"的部队调到意大利或其他地中海战场上去。但美国人仍坚持己见，理由是在法国开辟第二个"第二战场"可以分散德军在法国的兵力；而且如果盟军能迅速在莱茵河会师，还有可能围歼部分德军。其实，美国决策者坚持己见还有另外两个主要原因，一个是国际的，另一个是国内的。前者是因为担心在中欧的行动会引发苏联的担心，而导致反法西斯战线分裂；后者是因为国内民众不会支持美军在中欧进行军事干涉，更不用说在中欧保持军事存在了。最后，还是美国人占了上风。

诺曼底战役是一场规模空前的两栖登陆战役，成为其后军事教科书上的经典范例。这是最为后人称颂的一场战役，是美军最引以为骄傲的战役。为了与苏军形成东西夹攻之势，盟军策划实施"霸王行动"——诺曼底登陆。经过北非和意大利战役，人们不再怀疑美军这些临时招募的士兵的能力了，美军成为这场战役的绝对主力。进攻力量共 36 个师，总兵力约 288 万人，其中陆军 153 万人、飞机 13700 余架（包括轰炸机 5800 架，战斗机 4900 架、运输机和滑翔机 300 架）、各型舰艇 9000 余艘（包括登陆舰艇 4000 余艘）。美军超过进攻力量的 50%，有第 1、3 两个集团军，其余为英第 2 集团军、加拿大第 1 集团军，美第 3 集团军直属远征军总部，总司令仍然是美国人艾森豪威尔。

行动中，盟军大大改进了各军兵种的协同。登陆前，盟军对诺曼底地区进行了长期全面的空中侦察；登陆前 50 天开始，对前沿和纵深的重要目标实施轰炸；对气象、水文组织了周密调查；登陆部队进行了大规模登陆预演；为迷惑德军，盟军进行了一系列战役伪装，如在加莱地区所投炸弹吨数超过在诺曼底地区所投炸弹的两倍，在加莱方向的英国港口设置了大量假登陆艇和假物资器材堆积物，并以相当兵力在加莱当面运动，给德军造成了盟军欲攻加莱的错觉，而忽视了对诺曼底地区的防御。

恐怖空中袭击在这场战役中现身，并成为今后战争中一种习惯性策略。诺曼底战役为杜黑和米切尔的空军理论提供了试验场。二战中在使用航空兵作战初期，美国空军秉承的是杜黑的理论，即：争夺制空权是多余的，应直接打击敌人要害的中心地区。登陆之前，美英飞机对德国的交通线、重要城市进行了轮番轰炸，倾泻的炸弹超过 150 万吨。虽然这些轰炸为登陆行动作了很好的准备，但实际的轰炸效果并未如盟军所料那样好。因为被轰炸的工厂和铁路枢纽在被炸后几天就能修好；对城市的轰炸的烈度也未能达到挫伤德国人士气的程度，反而激发了德国人的战斗决心。一次意义深远的轰炸发生在1945年2月13至14日，地点是德国城市德累斯顿。这次轰炸的目的是向苏联人表达美英军队反攻欧洲大陆的诚意，但收获了附加的结果。1200架轰炸战机向德累斯顿倾泻了4000多吨炸药，火势殃及城市周围8平方英里，轰炸所及之处灰飞烟灭，63万百姓中的10万伤亡。同年3月对东京的一次轰炸也造成了约10万人伤亡。这些对城市轰炸本意是摧毁民众斗志，却造成了强烈的恐怖效果，恐怖袭击从此也成了战争的一种习惯性策略。后来在长崎和广岛使用原子弹，就是这种策略的主动实施。

最长的一天，英勇的美军。

这是对诺曼底登陆战役中美军的准确表述。以轰炸进行准备之后，"D日（单词'DAY'的缩写，美军常用词，用来指未确定的军事行动时间，俗称为'D日'）"落实在1944年6月6日。

5日午夜至6日5时，盟军轰炸机进行了火力准备；6日凌晨，3个空降师已经降落在"大西洋壁垒"身后；5时30分，100多艘军舰的舰炮再次实施了火力准备，并在登陆纵深战斗中实施火力支援。登陆部队在6时30分至7时45分之间，分别在5个地段突击上陆，9时已基本突破德军阵地。各地段除奥马哈海滩上的美军外，均已夺取较稳固的立足点。德军利用奥马哈海岸陡峭、易守难攻的优势，顽强阻击美军，但美军更加顽强，抱着必死的决心，在付出重大伤亡代价之后，夺取了立足点。

6、7日两天，盟军上陆部队已达17.6万人，车辆2万台。6月12日，各登陆地段已连成一个登陆场。6月16日装配好的两个人工港投入使用。18日，美军切断科唐坦半岛；21日，向瑟堡发起总攻，经5天激战攻克之，瑟堡守军投降。至7月初，盟军已上陆100万人，车辆17万台，物资近60万吨。随后，盟军又展开扩大登陆场作战，形成了正面150公里，纵深13～35公里的登陆场。到7月24

日，诺曼底战役的登陆作战胜利完成。此役，盟军伤亡 12.2 万人，其中美军伤亡占大多数，有 7.3 万人；英军与加拿大军共伤亡 4.9 万人；德军损失 11.4 万人。

到 7 月 25 日，盟军在登陆场已集中了 4 个集团军，共 39 个师，其中美军 20 个师，英军 14 个师，其余属于加拿大、波兰和法国；拥有坦克 4000 辆，飞机 6500 架。德军恍然大悟，但为时已晚。盟军乘胜挺进，美第 1 集团军追击德军，向南推进 80 公里，于 7 月 31 日前抵塞纳河；美第 3 集团军向布列塔尼半岛发起攻击，在法国游击队配合下，把 7.5 万德军围困在几个港城，击退德军 5 个坦克师和 1 个步兵师的反冲击，最后歼敌 6 万人。此后继续推进，于 8 月 25 日解放巴黎。至此，诺曼底战役胜利结束，共歼敌 40 多万人，坦克约 2200辆，军车 2 万辆；盟军伤亡 209672 人。

整个登陆战役，美英盟军是在掌握绝对制空、制海权的条件下实施的。美英盟军投入地面部队约 150 万人。在登陆兵突击上陆前 4—5 小时，美英盟军使用了三个空降师在诺曼底纵深空降，开创了大规模空降的先例。

诺曼底战役为欧洲战场反攻奠定了坚实的基础，此战后，盟军马上实施"龙骑兵计划"，在法国南部登陆。盟军共计 50 余万人，主要是美军和法军，指挥官是美国人德弗斯。8 月 15 日晨，进攻开始；至 19 日，登陆场已成规模；8 月 28 日，攻占了重要港口马赛和土伦；9 月 3 日，开进里昂，然后乘胜追击。

仅用了不到 1 个月时间，盟军提前 2 个月完成了"龙骑兵"行动，占领了法国南部，俘敌 8 万人，盟军伤亡 7200 人。8 月底至 10月末，盟军完成了荷兰和比利时战役，准备突破"齐格菲防线"。

1944 年秋，盟军突破"齐格菲防线"未果，希特勒决定在美军防守薄弱的阿登地区发动反击，意图扭转战局。

阿登地区守军主要是美军，12 月 16 日，

阿登战役着实打了美军一个措手不及，美军也着实经受住了考验。

德军以 3 倍于美军的兵力，以及绝对优势的装备突然发动进攻，美军措手不及，损失惨重。第二天，美 106 师、28 师阵地被突破，2 个团近 9000 人投降。12 月 18 日，双方在交通枢纽巴斯托尼激战，美军表现了极其英勇顽强的作风，死守阵地，101 空降师火速驰援。双方在此要地血战了 20 天。

美军的顽强有效阻击了德军，为增援赢得了时间。12 月 25 日，德军突入地区已经形成了宽正面和纵深都超过 100 公里的突出部。艾森豪威尔采取紧急措施，调兵增援，并准备反击，双方鏖战形成僵持。1945 年 1 月 3 日，德军 2 个军向巴斯托尼发起最后一次攻击，乔治·巴顿将军率部强有力反击，德军告败。德军用尽了最后一点攻击力量，美军全线反击，德军被迫东撤，回到边境，德军的阿登反攻失败，损失 10 万人，坦克和自行火炮 600 辆，飞机 1600 架，军车6000 台。美军也为此付出了 8.1 万人的代价，英军伤亡 1400 人。

阿登战役是西线规模最大的一次阵地反击战，有 60 多万德军、近 65 万盟军参战。美军伤 81000 人亡 19000 人，英军伤 1400 人亡200 人，德军则有超过 10 万人伤亡、被俘或失踪。阿登战役使德国消耗了最后的精锐部队，再也没有后备力量可以补充，因而成为在西线德军发动的最后一次进攻。此后，盟军立即进攻德国本土，一路凯歌，经马斯—莱茵河战役、强渡莱茵河、占领鲁尔区。1945 年 4 月25 日，美国第 1 集团军在托尔高同苏联乌克兰第 1 方面军会师，德国被分割成南北两部分。

5 月 8 日，德国投降。5 月 11 日，美苏军队在捷克斯洛伐克的卡罗维发利和克拉托维会师，盟军对德军作战至此结束。从诺曼底登陆到作战行动结束，德军在西线被击毙 26.3 万人，伤 4.9 万人，810多万人被俘。盟军阵亡 18.7 万人，伤 54.57 万人，失踪 10.96 万人。

（3）太平洋反攻摧枯拉朽。

美国民军高昂的战斗热情、丰富的创造力、灵活的思维和实用的价值观，令他们在太平洋战场上横扫日军，日军被证明是名副其实的

"小日本儿"。那些日本军国主义驯导出来的野兽，不管怎样大讲特讲武士道精神，都不足以像其想象的那样成为太平洋霸主；日本，这个心理扭曲的国家，充其量只是一只信心爆棚的蚂蚁。中途岛海战之后，经过了瓜达尔卡纳尔岛之战解除了日军对澳大利亚和美澳海上交通线的威胁，开始反攻。反攻采用著名的"蛙跳战术"，成功地清除了日军在中南太平洋的据点，进抵菲律宾。经过菲律宾、硫磺岛、冲绳岛和进攻日本本土等一系列战役，在其他反法西斯国家的配合下，迫使日本投降。

日军试图利用瓜达尔卡纳尔岛，占领莫尔兹比港，以加强对澳大利亚的威胁，阻碍美澳交通。美国则要确保美澳海上交通，建立反攻基地，要在澳洲东北占有一系列海空基地。瓜达尔卡纳尔岛在所罗门群岛东部，

> 瓜达尔卡纳尔岛战役是美日之间第一次真正的陆海空全面交锋，也是美军从相持到反攻的转折点，美军表现强悍。

面积6500平方公里，被日军占领，日军正在岛上修机场、建基地。美军认为，攻陷瓜达尔卡纳尔岛并占领附近的图拉吉岛，可以打乱日军部署，牵制日军在新几内亚的作战，使之陷于被动。盟军还打算利用瓜达尔卡纳尔岛和图拉吉岛为基地，以支援攻击新不列颠岛拉包尔的日军基地的行动。于是，瓜达尔卡纳尔岛成了战场。

瓜达尔卡纳尔岛战役，代号为"瞭望台"行动，发生于1942年8月7日～1943年2月9日。负责这场战役的是美西南太平洋部队，拥有3艘航空母舰、1艘战列舰，14艘巡洋舰和各类舰只数十艘、2个陆军师。日军守岛部队为陆军第17军，并有大量海军配合。

1942年8月7日，以美军为主的盟军部队在瓜达尔卡纳尔岛、图拉吉岛和所罗门群岛南部佛罗里达群岛登陆，击败了寡不敌众的日本守军。盟军的进攻令人十分意外，日军从1942年8月至11月间多次尝试从美国海军陆战队手上夺回亨德森机场。美国陆军部队在10月加入了守卫行动。围绕着瓜岛的争夺，在美军士兵攻占瓜岛的六个月中，双方进行了3场主要的陆上战役、5场大海战以及不断的、几

乎每天都在进行的空中战斗。1942 年 11 月上旬的瓜达尔卡纳尔海战是决定性战斗，日军试图派出足够数量军队以夺回亨德森机场，被美军击败。1942 年 12 月，日军放弃再次夺回瓜达尔卡纳尔岛的行动，于 1943 年 2 月 7 日起撤离其剩余部队，美军确定该岛落入盟军手中。双方各损失驱逐舰以上的舰只 24 艘；而日本损失飞机 600 余架，大大超过美方。陆战非常惨烈，美军先后有 6 万人参战，阵亡 1600 人，负伤 4200 人；日军有 3.6 万人参战，死亡 2.4 万人，被俘 1000 人。

瓜达尔卡纳尔岛战役是在太平洋战区中盟军对日军一次重大战略上联合兵种作战的胜利。日本人在太平洋已经达到了其征战的高峰，瓜达尔卡纳尔标志着盟国从防卫作战过渡至战略性进攻。日军从此丧失了战略主动权，美军开始反攻。

"蛙跳战术"在世界战争史上早就出现过，但美国人明确提出了它并使它成名。

中途岛海战后，美军一直采取逐岛进攻、步步推进的战术。这个战术的结果是，日军以较充分的时间去加强其下一道防线，美军在海空军方面的优势将大打折扣。因此美军进展速度极为缓慢，消耗很大。在 1943 年 8 月之前的一年中，盟军仅攻占了阿留申群岛，在太平洋中、南部无所作为。美军高层表示担忧，罗斯福指出："我们不能靠一岛一岛的进攻来使日本无条件投降……我们不希望仅仅在广大的太平洋上，从此岛到彼岛浪费最后击溃日本之时间。"盟军高层决定采用"蛙跳战术"（也称"越岛进攻战术"）。按照麦克阿瑟将军的解释，"蛙跳战术"就是"……避免伴有可怕伤亡的正面进攻，绕过日本人的据点并用切断敌人供应线的办法使敌人的据点失去作用，进而孤立敌人的军队，使他们在战场上挨饿，然后……敌人哪里空虚，就打它哪里"。

"蛙跳战术"1943 年 8 月开始实施，捷报频传。1943 年日军在东南亚和太平洋区域共有 280 万人，210 艘舰艇（其中航空母舰 6 艘），4600 架飞机。盟军有 401.6 万人，170 余艘舰艇（其中航空母舰 10 艘），3500 架飞机，已经在太平洋中部和西南部建立若干重兵集团。美军攻占特罗布里恩德群岛和新佐治亚群岛之后，日军认为盟军下一个目标应该是科洛姆班加腊岛，在该岛部署 1 万重兵防守。但美军南太平洋战区司令哈尔西越过该岛，于 8 月 15 日直取防守薄弱的维拉—拉维拉德岛，迫使该岛守军撤离。在接下来的一次行动中，西南太平洋总司令麦克阿瑟在攻占布布干维尔岛的同时，封锁了驻有 10 万日军的重要海空军基地拉包尔岛，围而不打，然后一跃而过，继续北上，使日军在拉包尔岛的防御失效。在中太平洋，尼米兹 1943 年 11 月夺取吉尔伯特群岛后，日军急忙在米里岛布防。而尼米兹绕过米里岛，直取马绍尔群岛中部的夸贾林岛，打乱了马绍尔群岛的防御体系，马绍尔群岛很快为美国人所有。1944 年 6 月的塞班岛战役最为著名。本来，加罗林群岛首府特鲁克岛是日本在太平洋中部最大的海空军基地，防守严密，易守难攻。塞班岛在特鲁克岛北面，等于在特鲁克岛身后。美军计划避开加罗林群岛及帕劳群岛以攻占马里亚纳群岛及台湾，这样日本本土和日军通向南面及西面的通道将被切断，加上美军新型的 B–29 "超级堡垒" 远程轰炸机可从马里亚纳起飞飞越 1500 英里（2400 公里）轰炸日本本土。美军绕过特鲁克岛，进攻塞班岛。

1944 年 6 月 15 日，美军投入 7.7 万人、250 艘军舰和 170 余架飞机，开始登陆作战。日军 8 万人拼死抵抗，血战 25 天，美军终于攻占该岛，隔断了日本和加罗林群岛的联系。此役，日军死亡 23800 人，俘虏 1800 人，美军伤亡 16700 人，失踪 335 人。

塞班岛战役打破了日军所谓的 "绝对国防圈"，为尽快夺取冲绳岛、直接进攻日本本土创造了条件。"蛙跳战术" 取得了完美的成功，被孤立的日军据点逐渐不攻自破。1944 年 6 月，美军控制了太平洋中部和西南部的大部分岛屿；在兵力、装备上，美军占绝对优势，牢牢控制了制海权和制空权。

进攻塞班岛令日军恐慌，日联合舰队决定同美海军决战。在这个局部战场上，日军有几个有利条件。首先，攻击方向可以自由

"马里亚纳大规模火鸡射击战" 永远让日本人羞愧和痛苦。

选择而不受限制，而美军则必须保卫塞班岛的滩头阵地；其次，日军飞机的最大航程比美军的要远；再次，日军与美军航空母舰上飞机的数量之比是956∶473，超过2∶1。但是，胜利却属于美国人。

美军装备先进、作战技术和战术高超、作风硬朗，战役结束时，日军共损失3艘航空母舰和450架飞机，美军只损失了130架飞机和76名飞行员。此役，日军丧失了大量飞行员和飞机，日本的海军航空力量基本被消灭了。

1944年10月23~26日的莱特湾战役，使日本海军几乎失去了战斗力。

为了保住菲律宾，阻止美军在莱特湾登陆，夺回制海权，日军几乎投入了全部海军力量，共军舰73万吨、飞机116架（还有吕宋岛的300架飞机支援），4.3万人。美方舰船总吨位133万吨，飞机1000架，人员14万，占有绝对优势。空中力量可怜、不善使用潜艇也不擅长反潜的日军赔了个底朝天，美军则以较小的代价取得了胜利。

日本损失了4艘航空母舰、3艘战列舰、9艘巡洋舰和10艘驱逐舰，从吨位讲，共30.6万吨，超过日德兰海战双方损失的总和；损失飞机150架，被击毙1万人。日军引以为傲的"武藏"号超级战列舰被击沉，另一艘超级战列舰"大和"号也在不久以后的冲绳岛战役中沉没。美军仅损失轻型航空母舰1艘，护航航空母舰2艘，驱逐舰8艘，共3.5万吨，飞机100架，阵亡1500人。此役，日本丧失了全部航空母舰，联合舰队从此失去了远洋作战的能力。

美国人反应迅速、善于学习的特点在潜艇战中表现得淋漓尽致。

潜艇曾经是美国人的梦魇，在这次和上一次战争中都给美国人造成了极大的麻烦，甚至是致命的威胁。美军成功战胜了德国潜艇，获得反潜世界第一的美誉。但是他们没有就此满足，也没有刻板地把自己限制在反潜者的地位上，反潜的艰难使他们注意到潜艇的战争价值，决心用好由他们发明的潜艇，日本人成了美国潜艇攻击下的倒霉蛋。

聪明的美国人知道，岛国日本资源有限，进行战争全靠海上航运获得油料、原料，本国岛屿之间的贸易也离不开航运，对日本进行潜艇战将是非常简捷有效的战争手段。日本偷袭珍珠港以后，美国开始使用以前所不愿意使用的潜艇战。当时的主要目的是切断日本的海上战略通道，主要依靠的装备是 1500 吨的大型潜艇，可携带 24 枚鱼雷，续航力达 10000 海里。初期，潜艇战效果不理想，主要原因一是潜艇少，而且维修状态差，只有 15 艘左右在航；二是太平洋辽阔，潜艇出动时，有一半时间花在航程上；三是鱼雷质量很差，发射出去以后不是往深处钻，就是不爆炸，鱼雷的陀螺仪也常出毛病，射出去的鱼雷经常会掉过头来往回跑。

美国人调整迅速，不再把潜艇当作一种封锁力量，而当成进攻力量。执行新任务的潜艇部队补充了新潜艇，艇上装有雷达，可在夜间进行攻击，也更换了新的鱼雷。调整效果明显，到 1943 年 11 月，击沉日本商船数已经达到 231000 吨。此后，美国对日潜艇战开始了它的骄人历程。这主要有两个原因，一是日本没有打算打防御战，不重视护航，船队几乎没有防御能力；二是美国情报机构技术高超，经常给潜艇指示日本船队的方向和位置。当日本对护航稍有重视后，于 1943 年 11 月成立了护航队总司令部，组建正规的护航运输船队。但美国海军迅速反应，采取一种灵活的现场指挥系统导引"潜艇群"作战，取得了丰硕战果。

1944 年开始时，洛克伍德发动了一场全力打击日本油轮的潜艇战。这些油轮的任务是从婆罗洲（加里曼丹）或东印度群岛运油到日本本国各岛。然后再分拨到太平洋各基地去。很短时间内，这些油轮就被纷纷击沉，日本想补充新油轮都来不及。著名的"杰克"号成了日本油轮的克星，在一次袭击由 5 艘油轮组成的编队时，"杰克"号一下子就击沉了其中 4 艘。由 3～4 艘潜艇组成的潜艇群，经常巡弋于日本周围海域。到 1944 年 10 月，执行巡逻任务的美国潜艇达到 68 艘，击沉了 320000 吨日本运输船，日本油轮的三分之一被击沉——这是这次战争中每月击沉的最高数字。

战争中，美国潜艇共击沉日本大小商船 1150 艘，4861000 吨，到战争结束时，日本海运船队已经不存在了。日本军舰也难逃美国潜艇的攻击，美国潜艇共击沉敌舰 276 艘，包括战列舰 1 艘，巡洋舰 8 艘。美国战斗损失的潜艇为 15 艘。美军潜艇官兵也十分英勇，最著名的是"紧急下潜"——美军潜艇遭到日本军舰重创，负伤艇长霍华德·吉尔摩在自己无法进舱的情况下，身在艇外，毅然命令下潜。

当年格兰特和谢尔曼创造的"总体战"，在 80 年后被美军以战略轰炸的方式再次实施，也再次成功。

取得绝对制海权之后，美军连续攻克菲律宾、硫磺岛、冲绳岛，一系列战役中，日军损失 19.5 万人，美军损失 11.6 万人。

经过这几场战役，日本本岛已经在美军眼下，美军对日本实施了它应该得到的战略轰炸。1944 年 6 月起，美国第 20 航空队开始执行轰炸任务，后来，第 5、第 7 航空队和海军航空兵也加入进来。美国轰炸目标主要是城市工业区，目的在于摧毁日本的战争基础，促其无条件投降。

初期，由于航空兵力不足和一些技术原因，轰炸效果不理想。好的效果来自 1945 年 3 月至 8 月。仅 3 月 9 日～6 月 15 日，美军就出动骄傲的"空中堡垒"——B－29 轰炸机 6960 架次，对东京、横滨、名古屋、大阪和神户五大工业中心集中轰炸，投下燃烧弹 41592 吨，摧毁工业区 102 平方英里。达到目的后，于 6 月中旬至 8 月中旬，对中小城市工业区进行重点轰炸，出动飞机 8014 架次，投弹 54184 吨，破坏工业区 76 平方英里，52 个城市遭到全面破坏。空袭中，美军还尝试了精确轰炸，打击日本一些重要目标，如飞机制造厂、兵工厂、炼油厂、钢铁厂等。自 1945 年 3 月起，美国在日本近海布雷，目的是破坏日本近海运输，阻止原料的输入及日军的补给和机动，共投放水雷 12000 枚，击沉日船 77 万吨，严重损坏船只 47.8 万吨。1945 年 8 月 6 日和 9 日，两朵漂亮而令人惊悚的蘑菇云在广岛和长崎升起，两个城市化为灰烬，共死亡 11 万多人，伤 13 万人。最著名的轰炸是轰炸东京和投放原子弹。

一年多的战略轰炸，炸死日本 33 万人，伤 50 万人；毁坏房屋 215 万栋以及 40% 的城市。日本经济迅速崩溃，燃油业下降 83%，飞机引擎业下降 75%，电子工业下降 70%，造船业下降 15%，钢铁下降 15%，陆海军武器下降 30%。战略轰炸达到了"总体战"的目的，从经济上摧毁了日本的工业能力，从心理上击溃了日本人的战斗意志。再加上中国和苏联在陆战场上的打击，精疲力竭、意志涣散的日本人低下了可耻的头颅，于 1945 年 8 月 14 日宣告投降。

投降仪式于 9 月 2 日在美舰"密苏里"号甲板上举行，日本人从此成为美国人卑贱的奴仆。顺带提一下，签订投降协议时，"密苏里"号在东京湾的停泊地点，不远处就是打开日本国门的马修·卡尔布雷斯·佩里的舰队一个世纪前停泊过的地方。这个有趣的巧合好像在替美国人说：不老实就要挨收拾，而且是羞辱性的痛打，你们就老实待着吧。

美国民军战胜了久经沙场的强敌，傲视所有曾以军事强国自居的国家，包括以正规和专业素质著称于世的英国、德国、法国和日本。足迹几乎踏遍世界的美军战士曾经沉浸在生活的乐趣中，现在战争结束了，他们中的大部分将重新回到生活，留下来的将继续在军队中发挥他们的军事才华。但无论是留在军队还是回家的美军战士，还包括那些没有参军的美国公民，他们都是美国军事力量的组成部分。平时，为改善自己的生活而努力改善生产，为国家积蓄力量；战时，一经动员，就会拿起武器成为战士或者为战士提供战争能量的人。在这一点上，他们与殖民时期的先民一样，保留了亦民亦兵的传统。

（五）一夜之间

美国人在战争中收获的不仅仅是胜利，还有决定他们成为世界霸主的资本——强大的战争机器。经过战争的催化和洗礼,美国俨然成为世界头号军事强国。其拥有世界上最庞大的舰队、战绩最卓越的空军和像变魔术一般忽大忽小的陆军,拥有世界上最先进的武器;为了赢得战争,他们找到了适合于自身的一套军事制度,能够让人、钢铁和炸药充分发挥作用;依靠强大的工业生产能力和先进的生产技术,美国能够持续地生产和改进先进的武器。美国打造了一台战争机器,硬件可靠,软件把硬件有效结合在一起,这部机器运转良好、前景值得期待。这预示着在将来很长一段历史时期,美国军事力量将持续拥有优势。他们不仅赢得了战争,还赢得了未来。

1. 一夜之间,美国海军成长为世界海洋霸主

1945 年 9 月 2 日,日本败降之时,在东京湾 100 海里的洋面上,停泊着 23 艘航空母舰、10 余艘战列舰、25 艘巡洋舰、116 艘驱逐舰和护卫舰、10 余艘潜艇和其他舰只,共计 374 艘。当然,这只是停战时美国海军的一部分。而在 4 年前,没有人会想象得到美国会拥有这么庞大的舰队。美国陆军和空军的力量也一样魔术般地壮大起来,一切变化,仿佛发生在一夜之间。

前海洋帝国——英国心悦诚服,正如英国高级军官写给美国欧内斯特·金海军上将的信中所说:……美国海军在你作为总司令的领导下,以前所未有的速度,发展成为全世界最强大的海上力量。的确,到 1945 年底,美国已经建成了一支世界历史上无与伦比的海军,世上没有对手,不仅是海上霸主,还是空中霸主和海底霸主。

海军的壮大从战争之初就开始了,到 1943 年,发生了质的变化。

1943 年,美国海军已经能够组建庞大的舰队了。这种特混舰队的构成通常是:航空母舰 12 艘(各载机 100 多架),战列舰 6 艘(包括 45000 吨的新泽西级战列舰),数量充足的巡洋舰和驱逐舰。而且,这样的舰队,美国可以同时组建多个。

海军已经拥有各种飞机 18000 架，到 1944 年底增加到 30000 架，质量也有很大提高。F6F、F4U 均优于日本最新的战斗机，其他武器装备也突飞猛进，美国海军在海空作战、登陆作战、反潜作战、支援作战方面世界一流。1945 年 9 月，战争结束时，海军官兵也增长了十倍以上，已经拥有 3400000 名官兵，其中有 100000 名妇女，是紧急状态下支援服役的。

增加的兵员需要培训，1944 年 6 月，海军开办了 947 所各种类型的海军学校，每天到课人数达 303000 人；还开设了 7 个新兵训练中心，没看到军舰的人经过训练，就有成为一名水手的资格了。在短时间内培养大批新兵，是美军的特长，其意义也更加深远，战时扩充民军作战，成了美军的传统。

第一次世界大战中，海军就曾经成功地尝试了军舰航行中加油。那是驱逐舰编队横渡大西洋去昆斯敦时，油船"莫米"号依傍而行，给军舰添加燃油。航空母舰在航行中加油，是从 1939 年开始的。海军还在困境中为战争贡献了独特的创造。大战之初，海军缺少补给船、油船、弹药输送船和其他运输船，只能临时利用民间船只，将它们编入舰队序列，这样一支海上后勤保障部队与快速航空母舰编队一道航行，能够随时可以把遥远偏僻的礁屿变成海军基地。它不仅能够提供浮动的船坞，还设有维修车间。货船上各种保障物资也很丰富。这支海军，将继续在大洋上航行。

远洋作战，要求有周密的供应体系来保证远洋舰队的食品、燃料、弹药以及海上维修和技术保障，这考验了、也革新了后勤系统。

2. 美国陆军在战争中继续着魔术表演，创造了奇迹

参战陆军仍以志愿兵为主，征上来的兵只占一小部分。他们经过几个月的训练，来到亚洲和欧洲，或驱动坦克、汽车和飞机，或徒步战斗，表现出了高超的战斗技能。和欧洲身经百战的老兵相比，有过

之而无不及；在对德作战中，曾经横扫欧洲的德国兵一直处于下风。人们不再争论训练一个优秀士兵到底需要2年还是2个月了。

魔术背后凝聚着美国深厚的军事传统、社会心理底蕴及在此基础上形成发展的制度文化，陆军的惊艳表现源于美军良好的动员、训练、组织、物资保障和工业化社会的积淀。

直到1939年，美国陆军的规模还很小，装备状况也不佳。但美国人口众多，有可以立即响应国家需要武装公民的传统，这一传统在历次战争中屡试不爽。当年伊莱休·鲁特打造的总参谋部、院校系统以及其他机构，在复杂的工业社会的综合性管理技术的支持下，培养了一大批军官。美国人掌握了十分发达的管理方法，组织、维持、指挥了一支足以战胜强敌的百万大军。

陆军部的改组，吹响了美国军队领导体制改革的号角。1942年3月，陆军司令部改组，清晰地划分为陆军地面部队司令部、供应勤务部队司令部和陆军航空队司令部，三个司令部主要为海外战区提供部队、装备和供应以及运输手段等战争准备活动。这样，陆军总司令部把制订计划和作战控制的职责还给了总参谋部，总参谋部就成了指挥所有战区作战的中心指挥所。庞大的战争和庞大的陆军，使改革者认为：总参谋长不可能通过当前的总参谋部领导陆军的行动，需要把总参谋长从征集、训练和装备部队的琐事中脱离出来，而加强其控制和协调各种部队打全球联合战争的能力。为此，陆军采取了两项措施。第一，正如陆军副参谋长约瑟夫·塔格特·麦克纳尼所说："除了基本的决定必须由总参谋长制订外，参战部队的准备工作由上述三个司令部负责。"第二，在总参谋部内成立作战部，协助总参谋长发挥指挥中心的作用，负责制订计划，协调各个战区的行动，并把陆军部的工作与作战部队联系起来。这样，陆军的作战和训练保障等工作就分离了，能够更加有效地服务于战争。几乎与此同时，海军也发生了相似的变化。

陆军供应勤务部队在各种矛盾中不断地完善自己，有效适应了

"全球战争在很大程度上是后勤战"的特点。供应勤务工作人员在1920～1930年代，根据第一次世界大战的经验，进行了充分研究和计划，避免了以前的错误。战争中，虽然后勤部门的组织上还存在很多问题，但是战争需求使他们主动寻求办法。为了处理战略和后勤之间的紧密关系，作战部内成立的战区小组与陆军勤务部队共同制订后勤保障计划，共同实施保障任务。这虽然造成了一些矛盾，但也是当时体制下，解决实际问题的权宜之计。这也最终促成了陆军后勤部队的成立，它是供应勤务部队的发展，负责美国本土供应和向海外战区提供所有供应。在供应勤务部队司令官之下设有一些传统供应部门和面向技术变化而成立的新部门，包括军需兵、军械部、化学战勤务部队、卫生队、通信兵、工兵和运输兵。根据1920年"国防法"建立的军防区司令部，以往主要负责行政管理和供应，现在成为供应勤务部队下面的后勤司令部。

为了完成繁重的保障任务，供应勤务部队不断扩大。珍珠港事件前夕，勤务部队仅占陆军整个兵力的26.3%；到1942年9月，全球战争使他们的比例上升到了34.4%；战争结束时，勤务部队的人员已达到155.8万人，已经很接近作战部队的204.1万人了。陆军部及其供应勤务部队协调各战区的供应，确定战区优先次序，根据战略需要调整供应，并分配运输和紧缺物资，很好地完成了战争所赋予的任务。此外，他们还有一些杂七杂八的行政管理工作，实际上承担着美国本土陆军部队的行政管理，并且合并了一些传统部门，如军法署、宪兵司令办公室、财务部、随军牧师队和国民警卫队事务局等。

第一次世界大战中，美军的师采用2旅4团制的"四四制"，规模比较大。其优点是持续作战能力强；缺点是比较臃肿，不便机动。战争结束时，基于美军的机动和保障前景，就已经开始倾向于更加精干、更加灵活并适于野战的师，并

美国临时组建的陆军师远赴欧洲，打败身经百战的强敌，与他们的灵活组织是分不开的。

在 1937 年建立了"三三制"的样板师，师中取消了旅一级编制。后来成为陆军地面部队司令的莱斯利·麦克奈尔将军担任样板师长，经试验报告应该用 10275 人的"三三制"师取代 22000 人的"四四制"师，当时陆军部折中为 14981 人的"三三制"师。莱斯利·麦克奈尔将军的观点是："三三制"师的基本目的是精简机构，使它在作战中更加有效。要使师在作战中具有战斗力，就必须减少管理人员。

1942 年，陆军地面部队司令莱斯利·麦克奈尔将军削减师规模的方法是调整和集中。"调整"是让师具有多种较为普遍的职能；"集中"是将专业人员和特殊装备集中到非师属部队，以便灵活配属。师是标准单位，由若干标准部队组成，每个单位都按编制装备表配军官、士兵和武器装备。他的努力于 1943 年产生了美军在第二次世界大战时 5184 人的基本步兵师，为美军增加了基本作战单位数量，贡献很大，尤其在战争后期缺乏作战师的情况下，绝非小事一桩。加上灵活的"调整"和"集中"，配属很多专业部队，师长一般情况下拥有 15000 人可以指挥。

麦克奈尔还对各种规模和职能部队的编组进行了有效的改革。他认为，大于师的单位不宜标准化。他指出：德国人之所以获得成功，就是因为使用了根据具体任务组成的特遣部队这种更灵活的编制。美国军和集团军应该是"特遣部队"，根据具体任务由若干标准单位组合而成。1942 年 9 月 21 日，麦克奈尔建议撤销标准集团军和标准军。结果，除了司令部和必要的指挥机构外，美国陆军取消了集团军和军的所有建制部队，所有的师都成了总司令部集中调配的对象，可以配属给军和集团军或作其他特殊配属。他还建议：所有未编入师的部队都应成为小规模的、但有战斗力的常备单位，可以互换，可以根据形势需要编入或者调出军和集团军。结果，除步兵部队以外的大部分固定的旅和团都撤销了，营成为符合这样要求的小规模部队。至于勤务部队，相应的小规模部队是连。非师属部队还可以根据需要组成

特殊功能的大队或旅。经过这样的编制改革，美国陆军在当时的特点
是：灵活、机动、专业、强悍，并且很经济。

欧洲的战争给美国人一种全新的印象，
战争中大量使用了坦克、反坦克炮、自行火
炮、战术空中支援和空降作战等新的武器和

**美国人善于学习，但不盲从，
实用是他们的信条。**

作战样式。一些呼声要求建立坦克师、装甲师等高度专业化的新型部
队，甚至有人鼓吹："三三制的师在保卫运输线，坚守阵地，协助装
甲部队取得补给和穿越河流、峡谷这类障碍方面有一定作用。在坦克
和大炮出现以后，它们就不打头阵了，也永远不会打头阵了。"但
是，英国在北非沙漠反击和苏联发动的反击，已经展现了越来越有效
的反坦克战术和武器，如反坦克炮和反坦克地雷，坦克本身也越来越
需要步兵支援。因此，在 1943 年美军建立的装甲师里，坦克营和步
兵营的数量相等，还有 3 个炮兵营，这样的装甲师也只建了 16 个。

战争实际也越来越证明美国人的选择是正确的。1939 年德国对
波兰发动的那种依赖坦克部队的闪电战已经不再出现了，因为面对有
效的反坦克武器和战术，坦克强行突破是危险和不现实的，坦克本身
所能起的作用，是作为一种超级炮兵，和战术空军一起同步兵配合，
来改善阵地突破和追击。欧洲战区的美国兵团，通常由 1 个装甲师和
2 个步兵师组合而成，在突破和追击时，这样的比例有效而节约。

得到改进的战场通信，使士兵和军官间可以较好地进行联络，部
队终于可以分散在广大的区域进行快速运动。它也为步兵、坦克兵、
炮兵和航空兵的协同创造了良好的条件，步兵在坦克兵、炮兵和航空
兵的支援下，仍然是陆军的基本作战部队。成功确立自身地位的是空
降师，因为他们的确有效，而且除了开进方式外，其他职能和标准师
几乎一样。另一个新生事物——摩托化师的结局，也证明了美国人没
有为求新而盲从。由于摩托化师占用运输船的空间，而且其运输能力
可以被标准步兵师设法弥补，因此没有在战争中得到广泛建设，已经
建设的也大部分被改成标准师。特种沙漠师和山地师等一些被认为有

效、而被现实证明无效的部队，命运也是一样。

压倒一切的是实际需要。

新鲜方法不一定管用。第二次世界大战的步兵进攻战术主张以班为单位分3个小组进攻，但效果很差，甚至是灾难。结果美国人把坦克和步兵连配置在一起，由坦克摧毁敌重型火力，由步兵解决敌反坦克火力。古老的办法不一定过时。巴顿将军喜欢采用"行进间火力攻击"，一般是在坦克的配合下，所有步兵以密集散兵线前进，发挥火力和威慑作用，这使巴顿的部队成为盟军最凶猛的武器。

美国人引以为自豪的是炮兵。这个历史较长的兵种，是拿破仑·波拿巴使其显赫于世，但法国只有一个拿破仑，而美国一直有善于使用火炮的人，也善于制造先进的火炮。美国人在战争中使用的火炮优于所有对手，而且他们使用方法得当。他们强调靠近步兵前线积极使用火炮，让前进的步兵和坦克中以及上空联络飞机上广泛安排前方炸点观察员建立通信网，把每一门炮与炮兵连和营部及后方的军和集团军的所有相应指挥所连接起来，一经召唤，火炮就可以立即集中火力对选定的目标实施轰炸。

正如马歇尔所描述的："我们使用密集的重炮火力远比德国人的办法有效，并且显然大大超过日本人。尽管我们105毫米以上的重炮一般和德国人的不相上下，但我们使用这些武器的方法一直是我们在全世界进行地面战役的决定因素之一。"炮兵用这种办法，与坦克一起运动，在前进中给步兵以强人的火力支援，与装甲兵一起又可以突破敌方更坚固的防线。坦克、自行火炮和机械化步兵实施突破的能力，保证了部队在战争中的机动性。

美国陆军用实用实现了超越。

战争结束时，美国陆军是世界上最强大的陆军，只有苏联陆军在数量上超过它，但在武器、战略机动能力和后勤保障能力方面，美国陆军均领先世界。敌人都身经百战，但美国陆军很快都战胜了它们。全世界都称赞美国这一"组织上的奇迹"，正如丘吉尔所称赞的："其他国家的战士将永远以钦佩和仰慕的心情学习研究这一成就。"美国陆军战士离开温暖的家庭，离开工厂和农场，从和平的生活迈入战场。军装里面的人是一个昨天的平民和明天的平民，只在战争的时刻，他们才是战士。

就是这样的民军，勇敢地冲向身经百战，以战争为业的德、日战争狂人的军队。他们在北非的沙漠和山地、在欧洲的海岸和森林、在太平洋的海岛，在亚洲的大陆，以无穷的勇气和创造力，主导了战争，赢得了和平。而后，他们中的绝大部分肯定将再度回到生活，还原成平民；如果有战争，要求这些平民来到战场，他们也必将马上变成战士。这样的陆军如魔法般变换，如魔法般战斗，一个几乎没有陆军的国家，每个平民都有可能成为陆军，这就是美国陆军成功的魔法。

3. 空军用优异的表现逐渐赢得了独立的地位

战前英国已经建立了独立的空军，而美国空中力量一直分散在陆军和海军中，后来陆军航空兵逐渐发展为空军。战争临近时，

空中力量的地位，随着空中作战行动的地位而上升。

1939 年 3 月，陆军航空队司令受权直接指挥总司令部航空队和其他一切航空方面的活动。1940 年 10 月，少将阿诺德从航空队司令升为新设的负责航空兵的代理副参谋长，直接向参谋长报告，而不是向总参谋部报告。这样，航空兵可以不受以地面部队为主的总参谋部的监督，在最高指挥层有了发言权，增补了作为航空兵局和航空部队作战司令部的地位。

1941 年 6 月 20 日，美国成立了陆军航空队，取代了总司令部航空队。负责航空兵的副参谋长指挥陆军航空队，协调航空队司令办公室，取代了总司令部航空队的航空队作战司令部，以及指挥航空兵部队的其他活动。1942 年 3 月 9 日，建立陆军航空队司令部，完全与

地面部队分离，陆军航空队有自己的参谋部和司令，司令阿诺德将军直接向参谋长负责。

在战区，空中力量一般属战区司令官领导，以保证航空队与地面部队密切合作，航空队从直接对作战部队负责中，争取到了越来越多的自治权。欧洲的战略航空队首先直接归英国皇家空军司令部指挥，然后才归皇家空军和华盛顿的阿诺德将军共同指挥；而太平洋的航空队直接归阿诺德指挥，后来在广岛和长崎显露出的战略空中力量的威力，极大加强了这种独立的指挥权。

美国空中力量的飞机数量是以其强大工业生产能力为基础的。

军队的需求逐步攀升。1940 年 4、5 月间，美国人耳朵里充满了德国空军飞机的隆隆声。尤其是德军在 4 月占领挪威，主要靠的是空军。议员们对空中力量的态度变得非常主动，要求不惜一切代价建立一支最强大的空军。正如一位议员向航空兵部队司令阿诺德将军所说的："只要你提出申请就行了。"

陆军提出要在 1942 年 4 月 1 日达到 1.8 万架飞机的指标，同时要求 1942 年飞机的年产量也应达到 1.8 万架，总统批准了这个计划。马歇尔将军又批准了一个"第一航空目标"，据此，陆军在 1942 年 4 月应拥有 54 个航空作战大队，飞机 12835 架，航空兵官兵 22 万。1941 年 3 月，计划又增加至 1942 年 6 月 30 日，作战大队 84 个，官兵 40 万。1941 年 7 月，获准的陆、海军飞机数量为 5 万架。1941 年 12 月，陆军航空队的一个研究小组拟制了一份计划，认为陆军航空队的主要任务是战略轰炸，需要 239 个作战大队、103 个独立中队、飞机 63467 架、人员 216.5 万。事实证明，这份报告很准确，到 1944 年 4 月，陆军航空队达到 243 个大队、飞机 8 万架、人员 240 万。他们组成的大队分布于世界各地，欧洲地区 149 个，太平洋地区 52 个、中缅印地区 21 个、阿拉斯加 2 个；它们也分成各种类型，轰炸机大队 125 个、战斗机大队 71 个、侦察机大队 13 个、运输机大队 29 个、混合战术大队 5 个。这样大的实力和丰富的类型，很多大国至今也不具备。

由于新建、扩建了很多飞机制造工厂，改进了生产技术，美国军用飞机产量从 1940 年 4 月的 402 架增至 1941 年的 2464 架；到 1944 年 3 月，月产量达到 3.9 万架；此时，

> 计划的实现靠的是强大的生产能力和建立航空基地和高效培养飞行员。

美国生产飞机总数超过其他所有国家总和。战争期间，美国飞机生产耗费 450 亿美元，约占整个战争物资生产费用的 25%，生产了 30 万架军用飞机。陆军航空队共获得了近 15.9 万架，其中轰炸机约 5.1 万架，优秀的"空中堡垒"B－29 占 3760 架；战斗机 4.7 万架，P－47、P－51、P－40 各占约 1.55 万架；还生产出了优质的运输机 C－47。战争期间，主要有 11 家美国公司为国家生产飞机，其中包括大名鼎鼎的道格拉斯、洛克希德、波音、马丁等公司。它们之间形成了激烈的竞争，促进了飞机性能和飞机生产技术的改进，到战争结束时，美国无论从飞机技术还是产量上，都遥遥领先其他国家。

1939 年，美国大陆上只有 17 个陆军航空基地和 4 个物资兵站。到 1941 年 12 月，增加至 114 个大型航空基地，并准备继续增加。1939 年底前，训练指标就已经从每年 300 名跃升到 1200 名，1940 年 6 月跃升至 7000 名，1941 年达到了 3 万名。民间飞行学校也发挥了重要作用。阿诺德将军在 1938 年之前就已经预见到需要大量飞行员，在政府采取扩训之前就号召民间飞行学校扩充学员。到珍珠港事件时，已有 41 所民间初级飞行学校代政府训练，为后来的迅速扩军提供了基础，质量颇高。1940 年，陆军航空兵建立了 8 个训练基地；1941 年又增加了 20 个，为战争提供了战争需要的专业飞行员。同时，其他航空技术和勤务人员也在培养和增加。无论是飞机生产技术和数量、还是飞行员的培养上，德国和日本都无法与美国相比，这也使他们空中力量在战场上的表现优劣立现。与此同时，美国还在海外

得到了很多空军基地，并不断增加。

美国陆军航空队参加了各个战场的战斗。

第 15 轰炸机中队是第一支在西欧作战的空中力量，他们随同英国空军对荷兰境内的德军机场进行了空袭。此后，随着美军在欧洲的增加，美国陆军航空队参加了北非、意大利战场和"铁锤行动"的空袭、运输、侦察、护航等任务，直到对德国的战略空袭。值得一提的是诺曼底登陆前空中力量发挥的作用。登陆前陆军航空队有 3 大任务，即切断德军地面后备部队增援的交通线路、阻止敌空中支援、破坏岸防工事和雷达。在切断交通线的行动中，美国陆军航空部队和英国空军一起，投下了 7.6 万吨炸弹，成绩显著。到"D日"，巴黎以下塞纳河上的每一座桥梁都被炸断，整个铁路系统一团糟，导致进攻开始后，德国绝大部分后备队只能步行进入诺曼底。他们还轰炸了预定登陆滩头 130 英里范围内的德军机场，投弹 6700 吨炸弹，使其机场无法使用，在"D日"不能提供有效空中支援。空中力量还利用轰炸德国工业园区的战术，牵制了德军战斗机，使其疲于奔命。登陆前最后的行动是轰炸滩头防御工事，主要目标是登陆地点以外的工事，目的是迷惑德军；但他们着实轰炸了英吉利海峡岛屿到比利时之间 80% 的雷达警报站。再加上电子干扰等措施，使盟军的登陆行动形成了突然性。

对德战略轰炸，也值得称道。参加行动的力量主要有美国第 8 和第 15 航空队，拥有 3000 架轰炸机，另外英国空军提供了 1100 架飞机。从 1945 年 5 月至 9 月，仅第 8 航空队就投下了 23 万吨炸弹。他们的行动破坏了德国的工业，最明显的是几乎粉碎了德国的石油工业，使德军丧失了重要的战略物资。

在亚洲，随着日军丧失制海权，美国陆军航空部队很快掌握了绝对的制空权，可以无忧无虑地执行运输、侦察任务和肆无忌惮地实施对日空袭，直到最后在广岛和长崎投下两颗原子弹。很多行动战绩骄人。1942 年，日军在中国境内肆虐，向中国运送物资具有极其重要的战略价值。又因缅甸失守，为此，美国陆军航空兵必须从印度飞跃著名的"驼峰"，飞往中国。"驼峰"是由于地理条件恶劣，难以测绘，而在地图上没有标志的喜马拉雅山的延伸部分，位于两个海拔1.65 万英尺的高峰之间，"驼峰"本身的高度也有 1.4 万英尺。"驼峰"航线气候恶劣，事故发生率高，即使跳伞也难以生存。就在这样的航线上，美国陆军航空兵增加了运量，从 1943 年 3 月的 2800吨，增加到 10 月的 7000 吨，1944 年上半年月运量增加到 1.2 万吨，1945 年 7 月增加到 7.1 万吨。

对日本本土战略轰炸，效果显著。起初，由于气候、地形和飞行距离等原因，轰炸效果不好。后来，美军改进了飞机技术和空袭方法，尤其是使用了燃烧弹，空袭效果立竿见影。1945 年 3 月 9 日，334 架 B－29 对东京进行了这样的袭击，东京中心区 15.8 平方英里变成火海，8 万人丧生。以此为榜样，到 3 月 20 日，空袭扫平了东京、大阪、神户和名古屋 32 平方英里的建筑物。战争结束时，日本6 个主要工业城市遭毁坏面积为 105 平方英里。至于最后的原子弹，是结束战争的经典之作。

美军获得"反潜世界第一"的美誉，有美国陆军航空兵的功劳。1941 年 12 月，应海军要求，陆军开始派飞机在东海岸执行反潜巡逻任务。到 1943 年上半年，美国陆军航空反潜指挥部将其实力增至 25个中队，飞机上载有远程搜索装备，潜艇在大西洋中只有少数几个地方可以逃避这种搜索，1943 年以后，德国潜艇在美国飞机基地 600英里范围内就没有作为了。战争期间，英美岸基飞机击沉的德国潜艇多于水面舰艇所击沉的数量。

凭着优异的表现，美国陆军航空队赢得了人们的信任和尊重，也赢得了越来越高的地位。终于，经过仔细的研究和冷静的辩论，最终于 1947 年 9 月 18 日，以美国陆军航空队为基础，美国空军正式成立了。

4. 走上霸主宝座

毫无疑问，美国在战争中作用巨大。据统计：美军共歼灭德意两国军队 850 万人，其中击毙 373600 人，俘虏 8108983 人，击毙日军 109.3 万人，俘虏 10 万人。美国也付出了 108 万余人的代价，其中阵亡 253573 人，受伤 651042 人，被俘 114204 人，失踪 65834 人。

在经济上，美国成了名副其实的民主国家兵工厂。

各国的抗战都受益于美国各种各样的军火和物质援助。1941 年 8 月至 1946 年 9 月，美国通过租借法案所提供的援助和各国所欠美国的债务共计 506 亿美元。美国的援助有力地支援了反法西斯战线上的国家。斯大林指出："如果不是通过租借法而有这些机器可供利用，那我们就会战败。""美国在整个欧战期间作为租借向苏联提供了武器，战略物资和粮食……大大促进了反对共同的敌人——希特勒德国的战争顺利结束。"

战争成了军事技术进步的催化剂。

美军把先进的科学技术广泛应用于战争，绝大部分武器装备性能超过了德意日军队，在陆、海、空都享有优势。战时，美国建立专门的军事技术研究机构——国防研究委员会；1941 年又建立科研和发展局，负责研制新装备。在强大的发展动力下，美国率先研制出了原子弹，并首次使用了两颗，产生了震惊的效果；美国的"空中堡垒"B－29 轰炸机、野马式战斗机，占尽空中优势；大型航空母舰不但技术先进，而且生产速度快，很快建立了海上优势；高频无线电设备使指挥全球性战争成为可能；雷达、声纳的使用赢得了反潜战的胜利。此外，采用无线电引信的炮弹、无后坐力炮、火箭炮、登陆艇、输油系统、水陆两用车、潘兴式坦克、装甲车、水雷等，也在战场上尽显峥嵘。

诚如美、英、德、日等国所认识到的，
第二次世界大战在一定程度上打的是后勤。

美国建立了世界上史无前例的庞大后勤供应系统。

后勤在墨西哥战争中曾经带来麻烦，但被斯科特的精明和美军参谋人员的勤奋解决了。在这场比内战更大的消耗战中，有东西才可以打，美国就是这样。

　　后勤是战士能量的源泉，它在一定程度上决定着作战的时间、地点、规模和方式。美国的后勤供应系统十分庞大，把供应品运往世界各地的美军及各地的盟军，大量的物资供应保证了作战的顺利进行。例如，诺曼底登陆行动的后勤计划被称为战争史上最慷慨的后勤计划，美军后勤部门为 120 万军队准备了住房、物资，运输，包括 9.4 万个医院床位，2000 万平方英尺隐蔽部、仓库和商店，4400 万平方英尺的场地，35 万平方英尺停车场，270 英里铁路，2 万多节车皮，163 个机场。

　　在战略战术上，美国也不拘泥于参战国已有战术，而是不断突破。实施歼灭战略的

有用就用。

重要性已经再明显不过，但美军不是这样。美军以歼灭战略为主，辅以消耗战略，这是发挥工业国家潜力的明智之举。在战术上，"蛙跳"战术明确而清晰；战略轰炸对敌方民心战意起到了摧毁的作用。

　　美军大规模使用陆海空军协同作战，意识是"有用就用"。航空母舰是马汉和米切尔思想结合的体现，航空母舰可以在辽阔海洋中任意建立移动的空军基地，空中力量的强大和快速的战术反应使舰队如虎添翼，以航空母舰为核心的特混舰队使美国取得了海空优势。在某种意义上，夺取空中优势和制空权的重要性甚至超过了制海权。空中力量的配合也使陆军添上翅膀，在战争中，美国利用空中掩护和战略轰炸，保证了两栖作战的胜利。正如日本陆军航空司令所承认的："空中的失败使我们打输了这场战争。"在强大空军力量的掩护下实施大规模两栖登陆，则是陆海空三军完美地协同作战的教科书范本。美军还使用了高度发展的步坦炮协同作战。在战斗中大量使用坦克和

火炮，强调集中火力和兵力的配合，保持对敌的火力优势，以装甲力量为主要突击力量。步兵已基本机械化，从而保持了高度的机动性。

在登陆作战等进攻作战行动中，空降和两栖作战的战术被完美地使用，美军已经在战法上领先了。在机动作战方面，美军机动性以巴顿在西西里岛的作战及在阿登反击德军的作战为代表；在节约兵力原则上，意大利战役生动体现了这一点；集中而简明的领导在诺曼底登陆中表现得淋漓尽致；两栖作战中，诺曼底和冲绳战役则成为经典战例。

美国工业社会的士兵，相比于德、日士兵，还有一个无法比拟的优势。对于德、日士兵，一辆损坏的卡车或其他机械，就不再发挥作用了；而美国民军士兵，来自工业社会，大部分都掌握一定的机械常识，常常能在战场上自己修复汽车或其他机械，马上恢复了它们的战斗力，这在战争中发挥了无法想象的优势。

第二次世界大战之后的美国，与第一次世界大战之后羞涩难堪的美国判若两人。

第二次世界大战，美国获利最大。美国的经济获得长足发展，其经济实力在世界占全面优势。美国在资本主义世界工业所占比重，从 1938 年的 36% 增长到 1948 年的 54.6%，是西欧和日本总和的两倍多。美国黄金储备占资本主义世界的 70%，国外投资 1948 年为 313 亿美元。美国出口占世界第一位，从 1938 年占世界出口额的 13.28% 增长到 1948 年的 22.02%。在联合国，美国人的发言显然已经成为决议。在国际货币基金组织和世界银行中，美国也占支配地位。

至此，美国已经彻底摆脱了孤立主义的传统，从美洲国家走上了向世界扩张的霸权主义道路。战后至今，美国一直是世界一流军事强国；美国扩军备战，在全球进行扩张。战争中，美国酝酿和兴起了第三次科技革命，加速发展原子和电子技术，很快成为世界最先进的科技大国，并据此在军事技术和军事建设上遥遥领先。

基于战前与其他军事强国的差距，美国军事力量崛起为世界第一，仿佛发生在一夜之间，美国拥有世界上最多的、最先进的航空母舰和以此为核心的世界一流海军。在客观上，英国不得不让出海上霸主的位置；在主观上，英国心悦诚服地承认这一事实。美国陆军更具灵活性，并更加自信于自身的"魔法"。美国空中力量地位提升，让世人知道了空中力量的特殊重要性，空军渐露雏形。美国的战争指挥结构日趋合理，还建立了庞大的保障系统，与战争有关的一切要素都在战争中继续完善，并保持了持续完善的传统。

小　　结

如果说第一次世界大战没有让美国给世界留下深刻印象，那么第二次世界大战给美国人提供了一个绝佳的机会，虽然战前世界还没有明了美国人到底能在战争中做些什么，但是美国人决心树立一个震撼世界的形象。

漂洋过海的探险者留下的后代具有广阔的视野，没有参加战争，但战争已经走进美国人的生活。美国人对于这场战争的关注不亚于任何一个已经参战的欧洲或者亚洲国家。一场战争，引起美国人兴趣的东西不少。第一是安全，欧洲和亚洲战场上厮杀的列强，谁胜利会威胁到美国的安全，安全受威胁，自由当然难以保证；第二是自由，除了人身自由外，还有美国在全世界布道和赚钱的自由，这就引出了利益；第三是利益，美国在战争中可以赚到多少钱？可以建立怎样的、可持续发展的基础？谁胜利对美国接管世界有利？在什么时机插手最有利于获得觊觎已久的霸主地位？基于以上的诸多关注点，美国人关注战争，制订战略，协调战争，最后领导全球战争。

美国不是没有屈辱史，一顿痛打换来的是彻底地转变。珍珠港的爆炸和哀号证明，轻视对手或者犹豫不决，都会吞下苦果。因此，美国迅速进入战争状态，在一系列溃败之后，在太平洋上，阻止了日军的进攻。而且，从此以后，没再给日本人任何机会。珍珠港事件令美国人反省，他们加强了本来攻击性就很强的安全战略，这是一种将进攻说成防御的安全战略，在以后的历史中，美国人发现威胁即提前遏制，并且彻底放弃了孤立主义，走到世界的前台。

之所以提出民主"的"兵工厂，第一是因为民主"的"兵工厂造就了民主国家兵工厂，战争中支持民主、保护民主的氛围，极大调动了国民生产积极性和创造性，迸发出强大的能量，生产出的武器和其他战争物资源源不断地运往世界各地，为一场空前的大战奠定了坚实的物质基础。第二是因为美国人用民主武装了这个"兵工厂"中的人，与他们在国际事务上表现得强硬不同，他们谨慎地参战，谨慎地征兵，关注每一个人的权利，尊重每一个人的选择，使远离战争的人支持战争、投入战争、打赢战争。

民军的辉煌在欧洲和亚洲传统军事强国眼中是一个奇迹。训练几个月的新兵，打败了参战几年的老兵，不可思议，难以接受；但事实如此，无可奈何。这说明一个国家的军事传统和由此产生的军事制度的优越性，在战争中会转化为无穷的优势。因为热爱自由，所以保卫整个国家的安全最重要；因为热爱生活，所以用战斗让战争远离"我"和"我"家庭的生活。为此，"我"可以去生产，更可以放下手头的事情去直接参加战斗。这样简单而直接的因果关系，让我行我素的美国人组成坚强的战斗团队，并用一种合适的制度来优化这一传统。

世界霸主的诞生发生在一夜之间，但作为一个国家，酝酿了一个半世纪；作为一群人，酝酿了3个半世纪。从木船到铁甲舰，再到拥有世界上最多、最好的航空母舰，美国海军横行于各大洋；从背枪跨斧耕种的农民到徘徊于美国社会边缘的弱势群体，再到工业社会的全能战士，美国陆军保持传统，创造奇迹；从木板、胶带、自行车零件制造的飞机到可有可无的笑柄，再到天空统治者，美国空中力量能够代表国徽上的鹰。加上强大的综合实力，美国早已不是阿巴拉契亚山脉以东那个地域狭长、人口稀少的小国，再也不是任何国家的小伙伴，而毫无争议地成为一个领导其他小伙伴的世界霸主。

但美国没有告别历史，本能、信念、传统、制度传承下来，传承下去。强大和弱小、顺利和曲折、徘徊和挣扎、直接和委婉、简单和复杂，永远是美国战争机器完善历程中说不完的话题。

参考文献

中文文献

陈海宏：《美国军事史纲》，长征出版社，1991。

陈燕波：《世界十大军事家·格兰特传》，河北人民出版社，1997。

〔德〕妮科勒·施莱：《美国的战争：一个好战国家的编年史》，生活·读书·新知三联书店，2006。

丁则民：《美国通史》，人民出版社，2002。

黄绍湘：《美国早期发展史（1492~1823）》，人民出版社，1957。

京虎子：《强权的起点：你所不知道的南北战争》，新华出版社，2010。

军事科学院世界军事研究部：《美国军事基本情况》，军事科学出版社，2004。

《林肯集：1832~1858：演说　信件　杂文　林肯—道格拉斯辩论》，生活·读书·新知三联书店，1993。

李永采：《战争与军事系列——世界海战史》，华夏出版社，1996。

李庆余：《美西战争》，商务印书馆，1984。

〔美〕阿伦·米利特：《美国军事史》，军事科学出版社，1989。

〔美〕艾尔弗雷德·塞耶·马汉：《海权论》，中国言实出版社，1997。

〔美〕保罗·布鲁尔：《美国内战》，青岛出版社，2003。

〔美〕伯纳德·贝林：《美国革命的思想意识渊源》，中国政法大学出版社，2007。

〔美〕富兰克林·德·罗斯福：《罗斯福选集》，商务印书馆，1982。

〔美〕赫伯特·摩累斯：《为美国的自由而斗争》，孙硕人、贾鼎治、诸长福译，生活．读书．新知三联书店，1957。

〔美〕吉恩·史密斯：《美国南北战争中的对手——李和格兰特》，赵苏苏等译，商务印书馆，1991。

〔美〕卡尔·桑德堡：《林肯传》，生活．读书．新知三联书店，1978。

〔美〕加里·纳什等：《美国人民：创建一个国家和一种社会》，北京大学出版社，2008。

〔美〕克里夫顿·甘亚德：《美国海军陆战队》，南京出版社，2004。

〔美〕克雷夫：《宪法的原始含义：美国制宪中的政治与理念》，王晔等译，江苏人民出版社，2008。

〔美〕罗伯特·达莱克：《罗斯福与美国对外政策》，商务印书馆，1984。

〔美〕洛克菲勒：《第二次美国革命》，朱炎译，台北新亚出版社，1975。

〔美〕拉塞尔·F.韦格利：《美国军事战略与政策史》，解放军出版社，1986。

〔美〕拉塞尔·F.韦格利：《美国陆军史》，解放军出版社，

1989。

〔美〕内森·米勒:《美国海军史》,海洋出版社,1985。

〔美〕乔弗里·瓦德:《美国内战》,华夏出版社,2009。

〔美〕斯蒂芬·豪沃思:《驶向阳光灿烂的大海——美国海军史(1775~1991)》,世界知识出版社,1997。

〔美〕托马斯·潘恩:《常识》,华夏出版社,2004。

〔美〕伍德:《美国革命的激进主义》,傅国英译,北京大学出版社,1997。

〔美〕沃尔特·J.博伊恩:《跨越苍穹——美国空军史1947~1997》,军事谊文出版社,2000。

〔美〕尤利西斯·辛普森·格兰特:《格兰特将军回忆录》,上海大学出版社,2009。

〔美〕约翰·罗德哈梅尔选编《华盛顿文集》,吴承义等译,辽宁教育出版社,2005。

〔美〕詹姆斯·M.麦克菲尔森:《火的考验:美国南北战争及重建南部》,商务印书馆,1993。

〔美〕詹姆斯·M.麦克菲尔森:《总统的力量:从殖民地到超级大国》,中国友谊出版公司,2007。

祁长松:《美国名将全传》,内蒙古人民出版社,1998。

钱俊德:《美国军事思想研究》,军事科学出版社,1992。

萨那、孙成木、余定辉:《第一次世界大战史》,人民出版社,1979。

〔苏〕波格丹诺夫等:《美国军事战略》,解放军出版社,1985。

苏联科学院米克鲁霍-马克来民族学研究所著:《美洲印第安人》,生活·读书·新知三联书店,1960。

杨生茂:《美国南北战争资料选辑》,上海人民出版社,1978。

杨生茂:《美西战争资料选辑》,上海人民出版社,1981。

〔英〕J.F.C.富勒:《西洋世界军事史》,中国人民解放军战士出版社，1981。

余志森：《美国史纲——从殖民地到超级大国》，华东师范大学出版社，1992。

周柏林：《山姆警长：美国军事战略发展与现状》，解放军出版社，2002。

朱崇坤：《霸权的历程：美国军事战略冷观察》，新华出版社，2000。

朱贵生、王振德：《第二次世界大战史》，人民出版社，1995。

英文文献

A. Russell Buchanan, *The United States and World War* Ⅱ, 2vols, Harper&Row, 1964.

A. T. Mahan, *Sea Power in Its Relations to the War of 1812*, 2vols, Little. Brown, 1905.

Benjamin Quarles, *The Negro in the Civil War*, Little Brown, 1953.

Bernard Brodie, *Sea Power in the Machine Age*, Princeton University Press, 1041.

B. Holley Jr. , *Ideas and Weapons*: *Exploitation of the Aerial Weapons By the United States In World War l*, Yale University Press, 1953.

B. Holley Jr. , *General John M. Palmer*, *Citizen Soldiers*, *and the Army of a Democracy*, Greenwood Press, 1982.

Craig L. Symonds, *Navalists and Antinavalists*, University of Delaware Press, 1980.

Charles Royster, *A Revolutionary People at War*, University of North Carolina Press, 1979.

Daniel Boorstin, *The Americans*: *The Colonial Experience*, Random.

House, 1958.

Don Higginbotham, *The War of American Independence*, Macmillan, 1971.

David M. Kennedy, *Over Here: The First World War and the American Society*, Oxford University Press, 1980.

George T. Davis, *A Navy Second to None*, Harcourt Brace, 1940.

Gordon Wright, *The Ordeal of Total War, 1939 – 1945*, Harper & Row, 1968.

Harry L. Coles, *The War of 1812*, University of Chicago Press, 1965.

Harvey A. Deweerd, *President Wilson Fights His War: World War I and the American Intervention*, Macmillan, 1968.

John C. Miller, *The Federalist Era*, Harper&Brothers, 1980.

James R. Jacobs, *The Beginnings of the U. S. Army, 1783 – 1812*, Princeton University Press, 1947.

John R. Alden, *A History of the American Revolution*, Knopf, 1969.

Jack N. Rakove, *The Beginnings of National Politics: An Interpretive History of the Continental Congress*, Knopf, 1979.

James L. Abrahamson, *America Arms for a New Century: The Making of a Great Military Power*, Free Press, 1981.

John Dickinson, *The Building of an Army: A Detailed Account of Legislation, Administration and opinion in the United States, 1915 – 1920*, Century, 1922.

John J. Pershing, *My Experience in the World War*, 2vols, Stokes, 1931.

Kenneth J. Hagan, *American Gunboat Diplomacy and the Old Navy, 1877 – 1889*, Greenwood, 1973.

Lawrence Delbert Cressf, *Citizens in Arms*, University of North

Carolina Press, 1982.

Louis Morton, *The Origins of American Military Policy*, Military Affairs, 1958.

Liddell Hart, *The Real War, 1914 – 1918*, Little Brown, 1930.

Maurice Matloff, *Strategic Planning for Coalition Warfare, 1943 – 1944*, Government Printing Office, 1959.

Merrill Jensen, *The New Nation: A History of the United States During the Confederation*, Knopf, 1950.

Peter Karsten, *The Naval Aristocracy: The Golden Age of Annapolis and the Emergence of Modern American Navalism*, Free Press, 1972.

Philip S. Foner, *The Spanish-Cuban-American War and the Birth of American Imperialism, 1895 – 1902*, 2 vols, Monthly Review Press, 1972.

Reginald Horsman, *The Causes of the War of 1812*, Pennsylvanian University Press, 1962.

Russell A. Alger, *The Spanish-American War*, Harper, 1901.

Sameul Eliot Morison, *History of United States Naval Operations in World War II*, Little Brown, 1962.

Theodore Roosevelt, *The Naval War of 1812*, Haskell House, 1968.

William L. Shea, *The Virginia Militia in The Seventeenth Century*, Louisiana State University Press, 1983.

William H. Goetzman, *Army Exploration in the America West*, Yale University Press, 1950.

图书在版编目（CIP）数据

美国战争机器：1607~1945/高冬明著．－－北京：社会
科学文献出版社，2014.3（2021.6 重印）
　ISBN 978－7－5097－5421－4

　Ⅰ．①美… 　Ⅱ．①高… 　Ⅲ．①军队史－研究－美国－
1607~1945 　Ⅳ．①E712.9

　中国版本图书馆 CIP 数据核字（2013）第 293108 号

美国战争机器 1607~1945

著 　者／高冬明

出 版 人／王利民
项目统筹／赵怀英
责任编辑／赵怀英　仇　扬

出 　版／社会科学文献出版社·联合出版中心（010）59366446
　　　　　地址：北京市北三环中路甲 29 号院华龙大厦　邮编：100029
　　　　　网址：www.ssap.com.cn
发 　行／市场营销中心（010）59367081　59367083
印 　装／北京玺诚印务有限公司

规 　格／开　本：787mm×1092mm　1/16
　　　　　印　张：32.5　字　数：453 千字
版 　次／2014 年 3 月第 1 版　2021 年 6 月第 2 次印刷
书 　号／ISBN 978－7－5097－5421－4
定 　价／88.00 元

本书如有印装质量问题，请与读者服务中心（010－59367028）联系